한국주택
금융공사

NCS + 전공 + 모의고사 5회

KB218832

시대에듀

시대에듀 한국주택금융공사

NCS + 전공 + 최종점검 모의고사 5회 + 무료NCS특강

Always with you

사람의 인연은 길에서 우연하게 만나거나 함께 살아가는 것만을 의미하지는 않습니다.
책을 펴내는 출판사와 그 책을 읽는 독자의 만남도 소중한 인연입니다.
시대에듀는 항상 독자의 마음을 헤아리기 위해 노력하고 있습니다. 늘 독자와 함께하겠습니다.

머리말 PREFACE

국민의 주거행복을 함께 이루어 가는 주택금융 선도기관인 한국주택금융공사는 신입직원을 채용할 예정이다. 한국주택금융공사의 채용절차는 「입사지원서 접수 ➜ 서류전형 ➜ 필기전형 ➜ 1차 면접전형 ➜ 2차 면접전형 ➜ 최종 합격자 발표」 순서로 이루어진다. 필기전형은 직업기초능력평가와 전공시험으로 진행한다. 그중 직업기초능력평가는 의사소통능력, 수리능력, 문제해결능력 총 3개의 영역을 평가한다. 2024년에는 피듈형으로 출제되었으며, 전공시험은 행정직의 경우 경영, 경제 중 하나를 선택해 평가하므로 반드시 확정된 채용공고를 확인해야 한다. 따라서 필기전형에서 고득점을 받기 위해 다양한 유형에 대한 폭넓은 학습과 문제풀이능력을 높이는 등 철저한 준비가 필요하다.

한국주택금융공사 합격을 위해 시대에듀에서는 한국주택금융공사 판매량 1위의 출간 경험을 토대로 다음과 같은 특징을 가진 도서를 출간하였다.

도서의 특징

❶ **기출복원문제를 통한 출제경향 파악!**
  • 2024년 하반기 주요 공기업 NCS 기출문제를 복원하여 공기업별 NCS 출제경향을 파악할 수 있도록 하였다.
  • 2024~2023년 주요 공기업 전공 기출문제를 복원하여 공기업별 전공 출제경향까지 익힐 수 있도록 하였다.

❷ **한국주택금융공사 필기전형 출제 영역 맞춤 문제를 통한 실력 상승!**
  • 직업기초능력평가 대표기출유형&기출응용문제를 수록하여 유형별로 학습할 수 있도록 하였다.
  • 전공시험 적중예상문제를 수록하여 전공까지 빈틈없이 학습할 수 있도록 하였다.

❸ **최종점검 모의고사를 통한 완벽한 실전 대비!**
  • 철저한 분석을 통해 실제 유형과 유사한 최종점검 모의고사를 수록하여 자신의 실력을 점검할 수 있도록 하였다.

❹ **다양한 콘텐츠로 최종 합격까지!**
  • 한국주택금융공사 채용 가이드와 면접 기출질문을 수록하여 채용을 준비하는 데 부족함이 없도록 하였다.
  • 온라인 모의고사를 무료로 제공하여 필기전형에 대비할 수 있도록 하였다.

끝으로 본 도서를 통해 한국주택금융공사 채용을 준비하는 모든 수험생 여러분이 합격의 기쁨을 누리기를 진심으로 기원한다.

SDC(Sidae Data Center) 씀

◇ **미션**

주택금융의 장기적 · 안정적 공급을 통해
국민복지 증진과 국민경제 발전에 기여

◇ **비전**

국민의 주거행복을 함께 이루어 가는 주택금융 선도기관, 글로벌 HF

◇ **경영방침**

국민이 체감하는	미래를 선도하는	믿고 함께하는
책임 경영	혁신 경영	열린 경영

◇ **핵심가치**

공익성	전문성	신뢰성

◇ **조직문화**

협력	도전	포용

◇ 전략목표 및 전략과제

수요자 맞춤형 주택금융 상품 공급
- 무주택 국민 주거수준 향상 지원 강화
- 주택 실수요자 금융비용 부담 완화
- 실버세대 안정적 노후생활지원 확대

주택금융 서비스 인프라 고도화
- 디지털플랫폼 연계 주택금융 서비스 선도
- 사회구조 변화 대응 주택금융 서비스 선도
- 주택금융 글로벌 역량 강화

지속가능 책임 경영 실현
- 탄소중립 기반 친환경 경영 활성화
- 상생금융·동반성장 등 사회적 책임 실현
- 안전 및 청렴 기반 책임 경영 확립

국민 공감 혁신 경영 실현
- 안정적 기금 운용과 재무건전성 제고
- 업무 효율화 및 적극행정 실현
- 국민 중심 소통과 참여문화 확산

◇ 인재상

창조인
- 창의적으로 사고하고 능동적으로 행동하는 사람
- 유연한 사고를 바탕으로 혁신을 선도하는 사람
- 끊임없는 도전으로 미래를 개척하는 사람

전문인
- 적극적인 자기개발을 통해 최고를 추구하는 사람
- 국제사회에서 통용될 수 있는 경쟁력을 갖춘 사람
- 자기분야의 전문성을 갖추기 위해 꾸준히 노력하는 사람
- 호기심과 도전의식을 가지고 끊임없이 학습하는 사람

화합인
- 건전한 가치관과 도덕을 가지고 인류, 국가, 사회, 고객의 발전을 위해 봉사할 수 있는 사람
- 집단 및 개인 이기주의를 버리고 진정한 동료애를 발휘할 줄 아는 사람

신입 채용 안내 INFORMATION

◇ 지원자격(공통)

❶ 학력 · 나이 · 성별 · 전공 : 제한 없음

    ※ 단, 접수마감일 기준 공사 정년(만 60세)을 초과한 자는 지원 불가

❷ 임용일부터 근무지에서 즉시 근무 가능한 자

❸ 한국주택금융공사 채용세칙 제16조(채용금지자)에 해당하지 않는 자

❹ 남성의 경우 군필자 또는 면제자

    ※ 단, 군복무자 중 전역 후 임용일부터 근무지에서 즉시 근무 가능한 자는 지원 가능

◇ 필기전형(행정직 기준)

구분		내용	문항 수	시간
직업기초능력평가		의사소통능력, 수리능력, 문제해결능력	30문항	40분
전공시험	경영	경영학, 재무관리, 회계학	60문항	80분
	경제	미시 · 거시경제학, 국제경제학, 화폐금융론		

◇ 면접전형

구분	유형	내용	기준
1차 면접전형	PT면접	전공 주제에 대한 발표 및 질의응답	문제해결능력, 전공 지식, 기획 · 발표력 등
	심층면접	직무능력 검증을 위한 입사지원서 기반 질의응답	발전가능성, 공사 이해도, 소통능력 등
2차 면접전형	인성면접	창의성, 적극성, 인성 등	

❖ 위 채용 안내는 2024년 채용공고를 기준으로 작성하였으므로 세부내용은 반드시 확정된 채용공고를 확인하기 바랍니다.

총평

한국주택금융공사의 필기전형은 NCS의 경우 PSAT형의 비중이 높은 피듈형으로 출제되었다. 유형에 비해 난이도는 평이했으나, 총 30문항을 40분 내에 풀어야 했기에 시간이 촉박했다는 후기가 많았다. 특히 의사소통능력은 공사와 관련된 금융 지문이 많이 출제되었으므로 평소 한국주택금융공사에 대한 관심을 가지는 것이 좋겠다. 또한, 전공의 경우 난이도는 평이했으나, 총 60문항을 80분 내에 풀어야 했으므로 시간관리 연습과 더불어 꼼꼼한 대비가 필요해 보인다.

◇ 영역별 출제 비중

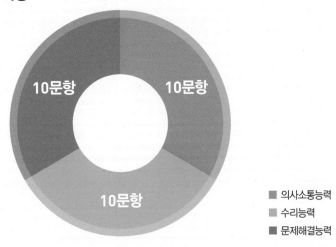

- ■ 의사소통능력
- ■ 수리능력
- ■ 문제해결능력

구분	출제 키워드
의사소통능력	• 안심전환대출, 유동화증권, 전세대출, 신용스프레드, 금리, 사업공고문, 유지−지속 등
수리능력	• 확률, 거속시, 시차, 카드 포인트, 최우수상 등
문제해결능력	• 참/거짓, 가중치, 대출우대금리 등
경영	• 대리인 감소방안, 기업결합, 과학적 관리법, 승진제도, 리스, 우발부채, 충당부채, 기계 손상차손, 토지 손상차손, 자동 오류수정, 계속기록법 재고자산, 공급자 현금흐름, 금융자산 현금지급액, 최적포트폴리오, 무위험이자율, 부채비중, 자기자본비용, 영구채 이자율, 듀레이션, 매출원가, 공급자 현금유출액, 사채상환손익 재평가모형 등
경제	• 리카도 비교우위, 효율적 시장, 전부지급준비제도, 관세, 수입량, 솔로우 모형, 저축량, 투자율, AS곡선, 가격경직성모형 등

NCS 문제 유형 소개 NCS TYPES

PSAT형

수리능력

04 다음은 신용등급에 따른 아파트 보증률에 대한 사항이다. 자료와 상황에 근거할 때, 갑(甲)과 을(乙)의 보증료의 차이는 얼마인가?(단, 두 명 모두 대지비 보증금액은 5억 원, 건축비 보증금액은 3억 원이며, 보증서 발급일로부터 입주자 모집공고 안에 기재된 입주 예정 월의 다음 달 말일까지의 해당 일수는 365일이다)

- (신용등급별 보증료)=(대지비 부분 보증료)+(건축비 부분 보증료)
- 신용평가 등급별 보증료율

구분	대지비 부분	건축비 부분				
		1등급	2등급	3등급	4등급	5등급
AAA, AA		0.178%	0.185%	0.192%	0.203%	0.221%
A⁺		0.194%	0.208%	0.215%	0.226%	0.236%
A⁻, BBB⁺	0.138%	0.216%	0.225%	0.231%	0.242%	0.261%
BBB⁻		0.232%	0.247%	0.255%	0.267%	0.301%
BB⁺ ~ CC		0.254%	0.276%	0.296%	0.314%	0.335%
C, D		0.404%	0.427%	0.461%	0.495%	0.531%

※ (대지비 부분 보증료)=(대지비 부분 보증금액)×(대지비 부분 보증료율)×(보증서 발급일로부터 입주자 모집공고 안에 기재된 입주 예정 월의 다음 달 말일까지의 해당 일수)÷365
※ (건축비 부분 보증료)=(건축비 부분 보증금액)×(건축비 부분 보증료율)×(보증서 발급일로부터 입주자 모집공고 안에 기재된 입주 예정 월의 다음 달 말일까지의 해당 일수)÷365
- 기여고객 할인율 : 보증료, 거래기간 등을 기준으로 기여도에 따라 6개 군으로 분류하며, 건축비 부분 요율에서 할인 가능

구분	1군	2군	3군	4군	5군	6군
차감률	0.058%	0.050%	0.042%	0.033%	0.025%	0.017%

〈상황〉
- 갑 : 신용등급은 A⁺이며, 3등급 아파트 보증금을 내야 한다. 기여고객 할인율에서는 2군으로 선정되었다.
- 을 : 신용등급은 C이며, 1등급 아파트 보증금을 내야 한다. 기여고객 할인율은 3군으로 선정되었다.

① 554,000원
② 566,000원
③ 582,000원
④ 591,000원
⑤ 623,000원

특징 ▶ 대부분 의사소통능력, 수리능력, 문제해결능력을 중심으로 출제(일부 기업의 경우 자원관리능력, 조직이해능력을 출제)
▶ 자료에 대한 추론 및 해석 능력을 요구

대행사 ▶ 엑스퍼트컨설팅, 커리어넷, 태드솔루션, 한국행동과학연구소(행과연), 휴노 등

모듈형

| 문제해결능력

41 문제해결절차의 문제 도출 단계는 (가)와 (나)의 절차를 거쳐 수행된다. 다음 중 (가)에 대한 설명으로 적절하지 않은 것은?

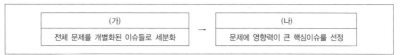

(가)	→	(나)
전체 문제를 개별화된 이슈들로 세분화		문제에 영향력이 큰 핵심이슈를 선정

① 문제의 내용 및 영향 등을 파악하여 문제의 구조를 도출한다.
② 본래 문제가 발생한 배경이나 문제를 일으키는 메커니즘을 분명히 해야 한다.
③ 현상에 얽매이지 말고 문제의 본질과 실제를 봐야 한다.
④ 눈앞의 결과를 중심으로 문제를 바라봐야 한다.
⑤ 문제 구조 파악을 위해서 Logic Tree 방법이 주로 사용된다.

특징
▶ 이론 및 개념을 활용하여 푸는 유형
▶ 채용 기업 및 직무에 따라 NCS 직업기초능력평가 10개 영역 중 선발하여 출제
▶ 기업의 특성을 고려한 직무 관련 문제를 출제
▶ 주어진 상황에 대한 판단 및 이론 적용을 요구

대행사
▶ 인트로맨, 휴스테이션, ORP연구소 등

피듈형(PSAT형 + 모듈형)

| 자원관리능력

07 다음 자료를 근거로 판단할 때, 연구모임 A ~ E 중 세 번째로 많은 지원금을 받는 모임은?

〈지원계획〉

• 지원을 받기 위해서는 한 모임당 5명 이상 9명 미만으로 구성되어야 한다.
• 기본지원금은 모임당 1,500천 원을 기본으로 지원한다. 단, 상품개발을 위한 모임의 경우는 2,000천 원을 지원한다.
• 추가지원금

등급	상	중	하
추가지원금(천 원/명)	120	100	70

※ 추가지원금은 연구 계획 사전평가결과에 따라 달라진다.
• 협업 장려를 위해 협업이 인정되는 모임에는 위의 두 지원금을 합한 금액의 30%를 별도로 지원한다.

〈연구모임 현황 및 평가결과〉

특징
▶ 기초 및 응용 모듈을 구분하여 푸는 유형
▶ 기초인지모듈과 응용업무모듈로 구분하여 출제
▶ PSAT형보다 난도가 낮은 편
▶ 유형이 정형화되어 있고, 유사한 유형의 문제를 세트로 출제

대행사
▶ 사람인, 스카우트, 인크루트, 커리어케어, 트리피, 한국사회능력개발원 등

주요 공기업 적중 문제 TEST CHECK

한국주택금융공사

02 다음 글의 내용으로 가장 적절한 것은?

> 선물환거래란 계약일로부터 일정시간이 지난 뒤, 특정일에 외환의 거래가 이루어지는 것으로, 현재 약정한 금액으로 미래에 결제하게 되기 때문에 선물환계약을 체결하게 되면, 약정된 결제일까지 매매 쌍방 모두 결제가 이연된다. 선물환거래는 보통 환리스크를 헤지(Hedge)하기 위한 목적으로 이용된다. 예를 들어 1개월 이후 달러로 거래 대금을 수령할 예정인 수출한 기업은 1개월 후 달러를 매각하는 대신 원화를 수령하는 선물환계약을 통해 원/달러 환율변동에 따른 환리스크를 헤지할 수 있다.
>
> 이외에도 선물환거래는 금리차익을 얻는 것과 투기적 목적 등을 가지고 있다. 선물환거래에는 일방적으로 선물환을 매입하는 것 또는 매도 거래만 발생하는 Outright Forward 거래가 있으며, 선물환거래가 스왑거래의 일부분으로써 현물환거래와 같이 발생하는 Swap Forward 거래가 있다. Outright Forward 거래는 만기 때 실물 인수도가 일어나는 일반 선물환거래와 만기 때 실물의 인수 없이 차액만을 정산하는 차액결제선물환(NDF; Non-Deliverable Forward) 거래로 구분된다.
>
> 옵션(Option)이란 거래당사자들이 미리 가격을 정하고, 그 가격으로 미래의 특정시점이나 그 이전에 자산을 사고파는 권리를 매매하는 계약으로, 선도 및 선물, 스왑거래 등과 같은 파생금융상품이다. 옵션은 매입권리가 있는 콜옵션(Call Option)과 매도권리가 있는 풋옵션(Put Option)으로 구분된다. 옵션거래로 매입이나 매도할 수 있는 권리를 가지게 되는 옵션매입자는 시장가격의 변동에 따라 자기에게 유리하거나 불리한 경우를 판단하여, 옵션을 행사하거나 포기할 수도 있다. 옵션매입자는 선택할 권리에 대한 대가로 옵션매도자에게 프리미엄을 지급하고, 옵션매도자는 프리미엄을 받는 대신 옵션매입자가 행사하는 옵션에 따라 발생하는 것에 대해 이행하는 책임을 가진다. 옵션거래의 손해와 이익은 행사가격, 현재가격 및 프리미엄에 의해 결정된다.

① 선물환거래는 투기를 목적으로 사용되기도 한다.
② 선물환거래는 권리를 행사하거나 포기할 수 있다.
③ 옵션은 환율변동 리스크를 해결하는 데 좋은 선택이다.
④ 옵션은 미래에 조건이 바뀌어도 계약한 금액을 지불해야 한다.
⑤ 선물환거래는 행사가격, 현재가격, 프리미엄에 따라 손해와 이익이 발생한다.

02 어떤 공원의 트랙 모양의 산책로를 걷는데 시작 지점에서 서로 반대 방향으로 민주는 분속 40m의 속력으로, 세희는 분속 45m의 속력으로 걷고 있다. 출발한 지 40분 후에 두 사람이 두 번째로 마주치게 된다고 할 때, 산책로의 길이는?

① 1,350m ② 1,400m
③ 1,550m ④ 1,700m
⑤ 1,750m

HUG 주택도시보증공사

경제 ▶ 키워드

05 다음 글의 내용을 통해 추론할 수 없는 것은?

> 공유와 경제가 합쳐진 공유경제는 다양한 맥락에서 정의되는 용어이지만, 공유경제라는 개념은 '소유권(Ownership)'보다는 '접근권(Accessibility)'에 기반을 둔 경제모델을 의미한다. 전통경제에서는 생산을 담당하는 기업들이 상품이나 서비스를 생산하기 위해서 원료, 부품, 장비 등을 사거나 인력을 고용했던 것과 달리, 공유경제에서는 기업뿐만 아니라 개인들도 자산이나 제품이 제공하는 서비스에 대한 접근권의 거래를 통해서 자원을 효율적으로 활용하여 가치를 창출할 수 있다. 소유권의 거래에 기반한 기존 자본주의 시장경제와는 다른 새로운 게임의 법칙이 대두한 것이다.
>
> 공유경제에서는 온라인 플랫폼이라는 조직화된 가상공간을 통해서 접근권의 거래가 이루어진다. 온라인 플랫폼은 인터넷의 연결성을 기반으로 유휴자산(遊休資産)을 보유하거나 필요로 하는 수많은 소비자와 공급자가 모여서 소통할 수 있는 기반이 된다. 다양한 선호를 가진 이용자들이 거래 상대를 찾는 작업을 사람이 일일이 처리하는 것은 불가능한 일인데, 공유경제 기업들은 고도의 알고리즘을 이용하여 검색, 매칭, 모니터링 등의 거래 과정을 자동화하여 처리한다.
>
> 공유경제에서 거래되는 유휴자산의 종류는 자동차나 주택에 국한되지 않는다. 개인이나 기업들이 소유한 물적·금전적·지적 자산에 대한 접근권을 온라인 플랫폼을 통해서 거래할 수만 있다면 거의 모든 자산의 거래가 공유경제의 일환이 될 수 있다. 가구, 가전 등의 내구재, 사무실, 공연장, 운동장 등의 물리적 공간, 전문가나 기술자의 지식, 개인들의 여유 시간이나 여유 자금 등이 모두 접근권 거래의 대상이 될 수 있다.

① 기존의 시장경제는 접근권(Accessibility)보다 소유권(Ownership)에 기반을 두었다.

② 공유경제의 등장에는 인터넷의 발달이 중요한 역할을 하였다.

③ 인터넷 등장 이전에는 이용자와 그에 맞는 거래 상대를 찾는 작업을 일일이 처리할 수 없었다.

④ 공유경제에서는 온라인 플랫폼을 통해 거의 모든 자산에 대한 접근권(Accessibility)을 거래할 수 있다.

⑤ 온라인 플랫폼을 통해 자신이 타던 자동차를 판매하여 소유권을 이전하는 것도 공유경제의 일환이 될 수 있다.

확률 ▶ 유형

06 두 자연수 a, b에 대하여 a가 짝수일 확률은 $\frac{2}{3}$, b가 짝수일 확률은 $\frac{3}{5}$이다. 이때 a와 b의 곱이 짝수일 확률은?

① $\frac{11}{15}$

② $\frac{4}{5}$

③ $\frac{13}{15}$

④ $\frac{14}{15}$

⑤ $\frac{1}{3}$

한국자산관리공사

글의 주제 ▶ 유형

01 다음 글의 주제로 가장 적절한 것은?

우리는 주변에서 신호등 음성 안내기, 휠체어 리프트, 점자 블록 등의 장애인 편의 시설을 많이 볼 수 있다. 우리는 이러한 편의 시설을 장애인들이 지니고 있는 국민으로서의 기본 권리를 인정한 것이라는 시각에서 바라보고 있다. 물론, 장애인의 일상생활 보장이라는 측면에서 이 시각은 당연한 것이다. 하지만 또 다른 시각이 필요하다. 그것은 바로 편의 시설이 장애인만을 위한 것이 아니라 일상생활에서 활동에 불편을 겪는 모두를 위한 것이라는 시각이다. 편리하고 안전한 시설은 장애인 뿐만 아니라 우리 모두에게 유용하기 때문이다. 예를 들어, 건물의 출입구에 설치되어 있는 경사로는 장애인들의 휠체어만 다닐 수 있도록 설치해 놓은 것이 아니라, 몸이 불편해서 계단을 오르내릴 수 없는 노인이나 유모차를 끌고 다니는 사람들도 편하게 다닐 수 있도록 만들어 놓은 시설이다. 결국 이 경사로는 우리 모두에게 유용한 시설인 것이다.

그런 의미에서 근래에 대두되고 있는 '보편적 디자인', 즉 '유니버설 디자인(Universal Design)'이라는 개념은 우리에게 좋은 시사점을 제공해 준다. 보편적 디자인은 가능한 모든 사람이 이용할 수 있도록 제품, 건물, 공간을 디자인한다는 의미를 가지고 있다. 이러한 시각으로 바라본다면 장애인 편의 시설은 우리 모두에게 편리하고 안전한 시설로 인식될 것이다.

① 우리 주변에서는 장애인 편의 시설을 많이 볼 수 있다.
② 보편적 디자인은 근래에 대두되고 있는 중요한 개념이다.
③ 어떤 집단의 사람들이라도 이용할 수 있는 제품을 만들어야 한다.
④ 보편적 디자인이라는 관점에서 장애인 편의 시설을 바라볼 필요가 있다.
⑤ 장애인들의 기본 권리를 보장하기 위해 장애인 편의 시설을 확충해야 한다.

맞춤법 ▶ 유형

01 다음 중 밑줄 친 부분이 맞춤법상 옳지 않은 것은?

① 바리스타로서 자부심을 가지고 커피를 내렸다.
② 어제는 왠지 피곤한 하루였다.
③ 용감한 시민의 제보로 진실이 드러났다.
④ 점심을 먹은 뒤 바로 설겆이를 했다.
⑤ 그 나무는 밑동만 남아 있었다.

신용보증기금

맞춤법 ▶ 유형

13 다음 중 밑줄 친 부분의 맞춤법 수정 방안으로 적절하지 않은 것은?

> 옛것을 <u>본받는</u> 사람은 옛 자취에 <u>얽메이는</u> 것이 문제다. 새것을 만드는 사람은 이치에 합당지 않은 것이 걱정이다. 진실로 능히 옛것을 <u>변화할줄</u> 알고, 새것을 만들면서 법도에 <u>맞을수만</u> 있다면 지금 글도 옛글만큼 훌륭하게 쓸 수 있을 것이다.

① 본받는 → 본 받는
② 얽메이는 → 얽매이는
③ 합당지 → 합당치
④ 변화할줄 → 변화할 줄
⑤ 맞을수만 → 맞을 수만

경우의 수 ▶ 유형

07 1, 1, 1, 2, 2, 3을 가지고 여섯 자리 수를 만들 때, 가능한 경우의 수는 모두 몇 가지인가?

① 30가지
② 60가지
③ 120가지
④ 240가지
⑤ 480가지

소수 ▶ 키워드

12 A씨가 근무하는 K기금은 출근 시 카드 또는 비밀번호를 입력하여야 한다. 어느 날 A씨는 카드를 집에 두고 출근을 하여 비밀번호로 근무지에 출입하고자 한다. 그러나 비밀번호가 잘 기억이 나지 않아 당혹스럽다. 네 자리 숫자의 비밀번호에 대해 다음 〈조건〉이 주어진다면, A씨가 이해한 내용으로 옳지 않은 것은?

> **조건**
> • 비밀번호를 구성하고 있는 각 숫자는 소수가 아니다.
> • 6과 8 중에서 단 하나만이 비밀번호에 들어간다.
> • 비밀번호는 짝수로 시작한다.
> • 비밀번호의 각 숫자는 큰 수부터 차례로 나열되어 있다.
> • 같은 숫자는 두 번 이상 들어가지 않는다.

① 비밀번호는 짝수이다.
② 비밀번호의 앞에서 두 번째 숫자는 4이다.
③ 단서를 모두 만족하는 비밀번호는 모두 세 가지이다.
④ 비밀번호는 1을 포함하지만 9는 포함하지 않는다.
⑤ 단서를 모두 만족하는 비밀번호 중 가장 작은 수는 6410이다.

도서 200% 활용하기 STRUCTURES

1 기출복원문제로 출제경향 파악

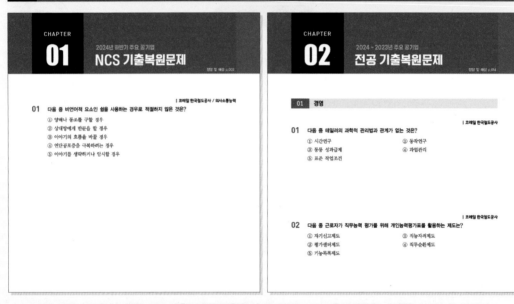

▶ 2024년 하반기 주요 공기업 NCS 기출문제를 복원하여 공기업별 NCS 출제경향을 파악할 수 있도록 하였다.
▶ 2024~2023년 주요 공기업 전공 기출문제를 복원하여 공기업별 전공 출제경향까지 익힐 수 있도록 하였다.

2 대표기출유형 + 기출응용문제로 NCS 완벽 대비

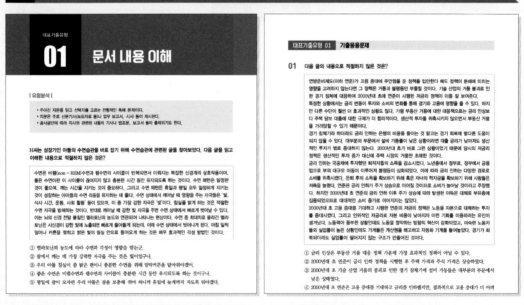

▶ NCS 출제 영역에 대한 대표기출유형&기출응용문제를 수록하여 유형별로 학습할 수 있도록 하였다.

3 적중예상문제로 전공까지 완벽 대비

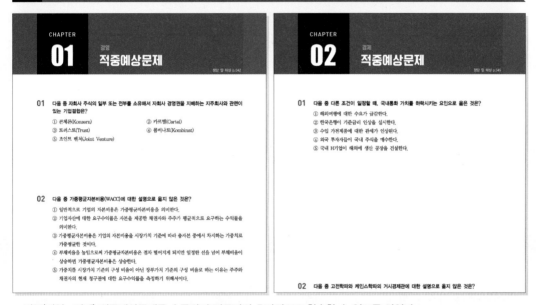

▶ 전공(경영 · 경제) 적중예상문제를 수록하여 전공까지 효과적으로 학습할 수 있도록 하였다.

4 최종점검 모의고사 + OMR을 활용한 실전 연습

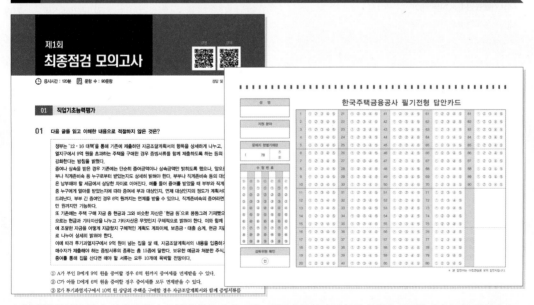

▶ 철저한 분석을 통해 실제 유형과 유사한 최종점검 모의고사를 수록하여 자신의 실력을 점검할 수 있도록 하였다.

▶ 모바일 OMR 답안채점/성적분석 서비스를 제공하여 자동으로 점수를 채점하고 확인할 수 있도록 하였다.

이 책의 차례 CONTENTS

A d d + 특별부록

CHAPTER 01 2024년 하반기 주요 공기업 NCS 기출복원문제   2

CHAPTER 02 2024~2023년 주요 공기업 전공 기출복원문제   33

PART 1   직업기초능력평가

CHAPTER 01 의사소통능력   4
대표기출유형 01 문서 내용 이해
대표기출유형 02 글의 주제 · 제목
대표기출유형 03 문단 나열
대표기출유형 04 내용 추론
대표기출유형 05 빈칸 삽입
대표기출유형 06 맞춤법 · 어휘

CHAPTER 02 수리능력   28
대표기출유형 01 응용 수리
대표기출유형 02 수열 규칙
대표기출유형 03 자료 계산
대표기출유형 04 자료 이해

CHAPTER 03 문제해결능력   42
대표기출유형 01 명제 추론
대표기출유형 02 SWOT 분석
대표기출유형 03 규칙 적용
대표기출유형 04 자료 해석

PART 2   전공시험

CHAPTER 01 경영   58

CHAPTER 02 경제   65

PART 3   최종점검 모의고사

제1회 최종점검 모의고사   76

제2회 최종점검 모의고사   136

PART 4   채용 가이드

CHAPTER 01 블라인드 채용 소개   200

CHAPTER 02 서류전형 가이드   202

CHAPTER 03 인성검사 소개 및 모의테스트   209

CHAPTER 04 면접전형 가이드   216

CHAPTER 05 한국주택금융공사 면접 기출질문   226

별 책   정답 및 해설

Add+ 특별부록   2

PART 1 직업기초능력평가   24

PART 2 전공시험   42

PART 3 최종점검 모의고사   50

OMR 답안카드

Add+

특별부록

CHAPTER 01 2024년 하반기 주요 공기업 NCS 기출복원문제

CHAPTER 02 2024 ~ 2023년 주요 공기업 전공 기출복원문제

※ 기출복원문제는 수험생들의 후기를 통해 시대에듀에서 복원한 문제로 실제 문제와 다소 차이가 있을
   수 있으며, 본 저작물의 무단전재 및 복제를 금합니다.

┃ 코레일 한국철도공사 / 의사소통능력

01 다음 중 비언어적 요소인 쉼을 사용하는 경우로 적절하지 않은 것은?

① 양해나 동조를 구할 경우
② 상대방에게 반문을 할 경우
③ 이야기의 흐름을 바꿀 경우
④ 연단공포증을 극복하려는 경우
⑤ 이야기를 생략하거나 암시할 경우

┃ 코레일 한국철도공사 / 의사소통능력

02 다음 밑줄 친 부분에 해당하는 키슬러의 대인관계 의사소통 유형은?

> 의사소통 시 이 유형의 사람은 따뜻하고 인정이 많고 자기희생적이나 타인의 요구를 거절하지 못하므로 타인과의 정서적인 거리를 유지하는 노력이 필요하다.

① 지배형   ② 사교형
③ 친화형   ④ 고립형
⑤ 순박형

03 다음 글을 통해 알 수 있는 철도사고 발생 시 행동요령으로 적절하지 않은 것은?

철도사고는 지하철, 고속철도 등 철도에서 발생하는 사고를 뜻한다. 많은 사람이 한꺼번에 이용하며 무거운 전동차가 고속으로 움직이는 특성상 철도사고가 발생할 경우 인명과 재산에 큰 피해가 발생한다.

철도사고는 다양한 원인에 의해 발생하며 사고 유형 또한 다양하게 나타나는데, 대표적으로는 충돌사고, 탈선사고, 열차화재사고가 있다. 이 사고들은 철도안전법에서 철도교통사고로 규정되어 있으며, 많은 인명피해를 야기하므로 철도사업자는 반드시 이를 예방하기 위한 조치를 취해야 한다. 또한 승객들은 위험으로부터 빠르게 벗어나기 위해 사고 시 대피요령을 파악하고 있어야 한다.

국토교통부는 철도사고 발생 시 인명과 재산을 보호하기 위한 국민행동요령을 제시하고 있다. 이 행동요령에 따르면 지하철에서 사고가 발생할 경우 가장 먼저 객실 양 끝에 있는 인터폰으로 승무원에게 사고를 알려야 한다. 만약 화재가 발생했다면 곧바로 119에 신고하고, 여유가 있다면 객실 양 끝에 비치된 소화기로 불을 꺼야 한다. 반면 화재의 진화가 어려울 경우 입과 코를 젖은 천으로 막고 화재가 발생하지 않은 다른 객실로 이동해야 한다. 전동차에서 대피할 때는 안내방송과 승무원의 안내에 따라 질서 있게 대피해야 하며 이때 부상자, 노약자, 임산부가 먼저 대피할 수 있도록 배려하고 도와주어야 한다. 만약 전동차의 문이 열리지 않으면 반드시 열차가 멈춘 후에 안내방송에 따라 비상핸들이나 비상콕크를 돌려 문을 열고 탈출해야 한다. 전동차가 플랫폼에 멈췄을 경우 스크린도어를 열고 탈출해야 하는데, 손잡이를 양쪽으로 밀거나 빨간색 비상바를 밀고 탈출해야 한다. 반대로 역이 아닌 곳에서 멈췄을 경우 감전의 위험이 있으므로 반드시 승무원의 안내에 따라 반대편 선로의 열차 진입에 유의하며 대피 유도등을 따라 침착하게 비상구로 대피해야 한다.

이와 같이 승객들은 철도사고 발생 시 신고, 질서 유지, 빠른 대피를 중점적으로 유념하여 행동해야 한다. 철도사고는 사고 자체가 일어나지 않도록 철저한 안전관리와 예방이 필요하지만, 다양한 원인으로 예상치 못하게 발생한다. 따라서 철도교통을 이용하는 승객 또한 평소에 안전 수칙을 준수하고 비상 상황에서 침착하게 대처하는 훈련이 필요하다.

① 침착함을 잃지 않고 승무원의 안내에 따라 대피해야 한다.
② 화재사고 발생 시 규모가 크지 않다면 빠르게 진화 작업을 해야 한다.
③ 선로에서 대피할 경우 승무원의 안내와 대피 유도등을 따라 대피해야 한다.
④ 열차에서 대피할 때는 탈출이 어려운 사람부터 대피할 수 있도록 도와야 한다.
⑤ 열차사고 발생 시 탈출을 위해 우선 비상핸들을 돌려 열차의 문을 개방해야 한다.

04 다음 글을 읽고 알 수 있는 하향식 읽기 모형의 사례로 적절하지 않은 것은?

> 글을 읽는 것은 단순히 책에 쓰인 문자를 해독하는 것이 아니라 그 안에 담긴 의미를 파악하는 과정이다. 그렇다면 사람들은 어떤 방식으로 글의 의미를 파악할까? 세상의 모든 어휘를 알고 있는 사람은 없을 것이다. 그러나 대부분의 사람들, 특히 고등교육을 받은 성인들은 자신이 잘 모르는 어휘가 있더라도 글의 전체적인 맥락과 의미를 파악할 수 있다. 이를 설명해 주는 것이 바로 하향식 읽기 모형이다.
>
> 하향식 읽기 모형은 독자가 이미 알고 있는 배경지식과 경험을 바탕으로 글의 전체적인 맥락을 먼저 파악하는 방식이다. 하향식 읽기 모형은 독자의 능동적인 참여를 활용하는 읽기로, 여기서 독자는 단순히 글을 받아들이는 수동적인 존재가 아니라 자신의 지식과 경험을 활용하여 글의 의미를 구성해 나가는 주체적인 역할을 한다. 이때 독자는 글의 내용을 예측하고 추론하며, 심지어 자신의 생각을 더하여 글에 대한 이해를 넓혀갈 수 있다.
>
> 하향식 읽기 모형의 장점은 빠르고 효율적인 독서가 가능하다는 것이다. 글의 전체적인 맥락을 먼저 파악하기 때문에 글의 핵심 내용을 빠르게 파악할 수 있고, 배경지식을 활용하여 더 깊이 있는 이해를 얻을 수 있다. 또한 예측과 추론을 통한 능동적인 독서는 독서에 대한 흥미를 높여 주는 효과도 있다.
>
> 그러나 하향식 읽기 모형은 독자의 배경지식에 의존하여 읽는 방법이므로 배경지식이 부족한 경우 글의 의미를 정확하게 파악하기 어려울 수 있으며, 배경지식에 의존하여 오해를 할 가능성도 크다. 또한 글의 내용이 복잡하다면 많은 배경지식을 가지고 있더라도 글의 맥락을 적극적으로 가정하거나 추측하기 어려운 것 또한 하향식 읽기 모형의 단점이 된다.
>
> 하향식 읽기 모형은 글의 내용을 빠르게 이해하고 독자 스스로 내면화할 수 있으므로 독서 능력 향상에 유용한 방법이다. 그러나 모든 글에 동일하게 적용할 수 있는 읽기 모형은 아니므로 글의 종류와 독자의 배경지식에 따라 적절한 읽기 전략을 사용해야 한다. 따라서 하향식 읽기 모형과 함께 상향식 읽기(문자의 정확한 해독), 주석 달기, 소리 내어 읽기 등 다양한 읽기 전략을 활용하여야 한다.

① 회의 자료를 읽기 전 회의 주제를 먼저 파악하여 회의 안건을 예상하였다.

② 기사의 헤드라인을 먼저 읽어 기사의 내용을 유추한 뒤 상세 내용을 읽었다.

③ 제품 설명서를 읽어 제품의 기능과 각 버튼의 용도를 파악하고 기계를 작동시켰다.

④ 요리법의 전체적인 조리 과정을 파악하고 단계별로 필요한 재료와 순서를 확인하였다.

⑤ 서문이나 목차를 통해 책의 전체적인 흐름을 파악하고 관심 있는 부분을 집중적으로 읽었다.

05 농도가 15%인 소금물 200g과 농도가 20%인 소금물 300g을 섞었을 때, 섞인 소금물의 농도는?

① 17%

② 17.5%

③ 18%

④ 18.5%

⑤ 19%

06 남직원 A ~ C, 여직원 D ~ F 6명이 일렬로 앉고자 한다. 동성끼리 인접하지 않고, 여직원 D와 남직원 B가 서로 인접하여 앉는 경우의 수는?

① 12가지

② 20가지

③ 40가지

④ 60가지

⑤ 120가지

07 다음과 같이 일정한 규칙으로 수를 나열할 때, 빈칸에 들어갈 수는?

-23	-15	-11	5	13	25	( )	45	157	65

① 49

② 53

③ 57

④ 61

⑤ 65

08 다음은 K시의 유치원, 초·중·고등학교, 고등교육기관의 취학률 및 초·중·고등학교의 상급학교 진학률에 대한 자료이다. 이에 대한 설명으로 옳지 않은 것은?

〈유치원, 초·중·고등학교, 고등교육기관 취학률〉

(단위 : %)

구분	2014년	2015년	2016년	2017년	2018년	2019년	2020년	2021년	2022년	2023년
유치원	45.8	45.2	48.3	50.6	51.6	48.1	44.3	45.8	49.7	52.8
초등학교	98.7	99	98.6	98.9	99.3	99.6	98.1	98.1	99.5	99.9
중학교	98.5	98.6	98.1	98	98.9	98.5	97.1	97.6	97.5	98.2
고등학교	95.3	96.9	96.2	95.4	96.2	94.7	92.1	93.7	95.2	95.6
고등교육기관	65.6	68.9	64.9	66.2	67.5	69.2	70.8	71.7	74.3	73.5

〈초·중·고등학교 상급학교 진학률〉

(단위 : %)

구분	2014년	2015년	2016년	2017년	2018년	2019년	2020년	2021년	2022년	2023년
초등학교	100	100	100	100	100	100	100	100	100	100
중학교	99.7	99.7	99.7	99.7	99.7	99.7	99.7	99.7	99.7	99.6
고등학교	93.5	91.8	90.2	93.2	91.7	90.5	91.4	92.6	93.9	92.8

① 중학교의 취학률은 매년 97% 이상이다.

② 매년 취학률이 가장 높은 기관은 초등학교이다.

③ 고등교육기관의 취학률이 70%를 넘긴 해는 2020년부터이다.

④ 2023년에 중학교에서 고등학교로 진학하지 않은 학생의 비율은 전년 대비 감소하였다.

⑤ 고등교육기관의 취학률이 가장 낮은 해와 고등학교의 상급학교 진학률이 가장 낮은 해는 같다.

09 다음은 A기업과 B기업의 2024년 1 ~ 6월 매출액에 대한 자료이다. 이를 그래프로 옮겼을 때의 개형으로 옳은 것은?

〈2024년 1 ~ 6월 A, B기업 매출액〉

(단위 : 억 원)

구분	2024년 1월	2024년 2월	2024년 3월	2024년 4월	2024년 5월	2024년 6월
A기업	307.06	316.38	315.97	294.75	317.25	329.15
B기업	256.72	300.56	335.73	313.71	296.49	309.85

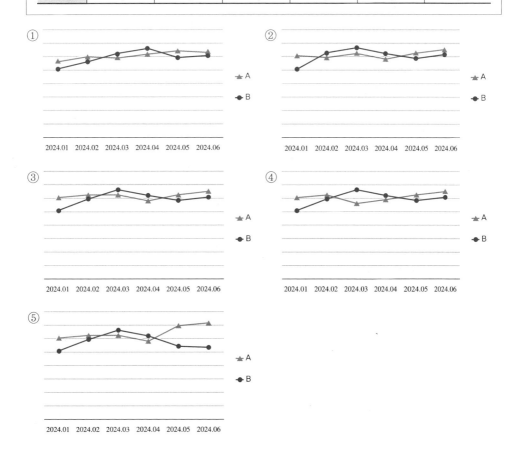

10 다음은 스마트 팜을 운영하는 K사에 대한 SWOT 분석 결과이다. 이에 따른 전략이 나머지와 다른 것은?

<K사 스마트 팜 SWOT 분석 결과>

구분		분석 결과
내부환경요인	강점 (Strength)	• 차별화된 기술력 : 기존 스마트 팜 솔루션과 차별화된 센서 기술, AI 기반 데이터 분석 기술 보유 • 젊고 유연한 조직 : 빠른 의사결정과 시장 변화에 대한 적응력 • 정부 사업 참여 경험 : 스마트 팜 관련 정부 사업 참여 가능성
	약점 (Weakness)	• 자금 부족 : 연구개발, 마케팅 등에 필요한 자금 확보 어려움 • 인력 부족 : 다양한 분야의 전문 인력 확보 필요 • 개발력 부족 : 신규 기술 개발 속도 느림
외부환경요인	기회 (Opportunity)	• 스마트 팜 시장 성장 : 스마트 팜에 대한 관심 증가와 이에 따른 정부의 적극적인 지원 • 해외 시장 진출 가능성 : 글로벌 스마트 팜 시장 진출 기회 확대 • 활발한 관련 연구 : 스마트 팜 관련 공동연구 및 포럼, 설명회 등 정보 교류가 활발하게 논의
	위협 (Threat)	• 경쟁 심화 : 후발 주자의 등장과 기존 대기업의 시장 장악 가능성 • 기술 변화 : 빠르게 변화하는 기술 트렌드에 대한 대응 어려움 • 자연재해 : 기후 변화 등 예측 불가능한 자연재해로 인한 피해 가능성

① 정부 지원을 바탕으로 연구개발에 필요한 자금을 확보
② 스마트 팜 관련 공동연구에 참가하여 빠르게 신규 기술을 확보
③ 스마트 팜에 대한 높은 관심을 바탕으로 온라인 펀딩을 통해 자금을 확보
④ 포럼 등 설명회에 적극적으로 참가하여 전문 인력 확충을 위한 인맥을 확보
⑤ 스마트 팜 관련 정부 사업 참여 경험을 바탕으로 정부의 적극적인 지원을 확보

11 다음 대화에서 공통적으로 나타나는 논리적 오류로 가장 적절한 것은?

> A : 반려견 출입 금지라고 쓰여 있는 카페에 갔는데 거절당했어. 반려견 출입 금지면 고양이는 괜찮은 거 아니야?
> B : 어제 직장동료가 "조심히 들어가세요."라고 했는데 집에 들어갈 때만 조심하라는 건가?
> C : 친구가 비가 와서 우울하다고 했는데, 비가 안 오면 행복해지겠지?
> D : 이웃을 사랑하라는 선생님의 가르침을 실천하기 위해 사기를 저지른 이웃을 숨겨 주었어.
> E : 의사가 건강을 위해 채소를 많이 먹으라고 하던데 앞으로는 채소만 먹으면 되겠어.
> F : 긍정적인 생각을 하면 좋은 일이 생기니까 아무리 나쁜 일이 있어도 긍정적으로만 생각하면 될 거야.

① 무지의 오류
② 연역법의 오류
③ 과대해석의 오류
④ 허수아비 공격의 오류
⑤ 권위나 인신공격에 의존한 논증

12 A ~ E열차를 운행거리가 가장 긴 순서대로 나열하려고 한다. 운행시간 및 평균 속력이 다음과 같을 때, C열차는 몇 번째로 운행거리가 긴 열차인가?(단, 열차 대기시간은 고려하지 않는다)

<A ~ E열차 운행시간 및 평균 속력>

구분	운행시간	평균 속력
A열차	900분	50m/s
B열차	10시간 30분	150km/h
C열차	8시간	55m/s
D열차	720분	2.5km/min
E열차	10시간	2.7km/min

① 첫 번째
② 두 번째
③ 세 번째
④ 네 번째
⑤ 다섯 번째

13 다음 글에서 나타난 문제해결 절차의 단계로 가장 적절한 것은?

> K대학교 기숙사는 최근 학생들의 불만이 끊이지 않고 있다. 특히, 식사의 질이 낮고, 시설이 노후화되었으며, 인터넷 연결 상태가 불안정하다는 의견이 많았다. 이에 K대학교 기숙사 운영위원회는 문제해결을 위해 긴급회의를 소집했다.
>
> 회의에서 학생 대표들은 식단의 다양성 부족, 식재료의 신선도 문제, 식당 내 위생 상태 불량 등을 지적했다. 또한, 시설 관리 담당자는 건물 외벽의 균열, 낡은 가구, 잦은 누수 현상 등 시설 노후화 문제를 강조했다. IT 담당자는 기숙사 내 와이파이 연결 불안정, 인터넷 속도 저하 등 통신환경 문제를 제기했다.
>
> 운영위원회는 이러한 다양한 의견을 종합하여 문제를 더욱 구체적으로 분석하기로 결정했다. 먼저, 식사 문제의 경우 학생들의 식습관 변화에 따른 메뉴 구성의 문제점, 식자재 조달 과정의 비효율성, 조리 시설의 부족 등의 문제점을 파악했다. 시설 문제는 건물의 노후화로 인한 안전 문제, 에너지 효율 저하, 학생들의 편의성 저하 등으로 세분화했다. 마지막으로, 통신환경 문제는 기존 네트워크 장비의 노후화, 학생 수 증가에 따른 네트워크 부하 증가 등의 세부 문제가 제시되었다.

① 문제 인식   ② 문제 도출
③ 원인 분석   ④ 해결안 개발
⑤ 실행 및 평가

14 다음 중 빈칸에 들어갈 단어로 가장 적절한 것은?

> 감사원의 조사 결과 J공사는 공공사업을 위해 투입된 세금을 본래의 목적에 사용하지 않고 무단으로 _____했음이 밝혀졌다.

① 전용(轉用)   ② 남용(濫用)
③ 적용(適用)   ④ 활용(活用)
⑤ 준용(遵用)

15 다음 중 비행을 하기 위한 시조새의 신체 조건으로 가장 적절한 것은?

시조새(Archaeopteryx)는 약 1억 5천만 년 전 중생대 쥐라기 시대에 살았던 고대 생물로, 조류와 공룡의 중간 단계에 위치한 생물이다. 1861년 독일 바이에른 지방에 있는 졸른호펜 채석장에서 화석이 발견된 이후, 시조새는 조류의 기원과 공룡에서 새로의 진화 과정을 밝히는 데 중요한 단서를 제공해 왔다. '시조(始祖)'라는 이름에서 알 수 있듯이 시조새는 현대 조류의 조상으로 여겨지며 고생물학계에서 매우 중요한 연구 대상으로 취급된다.

시조새는 오늘날의 새와는 여러 가지 차이점이 있다. 이빨이 있는 부리, 긴 척추뼈로 이루어진 꼬리, 그리고 날개에 있는 세 개의 갈고리 발톱은 공룡의 특징을 잘 보여준다. 비록 현대 조류처럼 가슴뼈가 비행에 최적화된 형태로 발달되지는 않았지만, 갈비뼈와 팔에 강한 근육이 붙어있어 짧은 거리를 활강하거나 나뭇가지 사이를 오르내리며 이동할 수 있었던 것으로 추정된다.

한편, 시조새는 비대칭형 깃털을 가진 최초의 동물 중 하나로, 이는 비행을 하기에 적합한 형태이다. 시조새의 깃털은 현대의 날 수 있는 조류처럼 바람을 맞는 곳의 깃털은 짧고, 뒤쪽은 긴 형태인데, 이러한 비대칭형 깃털은 양력을 제공해 짧은 거리의 활강을 가능하게 했으며, 새의 조상으로서 비행의 초기 형태를 보여준다. 이로 인해 시조새는 공룡에서 새로 이어지는 진화 과정을 이해하는 데 있어 중요한 생물학적 증거로 여겨지고 있다.

시조새의 화석 연구는 당시의 생태계에 대한 정보도 제공하고 있다. 시조새는 열대 우림이나 활엽수림 근처에서 생활하며 나뭇가지를 오르내렸을 가능성이 큰 것으로 추정된다. 시조새의 이동 방식에 대해서는 여러 가설이 존재하지만, 짧은 거리의 활강을 통해 먹이를 찾고 이동했을 것이라는 주장이 유력하다.

결론적으로 시조새는 공룡과 새의 특성을 모두 가진 중간 단계의 생물로, 진화의 과정을 이해하는 데 핵심적인 역할을 한다. 시조새의 다양한 신체적 특징들은 공룡에서 새로 이어지는 진화의 연결고리를 보여주며, 조류 비행의 기원을 이해하는 중요한 증거로 평가된다.

① 날개 사이에 근육질의 익막이 있다.
② 날개에는 세 개의 갈고리 발톱이 있다.
③ 날개의 깃털이 비대칭 구조로 형성되어 있다.
④ 척추뼈가 꼬리까지 이어지는 유선형 구조이다.
⑤ 현대 조류처럼 가슴뼈가 비행에 최적화된 구조이다.

16 다음 글의 주제로 가장 적절한 것은?

사람들에게 의학을 대표하는 인물을 물어본다면 대부분 히포크라테스(Hippocrates)를 떠올릴 것이다. 히포크라테스는 당시 신의 징벌이나 초자연적인 힘으로 생각되었던 질병을 관찰을 통해 자연적 현상으로 이해하였고, 당시 마술이나 철학으로 여겨졌던 의학을 분리하였다. 이에 따라 의사라는 직업이 과학적인 기반 위에 만들어지게 되었다. 현재에는 의학의 아버지로 불리며 히포크라테스 선서라고 불리는 의사의 윤리적 기준을 저술한 것으로 알려져 있다. 이처럼 히포크라테스는 서양의학의 상징으로 받아들여지지만, 서양의학에 절대적인 영향을 준 사람은 클라우디오스 갈레노스(Claudius Galenus)이다.

갈레노스는 로마 시대 검투사 담당의에서 황제 마르쿠스 아우렐리우스의 주치의로 활동한 의사로, 해부학, 생리학, 병리학에 걸친 방대한 의학체계를 집대성하여 이후 1,000년 이상 서양의학의 토대를 닦았다. 당시에는 인체의 해부가 금지되어 있었기 때문에 갈레노스는 원숭이, 돼지 등을 사용하여 해부학적 지식을 쌓았으며, 임상 실험을 병행하여 의학적 지식을 확립하였다. 이러한 해부 및 실험을 통해 갈레노스는 여러 장기의 기능을 밝히고, 근육과 뼈를 구분하였으며, 심장의 판막이나 정맥과 동맥의 차이점 등을 밝혀내거나, 혈액이 혈관을 통해 신체 말단까지 퍼져나가며 신진대사를 조절하는 물질을 운반한다고 밝혀냈다. 물론 갈레노스도 히포크라테스가 주장한 4원소에 따른 4체액설(혈액, 담즙, 황담즙, 흑담즙)을 믿거나 피를 뽑아 치료하는 사혈법을 주장하는 등 현대 의학과는 거리가 있지만, 당시에 의학 이론을 해부와 실험을 통해 증명하고 방대한 저술을 남겼다는 놀라운 업적을 가지고 있으며, 이것이 실제로 가장 오랫동안 서양의학을 실제로 지배하는 토대가 되었다.

① 갈레노스의 생애와 의학의 발전
② 고대에서 현대까지 해부학의 발전 과정
③ 히포크라테스 선서에 의한 전문직의 도덕적 기준
④ 히포크라테스와 갈레노스가 서양의학에 끼친 영향과 중요성
⑤ 히포크라테스와 갈레노스의 4체액설이 현대 의학에 끼친 영향

17 다음 중 제시된 단어와 가장 비슷한 단어는?

비상구

① 진입로   ② 출입구

③ 돌파구   ④ 여울목

⑤ 탈출구

18 A열차가 어떤 터널을 진입하고 5초 후 B열차가 같은 터널에 진입하였다. 그로부터 5초 후 B열차가 터널을 빠져나왔고 5초 후 A열차가 터널을 빠져나왔다. A열차가 터널을 빠져나오는 데 걸린 시간이 14초일 때, B열차는 A열차보다 몇 배 빠른가?(단, A열차와 B열차 모두 속력의 변화는 없으며, 두 열차의 길이는 서로 같다)

① 2배   ② 2.5배

③ 3배   ④ 3.5배

⑤ 4배

19 A팀은 5일부터 5일마다 회의실을 사용하고, B팀은 4일부터 4일마다 회의실을 사용하기로 하였으며, 두 팀이 사용하고자 하는 날이 겹칠 경우에는 A, B팀이 번갈아가며 사용하기로 하였다. 어느 날 A팀과 B팀이 사용하고자 하는 날이 겹쳤을 때, 겹친 날을 기준으로 A팀이 9번, B팀이 8번 회의실을 사용했다면, 이때까지 A팀은 회의실을 최대 몇 번 이용하였는가?(단, 회의실 사용일이 첫 번째로 겹친 날에는 A팀이 먼저 사용하였으며, 회의실 사용일은 주말 및 공휴일도 포함한다)

① 61회   ② 62회

③ 63회   ④ 64회

⑤ 65회

20 다음 모스 굳기 10단계에 해당하는 광물 A ~ C가 〈조건〉을 만족할 때, 이에 대한 설명으로 옳은 것은?

<표>

〈모스 굳기 10단계〉				
단계	1단계	2단계	3단계	4단계	5단계
광물	활석	석고	방해석	형석	인회석
단계	6단계	7단계	8단계	9단계	10단계
광물	정장석	석영	황옥	강옥	금강석

- 모스 굳기 단계의 단계가 낮을수록 더 무른 광물이고, 단계가 높을수록 단단한 광물이다.
- 단계가 더 낮은 광물로 단계가 더 높은 광물을 긁으면 긁힘 자국이 생기지 않는다.
- 단계가 더 높은 광물로 단계가 더 낮은 광물을 긁으면 긁힘 자국이 생긴다.

조건

- 광물 A로 광물 B를 긁으면 긁힘 자국이 생기지 않는다.
- 광물 A로 광물 C를 긁으면 긁힘 자국이 생긴다.
- 광물 B로 광물 C를 긁으면 긁힘 자국이 생긴다.
- 광물 B는 인회석이다.

① 광물 C는 석영이다.
② 광물 A는 방해석이다.
③ 광물 A가 가장 무르다.
④ 광물 B가 가장 단단하다.
⑤ 광물 B는 모스 굳기 단계가 7단계 이상이다.

21 J공사는 지방에 있는 지점 사무실을 공유 오피스로 이전하고자 한다. 다음 사무실 이전 조건을 참고할 때, 〈보기〉 중 이전할 오피스로 가장 적절한 곳은?

〈사무실 이전 조건〉
- 지점 근무 인원 : 71명
- 사무실 예상 이용 기간 : 5년
- 교통 조건 : 역이나 버스 정류장에서 도보 10분 이내
- 시설 조건 : 자사 홍보영상 제작을 위한 스튜디오 필요, 회의실 필요
- 비용 조건 : 다른 조건이 모두 가능한 공유 오피스 중 가장 저렴한 곳(1년 치 비용 선납 가능)

보기

구분	가용 인원수	보유시설	교통 조건	임대비용
A오피스	100인	라운지, 회의실, 스튜디오, 복사실, 탕비실	A역에서 도보 8분	1인당 연간 600만 원
B오피스	60인	회의실, 스튜디오, 복사실	B정류장에서 도보 5분	1인당 월 40만 원
C오피스	100인	라운지, 회의실, 스튜디오	C역에서 도보 7분	월 3,600만 원
D오피스	90인	회의실, 복사실, 탕비실	D정류장에서 도보 4분	월 3,500만 원 (1년 치 선납 시 8% 할인)
E오피스	80인	라운지, 회의실, 스튜디오	E역과 연결된 사무실	월 3,800만 원 (1년 치 선납 시 10% 할인)

① A오피스
② B오피스
③ C오피스
④ D오피스
⑤ E오피스

※ 다음은 에너지바우처 사업에 대한 자료이다. 이어지는 질문에 답하시오. [22~23]

〈에너지바우처〉

1. 에너지바우처란?

   국민 모두가 시원한 여름, 따뜻한 겨울을 보낼 수 있도록 에너지 취약계층을 위해 에너지바우처(이용권)를 지급하여 전기, 도시가스, 지역난방, 등유, LPG, 연탄을 구입할 수 있도록 지원하는 제도

2. 신청대상 : 소득기준과 세대원 특성기준을 모두 충족하는 세대

   • 소득기준 : 국민기초생활 보장법에 따른 생계급여 / 의료급여 / 주거급여 / 교육급여 수급자

   • 세대원 특성기준 : 주민등록표 등본상 기초생활수급자(본인) 또는 세대원이 다음 중 어느 하나에 해당하는 경우

     − 노인 : 65세 이상

     − 영유아 : 7세 이하의 취학 전 아동

     − 장애인 : 장애인복지법에 따라 등록한 장애인

     − 임산부 : 임신 중이거나 분만 후 6개월 미만인 여성

     − 중증질환자, 희귀질환자, 중증난치질환자 : 국민건강보험법 시행령에 따라 보건복지부장관이 정하여 고시하는 중증질환, 희귀질환, 중증난치질환을 가진 사람

     − 한부모가족 : 한부모가족지원법에 따른 '모' 또는 '부'로서 아동인 자녀를 양육하는 사람

     − 소년소녀가정 : 보건복지부에서 정한 아동분야 지원대상에 해당하는 사람(아동복지법에 의한 가정위탁보호 아동 포함)

   • 지원 제외 대상 : 세대원 모두가 보장시설 수급자

   • 다음의 경우 동절기 에너지바우처 중복 지원 불가

     − 긴급복지지원법에 따라 동절기 연료비를 지원받은 자(세대)

     − 한국에너지공단의 등유바우처를 발급받은 자(세대)

     − 한국광해광업공단의 연탄쿠폰을 발급받은 자(세대)

     ※ 하절기 에너지바우처를 사용한 수급자가 동절기에 위 사업들을 신청할 경우 동절기 에너지바우처를 중지 처리한 후 신청함(중지사유 : 타동절기 에너지이용권 수급)

     ※ 동절기 에너지바우처를 일부 사용한 경우 위 사업들은 신청 불가함

3. 바우처 지원금액

구분	1인 세대	2인 세대	3인 세대	4인 이상 세대
하절기	55,700원	73,800원	90,800원	117,000원
동절기	254,500원	348,700원	456,900원	599,300원
총액	310,200원	422,500원	547,700원	716,300원

4. 지원방법

   • 요금차감

     − 하절기 : 전기요금 고지서에서 요금을 자동으로 차감

     − 동절기 : 도시가스 / 지역난방 중 하나를 선택하여 고지서에서 요금을 자동으로 차감

   • 실물카드 : 동절기 도시가스, 등유, LPG, 연탄을 실물카드(국민행복카드)로 직접 결제

22 다음 중 에너지바우처에 대한 설명으로 옳지 않은 것은?

① 36개월의 아이가 있는 의료급여 수급자 A는 에너지바우처를 신청할 수 있다.

② 혼자서 아이를 3명 키우는 교육급여 수급자 B는 1년에 70만 원을 넘게 지원받을 수 있다.

③ 보장시설인 양로시설에 살면서 생계급여를 받는 70세 독거노인 C는 에너지바우처를 신청할 수 있다.

④ 에너지바우처 기준을 충족하는 D는 겨울에 연탄보일러를 사용하므로 실물카드를 받는 방법으로 지원을 받아야 한다.

⑤ 희귀질환을 앓고 있는 어머니와 함께 단둘이 사는 생계급여 수급자 E는 에너지바우처를 통해 여름에 전기비에서 73,800원이 차감될 것이다.

23 다음은 A, B가족의 에너지바우처 정보이다. A, B가족이 올해 에너지바우처를 통해 지원받는 금액의 총합은 얼마인가?

<A, B가족의 에너지바우처 정보>

구분	세대 인원	소득기준	세대원 특성기준	특이사항
A가족	5명	의료급여 수급자	영유아 2명	연탄쿠폰 발급받음
B가족	2명	생계급여 수급자	소년소녀가정	지역난방 이용

① 190,800원

② 539,500원

③ 948,000원

④ 1,021,800원

⑤ 1,138,800원

24 다음 C 프로그램을 실행하였을 때의 결과로 옳은 것은?

```
#include <stdio.h>
int main( ) {
    int result=0;
    while (result<2) {
        result=result+1;
        printf("%d\n",result);
        result=result-1;
    }
}
```

① 실행되지 않는다.

② 0
　 1

③ 0
　 -1

④ 1
　 1

⑤ 1이 무한히 출력된다.

25 다음은 A국과 B국의 물가지수 동향에 대한 자료이다. [E2] 셀에 「=ROUND(D2,-1)」를 입력하
였을 때, 출력되는 값은?

<A, B국 물가지수 동향>

◢	A	B	C	D	E
1		A국	B국	평균 판매지수	
2	2024년 1월	122.313	112.36	117.3365	
3	2024년 2월	119.741	110.311	115.026	
4	2024년 3월	117.556	115.379	116.4675	
5	2024년 4월	124.739	118.652	121.6955	
6	⋮	⋮	⋮	⋮	
7					

① 100

② 105

③ 110

④ 115

⑤ 120

26 다음 글의 빈칸에 들어갈 내용으로 가장 적절한 것은?

> 주의력 결핍 과잉행동장애(ADHD)는 학령기 아동에게 흔히 나타나는 질환으로, 주의력 결핍, 과잉행동, 충동성의 증상을 보인다. 이는 아동의 학교 및 가정생활에 큰 영향을 미치며, 적절한 치료와 관리가 필요하다. ADHD의 원인은 신경화학적 요인과 유전적 요인이 복합적으로 작용하는 것으로 여겨진다. 도파민과 노르에피네프린 같은 신경전달물질의 불균형이 주요 원인으로 지목되며, 가족력이 있는 경우 ADHD 발병 확률이 높아진다. 연구에 따르면, ADHD는 상당한 유전적 연관성을 보이며, 부모나 형제 중에 ADHD를 가진 사람이 있을 경우 그 위험이 증가한다.
>
> 환경적 요인도 ADHD 발병에 영향을 미칠 수 있다. 임신 중 음주, 흡연, 약물 사용 등이 위험을 높일 수 있으며, 조산이나 저체중 출산도 연관성이 있다. 이러한 환경적 요인들은 태아의 뇌 발달에 영향을 미쳐 ADHD 발병 가능성을 증가시킬 수 있다. 그러나 이러한 요인들이 단독으로 ADHD를 유발하는 것은 아니며, 다양한 요인이 복합적으로 작용하여 증상이 나타난다.
>
> ADHD 치료는 약물요법과 비약물요법으로 나뉜다. 약물요법에서는 메틸페니데이트 같은 중추신경 자극제가 널리 사용된다. 이 약물은 도파민과 노르에피네프린의 재흡수를 억제해 증상을 완화한다. 이러한 약물은 주의력 향상과 충동성 감소에 효과적이며, 많은 연구에서 그 효능이 입증되었다. 비약물요법으로는 행동개입 요법과 심리사회적 프로그램이 있다. 이는 구조화된 환경에서 집중을 방해하는 요소를 최소화하고, 연령에 맞는 개입방법을 적용한다. 예를 들어, 학령기 아동에게는 그룹 부모훈련과 교실 내 행동개입 프로그램이 추천된다.
>
> 가정에서는 부모가 아이가 해야 할 일을 목록으로 작성하도록 돕고, 한 번에 한 가지씩 처리하도록 지도해야 한다. 특히 아이의 바람직한 행동에는 칭찬하고, 잘못된 행동에는 책임을 지도록 하는 것이 중요하다. 이러한 방법은 아이의 자존감을 높이고 긍정적인 행동을 강화하는 데 도움이 된다. 학교에서는 과제를 짧게 나누고, 수업이 지루하지 않도록 하며, 규칙과 보상을 일관되게 유지해야 한다. 교사는 ADHD 아동이 주의가 산만해질 수 있는 환경적 요소를 제거하고, 많은 격려와 칭찬을 통해 학습 동기를 유발해야 한다.
>
> ADHD는 완치가 어려운 만성 질환이지만 적절한 치료와 관리를 통해 증상을 개선할 수 있다. 약물 치료와 비약물 치료를 병행하고 가정과 학교에서 적절한 지원이 이루어지면 ADHD 아동도 건강하고 행복한 삶을 영위할 수 있다. 결론적으로, ADHD는 _____
> 따라서 다양한 원인에 부합하는 맞춤형 치료와 환경 조성을 통해 아동의 잠재력을 최대한 발휘할 수 있도록 지원해야 한다. 이는 아동이 자신의 능력을 충분히 발휘하고 성공적인 삶을 살아가는 데 중요한 역할을 한다.

① 완벽한 치료가 불가능한 불치병이다.
② 약물 치료를 통해 쉽게 치료가 가능하다.
③ 다양한 원인이 복합적으로 작용하는 질환이다.
④ 아동에게 적극적으로 개입해 충동성을 감소시켜야 하는 질환이다.

27 다음 중 밑줄 친 부분의 맞춤법이 옳지 않은 것은?

① 김주임은 지난 분기 매출을 조사하여 증가량을 <u>백분율</u>로 표기하였다.

② 젊은 세대를 중심으로 빠른 이직 트렌드가 형성되어 <u>이직률</u>이 높아지고 있다.

③ 이번 학기 <u>출석율</u>이 이전보다 크게 향상되어 학생들의 참여도가 높아지고 있다.

④ 이번 시험의 <u>합격률</u>이 역대 최고치를 기록하며 수험생들에게 희망을 안겨주었다.

28 S공사는 2024년 상반기에 신입사원을 채용하였다. 전체 지원자 중 채용에 불합격한 남성 수와 여성 수의 비율은 같으며, 합격한 남성 수와 여성 수의 비율은 2 : 3이라고 한다. 남성 전체 지원자와 여성 전체 지원자의 비율이 6 : 7일 때, 합격한 남성 수가 32명이면 전체 지원자는 몇 명인가?

① 192명
② 200명
③ 208명
④ 216명

29 다음은 직장가입자 보수월액보험료에 대한 자료이다. A씨가 〈조건〉에 따라 장기요양보험료를 납부할 때, A씨의 2023년 보수월액은?(단, 소수점 첫째 자리에서 반올림한다)

〈직장가입자 보수월액보험료〉

- 개요 : 보수월액보험료는 직장가입자의 보수월액에 보험료율을 곱하여 산정한 금액에 경감 등을 적용하여 부과한다.
- 보험료 산정 방법
  - 건강보험료는 다음과 같이 산정한다.
    (건강보험료)=(보수월액)×(건강보험료율)
    ※ 보수월액 : 동일사업장에서 당해 연도에 지급받은 보수총액을 근무월수로 나눈 금액
  - 장기요양보험료는 다음과 같이 산정한다.
    2022.12.31. 이전 : (장기요양보험료)=(건강보험료)×(장기요양보험료율)
    2023.01.01. 이후 : (장기요양보험료)=(건강보험료)×$\dfrac{(장기요양보험료율)}{(건강보험료율)}$

〈2020 ~ 2024년 보험료율〉

(단위 : %)

구분	2020년	2021년	2022년	2023년	2024년
건강보험료율	6.67	6.86	6.99	7.09	7.09
장기요양보험료율	10.25	11.52	12.27	0.9082	0.9182

조건

- A씨는 K공사에서 2011년 3월부터 2023년 9월까지 근무하였다.
- A씨는 3개월 후 2024년 1월부터 S공사에서 현재까지 근무하고 있다.
- A씨의 2023년 장기요양보험료는 35,120원이었다.

① 3,866,990원   ② 3,974,560원
③ 4,024,820원   ④ 4,135,970원

30 다음 중 개인정보보호법에서 사용하는 용어에 대한 정의로 옳지 않은 것은?

① '가명처리'란 추가 정보 없이도 특정 개인을 알아볼 수 있도록 처리하는 것을 말한다.

② '정보주체'란 처리되는 정보에 의하여 알아볼 수 있는 사람으로서 그 정보의 주체가 되는 사람을 말한다.

③ '개인정보'란 살아 있는 개인에 관한 정보로서 성명, 주민등록번호 및 영상 등을 통하여 개인을 알아볼 수 있는 정보를 말한다.

④ '처리'란 개인정보의 수집, 생성, 연계, 연동, 기록, 저장, 보유, 가공, 편집, 검색, 출력, 정정, 복구, 이용, 제공, 공개, 파기, 그 밖에 이와 유사한 행위를 말한다.

31 다음은 생활보조금 신청자의 소득 및 결과에 대한 자료이다. 월 소득이 100만 원 이하인 사람은 보조금 지급이 가능하고, 100만 원을 초과한 사람은 보조금 지급이 불가능할 때, 보조금 지급을 받는 사람의 수를 구하는 함수로 옳은 것은?

〈생활보조금 신청자 소득 및 결과〉

	A	B	C	D	E
1	지원번호	소득(만 원)	결과		
2	1001	150	불가능		
3	1002	80	가능		보조금 지급 인원 수
4	1003	120	불가능		
5	1004	95	가능		
6	⋮	⋮	⋮		
7					

① =COUNTIF(A:C, "< =100")

② =COUNTIF(A:C, < =100)

③ =COUNTIF(B:B, "< =100")

④ =COUNTIF(B:B, < =100)

32 다음은 초등학생의 주차별 용돈에 대한 자료이다. 빈칸에 들어갈 함수를 바르게 짝지은 것은?(단, 한 달은 4주로 한다)

〈초등학생 주차별 용돈〉

	A	B	C	D	E	F
1	학생번호	1주	2주	3주	4주	합계
2	1	7,000	8,000	12,000	11,000	(A)
3	2	50,000	60,000	45,000	55,000	
4	3	70,000	85,000	40,000	55,000	
5	4	10,000	6,000	18,000	14,000	
6	5	24,000	17,000	34,000	21,000	
7	6	27,000	56,000	43,000	28,000	
8	한 달 용돈이 150,000원 이상인 학생 수					(B)

	(A)	(B)
①	=SUM(B2:E2)	=COUNTIF(F2:F7, ">=150,000")
②	=SUM(B2:E2)	=COUNTIF(B2:E2, ">=150,000")
③	=SUM(B2:E2)	=COUNTIF(B2:E7, ">=150,000")
④	=SUM(B2:E7)	=COUNTIF(F2:F7, ">=150,000")

33 다음 중 빅데이터 분석 기획 절차를 순서대로 바르게 나열한 것은?

① 범위 설정 → 프로젝트 정의 → 위험 계획 수립 → 수행 계획 수립

② 범위 설정 → 프로젝트 정의 → 수행 계획 수립 → 위험 계획 수립

③ 프로젝트 정의 → 범위 정의 → 위험 계획 수립 → 수행 계획 수립

④ 프로젝트 정의 → 범위 설정 → 수행 계획 수립 → 위험 계획 수립

34 다음 중 밑줄 친 부분의 단어가 어법상 옳은 것은?

K씨는 항상 ㉠ <u>짜깁기 / 짜집기</u>한 자료로 보고서를 작성했다. 처음에는 아무도 눈치채지 못했지만, 시간이 지나면서 K씨의 작업이 다른 사람들의 것과 비교해 질적으로 떨어지는 것이 분명해졌다. K씨는 결국 동료들 사이에서 ㉡ <u>뒤처지기 / 뒤쳐지기</u> 시작했고, 격차를 좁히기 위해 더 많은 시간을 투자해야 했다.

	㉠	㉡
①	짜깁기	뒤처지기
②	짜깁기	뒤쳐지기
③	짜집기	뒤처지기
④	짜집기	뒤쳐지기

35 다음 중 공문서 작성 시 유의해야 할 점으로 적절하지 않은 것은?

① 한 장에 담아내는 것이 원칙이다.
② 부정문이나 의문문의 형식은 피한다.
③ 마지막엔 반드시 '끝'자로 마무리한다.
④ 날짜 다음에 괄호를 사용할 경우에는 반드시 마침표를 찍는다.

36 영서가 어머니와 함께 40분 동안 만두를 60개 빚었다고 한다. 어머니가 혼자서 1시간 동안 만두를 빚을 수 있는 개수가 영서가 혼자서 1시간 동안 만두를 빚을 수 있는 개수보다 10개 더 많을 때, 영서는 1시간 동안 만두를 몇 개 빚을 수 있는가?

① 30개　　　　　　　　　　　　② 35개
③ 40개　　　　　　　　　　　　④ 45개

37 대칭수는 순서대로 읽은 수와 거꾸로 읽은 수가 같은 수를 가리키는 말이다. 예컨대, 121, 303, 1,441, 85,058 등은 대칭수이다. 1,000 이상 50,000 미만의 대칭수는 모두 몇 개인가?

① 180개 ② 325개
③ 405개 ④ 490개

38 어떤 자연수 '25□'가 3의 배수일 때, □에 들어갈 수 있는 모든 자연수의 합은?

① 12 ② 13
③ 14 ④ 15

39 바이올린, 호른, 오보에, 플루트 4가지의 악기를 다음 〈조건〉에 따라 좌우로 4칸인 선반에 각각 1대씩 보관하려 한다. 각 칸에는 한 대의 악기만 배치할 수 있을 때, 왼쪽에서 두 번째 칸에 배치할 수 없는 악기는?

> **조건**
> • 호른은 바이올린 바로 왼쪽에 위치한다.
> • 오보에는 플루트 왼쪽에 위치하지 않는다.

① 바이올린 ② 호른
③ 오보에 ④ 플루트

40 다음 중 비영리 조직에 해당하지 않는 것은?

① 교육기관 ② 자선단체
③ 비정부기구 ④ 사회적 기업

41 다음은 D기업의 분기별 재무제표에 대한 자료이다. 2022년 4분기의 영업이익률은 얼마인가?

<D기업 분기별 재무제표>

(단위 : 십억 원, %)

구분	2022년 1분기	2022년 2분기	2022년 3분기	2022년 4분기	2023년 1분기	2023년 2분기	2023년 3분기	2023년 4분기
매출액	40	50	80	60	60	100	150	160
매출원가	30	40	70	80	100	100	120	130
매출총이익	10	10	10	( )	-40	0	30	30
판관비	3	5	5	7	8	5	7.5	10
영업이익	7	5	5	( )	-8	-5	22.5	20
영업이익률	17.5	10	6.25	( )	-80	-5	15	12.5

※ (영업이익률)=(영업이익)÷(매출액)×100

※ (영업이익)=(매출총이익)-(판관비)

※ (매출총이익)=(매출액)-(매출원가)

① -30% ② -45%

③ -60% ④ -75%

42 5km/h의 속력으로 움직이는 무빙워크를 이용하여 이동하는 데 36초가 걸렸다. 무빙워크 위에서 무빙워크와 같은 방향으로 4km/h의 속력으로 걸어 이동할 때 걸리는 시간은?

① 10초 ② 15초

③ 20초 ④ 25초

43 다음 순서도에서 출력되는 result 값은?

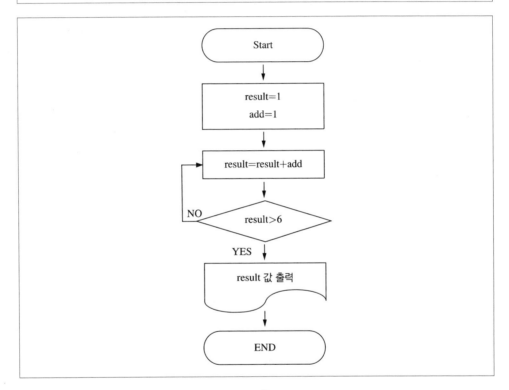

① 11 ② 10

③ 9 ④ 8

⑤ 7

44 다음은 A컴퓨터 A/S센터의 하드디스크 수리 방문접수 과정에 대한 순서도이다. 하드디스크 데이터 복구를 문의할 때, 출력되는 도형은 무엇인가?

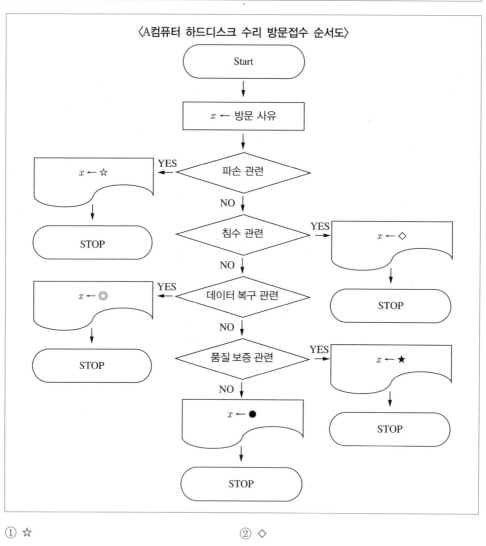

〈순서도 기호〉

기호	설명	기호	설명
	시작과 끝을 나타낸다.		어느 것을 택할 것인지 판단한다.
	데이터를 입력하거나 계산하는 등의 처리를 한다.		선택한 값을 출력한다.

① ☆

② ◇

③ ◎

④ ★

⑤ ●

45 다음은 EAN-13 바코드 부여 규칙에 대한 자료이다. 상품코드의 맨 앞 자릿수가 9일 때, 2 ~ 7번째 자릿수가 '387655'라면 이를 이진코드로 바르게 변환한 것은?

〈EAN-13 바코드 부여 규칙〉

1. 13자리 상품코드의 맨 앞 자릿수에 따라 다음과 같이 변환한다.

상품코드 번호	2 ~ 7번째 자릿수	8 ~ 13번째 자릿수
0	AAAAAA	CCCCCC
1	AABABB	CCCCCC
2	AABBAB	CCCCCC
3	AABBBA	CCCCCC
4	ABAABB	CCCCCC
5	ABBAAB	CCCCCC
6	ABBBAA	CCCCCC
7	ABABAB	CCCCCC
8	ABABBA	CCCCCC
9	ABBABA	CCCCCC

2. A, B, C는 다음과 같이 상품코드 번호를 이진코드로 변환한 값이다.

상품코드 번호	A	B	C
0	0001101	0100111	1110010
1	0011001	0110011	1100110
2	0010011	0011011	1101100
3	0111101	0100001	1000010
4	0100011	0011101	1011100
5	0110001	0111001	1001110
6	0101111	0000101	1010000
7	0111011	0010001	1000100
8	0110111	0001001	1001000
9	0001011	0010111	1110100

	2번째 수	3번째 수	4번째 수	5번째 수	6번째 수	7번째 수
①	0111101	0001001	0010001	0101111	0111001	0110001
②	0100001	0001001	0010001	0000101	0111101	0111101
③	0111101	0110111	0111011	0101111	0111001	0111101
④	0100001	0101111	0010001	0010111	0100111	0001011
⑤	0111101	0011001	0010001	0101111	0011001	0111001

※ 다음은 청소 유형별 청소기 사용 방법 및 고장 유형별 확인 사항에 대한 자료이다. 이어지는 질문에 답하시오. [46~47]

〈청소 유형별 청소기 사용 방법〉

유형	사용 방법
일반 청소	1. 기본형 청소구를 장착해 주세요. 2. 작동 버튼을 눌러 주세요.
틈새 청소	1. 기본형 청소구의 입구 돌출부를 누르고 잡아당기면 좁은 흡입구를 꺼낼 수 있습니다. 반대로 돌출부를 누르면서 밀어 넣으면 좁은 흡입구를 안쪽으로 정리할 수 있습니다. 2. 1.의 좁은 흡입구를 꺼낸 상태에서 돌출부를 시계 방향으로 돌리면 돌출부를 고정할 수 있습니다. 3. 좁은 흡입구를 고정한 후 작동 버튼을 눌러 주세요. (좁은 흡입구에는 솔이 함께 들어 있습니다)
카펫 청소	1. 별도의 돌기 청소구로 교체해 주세요. (기본형으로도 카펫 청소를 할 수 있으나, 청소 효율이 떨어집니다) 2. 작동 버튼을 눌러 주세요.
스팀 청소	1. 별도의 스팀 청소구로 교체해 주세요. 2. 스팀 청소구의 물통에 물을 충분히 채운 후 뚜껑을 잠가 주세요. ※ 반드시 전원을 분리한 상태에서 진행해 주세요. 3. 걸레판에 걸레를 부착한 후 스팀 청소구의 노즐에 장착해 주세요. ※ 반드시 전원을 분리한 상태에서 진행해 주세요. 4. 스팀 청소 버튼을 누르고 안전 스위치를 눌러 주세요. ※ 안전을 위해 안전 스위치를 누르는 동안에만 스팀이 발생합니다. ※ 스팀 청소 작업 도중 및 완료 직후에 청소기를 거꾸로 세우거나 스팀 청소구를 눕히면 뜨거운 물이 새어 나와 화상을 입을 수 있습니다. 5. 스팀 청소 완료 후 물이 충분히 식은 후 물통 및 스팀 청소구를 분리해 주세요. ※ 충분히 식지 않은 상태에서 분리 시 뜨거운 물이 새어 나와 화상의 위험이 있습니다.

〈고장 유형별 확인 사항〉

유형	확인 사항
흡입력 약화	• 흡입구, 호스, 먼지통, 먼지분리기에 크기가 큰 이물질이 걸려 있는지 확인해 주세요. • 필터를 교체해 주세요. • 먼지통, 먼지분리기, 필터의 조립 상태를 확인해 주세요.
청소기 미작동	• 전원이 제대로 연결되어 있는지 확인해 주세요.
물 보충 램프 깜빡임	• 물통에 물이 충분한지 확인해 주세요. • 물이 충분히 채워졌어도 꺼질 때까지 시간이 다소 걸립니다. 잠시 기다려 주세요.
스팀 안 나옴	• 물통에 물이 충분한지 확인해 주세요. • 안전 스위치를 눌렀는지 확인해 주세요.
바닥에 물이 남음	• 스팀 청소구를 너무 자주 좌우로 기울이면 물이 소량 새어 나올 수 있습니다. • 걸레가 많이 젖었으므로 걸레를 교체해 주세요.
악취 발생	• 제품 기능상 문제는 아니므로 고장이 아닙니다. • 먼지통 및 필터를 교체해 주세요. • 스팀 청소구의 물통 등 청결 상태를 확인해 주세요.
소음 발생	• 흡입구, 호스, 먼지통, 먼지분리기에 크기가 큰 이물질이 걸려 있는지 확인해 주세요. • 먼지통, 먼지분리기, 필터의 조립 상태를 확인해 주세요.

46 다음 중 청소 유형별 청소기 사용 방법에 대한 설명으로 옳지 않은 것은?

① 기본형 청소구로 카펫 청소가 가능하다.

② 스팀 청소 직후 통을 분리하면 화상의 위험이 있다.

③ 기본형 청소구를 이용하여 좁은 틈새를 청소할 수 있다.

④ 안전 스위치를 1회 누르면 별도의 외부 입력 없이 스팀을 지속하여 발생시킬 수 있다.

⑤ 스팀 청소 시 물 보충 및 걸레 부착 작업은 반드시 전원을 분리한 상태에서 진행해야 한다.

47 다음 중 고장 유형별 확인 사항이 바르게 연결되어 있지 않은 것은?

① 물 보충 램프 깜빡임 : 잠시 기다리기

② 악취 발생 : 스팀 청소구의 청결 상태 확인하기

③ 흡입력 약화 : 먼지통, 먼지분리기, 필터 교체하기

④ 바닥에 물이 남음 : 물통에 물이 너무 많이 있는지 확인하기

⑤ 소음 발생 : 흡입구, 호스, 먼지통, 먼지분리기의 이물질 걸림 확인하기

48 다음 중 동료의 피드백을 장려하기 위한 방안으로 적절하지 않은 것은?

① 행동과 수행을 관찰한다.

② 즉각적인 피드백을 제공한다.

③ 뛰어난 수행성과에 대해서는 인정한다.

④ 간단하고 분명한 목표와 우선순위를 설정한다.

⑤ 긍정적인 상황에서는 피드백을 자제하는 것도 나쁘지 않다.

49 다음 중 내적 동기를 유발하는 방법으로 적절하지 않은 것은?

① 변화를 두려워하지 않는다.

② 업무 관련 교육을 생략한다.

③ 주어진 일에 책임감을 갖는다.

④ 창의적인 문제해결법을 찾는다.

⑤ 새로운 도전의 기회를 부여한다.

50 다음은 갈등 정도와 조직 성과의 관계에 대한 그래프이다. 이에 대한 설명으로 옳지 않은 것은?

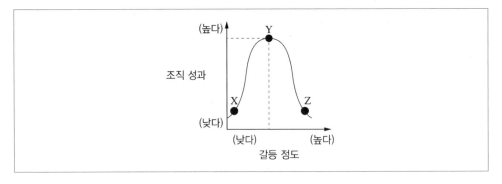

① 갈등이 없을 경우 낮은 조직 성과를 얻을 수 있다.

② 갈등이 잦을 경우 낮은 조직 성과를 얻을 수 있다.

③ 적절한 갈등이 있을 경우 가장 높은 조직 성과를 얻을 수 있다.

④ Y점에서는 갈등의 순기능, Z점에서는 갈등의 역기능이 작용한다.

⑤ 갈등이 없을수록 조직 내부가 결속되어 높은 조직 성과를 보인다.

01 경영

ㅣ코레일 한국철도공사

01 다음 중 테일러의 과학적 관리법과 관계가 없는 것은?

① 시간연구
② 동작연구
③ 동등 성과급제
④ 과업관리
⑤ 표준 작업조건

ㅣ코레일 한국철도공사

02 다음 중 근로자가 직무능력 평가를 위해 개인능력평가표를 활용하는 제도는?

① 자기신고제도
② 직능자격제도
③ 평가센터제도
④ 직무순환제도
⑤ 기능목록제도

ㅣ코레일 한국철도공사

03 다음 중 데이터베이스 마케팅에 대한 설명으로 옳지 않은 것은?

① 기업 규모와 관계없이 모든 기업에서 활용이 가능하다.
② 기존 고객의 재구매를 유도하며, 장기적인 마케팅 전략 수립이 가능하다.
③ 인구통계, 심리적 특성, 지리적 특성 등을 파악하여 고객별 맞춤 서비스가 가능하다.
④ 단방향 의사소통으로 고객과 1 : 1 관계를 구축하여 즉각적으로 반응을 확인할 수 있다.
⑤ 고객자료를 바탕으로 고객 및 매출 증대에 대한 마케팅 전략을 실행하는 데 목적이 있다.

04 다음 중 공정성 이론에서 절차적 공정성에 해당하지 않는 것은?

① 접근성   ② 반응속도

③ 형평성   ④ 유연성

⑤ 적정성

05 다음 중 e-비즈니스 기업의 장점으로 옳지 않은 것은?

① 빠른 의사결정을 진행할 수 있다.

② 양질의 고객서비스를 제공할 수 있다.

③ 배송, 물류비 등 각종 비용을 절감할 수 있다.

④ 소비자에게 더 많은 선택권을 부여할 수 있다.

⑤ 기업이 더 높은 가격으로 제품을 판매할 수 있다.

06 다음 중 조직시민행동에 대한 설명으로 옳지 않은 것은?

① 조직 구성원이 수행하는 행동에 대해 의무나 보상이 존재하지 않는다.

② 조직 구성원의 자발적인 참여가 바탕이 되며, 대부분 강제적이지 않다.

③ 조직 내 바람직한 행동을 유도하고, 구성원의 조직 참여도를 제고한다.

④ 조직 구성원의 처우가 좋지 않을수록 조직시민행동은 자발적으로 일어난다.

⑤ 조직의 리더가 구성원으로부터 신뢰를 받을 때 구성원의 조직시민행동이 크게 증가한다.

07 다음 중 분배적 협상의 특징으로 옳지 않은 것은?

① 협상에 따른 이익을 정해진 비율로 분배한다.

② 정보를 숨겨 필요한 정보만 선택적으로 활용한다.

③ 협상을 통해 공동의 이익을 확대(Win – Win)한다.

④ 상호 목표 배치 시 자기의 입장을 명확히 주장한다.

⑤ 간부회의, 밀실회의 등을 통한 의사결정을 주로 진행한다.

08 다음 글에서 설명하는 직무분석방법은?

> • 여러 직무활동을 동시에 기록할 수 있다.
> • 직무활동 전체의 모습을 파악할 수 있다.
> • 직무성과가 외형적일 때 적용이 가능하다.

① 관찰법   ② 면접법
③ 워크 샘플링법   ④ 질문지법
⑤ 연구법

09 다음 중 전문품에 대한 설명으로 옳지 않은 것은?

① 가구, 가전제품 등이 해당된다.
② 제품의 가격이 상대적으로 비싼 편이다.
③ 특정 브랜드에 대한 높은 충성심이 나타난다.
④ 충분한 정보 제공 및 차별화가 중요한 요소로 작용한다.
⑤ 소비자가 해당 브랜드에 대한 충분한 지식이 없는 경우가 많다.

10 다음 중 연속생산에 대한 설명으로 옳은 것은?

① 단위당 생산원가가 낮다.
② 운반비용이 많이 소요된다.
③ 제품의 수명이 짧은 경우 적합한 방식이다.
④ 제품의 수요가 다양한 경우 적합한 방식이다.
⑤ 작업자의 숙련도가 떨어질 경우 작업에 참여시키지 않는다.

11 다음 중 주식 관련 상품에 대한 설명으로 옳지 않은 것은?

① ELF : ELS와 ELD의 중간 형태로, ELS를 기초 자산으로 하는 펀드를 말한다.

② ELB : 채권, 양도성 예금증서 등 안전자산에 주로 투자하며, 원리금이 보장된다.

③ ELD : 수익률이 코스피200지수에 연동되는 예금으로, 주로 정기예금 형태로 판매한다.

④ ELS : 주가지수 또는 종목의 주가 움직임에 따라 수익률이 결정되며, 만기가 없는 증권이다.

⑤ ELT : ELS를 특정금전신탁 계좌에 편입하는 신탁상품으로, 투자자의 의사에 따라 운영한다.

12 다음 중 인사와 관련된 이론에 대한 설명으로 옳지 않은 것은?

① 로크는 인간이 합리적으로 행동한다는 가정에서 개인이 의식적으로 얻으려고 설정한 목표가 동기
와 행동에 영향을 미친다고 주장하였다.

② 브룸은 동기 부여에 대해 기대이론을 적용하여 기대감, 적합성, 신뢰성을 통해 구성원의 직무에
대한 동기 부여를 결정한다고 주장하였다.

③ 매슬로는 욕구의 위계를 생리적 욕구, 안전의 욕구, 애정과 공감의 욕구, 존경의 욕구, 자아실현
의 욕구로 나누어 단계별로 욕구가 작용한다고 설명하였다.

④ 맥그리거는 인간의 본성에 대해 부정적인 관점인 X이론과 긍정적인 관점인 Y이론이 있으며, 경
영자는 조직목표 달성을 위해 근로자의 본성(X, Y)을 파악해야 한다고 주장하였다.

⑤ 허즈버그는 욕구를 동기요인과 위생요인으로 나누었으며, 동기요인에는 인정감, 성취, 성장 가능
성, 승진, 책임감, 직무 자체가 해당되고, 위생요인에는 보수, 대인관계, 감독, 직무안정성, 근무
환경, 회사의 정책 및 관리가 해당된다.

13 다음 글에 해당하는 마케팅 STP 단계는 무엇인가?

> • 서로 다른 욕구를 가지고 있는 다양한 고객들을 하나의 동질적인 고객집단으로 나눈다.
> • 인구, 지역, 사회, 심리 등을 기준으로 활용한다.
> • 전체시장을 동질적인 몇 개의 하위시장으로 구분하여 시장별로 차별화된 마케팅을 실행한다.

① 시장세분화　　　　　　　　　　② 시장매력도 평가

③ 표적시장 선정　　　　　　　　　④ 포지셔닝

⑤ 재포지셔닝

14 다음 중 BCG 매트릭스에 대한 설명으로 옳지 않은 것은?

① X축은 상대적 시장 점유율, Y축은 성장률을 의미한다.
② 1970년대 미국 보스턴컨설팅그룹에 의해 개발된 경영전략 분석기법이다.
③ 수익이 많고 안정적이어서 현상을 유지하는 것이 필요한 사업은 스타(Star)이다.
④ 물음표(Question), 스타(Star), 현금젖소(Cash Cow), 개(Dog)의 4개 영역으로 구성된다.

15 다음 중 변혁적 리더십의 특성으로 옳지 않은 것은?

① 구성원들은 리더가 이상적이며 높은 수준의 기준과 능력을 지니고 있다고 생각한다.
② 리더는 구성원 모두가 공감할 수 있는 바람직한 목표를 설정하고, 그들이 이를 이해하도록 한다.
③ 리더는 구성원들의 생각, 가치, 신념 등을 발전시키고, 그들이 창의적으로 행동하도록 이끈다.
④ 구성원들을 리더로 얼마나 육성했는지보다 구성원의 성과 측정을 통해 객관성을 가질 수 있다는 효과가 있다.

16 다음 중 변혁적 리더십의 구성요소에 해당하지 않는 것은?

① 감정적 치유   ② 카리스마
③ 영감적 동기화   ④ 지적 자극

17 다음 중 매트릭스 조직의 단점으로 옳지 않은 것은?

① 책임, 목표, 평가 등에 대한 갈등이 유발되어 혼란을 줄 수 있다.
② 관리자 및 구성원 모두에게 역할 등에 대한 스트레스를 유발할 수 있다.
③ 힘의 균형을 유지하기 어려워 경영자의 개입이 빈번하게 일어날 수 있다.
④ 구성원의 창의력을 저해하고, 문제해결에 필요한 전문지식이 부족할 수 있다.

18 다음 중 가치사슬 분석을 통해 얻을 수 있는 효과로 옳지 않은 것은?

① 프로세스 혁신　　　　　　② 원가 절감
③ 매출 확대　　　　　　　　④ 품질 향상

19 다음 K기업 재무회계 자료를 참고할 때, 기초부채를 계산하면 얼마인가?

- 기초자산 : 100억 원
- 기말자본 : 65억 원
- 총수익 : 35억 원
- 총비용 : 20억 원

① 30억 원　　　　　　　　② 40억 원
③ 50억 원　　　　　　　　④ 60억 원

20 다음 중 ERG 이론에 대한 설명으로 옳지 않은 것은?

① 매슬로의 욕구 5단계설을 발전시켜 주장한 이론이다.
② 인간의 욕구를 중요도 순으로 계층화하여 정의하였다.
③ 인간의 욕구를 존재욕구, 관계욕구, 성장욕구의 3단계로 나누었다.
④ 상위에 있는 욕구를 충족시키지 못하면 하위에 있는 욕구는 더욱 크게 감소한다.

21 다음 중 기업이 사업 다각화를 추진하는 목적으로 볼 수 없는 것은?

① 기업의 지속적인 성장 추구　　② 사업위험 분산
③ 유휴자원의 활용　　　　　　④ 기업의 수익성 강화

22 다음 중 종단분석과 횡단분석의 비교가 옳지 않은 것은?

구분	종단분석	횡단분석
방법	시간적	공간적
목표	특성이나 현상의 변화	집단의 특성 또는 차이
표본 규모	큼	작음
횟수	반복	1회

① 방법
② 목표
③ 표본 규모
④ 횟수

23 다음 중 향후 채권이자율이 시장이자율보다 높아질 것으로 예상될 때 나타날 수 있는 현상으로 옳은 것은?

① 1년 만기 은행채, 장기신용채 등의 발행이 늘어난다.
② 만기에 가까워질수록 채권가격 상승에 따른 이익을 얻을 수 있다.
③ 채권가격이 액면가보다 높은 가격에 거래되는 할증채 발행이 증가한다.
④ 별도의 이자 지급 없이 채권발행 시 이자금액을 공제하는 방식을 선호하게 된다.

24 다음 중 BCG 매트릭스에 대한 설명으로 옳은 것은?

① 스타(Star) 사업 : 높은 시장점유율로 현금창출은 양호하나, 성장 가능성은 낮은 사업이다.
② 현금젖소(Cash Cow) 사업 : 성장 가능성과 시장점유율이 모두 낮아 철수가 필요한 사업이다.
③ 개(Dog) 사업 : 성장 가능성과 시장점유율이 모두 높아서 계속 투자가 필요한 유망 사업이다.
④ 물음표(Question Mark) 사업 : 신규 사업 또는 현재 시장점유율은 낮으나, 향후 성장 가능성이 높은 사업이다.

25 다음 중 테일러의 과학적 관리법의 특징에 대한 설명으로 옳지 않은 것은?

① 작업량에 따라 임금을 차등하여 지급한다.
② 작업능률을 최대로 높이기 위하여 노동의 표준량을 정한다.
③ 관리에 대한 전문화를 통해 노동자의 태업을 사전에 방지한다.
④ 작업에 사용하는 도구 등을 개별 용도에 따라 다양하게 제작하여 성과를 높인다.

┃ 서울교통공사

01 다음 중 수요의 가격탄력성에 대한 설명으로 옳지 않은 것은?

① 가격탄력성이 0보다 크면 탄력적이라고 할 수 있다.

② 대체재가 많을수록 수요의 가격탄력성은 탄력적이다.

③ 분모는 상품 가격의 변화량을 상품 가격으로 나눈 값이다.

④ 수요의 가격탄력성은 가격의 변화에 따른 수요의 변화를 의미한다.

⑤ 가격이 1% 상승할 때 수요가 2% 감소하였으면 수요의 가격탄력성은 2이다.

┃ 서울교통공사

02 다음 중 대표적인 물가지수인 GDP 디플레이터를 구하는 계산식으로 옳은 것은?

① (실질 GDP)÷(명목 GDP)×100

② (명목 GDP)÷(실질 GDP)×100

③ (실질 GDP)+(명목 GDP)÷2

④ (명목 GDP)-(실질 GDP)÷2

⑤ (실질 GDP)÷(명목 GDP)×2

┃ 서울교통공사

03 다음 〈조건〉을 참고할 때, 한계소비성향(MPC) 변화에 따른 현재 소비자들의 소비 변화폭은?

조건
- 기존 소비자들의 연간 소득은 3,000만 원이며, 한계소비성향은 0.6을 나타내었다.
- 현재 소비자들의 연간 소득은 4,000만 원이며, 한계소비성향은 0.7을 나타내었다.

① 700

② 1,100

③ 1,800

④ 2,500

⑤ 3,700

04 다음 중 빈칸에 들어갈 단어가 바르게 짝지어진 것은?

> • 환율이 ___㉠___ 하면 순수출이 증가한다.
> • 국내이자율이 높아지면 환율은 ___㉡___ 한다.
> • 국내물가가 오르면 환율은 ___㉢___ 한다.

	㉠	㉡	㉢
①	하락	상승	하락
②	하락	상승	상승
③	하락	하락	하락
④	상승	하락	상승
⑤	상승	하락	하락

05 다음 중 독점적 경쟁시장에 대한 설명으로 옳지 않은 것은?

① 시장진입과 퇴출이 자유롭다.
② 가격경쟁이 비가격경쟁보다 활발히 진행된다.
③ 대체성이 높은 제품의 공급자가 시장에 다수 존재한다.
④ 독점적 경쟁기업의 수요곡선은 우하향하는 형태를 나타낸다.
⑤ 독점적 경쟁시장은 완전경쟁시장과 독점시장의 중간 형태이다.

06 다음 중 고전학파와 케인스학파에 대한 설명으로 옳지 않은 것은?

① 고전학파는 실물경제와 화폐를 분리하여 설명한다.
② 케인스학파는 단기적으로 화폐의 중립성이 성립하지 않는다고 주장하였다.
③ 케인스학파는 저축과 투자가 국민총생산의 변화를 통해 같아지게 된다고 주장하였다.
④ 케인스학파는 경기가 침체할 경우 정부의 적극적 개입이 바람직하지 않다고 주장하였다.
⑤ 고전학파는 임금이 매우 신축적이어서 노동시장이 항상 균형상태에 이르게 된다고 주장하였다.

07 다음 사례에서 나타나는 현상으로 옳은 것은?

- 물은 사용 가치가 크지만 교환 가치가 작은 반면, 다이아몬드는 사용 가치가 작지만 교환 가치는 크게 나타난다.
- 한계효용이 작을수록 교환 가치가 작으며, 한계효용이 클수록 교환 가치가 크다.

① 매몰비용의 오류　　　　　　　　② 감각적 소비

③ 보이지 않는 손　　　　　　　　　④ 가치의 역설

⑤ 희소성

08 다음 자료를 참고하여 실업률을 구하면 얼마인가?

- 생산가능인구 : 50,000명
- 취업자 : 20,000명
- 실업자 : 5,000명

① 10%　　　　　　　　　　　　　② 15%

③ 20%　　　　　　　　　　　　　④ 25%

⑤ 30%

09 J기업이 다음 〈조건〉과 같이 생산량을 늘린다고 할 때, 한계비용은 얼마인가?

조건

- J기업의 제품 1단위당 노동가격은 4, 자본가격은 6이다.
- J기업은 제품 생산량을 50개에서 100개로 늘리려고 한다.
- 평균비용 $P=2L+K+\dfrac{100}{Q}$ (L : 노동가격, K : 자본가격, Q : 생산량)

① 10　　　　　　　　　　　　　　② 12

③ 14　　　　　　　　　　　　　　④ 16

10 다음은 A국과 B국이 노트북 1대와 TV 1대를 생산하는 데 필요한 작업 시간을 나타낸 자료이다. A국과 B국의 비교우위에 대한 설명으로 옳은 것은?

구분	노트북	TV
A국	6시간	8시간
B국	10시간	8시간

① A국이 노트북, TV 생산 모두 비교우위에 있다.
② B국이 노트북, TV 생산 모두 비교우위에 있다.
③ A국은 노트북 생산, B국은 TV 생산에 비교우위가 있다.
④ A국은 TV 생산, B국은 노트북 생산에 비교우위가 있다.

11 다음 중 다이내믹 프라이싱에 대한 설명으로 옳지 않은 것은?

① 소비자 후생이 증가해 소비자의 만족도가 높아진다.
② 기업은 소비자별 맞춤형 가격을 통해 수익을 극대화할 수 있다.
③ 동일한 제품과 서비스에 대한 가격을 시장 상황에 따라 변화시켜 적용하는 전략이다.
④ 호텔, 항공 등의 가격을 성수기 때 인상하고, 비수기 때 인하하는 것이 대표적인 예이다.

12 다음 〈보기〉 중 빅맥 지수에 대한 설명으로 옳은 것을 모두 고르면?

> **보기**
> ㉠ 빅맥 지수를 최초로 고안한 나라는 미국이다.
> ㉡ 각 나라의 물가수준을 비교하기 위해 고안된 지수로, 구매력 평가설을 근거로 한다.
> ㉢ 맥도날드 빅맥 가격을 기준으로 한 이유는 전 세계에서 가장 동질적으로 판매되고 있는 상품이기 때문이다.
> ㉣ 빅맥 지수를 구할 때 빅맥 가격은 제품 가격과 서비스 가격의 합으로 계산한다.

① ㉠, ㉡
② ㉠, ㉢
③ ㉡, ㉢
④ ㉡, ㉣

13 다음 중 확장적 통화정책의 영향으로 옳은 것은?

① 이자율이 상승하고, 환율이 하락한다.

② 이자율이 하락하고, 소비 및 투자가 감소한다.

③ 건강보험료가 인상되어 정부의 세금 수입이 늘어난다.

④ 은행이 채무불이행 위험을 줄이기 위해 더 높은 이자율과 담보 비율을 요구한다.

14 다음 중 노동의 수요공급곡선에 대한 설명으로 옳지 않은 것은?

① 상품 가격이 상승하면 노동 수요곡선은 오른쪽으로 이동한다.

② 토지, 설비 등이 부족하면 노동 수요곡선은 오른쪽으로 이동한다.

③ 노동 수요는 파생수요라는 점에서 재화시장의 수요와 차이가 있다.

④ 노동에 대한 인식이 긍정적으로 변화하면 노동 공급곡선은 오른쪽으로 이동한다.

15 다음 〈조건〉에 따라 S씨가 할 수 있는 최선의 선택은?

> **조건**
> • S씨는 퇴근 후 운동을 할 계획으로 헬스, 수영, 자전거, 달리기 중 하나를 고르려고 한다.
> • 각 운동이 주는 만족도(이득)는 헬스 5만 원, 수영 7만 원, 자전거 8만 원, 달리기 4만 원이다.
> • 각 운동에 소요되는 비용은 헬스 3만 원, 수영 2만 원, 자전거 5만 원, 달리기 3만 원이다.

① 헬스   ② 수영

③ 자전거   ④ 달리기

PART 1

직업기초능력평가

CHAPTER 01   의사소통능력

CHAPTER 02   수리능력

CHAPTER 03   문제해결능력

의사소통능력

합격 Cheat Key

의사소통능력은 평가하지 않는 공사·공단이 없을 만큼 필기시험에서 중요도가 높은 영역으로, 세부 유형은 문서 이해, 문서 작성, 의사 표현, 경청, 기초 외국어로 나눌 수 있다. 문서 이해·문서 작성과 같은 지문에 대한 주제 찾기, 내용 일치 문제의 출제 비중이 높으며, 문서의 특성을 파악하는 문제도 출제되고 있다.

1 문제에서 요구하는 바를 먼저 파악하라!

의사소통능력에서 가장 중요한 것은 제한된 시간 안에 빠르고 정확하게 답을 찾아내는 것이다. 의사소통능력에서는 지문이 아니라 문제가 주인공이므로 지문을 보기 전에 문제를 먼저 파악해야 하며, 문제에 따라 전략적으로 빠르게 풀어내는 연습을 해야 한다.

2 잠재되어 있는 언어 능력을 발휘하라!

세상에 글은 많고 우리가 학습할 수 있는 시간은 한정적이다. 이를 극복할 수 있는 방법은 다양한 글을 접하는 것이다. 실제 시험장에서 어떤 내용의 지문이 나올지 아무도 예측할 수 없으므로 평소에 신문, 소설, 보고서 등 여러 글을 접하는 것이 필요하다.

3   상황을 가정하라!

업무 수행에 있어 상황에 따른 언어 표현은 중요하다. 같은 말이라도 상황에 따라 다르게 해석될 수 있기 때문이다. 그런 의미에서 자신의 의견을 효과적으로 전달할 수 있는 능력을 평가하는 것이다. 업무를 수행하면서 발생할 수 있는 여러 상황을 가정하고 그에 따른 올바른 언어표현을 정리하는 것이 필요하다.

4   말하는 이의 입장에서 생각하라!

잘 듣는 것 또한 하나의 능력이다. 상대방의 이야기에 귀 기울이고 공감하는 태도는 업무를 수행하는 관계 속에서 필요한 요소이다. 그런 의미에서 다양한 상황에서 듣는 능력을 평가하는 것이다. 말하는 이가 요구하는 듣는 이의 태도를 파악하고, 이에 따른 판단을 할 수 있도록 언제나 말하는 사람의 입장이 되는 연습이 필요하다.

| 유형분석 |

- 주어진 지문을 읽고 선택지를 고르는 전형적인 독해 문제이다.
- 지문은 주로 신문기사(보도자료 등)나 업무 보고서, 시사 등이 제시된다.
- 공사공단에 따라 자사와 관련된 내용의 기사나 법조문, 보고서 등이 출제되기도 한다.

H씨는 성장기인 아들의 수면습관을 바로 잡기 위해 수면습관에 관련된 글을 찾아보았다. 다음 글을 읽고 이해한 내용으로 적절하지 않은 것은?

수면은 비렘(non – REM)수면과 렘수면의 사이클이 반복되면서 이뤄지는 복잡한 신경계의 상호작용이며, 좋은 수면이란 이 사이클이 끊어지지 않고 충분한 시간 동안 유지되도록 하는 것이다. 수면 패턴은 일정한 것이 좋으며, 깨는 시간을 지키는 것이 중요하다. 그리고 수면 패턴은 휴일과 평일 모두 일정하게 지키는 것이 성장하는 아이들의 수면 리듬을 유지하는 데 좋다. 수면 상태에서 깨어날 때 영향을 주는 자극들은 '빛, 식사 시간, 운동, 사회 활동' 등이 있으며, 이 중 가장 강한 자극은 '빛'이다. 침실을 밝게 하는 것은 적절한 수면 자극을 방해하는 것이다. 반대로 깨어날 때 강한 빛 자극을 주면 수면 상태에서 빠르게 벗어날 수 있다. 이는 뇌의 신경 전달 물질인 멜라토닌의 농도와 연관되어 나타나는 현상이다. 수면 중 최대치로 올라간 멜라토닌은 시신경이 강한 빛에 노출되면 빠르게 줄어들게 되는데, 이때 수면 상태에서 벗어나게 된다. 아침 일찍 일어나 커튼을 젖히고 밝은 빛이 침실 안으로 들어오게 하는 것은 매우 효과적인 각성 방법인 것이다.

① 멜라토닌의 농도에 따라 수면과 각성이 영향을 받는군.
② 잠에서 깨는 데 가장 강력한 자극을 주는 것은 빛이었구나.
③ 우리 아들 침실이 좀 밝은 편이니 충분한 수면을 위해 암막커튼을 달아줘야겠어.
④ 좋은 수면은 비렘수면과 렘수면의 사이클이 충분한 시간 동안 유지되도록 하는 것이구나.
⑤ 평일에 잠이 모자란 우리 아들은 잠을 보충해 줘야 하니까 휴일에 늦게까지 자도록 둬야겠다.

정답 ⑤

수면 패턴은 휴일과 평일 모두 일정하게 지키는 것이 성장하는 아이들의 수면 리듬을 유지하는 데 좋다. 따라서 휴일에 늦잠을 자는 것은 적절하지 않다.

풀이 전략!

주어진 선택지에서 키워드를 체크한 후, 지문의 내용과 비교해 가면서 내용의 일치 유무를 빠르게 판단한다.

01   다음 글의 내용으로 적절하지 않은 것은?

> 연방준비제도(이하 연준)가 고용 증대에 주안점을 둔 정책을 입안한다 해도 정책이 분배에 미치는 영향을 고려하지 않는다면 그 정책은 거품과 불평등만 부풀릴 것이다. 기술 산업의 거품 붕괴로 인한 경기 침체에 대응하여 2000년대 초에 연준이 시행한 저금리 정책이 이를 잘 보여준다.
> 특정한 상황에서는 금리 변동이 투자와 소비의 변화를 통해 경기와 고용에 영향을 줄 수 있다. 하지만 다른 수단이 훨씬 더 효과적인 상황도 많다. 가령 부동산 거품에 대한 대응책으로는 금리 인상보다 주택 담보 대출에 대한 규제가 더 합리적이다. 생산적 투자를 위축시키지 않으면서 부동산 거품을 가라앉힐 수 있기 때문이다.
> 경기 침체기라 하더라도 금리 인하는 은행의 비용을 줄이는 것 말고는 경기 회복에 별다른 도움이 되지 않을 수 있다. 대부분의 부문에서 설비 가동률이 낮은 상황이라면 대출 금리가 낮아져도 생산적인 투자가 별로 증대하지 않는다. 2000년대 초가 바로 그런 상황이었기 때문에 당시의 저금리 정책은 생산적인 투자 증가 대신에 주택 시장의 거품만 초래한 것이다.
> 금리 인하는 국공채에 투자했던 퇴직자들의 소득을 감소시켰다. 노년층에서 정부로, 정부에서 금융업으로 부의 대규모 이동이 이루어져 불평등이 심화되었다. 이에 따라 금리 인하는 다양한 경로로 소비를 위축시켰다. 은퇴 후의 소득을 확보하기 위해 혹은 자녀의 학자금을 확보하기 위해 사람들은 저축을 늘렸다. 연준은 금리 인하가 주가 상승으로 이어질 것이므로 소비가 늘어날 것이라고 주장했다. 하지만 2000년대 초 연준의 금리 인하 이후 주가 상승에 따라 발생한 이득은 대체로 부유층에 집중되었으므로 대대적인 소비 증가로 이어지지는 않았다.
> 2000년대 초 고용 증대를 기대하고 시행한 연준의 저금리 정책은 노동을 자본으로 대체하는 투자를 증대시켰다. 그리고 인위적인 저금리로 자본 비용이 낮아지자 이런 기회를 이용하려는 유인이 생겨났다. 노동력이 풍부한 상황인데도 노동을 절약하는 방향의 혁신이 강화되었고, 미숙련 노동자들의 실업률이 높은 상황인데도 가게들은 계산원을 해고하고 자동화 기계를 들여놓았다. 경기가 회복되더라도 실업률이 떨어지지 않는 구조가 만들어진 것이다.

① 금리 인상은 부동산 거품 대응 정책 가운데 가장 효과적인 정책이 아닐 수 있다.

② 2000년대 초 연준이 금리 인하 정책을 시행한 후 주택 가격과 주식 가격은 상승하였다.

③ 2000년대 초 기술 산업 거품의 붕괴로 인한 경기 침체기에 설비 가동률은 대부분의 부문에서 낮은 상태였다.

④ 2000년대 초 연준은 고용 증대를 기대하고 금리를 인하했지만, 결과적으로 고용 증대가 더 어려워지도록 만들었다.

⑤ 2000년대 초 연준의 금리 인하로 국공채에 투자한 퇴직자의 소득이 줄어들어 금융업으로부터 정부로 부가 이동하였다.

02 다음 글의 내용으로 가장 적절한 것은?

선물환거래란 계약일로부터 일정시간이 지난 뒤, 특정일에 외환의 거래가 이루어지는 것으로, 현재 약정한 금액으로 미래에 결제하게 되기 때문에 선물환계약을 체결하게 되면 약정된 결제일까지 매매 쌍방 모두 결제가 이연된다. 선물환거래는 보통 환리스크를 헤지(Hedge)하기 위한 목적으로 이용된다. 예를 들어 1개월 이후 달러로 거래 대금을 수령할 예정인 수출한 기업은 1개월 후 달러를 매각하는 대신 원화를 수령하는 선물환계약을 통해 원/달러 환율변동에 따른 환리스크를 헤지할 수 있다.

이외에도 선물환거래는 금리차익을 얻는 것과 투기적 목적 등을 가지고 있다. 선물환거래에는 일방적으로 선물환을 매입하는 것 또는 매도 거래만 발생하는 Outright Forward 거래가 있으며, 선물환거래가 스왑거래의 일부분으로써 현물환거래와 같이 발생하는 Swap Forward 거래가 있다. Outright Forward 거래는 만기 때 실물 인수도가 일어나는 일반 선물환거래와 만기 때 실물의 인수 없이 차액만을 정산하는 차액결제선물환(NDF; Non – Deliverable Forward) 거래로 구분된다.

옵션(Option)이란 거래당사자들이 미리 가격을 정하고, 그 가격으로 미래의 특정시점이나 그 이전에 자산을 사고파는 권리를 매매하는 계약으로, 선도 및 선물, 스왑거래 등과 같은 파생금융상품이다. 옵션은 매입권리가 있는 콜옵션(Call Option)과 매도권리가 있는 풋옵션(Put Option)으로 구분된다. 옵션거래로 매입이나 매도할 수 있는 권리를 가지게 되는 옵션매입자는 시장가격의 변동에 따라 자기에게 유리하거나 불리한 경우를 판단하여 옵션을 행사하거나 포기할 수도 있다. 옵션매입자는 선택할 권리에 대한 대가로 옵션매도자에게 프리미엄을 지급하고, 옵션매도자는 프리미엄을 받는 대신 옵션매입자가 행사하는 옵션에 따라 발생하는 것에 대해 이해하는 책임을 가진다. 옵션거래의 손해와 이익은 행사가격, 현재가격 및 프리미엄에 의해 결정된다.

① 선물환거래는 투기를 목적으로 사용되기도 한다.
② 선물환거래는 권리를 행사하거나 포기할 수 있다.
③ 옵션은 환율변동 리스크를 해결하는 데 좋은 선택이다.
④ 옵션은 미래에 조건이 바뀌어도 계약한 금액을 지불해야 한다.
⑤ 선물환거래는 행사가격, 현재가격, 프리미엄에 따라 손해와 이익이 발생한다.

03 다음 글의 내용으로 적절하지 않은 것은?

경제학에서는 가격이 한계비용과 일치할 때를 가장 이상적인 상태라고 본다. '한계비용'이란 재화의 생산량을 한 단위 증가시킬 때 추가되는 비용을 말한다. 한계비용 곡선과 수요 곡선이 만나는 점에서 가격이 정해지면 재화의 생산 과정에 들어가는 자원이 낭비 없이 효율적으로 배분되며, 이때 사회 전체의 만족도가 가장 커진다. 가격이 한계비용보다 높아지면 상대적으로 높은 가격으로 인해 수요량이 줄면서 거래량이 따라 줄고, 결과적으로 생산량도 감소한다. 이는 사회 전체의 관점에서 볼 때 자원이 효율적으로 배분되지 못하는 상황이므로 사회 전체의 만족도가 떨어지는 결과를 낳는다. 위에서 설명한 일반 재화와 마찬가지로 수도, 전기, 철도와 같은 공익 서비스도 자원배분의 효율성을 생각하면 한계비용 수준으로 가격, 즉 공공요금을 결정하는 것이 바람직하다. 대부분의 공익 서비스는 초기 시설 투자비용은 막대한 반면 한계비용은 매우 적다. 이러한 경우 한계비용으로 공공요금을 결정하면 공익 서비스를 제공하는 기업은 손실을 볼 수 있다.

예컨대 초기 시설 투자비용이 6억 달러이고, 톤당 1달러의 한계비용으로 수돗물을 생산하는 상수도 서비스를 가정해 보자. 이때 수돗물 생산량을 '1톤, 2톤, 3톤, …'으로 늘리면 총비용은 '6억 1달러, 6억 2달러, 6억 3달러, …'로 늘어나고, 톤당 평균비용은 '6억 1달러, 3억 1달러, 2억 1달러, …'로 지속적으로 줄어든다. 그렇지만 평균비용이 계속 줄어들더라도 한계비용 아래로는 결코 내려가지 않는다. 따라서 한계비용으로 수도 요금을 결정하면 총비용보다 총수입이 적으므로 수도 사업자는 손실을 보게 된다.

이를 해결하는 방법에는 크게 두 가지가 있다. 하나는 정부가 공익 서비스 제공 기업에 손실분만큼 보조금을 주는 것이고, 다른 하나는 공공요금을 평균비용 수준으로 정하는 것이다. 전자의 경우 보조금을 세금으로 충당한다면 다른 부문에 들어갈 재원이 줄어드는 문제가 있다. 평균비용 곡선과 수요 곡선이 교차하는 점에서 요금을 정하는 후자의 경우에는 총수입과 총비용이 같아져 기업이 손실을 보지는 않는다. 그러나 요금이 한계비용보다 높기 때문에 사회 전체의 관점에서 자원의 효율적 배분에 문제가 생긴다.

① 자원이 효율적으로 배분될 때 사회 전체의 만족도가 극대화된다.

② 정부는 공공요금을 한계비용 수준으로 유지하기 위하여 보조금 정책을 펼 수 있다.

③ 공익 서비스와 일반 재화의 생산 과정에서 자원을 효율적으로 배분하기 위한 조건은 서로 같다.

④ 가격이 한계비용보다 높은 경우에는 한계비용과 같은 경우에 비해 결국 그 재화의 생산량이 줄어든다.

⑤ 평균비용이 한계비용보다 큰 경우 공공요금을 평균비용 수준에서 결정하면 자원의 낭비를 방지할 수 있다.

02 글의 주제 · 제목

| 유형분석 |

- 주어진 지문을 파악하여 전달하고자 하는 핵심 주제를 고르는 문제이다.
- 정보를 종합하고 중요한 내용을 구별하는 능력이 필요하다.
- 설명문부터 주장, 반박문까지 다양한 성격의 지문이 제시되므로 글의 성격별 특징을 알아두는 것이 좋다.

다음 글의 주제로 가장 적절한 것은?

표준화된 언어는 의사소통을 효과적으로 하기 위하여 의도적으로 선택해야 할 공용어로서의 가치가 있다. 반면에 방언은 지역이나 계층의 언어와 문화를 보존하고 드러냄으로써 국가 전체의 언어와 문화를 다양하게 발전시키는 토대로서의 가치가 있다. 이러한 의미에서 표준화된 언어와 방언은 상호 보완적인 관계에 있다. 표준화된 언어가 있기에 정확한 의사소통이 가능하며, 방언이 있기에 개인의 언어생활에서나 언어 예술 활동에서 자유롭고 창의적인 표현이 가능하다. 결국 우리는 표준화된 언어와 방언 둘 다의 가치를 인정해야 하며, 발화(發話) 상황(狀況)을 잘 고려해서 표준화된 언어와 방언을 잘 가려서 사용할 줄 아는 능력을 길러야 한다.

① 표준화된 언어는 방언보다 효용가치가 있다.
② 창의적인 예술 활동에서는 방언의 기능이 중요하다.
③ 정확한 의사소통을 위해서는 표준화된 언어가 꼭 필요하다.
④ 표준화된 언어와 방언을 구분할 줄 아는 능력을 길러야 한다.
⑤ 표준화된 언어와 방언에는 각각 독자적인 가치와 역할이 있다.

정답 ⑤

마지막 문장의 '표준화된 언어와 방언 둘 다의 가치를 인정'하고, '잘 가려서 사용할 줄 아는 능력을 길러야 한다.'는 내용을 바탕으로 ⑤와 같은 주제를 이끌어낼 수 있다.

풀이 전략!

'결국', '즉', '그런데', '그러나', '그러므로' 등의 접속어 뒤에 주제가 드러나는 경우가 많다는 것에 주의하면서 지문을 읽는다.

01 　 다음 글의 주제로 가장 적절한 것은?

> 우리사회는 타의 추종을 불허할 정도로 빠르게 변화하고 있다. 가족정책도 4인 가족 중심에서 1 ~ 2인 가구 중심으로 변해야 하며, 청년실업율과 비정규직화, 독거노인의 증가를 더 이상 개인의 문제가 아닌 사회문제로 다뤄야 하는 시기이다. 여러 유형의 가구와 생애주기 변화, 다양해지는 수요에 맞춘 공동체 주택이야말로 최고의 주거복지사업이다. 공동체 주택은 공동의 목표와 가치를 가진 사람들이 커뮤니티를 이뤄 사회문제에 공동으로 대처해 나가도록 돕고, 나아가 지역사회와도 연결시키는 작업을 진행하고 있다.
>
> 임대료 부담으로 작품활동이나 생계에 어려움을 겪는 예술인을 위한 공동주택, 1인 창업과 취업을 위해 고민하는 청년을 위한 주택, 지속적인 의료서비스가 필요한 환자나 고령자를 위한 의료안심주택은 모두 시민의 삶의 질을 높이고 선별적 복지가 아닌 복지사회를 이루기 위한 노력의 일환이다. 혼자가 아닌 '함께' 하는 길에 더 나은 삶이 있기 때문에 오늘도 수요자 맞춤형 공공주택은 수요자에 맞게 진화하고 있다.

① 4차 산업혁명과 주거복지
② 수요자 중심의 대출규제 완화
③ 선별적 복지 정책의 긍정적 결과
④ 주거난에 대비하는 주거복지 정책
⑤ 다양성을 수용하는 주거복지 정책

02 다음 글의 제목으로 가장 적절한 것은?

일반적으로 소비자들은 합리적인 경제 행위를 추구하기 때문에 최소 비용으로 최대 효과를 얻으려한다는 것이 소비의 기본 원칙이다. 그들은 '보이지 않는 손'이라고 일컬어지는 시장 원리 아래에서 생산자와 만난다. 그러나 이러한 일차적 의미의 합리적 소비가 언제나 유효한 것은 아니다. 생산보다는 소비가 화두가 된 소비 자본주의 시대에서 소비는 단순히 필요한 재화, 그리고 경제학적으로 유리한 재화를 구매하는 행위에 머물지 않는다. 최대 효과 자체에 정서적이고 사회 심리학적인 요인이 개입하면서 이제 소비는 개인이 세계와 만나는 다분히 심리적인 방법이 되어버린 것이다. 즉, 인간의 기본적인 생존 욕구를 충족시켜 주는 합리적 소비 수준에 머물지 않고, 자신을 표현하는 상징적 행위가 된 것이다. 이처럼 오늘날의 소비문화는 물질적 소비 차원이 아닌 심리적 소비 형태를 띠게 된다.

소비 자본주의의 화두는 과소비가 아니라 '과시 소비'로 넘어가게 된 것이다. 과시 소비의 중심에는 신분의 논리가 있다. 신분의 논리는 유용성의 논리, 나아가 시장의 논리로 설명되지 않는 것들을 설명해 준다. 혈통으로 이어지던 폐쇄적 계층 사회는 소비 행위에 대해 계급에 근거한 제한을 부여했다. 먼 옛날 부족 사회에서 수장들만이 걸칠 수 있었던 장신구에서부터 제아무리 권문세가의 정승이라도 아흔아홉 칸을 넘을 수 없던 집이 좋은 예이다. 권력을 가진 자는 힘을 통해 자기의 취향을 주위 사람들과 분리시킴으로써 경외감을 강요하고, 그렇게 자기 취향을 과시함으로써 잠재적 경쟁자들을 통제한 것이다.

가시적 신분 제도가 사라진 현대 사회에서도 이러한 신분의 논리는 여전히 유효하다. 이제 개인은 소비를 통해 자신의 물질적 부를 표현함으로써 신분을 과시하려 한다.

① 계층별 소비 규제의 필요성
② 신분사회에서 의복 소비와 계층의 관계
③ 소비가 곧 신분이 되는 과시 소비의 원리
④ '보이지 않는 손'에 의한 합리적 소비의 필요성
⑤ 소득을 고려하지 않은 무분별한 과소비의 폐해

03 다음 글을 읽고 '한국인의 수면 시간'과 관련된 글을 쓴다고 할 때, 글의 주제로 적절하지 않은 것은?

> 인간은 평생 3분의 1 정도를 잠으로 보낸다. 잠은 낮에 사용한 에너지를 보충하고, 피로를 회복하는 중요한 과정이다. 하지만 한국인은 잠이 부족하다. 한국인의 수면 시간은 7시간 41분밖에 되지 않으며, 2016년 기준 경제협력개발기구(OECD) 회원국 가운데 꼴찌를 차지했다. 한 조사에 따르면, 전 국민의 17% 정도가 주 3회 이상 불면 증상을 갖고 있으며, 이는 연령이 높아짐에 따라 늘어났다. 이에 따라 불면증, 기면증, 수면무호흡증 등 수면장애로 병원을 찾는 사람은 2016년 기준 291만 8,976명으로 5년 사이에 13% 증가했다. 수면장애를 방치하면 삶의 질 저하는 물론 만성 두통, 심혈관계질환 등이 발생할 수 있다. 불면증은 수면 질환의 대명사로, 가장 흔하고 복합적인 질환이다. 불면증은 면역기능 저하, 인지 감퇴뿐만 아니라 일상생활에 장애를 초래할 수 있으며, 우울증, 인지장애 등을 유발할 수 있다.
>
> 코를 골며 자다가 몇 초에서 몇 분 동안 호흡을 멈추는 수면무호흡증도 있다. 이 역시 인지기능 저하와 심혈관계질환 등 합병증을 일으킨다. 특히 수면무호흡증은 비만과 관계가 깊고, 졸음운전의 원인이 되기도 한다.
>
> 최근 고령 인구 증가로 뇌 퇴행성 질환인 렘수면 행동장애(RBD; Rem Sleep Behavior Disorder)도 늘고 있다. 이 병은 잠자는 동안 악몽을 꾸면서 소리를 지르고, 팔다리를 움직이고, 벽을 치고, 침대에서 뛰어내리는 등 난폭한 행동을 한다. 이 병을 앓는 상당수는 파킨슨병, 치매 환자로 이어진다. 또한, 잠들기 전에 다리에 이상 감각이나 통증이 생기는 하지불안증후군도 수면의 질을 떨어뜨리는 병이다. 낮 동안 졸리는 기면증(嗜眠症) 역시 일상생활에 심각한 장애를 초래한다.
>
> 한 정신건강의학과 교수는 "수면 문제는 결국 심혈관계질환, 치매와 파킨슨병 등의 퇴행성 질환, 우울증, 졸음운전의 원인이 되므로 전문적인 치료를 받아야 한다."라고 했다.

① 수면장애의 종류
② 수면장애의 심각성
③ 수면 마취제의 부작용
④ 한국인의 부족한 수면 시간
⑤ 전문 치료가 필요한 수면장애

03 문단 나열

| 유형분석 |

- 각 문단의 내용을 파악하고 논리적 순서에 맞게 배열하는 복합적인 문제이다.
- 전체적인 글의 흐름을 이해하는 것이 중요하며, 각 문장의 지시어나 접속어에 주의한다.

다음 문단을 논리적 순서대로 바르게 나열한 것은?

(가) 오류가 발견된 교과서들은 편향적 내용을 검증 없이 인용하거나 부실한 통계를 일반화하는 등의 문제점을 보였다. 대표적으로 교과서 대부분이 대도시의 온도 상승 평균값만을 보고 한반도의 기온 상승이 세계 평균보다 2배 높다고 과장한 것으로 나타났다.

(나) 환경 관련 교과서 대부분이 표면적으로 드러나는 사실을 검증하지 않고 그대로 싣는 문제점을 보였다. 고등학생들이 보는 교과서인 만큼 객관적 사실에 기반을 둬 균형 있는 내용을 실어야 한다.

(다) 고등학교 환경 관련 교과서 대부분이 특정 주장을 검증 없이 게재하는 등 많은 오류가 존재한다는 보수 환경·시민단체의 지적이 제기됐다. 환경정보평가원이 고등학교 환경 관련 교과서 23종을 분석한 결과 총 1,175개의 오류가 발견됐다.

(라) 또한 우리나라 전력 생산의 상당 부분을 차지하는 원자력 발전의 경우 단점만을 자세히 기술하고 경제성과 효율성이 낮은 신재생 에너지는 장점만 언급한 교과서도 있었다.

① (가) - (라) - (나) - (다)　　　　② (나) - (가) - (라) - (다)
③ (나) - (다) - (가) - (라)　　　　④ (다) - (가) - (라) - (나)
⑤ (다) - (라) - (나) - (가)

정답 ④

제시문은 교과서에서 많은 오류가 발견된 사실을 제시하고 오류의 유형과 예시를 차례로 언급하며 문제 해결에 대한 요구를 제시하고 있는 글이다. 따라서 (다) 교과서에서 많은 오류가 발견됨 → (가) 교과서에서 나타나는 오류의 유형과 예시 → (라) 편향된 내용을 담은 교과서의 또 다른 예시 → (나) 교과서의 문제 지적과 해결 촉구의 순서로 나열해야 한다.

풀이 전략!

상대적으로 시간이 부족하다고 느낄 때는 선택지를 참고하여 문장의 순서를 생각해 본다.

01 다음 제시된 문단 뒤에 이어질 문단을 논리적 순서대로 바르게 나열한 것은?

> 지난해 고금리, 고환율 그리고 고물가까지 겹치면서 경제적 부담이 커지자 최후의 수단인 보험을 중도 해지한 사람들이 급증하고 있는 것으로 집계되었다.

> (가) 이는 통계 집계가 시작된 2000년 이후 최대에 해당하는 수치로, 글로벌 금융위기를 겪었던 2008년(22조 6,990억 원)보다도 훨씬 큰 규모로 나타났다.
>
> (나) 이에 해당하는 방법으로는 해지 전 보험료 부담은 낮추면서 보험계약은 지속할 수 있는 감액제도나 일정 한도 내에서 인출이 가능한 중도인출제도가 있고 그 밖에도 보험료를 납부하지 않는 대신 보장기간을 줄일 수 있는 연장정기보험제도나 보험 계약을 해지했다면 이를 다시 복구할 수 있는 계약부활제도가 있다.
>
> (다) 실제로 지난해 초부터 11월까지 집계된 생명보험 해지환급금은 38조 5,300억 원에 다다랐으며, 이는 전년도보다 10조 원 이상 증가한 것으로 나타났다.
>
> (라) 이처럼 보험계약 해지가 늘어나고 있는 반면, 반대로 신규 보험 가입자는 전년보다 100만 건가량 감소하고 있다. 이는 비교적 장기간 납부하여야 하는 보험료 특성상 경기가 어려울수록 수요가 감소할 수밖에 없기 때문이다. 다만, 보험을 중도해지 시에는 계약자의 손실이 발생하기 때문에 다른 방법은 없는지 따져보는 것이 유리하다.

① (가) - (다) - (나) - (라)   ② (가) - (다) - (라) - (나)

③ (나) - (라) - (가) - (다)   ④ (다) - (가) - (라) - (나)

⑤ (다) - (나) - (라) - (가)

※ 다음 문단을 논리적 순서대로 바르게 나열한 것을 고르시오. [2~3]

02

(가) 상품의 가격은 기본적으로 수요와 공급의 힘으로 결정된다. 시장에 참여하고 있는 경제 주체들은 자신이 가진 정보를 기초로 하여 수요와 공급을 결정한다.

(나) 이런 경우에는 상품의 가격이 우리의 상식으로는 도저히 이해하기 힘든 수준까지 일시적으로 뛰어오르는 현상이 나타날 가능성이 있다. 이런 현상은 특히 투기의 대상이 되는 자산의 경우 자주 나타나는데, 우리는 이를 '거품 현상'이라고 부른다.

(다) 그러나 현실에서는 사람들이 서로 다른 정보를 갖고 시장에 참여하는 경우가 많다. 어떤 사람은 특정한 정보를 갖고 있는데 거래 상대방은 그 정보를 갖고 있지 못한 경우도 있다.

(라) 일반적으로 거품 현상이란 것은 어떤 상품, 자산의 가격이 지속해서 급격히 상승하는 현상을 가리킨다. 이와 같은 지속적인 가격 상승이 일어나는 이유는 애초에 발생한 가격 상승이 추가적인 가격 상승의 기대로 이어져 투기 바람이 형성되기 때문이다.

(마) 이들이 똑같은 정보를 함께 갖고 있으며 이 정보가 아주 틀린 것이 아닌 이상 상품의 가격은 어떤 기본적인 수준에서 크게 벗어나지 않을 것이라고 예상할 수 있다.

① (가) - (다) - (나) - (라) - (마)
② (가) - (마) - (다) - (나) - (라)
③ (라) - (가) - (다) - (나) - (마)
④ (라) - (다) - (가) - (나) - (마)
⑤ (마) - (가) - (다) - (라) - (나)

03

(가) 오히려 클레나 몬드리안의 작품을 우리 조각보의 멋에 비견되는 것으로 보아야 할 것이다. 조각보는 몬드리안이나 클레의 작품보다 100여 년 이상 앞서 제작된 공간 구성미를 가진 작품이며, 시대적으로 앞설 뿐 아니라 평범한 여성들의 일상에서 시작되었다는 점 그리고 정형화되지 않은 색채감과 구성미로 독특한 예술성을 지닌다는 점에서 차별화된 가치를 지닌다.

(나) 조각보는 일상생활에서 쓰다 남은 자투리 천을 이어서 만든 것으로, 옛 서민들의 절약 정신과 소박한 미의식을 보여준다. 조각보의 색채와 공간구성 면은 공간 분할의 추상화가로 유명한 클레(Paul Klee)나 몬드리안(Peit Mondrian)의 작품과 비견되곤 한다. 그만큼 아름답고 훌륭한 조형미를 지녔다는 의미이기도 하지만 일견 돌이켜 보면 이것은 잘못된 비교이다.

(다) 기하학적 추상을 표방했던 몬드리안의 작품보다 세련된 색상 배치로 각 색상이 가진 느낌을 살렸으며, 동양적 정서가 담긴 '오방색'이라는 원색을 통해 강렬한 추상성을 지닌다. 또한 조각보를 만드는 과정과 그 작업의 내면에 가족의 건강과 행복을 기원하는 마음이 담겨 있어 단순한 오브제이기 이전에 기복신앙적인 부분이 있다. 조각보가 아름답게 느껴지는 이유는 이처럼 일상 속에서 삶과 예술을 함께 담았기 때문일 것이다.

① (가) - (나) - (다)
② (나) - (가) - (다)
③ (나) - (다) - (가)
④ (다) - (가) - (나)
⑤ (다) - (나) - (가)

04 다음 글의 서론과 결론을 읽고, 본론에 해당하는 문단을 논리적 순서대로 바르게 나열한 것은?

먹을거리가 풍부한 현대인의 가장 큰 관심사 중 하나는 웰빙과 다이어트일 것이다. 현대인은 날씬한 몸매에 대한 열망이 지나쳐서 비만한 사람들이 나태하다고 생각하기도 하고, 심지어는 거식증으로 인해 사망한 패션모델까지 있었다. 이러한 사회적 경향 때문에 우리가 먹는 음식물에 포함된 지방이나 기름 성분은 몸에 좋지 않은 '나쁜 성분'으로 매도당하기도 한다. 물론 과도한 지방 섭취, 특히 몸에 좋지 않은 지방은 비만의 원인이 되고 당뇨병, 심장병, 고혈압과 같은 각종 성인병을 유발하지만, 사실 지방은 우리 몸이 정상적으로 활동하는 데 필수적인 성분이다.

(가) 먹을 것이 풍족하지 않은 상황에서 생존에 필수적인 능력은 다름 아닌 에너지를 몸에 축적하는 능력이었다.

(나) 사실 비만과 다이어트의 문제는 찰스 다윈(Charles R. Darwin)의 진화론과 밀접한 관련이 있다. 찰스 다윈은 19세기 영국의 생물학자로 『종의 기원』이라는 책을 써서 자연선택을 통한 생물의 진화 과정을 설명하였다.

(다) 약 100년 전만 해도 우리나라를 비롯한 전 세계 대부분의 국가는 식량이 그리 풍족하지 않았다. 실제로 수십만 년 지속된 인류의 역사에서 인간이 매일 끼니 걱정을 하지 않고 살게 된 것은 최근 수십 년의 일이다.

(라) 생물체가 살아남고 번식을 해서 자손을 남길 수 있느냐 하는 것은 주위 환경과의 관계가 중요한 역할을 하는데, 자연선택이란 주위 환경에 따라 생존하기에 적합한 성질 또는 기능을 가진 종들이 그렇지 못한 종들보다 더 잘 살아남게 되어 자손을 남기게 된다는 개념이다.

그러므로 인류는 이러한 축적 능력이 유전적으로 뛰어난 사람들이 그렇지 않은 사람들보다 상대적으로 더 잘 살아남았을 것이다. 그렇게 살아남은 자들의 후손인 현대인들이 달거나 기름진 음식을 본능적으로 좋아하게 된 것은 진화의 당연한 결과였다. 그리하여 음식이 풍부한 현대 사회에서는 이러한 유전적 특성은 단점으로 작용하게 되었다. 지방이 풍부한 음식을 찾는 경향은 지나치게 지방을 축적하게 했고, 결국 부작용으로 이어졌다.

① (나) – (가) – (라) – (다)
② (나) – (다) – (가) – (라)
③ (나) – (라) – (다) – (가)
④ (다) – (가) – (나) – (라)
⑤ (다) – (라) – (가) – (나)

04 내용 추론

대표기출유형

| 유형분석 |

- 주어진 지문을 바탕으로 도출할 수 있는 내용을 찾는 문제이다.
- 선택지의 내용을 정확하게 확인하고 지문의 정보와 비교하여 추론하는 능력이 필요하다.

다음 글을 통해 추론할 수 없는 것은?

제약 연구원이란 제약 회사에서 약을 만드는 과정에 참여하는 사람을 말한다. 제약 연구원은 이러한 모든 단계에 참여하지만, 특히 신약 개발 단계와 임상 시험 단계에서 가장 중점적인 역할을 한다. 일반적으로 약을 만드는 과정은 새로운 약품을 개발하는 신약 개발 단계, 임상 시험을 통해 개발된 신약의 약효를 확인하는 임상 시험 단계, 식약처에 신약이 판매될 수 있도록 허가를 요청하는 약품 허가 요청 단계, 마지막으로 의료진과 환자를 대상으로 신약에 대해 홍보하는 영업 및 마케팅의 단계로 나눈다.

제약 연구원이 되기 위해서는 일반적으로 약학을 전공해야 한다고 생각하기 쉽지만, 약학 전공자 이외에도 생명 공학, 화학 공학, 유전 공학 전공자들이 제약 연구원으로 활발하게 참여하고 있다. 만일 신약 개발의 전문가가 되고 싶다면 해당 분야에서 오랫동안 연구한 경험이 필요하기 때문에 대학원에서 석사나 박사 학위를 취득하는 것이 유리하다.

제약 연구원이 되기 위해서는 전문적인 지식도 중요하지만, 사람의 생명과 관련된 일인 만큼 무엇보다도 꼼꼼함과 신중함, 책임 의식이 필요하다. 또한 제약 회사라는 공동체 안에서 일을 하는 것이므로 원만한 일의 진행을 위해서 의사소통능력도 필수적으로 요구된다. 오늘날 제약 분야가 빠르게 성장하고 있다는 점을 고려할 때, 일에 대한 도전 의식, 호기심과 탐구심 등도 제약 연구원에게 필요한 능력으로 꼽을 수 있다.

① 제약 연구원은 약품 허가 요청 단계에 참여한다.
② 오늘날 제약 연구원에게 요구되는 능력이 많아졌다.
③ 생명이나 유전 공학 전공자도 제약 연구원으로 일할 수 있다.
④ 신약 개발 전문가가 되려면 반드시 석사나 박사를 취득해야 한다.
⑤ 제약 연구원과 관련된 정보가 부족하다면 약학을 전공해야만 제약 연구원이 될 수 있다고 생각할 수 있다.

정답 ④

제시문에 따르면 신약 개발의 전문가가 되기 위해서는 해당 분야에서 오랫동안 연구한 경험이 필요하므로 석사나 박사 학위를 취득하는 것이 유리하다고 하였다. 그러나 석사나 박사 학위가 신약 개발 전문가가 되는 데 도움을 준다는 것일 뿐이므로 반드시 필요한 필수 조건인지는 알 수 없다. 따라서 ④는 제시문을 통해 추론할 수 없다.

풀이 전략!

주어진 지문이 어떠한 내용을 다루고 있는지 파악한 후 선택지의 키워드를 확실하게 체크하고, 지문의 정보에서 도출할 수 있는 내용을 찾는다.

01 다음 글의 밑줄 친 ㉠과 같은 현상이 나타나게 된 이유로 적절하지 않은 것은?

> 고려와 조선은 국가적으로 금속화폐의 통용을 추진한 적이 있다. 화폐 주조권을 장악하여 세금을 효과적으로 징수하고 효율적으로 저장하려는 것이 그 목적이었다. 그러나 물품화폐에 익숙한 농민들은 금속화폐를 불편하게 여겼으며 금속화폐의 유통 범위는 한정되고 끝내는 삼베를 비롯한 물품화폐에 압도당하고 말았다. ㉠ 조선 태종 때와 세종 때에도 동전의 유통을 시도하였지만 실패하였다. 조선 전기 은화(銀貨)는 서울을 중심으로 유통되었고, 주로 왕실과 관청, 지배층과 상인, 역관(譯官) 등이 이용한 '돈'이었다. 그러나 은화(銀貨)는 고액 화폐였다. 그 때문에 서민의 경제생활에서는 여전히 무명 옷감이 화폐의 기능을 담당하였다.
>
> 그러한 가운데서도 농업생산력의 발전과 인구의 증가, 17세기 이후 지방시장의 성장은 금속화폐 통용을 위한 여건이 마련되었음을 뜻하였다. 17세기 전반 이미 개성에서는 모든 거래가 동전으로 이루어지고 있었다. 이러한 여건 아래에서 1678년(숙종 4년)부터 강력한 통용책이 추진되면서 금속화폐가 널리 보급될 수 있었다. 동전인 상평통보 1개는 1푼(分)이었다. 10푼이 1전(錢), 10전이 1냥(兩), 10냥이 1관(貫)이다. 대원군이 집권할 때 주조된 당백전(當百錢)과 1883년 주조된 당오전(當五錢)은 1개가 각각 100푼과 5푼의 가치를 가지는 동전이었다. 동전 주조가 늘면서 그 유통 범위가 경기, 충청지방으로부터 점차 확산되었고, 18세기 초에는 전국에 미칠 정도였다. 동전을 시전(市廛)에 무이자로 대출하고, 관리의 녹봉을 동전으로 지급하고, 일부 세금을 동전으로 거두어들이는 등의 국가 정책도 동전의 통용을 촉진하였다. 화폐경제의 성장은 상업적 동기를 촉진시키고 경제생활, 나아가 사회생활에 변화를 주었다.
>
> 이러한 가운데 일부 위정자들은 화폐경제로 인한 부작용을 우려했는데, 특히 농촌 고리대금업(高利貸金業)의 성행을 가장 심각한 문제로 생각했다. 그래서 동전의 폐지를 주장하는 이도 있었다. 1724년 등극한 영조는 이 주장을 받아들여 동전 주조를 정지하였다. 그런데 당시에 동전은 이미 일상생활로 퍼졌기 때문에 동전의 수요에 비해 공급이 부족한 현상이 일어나 동전주조의 정지는 화폐 유통질서와 상품경제에 타격을 가하였다. 돈이 매우 귀하여 농민과 상인의 교역에 불편을 가져다 준 것이다. 또한 소수의 부유한 상인이 동전을 집중적으로 소유하여 고리대금업(高利貸金業) 활동을 강화함에 따라 오히려 농민 몰락이 조장되었다. 결국 영조 7년 이후 동전은 다시 주조되기 시작했다.

① 화폐가 통용될 시장이 발달하지 않았다.
② 화폐가 주로 일부 계층 위주로 통용되었다.
③ 백성들이 화폐보다 물품화폐를 선호하였다.
④ 화폐가 필요할 만큼 농업생산력이 발전하지 못했다.
⑤ 국가가 화폐수요량에 맞추어 원활하게 공급하지 못했다.

02 다음 글에서 '최적통화지역 이론'과 관련하여 고려하지 않은 것은?

최적통화지역은 단일 통화가 통용되거나 여러 통화들의 환율이 고정되어 있는 최적의 지리적인 영역을 지칭한다. 이때 최적이란 대내외 균형이라는 거시 경제의 목적에 의해 규정되는데, 대내 균형은 물가 안정과 완전 고용, 대외 균형은 국제수지 균형을 의미한다.

최적통화지역 개념은 고정환율제도와 변동환율제도의 상대적 장점에 대한 논쟁 속에서 발전하였다. 최적통화지역 이론은 어떤 조건에서 고정환율제도가 대내외 균형을 효과적으로 이룰 수 있는지 고려했다.

초기 이론들은 최적통화지역을 규정하는 가장 중요한 경제적 기준을 찾으려 하였다. 먼델은 노동의 이동성을 제시했다. 노동의 이동이 자유롭다면 외부 충격이 발생할 때 대내외 균형 유지를 위한 임금 조정의 필요성이 크지 않을 것이고 결국 환율 변동의 필요성도 작을 것이다. 잉그램은 금융시장 통합을 제시하였다. 금융시장이 통합되어 있으면 지역 내 국가들 사이에 경상수지 불균형이 발생했을 때 자본 이동이 쉽게 일어날 수 있을 것이며 이에 따라 조정의 압력이 줄어들게 되므로 지역 내 환율 변동의 필요성이 감소하게 된다는 것이다. 이러한 주장들은 결국 고정환율제도 아래에서도 대내외 균형을 달성할 수 있는 조건들을 말해 주고 있는 것이다.

이후 최적통화지역 이론은 위의 조건들을 종합적으로 판단하여 단일 통화 사용에 따른 비용 – 편익 분석을 한다. 비용보다 편익이 크다면 최적통화지역의 조건이 충족되며 단일 통화를 형성할 수 있다. 단일 통화 사용의 편익은 화폐의 유용성이 증대된다는 데 있다. 단일 화폐의 사용은 시장 통합에 따른 교환의 이익을 증대시킨다는 것이다. 반면에 통화정책 독립성의 상실이 단일 통화 사용에 따른 주요 비용으로 간주된다. 단일 통화의 유지를 위해 대내 균형을 포기해야 하는 경우가 발생하기 때문이다. 이 비용은 가격과 임금이 경직될수록, 전체 통화지역 중 일부 지역들 사이에 서로 다른 효과를 일으키는 비대칭적 충격이 클수록 증가한다. 가령 한 국가에는 실업이 발생하고 다른 국가에는 인플레이션이 발생하면 한 국가는 확대 통화정책을, 다른 국가는 긴축 통화 정책을 원하게 되는데, 양 국가가 단일 화폐를 사용한다면 서로 다른 통화정책의 시행이 불가능하기 때문이다. 물론 여기서 노동 이동 등의 조건이 충족되면 비대칭적 충격을 완화하기 위한 독립적 통화정책의 필요성은 감소한다. 반대로 두 국가에 유사한 충격이 발생한다면 서로 다른 통화정책을 택할 필요가 줄어든다. 이 경우에는 독립적 통화정책을 포기하는 비용이 감소한다.

① 시장 통합으로 인한 편익의 계산 방식
② 환율 변동을 배제한 경상수지 조정 방식
③ 화폐의 유용성과 시장 통합 사이의 관계
④ 단일 화폐 사용에 따른 비용을 증가시키는 조건
⑤ 독립적 통화정책 없이 대내 균형을 달성하는 조건

03 다음 글을 토대로 〈보기〉에서 추론할 수 있는 내용으로 가장 적절한 것은?

> 독립신문은 우리나라 최초의 민간 신문이다. 사장 겸 주필(신문의 최고 책임자)은 서재필 선생이, 국문판 편집과 교정은 최고의 국어학자로 유명한 주시경 선생이, 그리고 영문판 편집은 선교사 호머 헐버트가 맡았다. 창간 당시 독립신문은 이들 세 명과 기자 두 명과 몇몇 인쇄공들이 합쳐 단출하게 시작했다.
>
> 신문은 우리가 흔히 사용하는 'A4 용지'보다 약간 큰 '국배판(218×304mm)' 크기로 제작됐고, 총 4면 중 3면은 순 한글판으로, 나머지 1면은 영문판으로 발행했다. 제1호는 '독님신문'이고 영문판은 'Independent(독립)'로 조판했고, 내용을 살펴보면 제1면에는 대체로 논설과 광고가 실렸으며, 제2면에는 관보·외국통신·잡보가, 제3면에는 물가·우체시간표·제물포 기선 출입항 시간표와 광고가 게재됐다.
>
> 독립신문은 민중을 개화시키고 교육하기 위해 발간된 것이지만, 그 이름에서부터 알 수 있듯 스스로 우뚝 서는 독립국을 만들고자 자주적 근대화 사상을 강조했다. 창간호 표지에는 '뎨일권 뎨일호. 조선 서울 건양 원년 사월 초칠일 금요일'이라고 표기했는데, '건양(建陽)'은 조선의 연호이고, 한성 대신 서울을 표기한 점과 음력 대신 양력을 쓴 점 모두 중국 사대주의에서 벗어난 자주독립을 꾀한 것으로 볼 수 있다.
>
> 독립신문이 발행되자 사람들은 모두 깜짝 놀랄 수밖에 없었다. 순 한글로 만들어진 것은 물론 유려한 편집 솜씨에 조판과 내용까지 완벽했기 때문이다. 무엇보다 제4면을 영어로 발행해 국내 사정을 외국에 알린다는 점은 호시탐탐 한반도를 노리던 일본 당국에 큰 부담을 안겨주었고, 더는 일본 마음대로 조선의 사정을 왜곡하여 보도할 수 없게 되었다.
>
> 날이 갈수록 독립신문을 구독하려는 사람은 늘어났고, 처음 300부씩 인쇄되던 신문이 곧 500부로, 나중에는 3,000부까지 확대되었다. 오늘날에는 한 사람이 신문 한 부를 읽으면 폐지 처리하지만, 과거에는 돌려가며 읽는 경우가 많았고 시장이나 광장에서 글을 아는 사람이 낭독해 주는 일도 빈번했기에 한 부의 독자 수는 50명에서 100명에 달했다. 이런 점을 감안해 보면 실제 독립신문의 독자 수는 10만 명을 넘어섰다고 가늠해 볼 수 있다.

보기

> 우리 신문이 한문은 아니 쓰고 국문으로만 쓰는 것은 상하귀천이 다 보게 함이라. 또 국문을 이렇게 구절을 떼어 쓴즉 아무라도 이 신문을 보기가 쉽고 신문 속에 있는 말을 자세히 알아보게 함이라.

① 민중을 개화시키고 교육하기 위해 발간된 것으로 역사적·정치적으로 큰 의의를 가진다.

② 교통수단도 발달하지 않던 과거에는 활자 매체인 신문이 소식 전달에 있어 절대적인 역할을 차지했다.

③ 일본이 한반도를 집어삼키려 하던 혼란기에 우리만의 신문을 펴낼 수 있었다는 것에 큰 의의가 있다.

④ 중국의 지배에서 벗어나 자주독립을 꾀하고 스스로 우뚝 서는 독립국을 만들고자 자주적 사상을 강조했다.

⑤ 한글을 사용해야 누구나 읽을 수 있다는 점을 인식해 한문우월주의에 영향을 받지 않고, 소신 있는 행보를 했다.

| 유형분석 |

- 주어진 지문을 바탕으로 빈칸에 들어갈 내용을 찾는 문제이다.
- 선택지의 내용을 정확하게 확인하고 빈칸 앞뒤 문맥을 파악하는 능력이 필요하다.

다음 글의 빈칸에 들어갈 내용으로 가장 적절한 것은?

미세먼지와 황사는 여러모로 비슷하면서도 뚜렷한 차이점을 지니고 있다. 삼국사기에도 기록되어 있는 황사는 중국 내륙 내몽골 사막에 강풍이 불면서 날아오는 모래와 흙먼지를 일컫는데, 장단점이 존재했던 과거와 달리 중국 공업지대를 지난 황사에 미세먼지와 중금속 물질이 더해지며 심각한 환경문제로 대두되었다. 이와 달리 미세먼지는 일반적으로는 대기오염물질이 공기 중에 반응하여 형성된 황산염이나 질산염 등 이온 성분, 석탄·석유 등에서 발생한 탄소화합물과 검댕, 흙먼지 등 금속화합물의 유해성분으로 구성된다.

미세먼지의 경우 통념적으로는 먼지를 미세먼지와 초미세먼지로 구분하고 있지만, 대기환경과 환경 보전을 목적으로 하는 환경정책기본법에서는 미세먼지를 PM(Particulate Matter)이라는 단위로 구분한다. 즉, 미세먼지(PM_{10})의 경우 입자의 크기가 $10\mu m$ 이하인 먼지이고, 미세먼지($PM_{2.5}$)는 입자의 크기가 $2.5\mu m$ 이하인 먼지로 정의하고 있다. 이에 비해 황사는 통념적으로는 입자 크기로 구분하지 않으나 주로 지름 $20\mu m$ 이하의 모래로 구분하고 있다. 때문에 _____

① 미세먼지의 역할 또한 분명히 존재함을 기억해야 할 것이다.

② 황사와 미세먼지의 차이를 입자의 크기만으로 구분하기는 어렵다.

③ 황사와 미세먼지의 근본적인 구별법은 그 역할에서 찾아야 할 것이다.

④ 황사 문제를 해결하기 위해서는 근본적으로 황사의 발생 자체를 억제할 필요가 있다.

⑤ 초미세먼지를 차단할 수 있는 마스크라 해도 황사와 초미세먼지를 동시에 차단하긴 어렵다.

정답 ②

미세먼지의 경우 최소 $10\mu m$ 이하의 먼지로 정의되고 있지만, 황사의 경우 주로 지름 $20\mu m$ 이하의 모래로 구분하되 통념적으로는 입자 크기로 구분하지 않는다. 따라서 $10\mu m$ 이하의 황사의 입자의 크기만으로 미세먼지와 구분하기는 어렵다.

오답분석

① 미세먼지의 역할에 대한 설명을 찾을 수 없다.

③ 제시문에서 설명하는 황사와 미세먼지의 근본적인 구별법은 구성성분의 차이다.

④·⑤ 제시문을 통해서 알 수 없는 내용이다.

풀이 전략!

빈칸 앞뒤의 문맥을 파악한 후 선택지에서 가장 어울리는 내용을 찾는다. 빈칸 앞에 접속사가 있다면 이를 활용한다.

대표기출유형 05   기출응용문제

※ 다음 글의 빈칸에 들어갈 내용으로 가장 적절한 것을 고르시오. [1~3]

01

소독이란 물체의 표면 및 그 내부에 있는 병원균을 죽여 전파력 또는 감염력을 없애는 것이다. 이때 소독의 가장 안전한 형태로는 멸균이 있다. 멸균이란 대상으로 하는 물체의 표면 또는 그 내부에 분포하는 모든 세균을 완전히 죽여 무균의 상태로 만드는 조작으로, 살아있는 세포뿐만 아니라 포자, 박테리아, 바이러스 등을 완전히 파괴하거나 제거하는 것이다.

물리적 멸균법은 열, 햇빛, 자외선, 초단파 따위를 이용하여 균을 죽여 없애는 방법이다. 열(Heat)에 의한 멸균에는 건열 방식과 습열 방식이 있는데, 건열 방식은 소각과 건식오븐을 사용하여 멸균하는 방식이다. 건열 방식이 활용되는 예로는 미생물 실험실에서 사용하는 많은 종류의 기구를 물 없이 멸균하는 것이 있다. 이는 습열 방식을 활용했을 때 유리를 포함하는 기구가 파손되거나 금속 재질로 이루어진 기구가 습기에 의해 부식할 가능성을 보완한 방법이다. 그러나 건열 방식은 습열 방식에 비해 멸균 속도가 느리고 효율이 떨어지며, 열에 약한 플라스틱이나 고무제품은 대상물의 변이 이루어져 사용할 수 없다. 예를 들어 많은 세균의 내생포자는 습열 멸균 온도 조건(121℃)에서는 5분 이내에 사멸되나, 건열 방식을 활용할 경우 이보다 더 높은 온도(160℃)에서도 약 2시간 정도가 지나야 사멸되는 양상을 나타낸다.

반면, 습열 방식은 바이러스, 세균, 진균 등의 미생물들을 손쉽게 사멸시킨다. 습열은 효소 및 구조 단백질 등의 필수 단백질의 변성을 유발하고, 핵산을 분해하며 세포막을 파괴하여 미생물을 사멸시킨다. 끓는 물에 약 10분간 노출하면 대개의 영양세포나 진핵포자를 충분히 죽일 수 있으나, 100℃의 끓는 물에서는 세균의 내생포자를 사멸시키지는 못한다. 따라서 물을 끓여서 하는 열처리는 ＿＿＿＿＿＿＿＿＿＿＿＿＿＿＿ 멸균을 시키기 위해서는 100℃가 넘는 온도(일반적으로 121℃)에서 압력(약 1.1kg/cm²)을 가해 주는 고압증기멸균기를 이용한다. 고압증기멸균기는 물을 끓여 증기를 발생시키고 발생한 증기와 압력에 의해 멸균을 시키는 장치이다. 고압증기멸균기 내부가 적정 온도와 압력(121℃, 약 1.1kg/cm²)에 이를 때까지 뜨거운 포화 증기를 계속 유입시킨다. 해당 온도에서 포화 증기는 15분 이내에 모든 영양세포와 내생포자를 사멸시킨다. 고압증기멸균기에 의해 사멸되는 미생물은 고압에 의해서라기보다는 고압하에서 수증기가 얻을 수 있는 높은 온도에 의해 사멸되는 것이다.

① 더 많은 세균을 사멸시킬 수 있다.
② 멸균 과정에서 더 많은 비용이 소요된다.
③ 멸균 과정에서 더 많은 시간이 소요된다.
④ 소독을 시킬 수는 있으나, 멸균을 시킬 수는 없다.
⑤ 멸균을 시킬 수는 있으나, 소독을 시킬 수는 없다.

02

스마트팩토리는 인공지능(AI), 사물인터넷(IoT) 등 다양한 기술이 융합된 자율화 공장으로, 제품 설계와 제조, 유통, 물류 등의 산업 현장에서 생산성 향상에 초점을 맞췄다. 이곳에서는 기계, 로봇, 부품 등의 상호 간 정보 교환을 통해 제조 활동을 하고, 모든 공정 이력이 기록되며, 빅데이터 분석으로 사고나 불량을 예측할 수 있다. 스마트팩토리에서는 컨베이어 생산 활동으로 대표되는 산업 현장의 모듈형 생산이 컨베이어를 대체하고 IoT가 신경망 역할을 한다. 센서와 기기 간 다양한 데이터를 수집하고, 이를 서버에 전송하면 서버는 데이터를 분석해 결과를 도출한다. 서버는 AI 기계학습 기술이 적용되어 빅데이터를 분석하고 생산성 향상을 위한 최적의 방법을 제시한다.

스마트팩토리의 대표 사례로는 고도화된 시뮬레이션 '디지털 트윈'을 들 수 있다. 디지털 트윈은 데이터를 기반으로 가상공간에서 미리 시뮬레이션하는 기술이다. 시뮬레이션을 위해 빅데이터를 수집하고 분석과 예측을 위한 통신·분석 기술에 가상현실(VR), 증강현실(AR)과 같은 기술을 더한다. 이를 통해 산업 현장에서 작업 프로세스를 미리 시뮬레이션하고, VR·AR로 검증함으로써 실제 시행에 따른 손실을 줄이고, 작업 효율성을 높일 수 있다.

한편 '에지 컴퓨팅'도 스마트팩토리의 주요 기술 중 하나이다. 에지 컴퓨팅은 산업 현장에서 발생하는 방대한 데이터를 클라우드로 한 번에 전송하지 않고, 에지에서 사전 처리한 후 데이터를 선별해서 전송한다. 서버와 에지가 연동해 데이터 분석 및 실시간 제어를 수행하여 산업 현장에서 생산되는 데이터가 기하급수로 늘어도 서버에 부하를 주지 않는다. 현재 클라우드 컴퓨팅이 중앙 데이터센터와 직접 소통하는 방식이라면 에지 컴퓨팅은 기기 가까이에 위치한 일명 '에지 데이터 센터'와 소통하며, 저장을 중앙 클라우드에 맡기는 형식이다. 이를 통해 데이터 처리 지연 시간을 줄이고 즉각적인 현장 대처를 가능하게 한다.

이러한 스마트팩토리의 발전은 _____ 최근 선진국에서 나타나는 주요 현상 중의 하나는 바로 '리쇼어링'의 가속화이다. 리쇼어링이란 인건비 등 각종 비용 절감을 이유로 해외에 나간 자국 기업들이 다시 본국으로 돌아오는 현상을 의미하는 용어이다. 2000년대 초반까지는 국가적 차원에서 세제 혜택 등의 회유책을 통해 추진되어 왔지만, 스마트팩토리의 등장으로 인해 자국 내 스마트팩토리에서의 제조 비용과 중국이나 멕시코와 같은 제3국에서 제조 후 수출 비용에 큰 차이가 없어 리쇼어링 현상은 더욱 가속화되고 있다.

① 공장의 생산성을 높이고 있다.
② 공장의 위치를 변화시키고 있다.
③ 수출 비용을 줄이는 데 도움이 된다.
④ 공장의 제조 비용을 절감시키고 있다.
⑤ 공장의 세제 혜택을 사라지게 하고 있다.

03

오늘날 인류가 왼손보다 오른손을 선호하는 경향은 어디서 비롯되었을까? 오른손을 귀하게 여기고 왼손을 천대하는 현상은 어쩌면 산업화 이전 사회에서 배변 후 사용할 휴지가 없었다는 사실과 관련이 있을 법하다. 맨손으로 배변 뒤처리를 하는 것은 불쾌할 뿐더러 병균을 옮길 위험을 수반하는 일이었다. 이러한 위험성을 낮추는 간단한 방법은 음식을 먹거나 인사할 때 다른 손을 사용하는 것이었다. 기술 발달 이전의 사회에서는 대개 왼손을 배변 뒤처리에, 오른손을 먹고 인사하는 일에 사용했다.

이러한 배경은 인간 사회에 널리 나타나는 '오른쪽'에 대한 긍정과 '왼쪽'에 대한 반감을 어느 정도 설명해 줄 수 있으리라고 생각되었다. 그러나 이 설명은 왜 애초에 오른손이 먹는 일에, 그리고 왼손이 배변 처리에 사용되었는지 설명해 주지 못한다. _____ 따라서 근본적인 설명은 다른 곳에서 찾아야 할 것이다.

한쪽 손을 주로 쓰는 경향은 뇌의 좌우반구의 기능 분화와 관련되어 있는 것으로 보인다. 보고된 증거에 따르면, 왼손잡이는 읽기와 쓰기, 개념적·논리적 사고 같은 좌반구 기능에서 오른손잡이보다 상대적으로 미약한 대신 상상력, 패턴 인식, 창의력 등 전형적인 우반구 기능에서는 상대적으로 기민한 경우가 많다.

이성 대 직관의 힘겨루기, 뇌의 두 반구 사이의 힘겨루기가 오른손과 왼손의 힘겨루기로 표면화된 것이 아닐까 생각해 볼 수 있다. 즉, 오른손이 원래 왼손보다 더 능숙했기 때문이 아니라 뇌의 좌반구가 인간의 행동을 지배하는 권력을 갖게 되었기 때문에 오른손 선호에 이르렀다는 것이다.

① 기능적으로 왼손이 오른손보다 섬세하기 때문이다.
② 현대사회에 들어서 왼손잡이가 늘어나고 있기 때문이다.
③ 모든 사람들이 오른쪽을 선호하는 것이 아니기 때문이다.
④ 동서양을 막론하고 왼손잡이 사회는 확인된 바가 없기 때문이다.
⑤ 양손의 기능을 분담시키지 않는 사람이 존재할 수도 있기 때문이다.

06 맞춤법 · 어휘

- 맞춤법에 맞는 단어를 찾거나 주어진 지문의 내용에 어울리는 단어를 찾는 문제가 주로 출제된다.
- 단어 사이의 관계에 대한 문제가 출제되므로 뜻이 비슷하거나 반대되는 단어를 함께 학습하는 것이 좋다.
- 자주 출제되는 단어나 헷갈리는 단어에 대한 학습을 꾸준히 하는 것이 좋다.

다음 중 밑줄 친 부분의 맞춤법이 옳은 것은?

① 엿가락을 고무줄처럼 <u>늘였다</u>.
② 계곡물에 손을 <u>담구니</u> 시원하다.
③ 학생 신분에 <u>알맞는</u> 옷차림을 해야 한다.
④ 나의 <u>바램</u>대로 내일은 흰 눈이 왔으면 좋겠다.
⑤ <u>지리한</u> 장마가 끝나고 불볕더위가 시작되었다.

정답 ①
'본디보다 더 길어지게 하다.'라는 의미로 쓰였으므로 '늘이다'로 쓰는 것이 옳다.

오답분석
② 담구니 → 담그니
③ 알맞는 → 알맞은
④ 바램 → 바람
⑤ 지리한 → 지루한

풀이 전략!

문제에서 물어보는 단어를 정확히 확인해야 하고, 어휘문제의 경우 주어진 지문의 전체적인 흐름에 어울리는 단어를 생각해본다.

01 다음 중 맞춤법이 옳은 것은?

① 조금 가시다가 오른쪽으로 우회전 하십시오.

② 그 단체는 인재 양성과 국가 정책 개발을 위해 만들어졌다.

③ 그 나라에 가기 전에 풍토병 예방 알약이나 백신을 맞아야 한다.

④ 김 군은 심도 있는 철학책 독서에, 최 군은 운동을 열심히 해야 한다.

⑤ 나를 위해 시 낭송이나 노래를 부르는 등 특별한 행사는 자제하는 게 좋겠네.

02 다음 중 맞춤법이 옳지 않은 것은?

① 문을 잠갔다.

② 변덕이 죽 끓듯 하다.

③ 불을 보듯 뻔한 일이다.

④ 이 자리를 빌어 감사의 뜻을 전한다.

⑤ 감기를 예방하려면 손을 깨끗이 씻어야 한다.

03 다음 글의 빈칸 ㉠ ~ ㉢에 들어갈 단어를 바르게 짝지은 것은?

> 음향은 인물의 생각이나 심리를 극적으로 ㉠ 제안(提案) / 제시(提示)하는 데 활용된다. 화면을 가득 채운 얼굴과 함께 인물의 목소리를 들려주면 인물의 속마음이 효과적으로 표현된다. 인물의 표정은 드러내지 않은 채 심장 소리만을 크게 들려줌으로써 인물의 불안정한 심정을 ㉡ 표현(表現) / 재연(再演)하는 예도 있다. 이와 같이 음향은 영화의 장면 및 줄거리와 밀접한 관계를 ㉢ 유지(維持) / 유치(誘致)하며 주제나 감독의 의도를 표현하는 중요한 요소이다.

	㉠	㉡	㉢
①	제시	재연	유지
②	제시	표현	유지
③	제시	재연	유치
④	제안	표현	유치
⑤	제안	재연	유치

CHAPTER 02

수리능력

합격 Cheat Key

수리능력은 사칙 연산·통계·확률의 의미를 정확하게 이해하고 이를 업무에 적용하는 능력으로, 기초 연산과 기초 통계, 도표 분석 및 작성의 문제 유형으로 출제된다. 수리능력 역시 채택하지 않는 공사·공단이 거의 없을 만큼 필기시험에서 중요도가 높은 영역이다.

특히, 난이도가 높은 공사·공단의 시험에서는 도표 분석, 즉 자료 해석 유형의 문제가 많이 출제되고 있고, 응용 수리 역시 꾸준히 출제하는 공사·공단이 많기 때문에 기초 연산과 기초 통계에 대한 공식의 암기와 자료 해석 능력을 기를 수 있는 꾸준한 연습이 필요하다.

1 응용 수리의 공식은 반드시 암기하라!

응용 수리는 공사·공단마다 출제되는 문제는 다르지만, 사용되는 공식은 비슷한 경우가 많으므로 자주 출제되는 공식을 반드시 암기하여야 한다. 문제에서 묻는 것을 정확하게 파악하여 그에 맞는 공식을 적절하게 적용하는 꾸준한 노력과 공식을 암기하는 연습이 필요하다.

2 자료의 해석은 자료에서 즉시 확인할 수 있는 지문부터 확인하라!

수리능력 중 도표 분석, 즉 자료 해석 능력은 많은 시간을 필요로 하는 문제가 출제되므로, 증가·감소 추이와 같이 눈으로 확인이 가능한 지문을 먼저 확인한 후 복잡한 계산이 필요한 지문을 확인하는 방법으로 문제를 풀이한다면 시간을 조금이라도 아낄 수 있다. 또한, 여러 가지 보기가 주어진 문제 역시 지문을 잘 확인하고 문제를 풀이한다면 불필요한 계산을 생략할 수 있으므로 항상 지문부터 확인하는 습관을 들여야 한다.

3 도표 작성에서 지문에 작성된 도표의 제목을 반드시 확인하라!

도표 작성은 하나의 자료 혹은 보고서와 같은 수치가 표현된 자료를 도표로 작성하는 형식으로 출제되는데, 대체로 표보다는 그래프를 작성하는 형태로 많이 출제된다. 지문을 살펴보면 각 지문에서 주어진 도표에도 소제목이 있는 경우가 대부분이다. 이때, 자료의 수치와 도표의 제목이 일치하지 않는 경우 함정이 존재하는 문제일 가능성이 높으므로 도표의 제목을 반드시 확인하는 것이 중요하다.

01 응용 수리

| 유형분석 |

- 문제에서 제공하는 정보를 파악한 뒤, 사칙연산을 활용하여 계산하는 전형적인 수리문제이다.
- 문제를 풀기 위한 정보가 산재되어 있는 경우가 많으므로 주어진 조건 등을 꼼꼼히 확인해야 한다.

대학 서적을 도서관에서 빌리면 10일간 무료이고, 그 이상은 하루에 100원의 연체료가 부과되며 한 달 단위로 연체료는 두 배로 늘어난다. 1학기 동안 대학 서적을 도서관에서 빌려 사용하는 데 얼마의 비용이 드는가?(단, 1학기의 기간은 15주이고, 한 달은 30일로 정한다)

① 19,000원
② 21,000원
③ 23,000원
④ 25,000원
⑤ 27,000원

정답 ④

- 1학기의 기간 : 15×7=105일
- 연체료가 부과되는 기간 : 105−10=95일
- 연체료가 부과되는 시점에서부터 한 달 동안의 연체료 : 30×100=3,000원
- 첫 번째 달부터 두 번째 달까지의 연체료 : 30×100×2=6,000원
- 두 번째 달부터 세 번째 달까지의 연체료 : 30×100×2×2=12,000원
- 95일(3개월 5일) 연체료 : 3,000+6,000+12,000+5×(100×2×2×2)=25,000원

따라서 1학기 동안 대학 서적을 도서관에서 빌려 사용한다면 25,000원의 비용이 든다.

풀이 전략!

문제에서 묻는 바를 정확하게 확인한 후, 필요한 조건 또는 정보를 구분하여 신속하게 풀어 나간다. 단, 계산에 착오가 생기지 않도록 유의한다.

01 둘레가 1km인 공원이 있다. 민지와 준수는 동시에 출발하여 서로 반대 방향으로 걸어서 중간에서 만나기로 했다. 민지는 1분에 70m를 걷고, 준수는 1분에 30m를 걸을 때, 두 사람이 처음 만날 때까지 걸린 시간은?

① 5분 　　　　　　　　　　　　　　② 10분

③ 15분 　　　　　　　　　　　　　④ 20분

⑤ 25분

02 농도가 10%인 소금물 200g에 농도가 15%인 소금물을 섞어서 농도가 13%인 소금물을 만들려고 한다. 이때, 농도가 15%인 소금물은 몇 g이 필요한가?

① 150g 　　　　　　　　　　　　　② 200g

③ 250g 　　　　　　　　　　　　　④ 300g

⑤ 350g

03 물이 가득 차 있는 물통의 밑변이 각각 5cm×4cm이고, 높이는 12cm이다. 이 물통 바닥에 갑자기 구멍이 나서 5mL/s의 속도로 물이 빠져나가게 되었다. 물이 완전히 다 빠지고 난 직후 15mL/s의 속도로 다시 물을 채워 넣는다면, 물이 빠져나가기 시작해서 물통에 물이 다시 가득 차게 될 때까지 몇 초가 걸리겠는가?

① 24초 　　　　　　　　　　　　　② 36초

③ 48초 　　　　　　　　　　　　　④ 60초

⑤ 72초

04 H사는 연구소를 A ~ D팀으로 나눠서 운영하고 있다. 작년 한 해 동안 A, B팀의 인원을 합하여 20% 감소하였고, C, D팀의 인원을 합하여 50% 감소해서 총 인원수가 205명이 되었다. 올해는 A, B팀의 인원을 합하여 80% 증가하였고, C팀의 인원이 20% 감소, D팀의 인원이 20% 증가하여 총 인원수가 390명이 되었다. 재작년 총 인원수가 350명이었다고 하면, 재작년 D팀의 인원수는 몇 명인가?(단, 연구소에는 A ~ D팀 외의 인원은 없다)

① 25명   ② 30명

③ 35명   ④ 40명

⑤ 45명

05 올해 아버지의 나이는 은서 나이의 2배이고, 지우 나이의 7배이다. 은서와 지우의 나이 차이가 15살이라면 아버지의 나이는 몇 살인가?

① 38세   ② 39세

③ 40세   ④ 41세

⑤ 42세

06 철수가 각각 1개의 주사위와 동전을 2번씩 던진다. 이때, 주사위의 눈의 합이 7이 나오면서 동전이 둘 다 앞면이 나올 확률은?

① $\dfrac{1}{20}$ ② $\dfrac{1}{22}$

③ $\dfrac{1}{24}$ ④ $\dfrac{1}{26}$

⑤ $\dfrac{1}{28}$

07 1, 1, 1, 2, 2, 3을 가지고 여섯 자릿수를 만들 때, 가능한 경우의 수는 모두 몇 가지인가?

① 30가지   ② 60가지

③ 120가지   ④ 240가지

⑤ 480가지

08 철수는 다음 그림과 같은 사각뿔에 물을 채우고자 한다. 사각뿔에 가득 채워지는 물의 부피는?

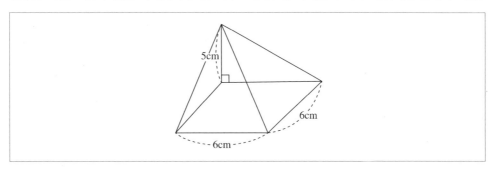

① 60cm³   ② 80cm³

③ 100cm³   ④ 120cm³

⑤ 140cm³

09 H회사는 사옥 옥상 정원에 있는 가로 644cm, 세로 476cm인 직사각형 모양의 뜰 가장자리에 조명을 설치하려고 한다. 네 모퉁이에는 반드시 조명을 설치하고, 일정한 간격으로 조명을 추가 배열하려고 할 때, 필요한 조명의 최소 개수는?(단, 조명의 크기는 고려하지 않는다)

① 68개   ② 72개

③ 76개   ④ 80개

⑤ 84개

| 유형분석 |

- 나열된 수의 규칙을 찾아 해결하는 문제이다.
- 등차·등비수열 등 다양한 수열 규칙에 대한 사전 학습이 요구된다.

다음과 같이 일정한 규칙으로 수를 나열할 때, 빈칸에 들어갈 수는?

1	2	8	( )	148	765	4,626	

① 11　　　　　　　　　　② 15
③ 22　　　　　　　　　　④ 25
⑤ 33

정답 ⑤

앞의 항에 $\times 1+1^2$, $\times 2+2^2$, $\times 3+3^2$, $\times 4+4^2$, …인 수열이다.
따라서 ( )$=8\times 3+3^2=33$이다.

풀이 전략!

- 수열을 풀이할 때는 다음과 같은 규칙이 적용되는지를 순차적으로 판단한다.
  1) 각 항에 일정한 수를 사칙연산($+$, $-$, $\times$, $\div$)하는 규칙
  2) 홀수 항, 짝수 항 규칙
  3) 피보나치 수열과 같은 계차를 이용한 규칙
  4) 군수열을 활용한 규칙
  5) 항끼리 사칙연산을 하는 규칙

주요 수열 규칙

구분	내용
등차수열	앞의 항에 일정한 수를 더해 이루어지는 수열
등비수열	앞의 항에 일정한 수를 곱해 이루어지는 수열
피보나치 수열	앞의 두 항의 합이 그 다음 항의 수가 되는 수열
건너뛰기 수열	두 개 이상의 수열 또는 규칙이 일정한 간격을 두고 번갈아가며 적용되는 수열
계차수열	앞의 항과 차가 일정하게 증가하는 수열
군수열	일정한 규칙성으로 몇 항씩 묶어 나눈 수열

01 다음과 같이 일정한 규칙으로 수를 나열할 때, 빈칸에 들어갈 수는?

12.3	15	7.5	10.2	( )	7.8	3.9

① 4.2   ② 5.1

③ 6.3   ④ 7.2

⑤ 8.1

02 다음과 같이 일정한 규칙으로 수를 나열할 때, B−A의 값은?

1	2	A	5	8	13	21	B

① 27   ② 28

③ 29   ④ 30

⑤ 31

03 200L의 물이 들어 있는 어항을 청소하면서 물을 20%만큼 버리고 20L의 물을 넣었다. 이와 같은 과정을 n번 반복한 후 어항에 남아 있는 물의 양을 a_nL라고 할 때, a_3의 값은?

① 200   ② 180

③ 164   ④ 151.2

⑤ 140.9

| 유형분석 |

- 문제에 주어진 도표를 분석하여 계산하는 문제이다.
- 주로 그래프와 표로 제시되며, 경영·경제·산업 등과 관련된 최신 이슈를 많이 다룬다.
- 자료 간의 증감률·합계·차이 등을 자주 묻는다.

다음 자료를 토대로 하루 동안 고용할 수 있는 최대 인원은?

총예산	본예산	500,000원
	예비비	100,000원
인건비	1인당 수당	50,000원
	산재보험료	(수당)×0.504%
	고용보험료	(수당)×1.3%

① 10명   ② 11명

③ 12명   ④ 13명

⑤ 14명

정답 ②
- (1인당 하루 인건비)＝(1인당 수당)＋(산재보험료)＋(고용보험료)
  ＝50,000＋50,000×0.504%＋50,000×1.3%
  ＝50,000＋252＋650＝50,902원
- (하루에 고용할 수 있는 인원수)＝[(본예산)＋(예비비)]÷(하루 1인당 인건비)
  ＝600,000÷50,902≒11.8
따라서 하루 동안 고용할 수 있는 최대 인원은 11명이다.

풀이 전략!

계산을 위해 필요한 정보를 도표에서 확인하도록 하며, 복잡한 계산을 하기 전에 조건을 꼼꼼하게 확인하여 실수를 줄일 수 있도록 한다.

01 다음은 농구 경기에서 갑 ~ 정 4개 팀의 월별 득점에 대한 자료이다. 빈칸에 들어갈 수치로 옳은 것은?(단, 각 수치는 매월 일정한 규칙으로 변화한다)

〈월별 득점 현황〉

(단위 : 점)

구분	1월	2월	3월	4월	5월	6월	7월	8월	9월	10월
갑	1,024	1,266	1,156	1,245	1,410	1,545	1,205	1,365	1,875	2,012
을	1,352	1,702	2,000	1,655	1,320	1,307	1,232	1,786	1,745	2,100
병	1,078	1,423	( )	1,298	1,188	1,241	1,357	1,693	2,041	1,988
정	1,298	1,545	1,658	1,602	1,542	1,611	1,080	1,458	1,579	2,124

① 1,358

② 1,397

③ 1,450

④ 1,498

⑤ 1,522

02 H씨는 향후 자동차 구매자금을 마련하고자 한다. 이를 위해 자산관리담당자와 상담한 결과, 다음 자료의 3가지 금융상품에 2천만 원을 투자하기로 하였다. 6개월이 지난 후 고객이 받을 수 있는 금액은 얼마인가?

〈포트폴리오 상품내역〉

상품명	종류	기대 수익률(연)	투자비중
A	주식	10%	40%
B	채권	4%	30%
C	예금	2%	30%

※ 상품거래에서 발생하는 수수료 등 기타비용은 없다고 가정함

※ (투자수익)=(투자원금)+(투자원금)×(수익률)×$\dfrac{(투자월 수)}{12}$

① 2,012만 원

② 2,028만 원

③ 2,058만 원

④ 2,078만 원

⑤ 2,125만 원

| 유형분석 |

- 제시된 자료를 분석하여 선택지의 정답 유무를 판단하는 문제이다.
- 자료의 수치 등을 통해 변화량이나 증감률, 비중 등을 비교하여 판단하는 문제가 자주 출제된다.
- 지원하고자 하는 기업이나 산업과 관련된 자료 등이 문제의 자료로 많이 다뤄진다.

다음은 A ~ E 5개국의 경제 및 사회 지표 자료이다. 이에 대한 설명으로 옳지 않은 것은?

〈주요 5개국의 경제 및 사회 지표〉

구분	1인당 GDP(달러)	경제성장률(%)	수출(백만 달러)	수입(백만 달러)	총인구(백만 명)
A국	27,214	2.6	526,757	436,499	50.6
B국	32,477	0.5	624,787	648,315	126.6
C국	55,837	2.4	1,504,580	2,315,300	321.8
D국	25,832	3.2	277,423	304,315	46.1
E국	56,328	2.3	188,445	208,414	24.0

※ (총 GDP)=(1인당 GDP)×(총인구)

① A국이 E국보다 총 GDP가 더 크다.
② 경제성장률이 가장 큰 나라가 총 GDP는 가장 작다.
③ 1인당 GDP에 따른 순위와 총 GDP에 따른 순위는 서로 일치한다.
④ 5개국 중 수출과 수입에 있어서 규모에 따라 나열한 순위는 서로 일치한다.
⑤ 총 GDP가 가장 큰 나라의 GDP는 가장 작은 나라의 GDP보다 10배 이상 더 크다.

정답 ③

1인당 GDP 순위는 E>C>B>A>D이다. 그런데 1인당 GDP가 가장 큰 E국은 1인당 GDP가 2위인 C국보다 1% 정도밖에 높지 않은 반면, 인구는 C국의 $\frac{1}{10}$ 이하이므로 총 GDP 역시 C국보다 작다. 따라서 1인당 GDP 순위와 총 GDP 순위는 일치하지 않는다.

풀이 전략!

평소 변화량이나 증감률, 비중 등을 구하는 공식을 알아두고 있어야 하며, 지원하는 기업이나 산업에 대한 자료 등을 확인하여 비교하는 연습 등을 한다.

01 다음은 H시에 거주하는 20 ~ 30대 청년들의 주거 점유 형태를 나타낸 자료이다. 이에 대한 설명으로 옳은 것은?(단, 소수점 둘째 자리에서 반올림한다)

〈20 ~ 30대 청년 주거 점유 형태〉

(단위 : 명)

구분	자가	전세	월세	무상	합계
20 ~ 24세	537	1,862	5,722	5,753	13,874
25 ~ 29세	795	2,034	7,853	4,576	15,258
30 ~ 34세	1,836	4,667	13,593	1,287	21,383
35 ~ 39세	2,489	7,021	18,610	1,475	29,595
합계	5,657	15,584	45,778	13,091	80,110

① 연령대가 높아질수록 자가 비중은 높아지고, 월세 비중은 낮아진다.

② 20 ~ 24세 인원 중 월세 비중은 40% 미만이고, 자가 비중은 3% 미만이다.

③ 20 ~ 30대 연령대에서 월세에 사는 25 ~ 29세 연령대가 차지하는 비율은 10% 이상이다.

④ 20 ~ 30대 인원 대비 자가 비율보다 20대 청년 중에서 자가가 차지하는 비율이 더 낮다.

⑤ 20 ~ 24세를 제외한 20 ~ 30대 청년 중에서 무상이 차지하는 비중이 월세가 차지하는 비중보다 더 높다.

02 다음은 8개국의 무역수지에 대한 자료이다. 이에 대한 설명으로 옳지 않은 것은?

〈8개국의 무역수지 현황〉

(단위 : 백만 USD)

구분	한국	그리스	노르웨이	뉴질랜드	대만	독일	러시아	미국
7월	40,882	2,490	7,040	2,825	24,092	106,308	22,462	125,208
8월	40,125	2,145	7,109	2,445	24,629	107,910	23,196	116,218
9월	40,846	2,656	7,067	2,534	22,553	118,736	25,432	122,933
10월	41,983	2,596	8,005	2,809	26,736	111,981	24,904	125,142
11월	45,309	2,409	8,257	2,754	25,330	116,569	26,648	128,722
12월	45,069	2,426	8,472	3,088	25,696	102,742	31,128	123,557

① 뉴질랜드의 무역수지는 8월 이후 지속해서 증가하였다.

② 그리스의 12월 무역수지의 전월 대비 증가율은 약 0.7%이다.

③ 한국 무역수지의 전월 대비 증가량이 가장 많았던 달은 11월이다.

④ 12월 무역수지가 7월 대비 감소한 나라는 그리스, 독일, 미국이다.

⑤ 10월부터 12월 사이 한국의 무역수지 변화 추이와 같은 양상을 보이는 나라는 2개국이다.

03 다음은 항목별 상위 7개 동의 자산규모를 나타낸 자료이다. 이에 대한 설명으로 옳은 것은?

〈항목별 상위 7개 동의 자산규모〉

구분\순위	총자산(조 원) 동명	총자산(조 원) 규모	부동산자산(조 원) 동명	부동산자산(조 원) 규모	예금자산(조 원) 동명	예금자산(조 원) 규모	가구당 총자산(억 원) 동명	가구당 총자산(억 원) 규모
1	여의도동	24.9	대치동	17.7	여의도동	9.6	을지로동	51.2
2	대치동	23.0	서초동	16.8	태평로동	7.0	여의도동	26.7
3	서초동	22.6	압구정동	14.3	을지로동	4.5	압구정동	12.8
4	반포동	15.6	목동	13.7	서초동	4.3	도곡동	9.2
5	목동	15.5	신정동	13.6	역삼동	3.9	잠원동	8.7
6	도곡동	15.0	반포동	12.5	대치동	3.1	이촌동	7.4
7	압구정동	14.4	도곡동	12.3	반포동	2.5	서초동	6.4

※ (총자산)=(부동산자산)+(예금자산)+(증권자산)
※ (가구 수)=(총자산)÷(가구당 총자산)

① 이촌동의 가구 수는 2만 가구 이상이다.
② 여의도동의 증권자산은 최소 4조 원 이상이다.
③ 대치동의 증권자산은 서초동의 증권자산보다 많다.
④ 압구정동의 가구 수는 여의도동의 가구 수보다 적다.
⑤ 총자산 대비 부동산자산의 비율은 도곡동이 목동보다 높다.

04 다음은 A ~ C지역의 가구 구성비를 나타낸 자료이다. 이에 대한 설명으로 옳은 것은?

〈가구 구성비〉

(단위 : %)

구분	부부 가구	2세대 가구 부모+미혼자녀	2세대 가구 부모+기혼자녀	3세대 이상 가구	기타 가구	합계
A지역	5	65	16	2	12	100
B지역	16	55	10	6	13	100
C지역	12	40	25	20	3	100

※ 기타 가구 : 1인 가구, 형제 가구, 비친족 가구
※ 핵가족 : 부부 또는 (한)부모와 그들의 미혼 자녀로 이루어진 가족
※ 확대가족 : (한)부모와 그들의 기혼 자녀로 이루어진 2세대 이상의 가족

① 부부 가구의 구성비는 C지역이 가장 높다.
② 1인 가구의 비중이 가장 높은 지역은 B지역이다.
③ 확대가족 가구 수가 가장 많은 지역은 C지역이다.
④ 핵가족 가구의 비중이 가장 높은 지역은 A지역이다.
⑤ A, B, C지역 모두 핵가족 가구 수가 확대가족 가구 수보다 많다.

05 다음은 H국의 자동차 매출에 대한 자료이다. 이에 대한 설명으로 옳은 것은?

〈2024년 10월 월매출액 상위 10개 자동차의 매출 현황〉

(단위 : 억 원, %)

자동차	순위	월매출액		
			시장점유율	전월 대비 증가율
A	1	1,139	34.3	60
B	2	1,097	33.0	40
C	3	285	8.6	50
D	4	196	5.9	50
E	5	154	4.6	40
F	6	149	4.5	20
G	7	138	4.2	50
H	8	40	1.2	30
I	9	30	0.9	150
J	10	27	0.8	40

※ (시장점유율)$=\dfrac{\text{(해당 자동차 월매출액)}}{\text{(전체 자동차 월매출 총액)}}\times100$

〈2024년 I자동차 누적매출액〉

(단위 : 억 원)

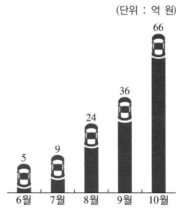

※ 월매출액은 해당 월 말에 집계됨

① 2024년 9월 C자동차의 월매출액은 200억 원 이상이다.
② 2024년 10월 월매출액 상위 6개 자동차의 순위는 전월과 동일하다.
③ 2024년 6월부터 9월 중 I자동차의 월매출액이 가장 큰 달은 9월이다.
④ 2024년 10월 H국의 전체 자동차 월매출 총액은 4,000억 원 미만이다.
⑤ 2024년 10월 월매출액 상위 5개 자동차의 10월 월매출액 기준 시장점유율은 80% 미만이다.

CHAPTER 03

문제해결능력

합격 Cheat Key

문제해결능력은 업무를 수행하면서 여러 가지 문제 상황이 발생하였을 때, 창의적이고 논리적인 사고를 통하여 이를 올바르게 인식하고 적절히 해결하는 능력으로, 하위 능력에는 사고력과 문제처리능력이 있다.

문제해결능력은 NCS 기반 채용을 진행하는 대다수의 공사·공단에서 채택하고 있으며, 다양한 자료와 함께 출제되는 경우가 많아 어렵게 느껴질 수 있다. 특히, 난이도가 높은 문제로 자주 출제되기 때문에 다른 영역보다 더 많은 노력이 필요할 수는 있지만 그렇기에 차별화를 할 수 있는 득점 영역이므로 포기하지 말고 꾸준하게 노력해야 한다.

1 질문의 의도를 정확하게 파악하라!

문제해결능력은 문제에서 무엇을 묻고 있는지 정확하게 파악하여 먼저 풀이 방향을 설정하는 것이 가장 효율적인 방법이다. 특히, 조건이 주어지고 답을 찾는 창의적·분석적인 문제가 주로 출제되고 있기 때문에 처음에 정확한 풀이 방향이 설정되지 않는다면 문제를 제대로 풀지 못하게 되므로 첫 번째로 출제 의도 파악에 집중해야 한다.

2 중요한 정보는 반드시 표시하라!

출제 의도를 정확히 파악하기 위해서는 문제의 중요한 정보를 반드시 표시하거나 메모하여 하나의 조건, 단서도 잊고 넘어가는 일이 없도록 해야 한다. 실제 시험에서는 시간의 압박과 긴장감으로 정보를 잘못 적용하거나 잊어버리는 실수가 많이 발생하므로 사전에 충분한 연습이 필요하다.

3 반복 풀이를 통해 취약 유형을 파악하라!

문제해결능력은 특히 시간관리가 중요한 영역이다. 따라서 정해진 시간 안에 고득점을 할 수 있는 효율적인 문제 풀이 방법을 찾아야 한다. 이때, 반복적인 문제 풀이를 통해 자신이 취약한 유형을 파악하는 것이 중요하다. 정확하게 풀 수 있는 문제부터 빠르게 풀고 취약한 유형은 나중에 푸는 효율적인 문제 풀이를 통해 최대한 고득점을 맞는 것이 중요하다.

01 명제 추론

| 유형분석 |

- 주어진 조건을 토대로 논리적으로 추론하여 참 또는 거짓을 구분하는 문제이다.
- 자료를 제시하고 새로운 결과나 자료에 주어지지 않은 내용을 추론해 가는 형식의 문제가 출제된다.

H도시에 있는 병원의 공휴일 진료 현황이 다음 〈조건〉과 같을 때, 공휴일에 진료하는 병원의 수는?

조건

- B병원이 진료를 하지 않으면 A병원은 진료를 한다.
- B병원이 진료를 하면 D병원은 진료를 하지 않는다.
- A병원이 진료를 하면 C병원은 진료를 하지 않는다.
- C병원이 진료를 하지 않으면 E병원이 진료를 한다.
- E병원은 공휴일에 진료를 하지 않는다.

① 1곳
② 2곳
③ 3곳
④ 4곳
⑤ 5곳

정답 ②

제시된 조건의 명제들을 순서대로 논리 기호화하여 표현하면 다음과 같다.
- B병원이 진료를 하지 않으면 A병원이 진료한다(~B → A / ~A → B).
- B병원이 진료를 하면 D병원은 진료를 하지 않는다(B → ~D / D → ~B).
- A병원이 진료를 하면 C병원은 진료를 하지 않는다(A → ~C / C → ~A).
- C병원이 진료를 하지 않으면 E병원이 진료한다(~C → E / ~E → C).
이를 하나로 연결하면 D병원이 진료를 하면 B병원이 진료를 하지 않고, B병원이 진료를 하지 않으면 A병원은 진료를 한다. A병원이 진료를 하면 C병원은 진료를 하지 않고, C병원이 진료를 하지 않으면 E병원은 진료를 한다(D → ~B → A → ~C → E). 명제가 참일 경우 그 대우도 참이므로 ~E → C → ~A → B → ~D가 된다. E병원은 공휴일에 진료를 하지 않으므로 위의 명제를 참고하면 C와 B병원만이 진료를 하는 경우가 된다. 따라서 공휴일에 진료를 하는 병원은 2곳이다.

풀이 전략!

명제와 관련한 기본적인 논법에 대해서는 미리 학습해 두며, 이를 바탕으로 각 문장에 있는 핵심단어 또는 문구를 기호화하여 정리한 후, 선택지와 비교하여 참 또는 거짓을 판단한다.

01 국제영화제 행사에 참석한 H씨는 A∼F영화를 다음 〈조건〉에 맞춰 5월 1일부터 5월 6일까지 하루에 한 편씩 보려고 한다. 이때 반드시 참인 것은?

> **조건**
> • F영화는 3일과 4일 중 하루만 상영된다.
> • D영화는 C영화가 상영된 날 이틀 후에 상영된다.
> • B영화는 C, D영화보다 먼저 상영된다.
> • 첫째 날 B영화를 본다면 5일에 반드시 A영화를 본다.

① A영화는 C영화보다 먼저 상영될 수 없다.
② B영화는 1일 또는 2일에 상영된다.
③ C영화는 E영화보다 먼저 상영된다.
④ D영화는 5일이나 폐막작으로 상영될 수 없다.
⑤ E영화는 개막작이나 폐막작으로 상영된다.

02 H공사에서는 보고서를 통과시키기 위해서 A∼F 6명에게 결재를 받아야 한다. 다음 〈조건〉에 따라 최종 결재를 받아야 하는 사람이 C일 때, 세 번째로 결재를 받아야 할 사람은?

> **조건**
> • C 바로 앞 순서인 사람은 F이다.
> • B는 F와 C보다는 앞 순서이다.
> • E는 B보다는 앞 순서이다.
> • E와 C는 D보다 뒤의 순서다.
> • A는 E보다 앞 순서이다.
> • 결재를 받을 때는 한 사람당 한 번만 거친다.

① A   ② B
③ D   ④ E
⑤ F

03 H회사에 재직 중인 김대리는 10월에 1박 2일로 할머니댁을 방문하려고 한다. 다음 〈조건〉을 토대로 김대리가 할머니댁을 방문하는 날짜로 가능한 것은?

> **조건**
> • 10월은 1일부터 31일까지이며, 1일은 목요일, 9일은 한글날이다.
> • 10월 1일은 추석이며, 추석 다음날부터 5일간 제주도 여행을 가고, 돌아오는 날이 휴가 마지막 날이다.
> • 김대리는 이틀까지 휴가 외에 연차를 더 쓸 수 있다.
> • 제주도 여행에서 돌아오는 마지막 날이 있는 주가 첫째 주이다.
> • 김대리는 셋째 주 화요일부터 4일간 외부출장이 있으며, 그 다음 주 수요일과 목요일은 프로젝트 발표가 있다.
> • 주말 및 공휴일에는 할머니댁에 가지 않는다.
> • 휴가에는 가지 않고 따로 연차를 쓰고 방문할 것이다.

① 3일, 4일　　　　　　　　　　② 6일, 7일
③ 12일, 13일　　　　　　　　　④ 21일, 22일
⑤ 27일, 28일

04 H씨는 금융상품에 가입하고자 한다. 다음 〈조건〉이 모두 참일 때, 항상 거짓인 것은?

> **조건**
> • H씨는 햇살론, 출발적금, 희망예금, 미소펀드, 대박적금 중 3개의 금융상품에 가입한다.
> • 햇살론을 가입하면 출발적금에는 가입하지 않으며, 미소펀드에도 가입하지 않는다.
> • 대박적금에 가입하지 않으면 햇살론에 가입한다.
> • 미소펀드에 반드시 가입한다.
> • 미소펀드에 가입하거나 출발적금에 가입하면, 희망예금에 가입한다.

① 출발적금에 가입한다.
② 희망예금에 가입한다.
③ 대박적금에 가입한다.
④ 햇살론에는 가입하지 않는다.
⑤ 미소펀드와 햇살론 중 하나의 금융상품에만 가입한다.

05 오늘 H씨는 종합병원에 방문하여 A ~ C과 진료를 모두 받아야 한다. 〈조건〉이 다음과 같을 때, 가장 빠르게 진료를 받을 수 있는 경로는?(단, 주어진 조건 외에는 고려하지 않는다)

> **조건**
> • 모든 과의 진료와 예약은 오전 9시 시작이다.
> • 모든 과의 점심시간은 오후 12시 30분부터 1시 30분이다.
> • A과와 C과는 본관에 있고 B과는 별관동에 있다. 본관과 별관동 이동에는 셔틀로 약 30분이 소요되며, 점심시간에는 셔틀이 운행하지 않는다.
> • A과는 오전 10시부터 오후 3시까지만 진료를 한다.
> • B과는 점심시간 후에 사람이 몰려 약 1시간의 대기시간이 필요하다.
> • A과 진료는 단순 진료로 30분 정도 소요될 예정이다.
> • B과 진료는 치료가 필요하여 1시간 정도 소요될 예정이다.
> • C과 진료는 정밀 검사가 필요하여 2시간 정도 소요될 예정이다.

① A – B – C
② A – C – B
③ B – C – A
④ C – A – B
⑤ C – B – A

06 현수, 정훈, 승규, 태경, 형욱 5명이 마라톤 경기에서 뛰고 있다. 한 시간이 지난 후 5명 사이의 거리가 다음 〈조건〉과 같을 때, 항상 참이 되는 것은?

> **조건**
> • 태경이는 승규보다 3km 앞에서 뛰고 있다.
> • 형욱이는 태경이보다 5km 뒤에서 뛰고 있다.
> • 현수는 승규보다 5km 앞에서 뛰고 있다.
> • 정훈이는 태경이보다 뒤에서 뛰고 있다.
> • 1등과 5등의 거리는 10km 이하이다.

① 현재 마라톤 경기의 1등은 태경이다.
② 정훈이와 승규의 거리는 최소 0km, 최대 4km이다.
③ 현수와 태경이의 거리와 승규와 형욱이의 거리는 같다.
④ 정훈이는 형욱이보다 최대 2km 뒤까지 위치할 수 있다.
⑤ '현수 – 태경 – 승규 – 형욱 – 정훈'의 순서로 달리고 있다.

02 SWOT 분석

| 유형분석 |

- 상황에 대한 환경 분석 결과를 통해 주요 과제를 도출하는 문제이다.
- 주로 3C 분석 또는 SWOT 분석을 활용한 문제들이 출제되고 있으므로 해당 분석도구에 대한 사전 학습이 요구된다.

다음 글을 참고하여 〈보기〉의 H자동차가 취할 수 있는 전략으로 가장 적절한 것은?

'SWOT'는 Strength(강점), Weakness(약점), Opportunity(기회), Threat(위협)의 머리글자를 따서 만든 단어로, 경영 전략을 세우는 방법론이다. SWOT로 도출된 조직의 내·외부 환경을 분석하고, 이 결과를 통해 대응전략을 구상할 수 있다. 'SO전략'은 기회를 활용하기 위해 강점을 사용하는 전략이고, 'WO전략'은 약점을 보완 또는 극복하여 시장의 기회를 활용하는 전략이다. 'ST전략'은 위협을 피하기 위해 강점을 활용하는 방법이며, 'WT전략'은 위협요인을 피하기 위해 약점을 보완하는 전략이다.

보기

- 새로운 정권의 탄생으로 자동차 업계 내 새로운 바람이 불 것으로 예상된다. A당선인이 이번 선거에서 친환경차 보급 확대를 주요 공약으로 내세웠고, 공약에 따라 공공기관용 친환경차 비율을 70%로 상향시키기로 하고, 친환경차 보조금 확대 등을 통해 친환경차 보급률을 높이겠다는 계획을 세웠다. 또한 최근 환경을 생각하는 국민 의식의 향상과 친환경차의 연비 절감 부분이 친환경차 구매 욕구 상승에 기여하고 있다.
- H자동차는 기존의 전기자동차 모델들을 꾸준히 출시하여 성장세가 두드러지고 있는데다가 고객들의 다양한 구매 욕구를 충족시킬 만한 전기자동차 상품의 다양성을 확보하였다. 또한, H자동차의 전기자동차 미국 수출이 증가하고 있는 만큼 앞으로의 전망도 밝을 것으로 예상된다.

① SO전략   ② WO전략

③ ST전략   ④ WT전략

정답 ①

- Strength(강점) : H자동차는 전기자동차 모델들을 꾸준히 출시하여 성장세가 두드러지고 있는데다가 고객들의 다양한 구매 욕구를 충족시킬 만한 전기자동차 상품의 다양성을 확보하였다.
- Opportunity(기회) : 새로운 정권에서 친환경차 보급 확대에 적극 나설 것으로 보인다는 점과 환경을 생각하는 국민 의식의 향상과 친환경차의 연비 절감 부분이 친환경차 구매 욕구 상승에 기여하고 있으며 H자동차의 미국 수출이 증가하고 있다.
따라서 SO전략이 가장 적절하다.

풀이 전략!

문제에 제시된 분석도구를 확인한 후, 분석 결과를 종합적으로 판단하여 각 선택지의 전략 과제와 일치 여부를 판단한다.

01 다음은 농민 · 농촌을 사업 근거로 하는 특수은행인 H은행의 SWOT 분석 결과이다. 밑줄 친 ㉠ ~ ㉤ 중 적절하지 않은 것은?

<table>
<tr><td colspan="2">〈H은행에 대한 SWOT 분석 결과〉</td></tr>
<tr><td>강점
(Strength)</td><td>• 공적 기능을 수행하는 농민 · 농촌의 은행이라는 위상의 대체 불가능
• 전국에 걸친 국내 최대의 영업망을 기반으로 안정적인 사업 기반 및 수도권 이외의 지역에서 우수한 사업 지위 확보
• 지자체 시금고 예치금 등 공공금고 예수금은 안정적인 수신 기반으로 작용
• ㉠ 은행권 최초로 보이스피싱 차단을 위해 24시간 '대포통장 의심 계좌 모니터링' 도입
• BIS자기자본비율, 고정이하여신비율, 고정이하여신 대비 충당금커버리지비율 등 자산 건전성 지표 우수
• 디지털 전환(DT)을 위한 중장기 전략을 이행 중이며, 메타버스 · 인공지능(AI)을 활용한 개인 맞춤형 상품 등 혁신 서비스 도입 추진</td></tr>
<tr><td>약점
(Weakness)</td><td>• ㉡ 수수료 수익 등 비이자 이익의 감소 및 이자 이익에 편중된 수익 구조
• S중앙회에 매년 지급하는 농업지원 사업비와 상존하는 대손 부담으로 인해 시중은행보다 낮은 수익성
• ㉢ 인터넷전문은행의 활성화 및 빅테크의 금융업 진출 확대 추세
• 금리 상승, 인플레이션, 경기 둔화 등의 영향으로 차주의 상환 부담이 높아짐에 따라 일정 수준의 부실여신비율 상승이 불가피할 것으로 예상</td></tr>
<tr><td>기회
(Opportunity)</td><td>• ㉣ 마이데이터(Mydata)로 제공할 수 있는 정보 범위의 확대 및 암호화폐 시장의 성장
• 2024년 홍콩, 중국, 호주, 인도에서 최종 인가를 획득하는 등 해외 영업망 확충
• 금융 당국의 유동성 지원 정책과 정책자금 대출을 기반으로 유동성 관리 우수
• 법률에 의거해 농업금융채권의 원리금 상환을 국가가 전액 보증하는 등 유사시 정부의 지원 가능성
• 귀농 · 귀촌 인구의 증가 및 농촌에 대한 소비자의 인식 변화로 새로운 사업 발굴 가능</td></tr>
<tr><td>위협
(Threat)</td><td>• 자산관리 시장에서의 경쟁 심화
• 사이버 위협에 대응해 개인정보 보안 대책 및 시스템 마련 시급
• ㉤ 이자 이익 의존도가 높은 은행의 수익 구조에 대한 비판 여론
• 금리 및 물가 상승 영향에 따른 자산 건전성 저하 가능성 존재
• 주택 시장 침체, 고금리 지속 등으로 가계여신 수요 감소 전망
• 경기 침체, 투자 심리 위축으로 기업여신 대출 수요 감소 전망
• 보험사, 증권사, 카드사 등의 은행업(지급 결제, 예금 · 대출) 진입 가능성
• 은행에 있던 예금 · 적금을 인출해 주식 · 채권으로 이동하는 머니무브의 본격화 조짐</td></tr>
</table>

① ㉠

② ㉡

③ ㉢

④ ㉣

⑤ ㉤

PART 1

02 H공사에서 근무하는 A사원은 경제자유구역사업에 대한 SWOT 분석 결과를 토대로 SWOT 분석에 의한 경영 전략을 세웠다. 다음 〈보기〉 중 적절하지 않은 것을 모두 고르면?

〈경제자유구역사업에 대한 SWOT 분석 결과〉

구분	분석 결과
강점(Strength)	• 성공적인 경제자유구역 조성 및 육성 경험 • 다양한 분야의 경제자유구역 입주희망 국내기업 확보
약점(Weakness)	• 과다하게 높은 외자금액 비율 • 외국계 기업과 국내기업 간의 구조 및 운영상 이질감
기회(Opportunity)	• 국제경제 호황으로 인하여 타국 사업지구 입주를 희망하는 해외시장부문의 지속적 증가 • 국내진출 해외기업 증가로 인한 동형화 및 협업 사례 급증
위협(Threat)	• 국내거주 외국인 근로자에 대한 사회적 포용심 부족 • 대대적 교통망 정비로 인한 기성 대도시의 흡수효과 확대

〈SWOT 분석에 의한 경영 전략〉

• SO전략 : 강점을 활용하여 기회를 선점하는 전략
• ST전략 : 강점을 활용하여 위협을 최소화하거나 극복하는 전략
• WO전략 : 기회를 활용하여 약점을 보완하는 전략
• WT전략 : 약점을 최소화하고 위협을 회피하는 전략

보기

ㄱ. 성공적인 경제자유구역 조성 노하우를 활용하여 타국 사업지구로의 진출을 희망하는 해외기업을 유인 및 유치하는 전략은 SO전략에 해당한다.
ㄴ. 다수의 풍부한 경제자유구역 성공 사례를 바탕으로 외국인 근로자를 국내주민과 문화적으로 동화시킴으로써 원활한 지역발전의 토대를 조성하는 전략은 ST전략에 해당한다.
ㄷ. 기존에 국내에 입주한 해외기업의 동형화 사례를 활용하여 국내기업과 외국계 기업의 운영상 이질감을 해소하여 생산성을 증대시키는 전략은 WO전략에 해당한다.
ㄹ. 경제자유구역 인근 대도시와의 연계를 활성화하여 경제자유구역 내 국내외 기업 간의 이질감을 해소하는 전략은 WT전략에 해당한다.

① ㄱ, ㄴ
② ㄱ, ㄷ
③ ㄴ, ㄷ
④ ㄴ, ㄹ
⑤ ㄷ, ㄹ

03 다음은 국내 금융기관에 대한 SWOT 분석 자료이다. 이를 통해 SWOT 분석 전략을 세운다고 할 때, 〈보기〉 중 분석 결과에 대응하는 전략과 그 내용이 바르게 연결된 것을 모두 고르면?

국내 대부분의 예금과 대출을 국내 은행이 차지하고 있을 정도로 국내 금융기관에 대한 우리나라 국민들의 충성도는 높은 편이다. 또한 국내 금융기관은 철저한 신용 리스크 관리로 해외 금융기관과 비교해 자산건전성 지표가 매우 우수한 편이다. 시장 리스크 관리도 해외 선진 금융기관 수준에 도달한 것으로 평가받는다. 국내 금융기관은 외환위기와 글로벌 금융위기 등을 거치며 꾸준히 자산건전성을 강화해 왔기 때문이다.

그러나 은행과 이자 이익에 수익이 편중되어 있다는 점은 국내 금융기관의 가장 큰 약점이 된다. 대부분 예금과 대출 거래 중심의 영업구조로 되어 있기 때문이다. 취약한 해외 비즈니스도 문제로 들 수 있다. 최근 동남아 시장을 중심으로 해외 진출에 박차를 가하고 있지만, 아직은 눈에 띄는 성과가 많지 않은 상황이다.

많은 어려움에도 불구하고 국내 금융기관의 발전 가능성은 아직 무궁무진하다. 우선 해외 시장으로 눈을 돌리면 다양한 기회가 열려 있다. 전 세계 신용·단기 자금 확대, 글로벌 무역 회복세로 국내 금융기관의 해외 진출 여건은 양호한 편이다. 따라서 해외 시장 개척을 통해 어떻게 신규 수익원을 확보하느냐가 성장의 새로운 기회로 작용할 전망이다. IT 기술 발달에 따른 핀테크의 등장도 새로운 기회가 될 수 있다. 국내의 발달된 인터넷과 모바일뱅킹 서비스, IT 인프라를 활용한 새로운 수익 창출 가능성이 열려 있는 것이다.

그러나 역설적으로 핀테크의 등장은 오히려 국내 금융기관의 발목을 잡을 수 있다. 블록체인 기술에 기반한 암호화폐, 간편결제와 송금, 로보어드바이저, 인터넷 은행, P2P 대출 등 다양한 핀테크 분야의 새로운 서비스들이 기존 금융 서비스의 대체재로서 출현하고 있기 때문이다. 금융시장 개방에 따른 글로벌 금융기관과의 경쟁 심화도 넘어야 할 산이다. 특히 중국 은행을 비롯한 중국 금융이 급성장하고 있어 이에 대한 대비책 마련이 시급하다.

보기

㉠ SO전략 : 높은 국내 시장 점유율을 기반으로 국내 핀테크 사업에 진출한다.
㉡ WO전략 : 위기관리 역량을 강화하여 해외 금융시장에 진출한다.
㉢ ST전략 : 해외 금융기관과 비교해 우수한 자산건전성을 강조하여 글로벌 금융기관과의 경쟁에서 우위를 차지한다.
㉣ WT전략 : 해외 비즈니스 역량을 강화하여 해외 금융시장에 진출한다.

① ㉠, ㉡　　　　　　　　　　　　　　② ㉠, ㉢
③ ㉡, ㉢　　　　　　　　　　　　　　④ ㉡, ㉣
⑤ ㉠, ㉡, ㉢

규칙 적용

유형분석

- 주어진 상황과 규칙을 종합적으로 활용하여 풀어가는 문제이다.
- 일정, 비용, 순서 등 다양한 내용을 다루고 있어 유형을 한 가지로 단일화하기 어렵다.

A팀과 B팀은 보안등급 상에 해당하는 문서를 나누어 보관하고 있다. 이에 따라 두 팀은 보안을 위해 다음과 같은 규칙에 따라 각 팀의 비밀번호를 지정하였다. A팀과 B팀에 들어갈 수 있는 암호배열은?

〈규칙〉

- 1 ~ 9까지의 숫자로 (한 자릿수)×(두 자릿수)=(세 자릿수)=(두 자릿수)×(한 자릿수) 형식의 비밀번호로 구성한다.
- 가운데에 들어갈 세 자릿수의 숫자는 156이며 숫자는 중복 사용할 수 없다. 즉, 각 팀의 비밀번호에 1, 5, 6이란 숫자가 들어가지 않는다.

$$\boxed{} \times \boxed{} = 156 = \boxed{} \times \boxed{}$$

A팀   B팀

① 23   ② 27
③ 29   ④ 37
⑤ 39

정답 ⑤

규칙에 따라 사용할 수 있는 숫자는 1, 5, 6을 제외한 나머지 2, 3, 4, 7, 8, 9의 총 6개이다. (한 자릿수)×(두 자릿수)=156이 되는 수를 알기 위해서는 156의 소인수를 구해보면 된다. 156의 소인수는 3, 2^2, 13으로 여기서 156이 되는 수의 곱 중에 조건을 만족하는 것은 2×78과 4×39이다. 따라서 선택지 중에 A팀 또는 B팀에 들어갈 수 있는 암호배열은 39이다.

풀이 전략!

문제에 제시된 조건이나 규칙을 정확히 파악한 후, 선택지나 상황에 적용하여 문제를 풀어 나간다.

01 H사는 신제품의 품번을 다음과 같은 규칙에 따라 정한다고 한다. 제품에 설정된 임의의 영단어가 'INTELLECTUAL'이라면 이 제품의 품번으로 옳은 것은?

〈규칙〉

- 1단계 : 알파벳 A ~ Z를 숫자 1, 2, 3, …으로 변환하여 계산한다.
- 2단계 : 제품에 설정된 임의의 영단어를 숫자로 변환한 값의 합을 구한다.
- 3단계 : 임의의 영단어 속 자음의 합에서 모음의 합을 뺀 값의 절댓값을 구한다.
- 4단계 : 2단계와 3단계의 값을 더한 다음 4로 나누어 2단계의 값에 더한다.
- 5단계 : 4단계의 값이 정수가 아닐 경우에는 소수점 첫째 자리에서 버림한다.

① 120   ② 140
③ 160   ④ 180
⑤ 200

02 다음은 규칙에 따라 2에서 10까지의 서로 다른 자연수의 관계를 나타낸 그림이다. A ~ C에 해당하는 수의 합은?

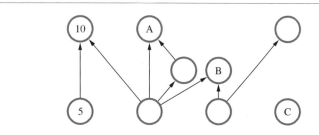

〈규칙〉

- 2에서 10까지의 자연수는 ◯ 안에 1개씩만 사용되고, 사용되지 않는 자연수는 없다.
- 2에서 10까지의 서로 다른 임의의 자연수 3개를 x, y, z라고 할 때 다음과 같다.
  - x ⟶ y 는 y가 x의 배수임을 나타낸다.
  - 화살표로 연결되지 않은 z 는 z가 x, y와 약수나 배수 관계가 없음을 나타낸다.

① 20   ② 21
③ 22   ④ 23
⑤ 24

| 유형분석 |

- 주어진 자료를 해석하고 활용하여 풀어가는 문제이다.
- 꼼꼼하고 분석적인 접근이 필요한 다양한 자료들이 출제된다.

H사 인사팀 직원인 A씨는 사내 설문조사를 통해 요즘 사람들이 연봉보다는 일과 삶의 균형을 더 중요시하고 직무의 전문성을 높이고 싶어 한다는 결과를 도출했다. 다음 중 설문조사 결과와 H사 임직원의 근무여건에 대한 자료를 참고하여 인사제도를 합리적으로 변경한 것은?

〈임직원 근무여건〉

구분	주당 근무 일수(평균)	주당 근무시간(평균)	직무교육 여부	퇴사율
정규직	6일	52시간 이상	○	17%
비정규직 1	5일	40시간 이상	○	12%
비정규직 2	5일	20시간 이상	×	25%

① 정규직의 연봉을 7% 인상한다.
② 정규직을 비정규직으로 전환한다.
③ 비정규직 2의 근무 일수를 정규직과 같이 조정한다.
④ 비정규직 1의 직무교육을 비정규직 2와 같이 조정한다.
⑤ 정규직의 주당 근무시간을 비정규직 1과 같이 조정하고 비정규직 2의 직무교육을 시행한다.

정답 ⑤

정규직의 주당 근무시간을 비정규직 1과 같이 줄여 근무여건을 개선하고, 퇴사율이 가장 높은 비정규직 2의 직무교육을 시행하여 퇴사율을 줄이는 것이 가장 적절하다.

오답분석

① 설문조사 결과에서 연봉보다는 일과 삶의 균형을 더 중요시한다고 하였으므로 연봉이 상승하는 것은 퇴사율에 영향을 미치지 않음을 알 수 있다.
② 정규직을 비정규직으로 전환하는 것은 고용의 안정성을 낮추어 퇴사율을 더욱 높일 수 있다.
③ 비정규직 2의 주당 근무 일수를 정규직과 같이 조정하면 주 6일 20시간을 근무하게 되어 비효율적인 업무를 수행한다.
④ 직무교육을 하지 않는 비정규직 2보다 직무교육을 하는 정규직과 비정규직 1의 퇴사율이 더 낮기 때문에 이는 적절하지 않다.

풀이 전략!

문제 해결을 위해 필요한 정보가 무엇인지 먼저 파악한 후, 제시된 자료를 분석적으로 읽고 해석한다.

01 다음은 청년전세임대주택에 대한 자료이다. 이에 대한 설명으로 옳지 않은 것은?

〈청년전세임대주택〉

• 입주자격

무주택요건 및 소득·자산기준을 충족하는 다음의 사람

① 본인이 무주택자이고 신청 해당연도 대학에 재학 중이거나 입학·복학예정인 만 19세 미만 또는 만 39세 초과 대학생

② 본인이 무주택자이고 대학 또는 고등·고등기술학교를 졸업하거나 중퇴한 후 2년 이내이며 직장에 재직 중이지 않은 만 19세 미만 또는 만 39세 초과 취업준비생

③ 본인이 무주택자이면서 만 19세 이상 39세 이하인 사람

• 임대조건

－임대보증금 : 1순위 100만 원, 2·3순위 200만 원

－월임대료 : 전세지원금 중 임대보증금을 제외한 금액에 대한 연 1～2% 이자 해당액

• 호당 전세금 지원 한도액

구분		수도권	광역시
단독거주	1인 거주	1.2억 원	9천 5백만 원
공동거주 (셰어형)	2인 거주	1.5억 원	1.2억 원
	3인 거주	2.0억 원	1.5억 원

※ 지원 한도액을 초과하는 전세주택은 초과하는 전세금액을 입주자가 부담할 경우 지원 가능하며, 전세금 총액은 호당 지원 한도액의 150% 이내로 제한함(셰어형은 200% 이내)

---

① 만 39세를 초과한 경우에도 입주자격을 갖출 수 있다.

② 호당 전세금 지원 한도액은 수도권이 광역시보다 높다.

③ 주택을 보유한 경우 어떠한 유형으로도 입주대상자에 해당되지 않는다.

④ 대상 유형의 지원 한도액 이내의 범위에서는 전세금 전액을 지원받을 수 있다.

⑤ 수도권에 위치한 3인 공동거주 형태의 경우 최대 4.0억 원까지 지원받을 수 있다.

※ 다음은 H대학 졸업자 중 해외기업 인턴 지원자에 대한 자료이다. 이어지는 질문에 답하시오. [2~3]

〈H대학 졸업자 해외기업 인턴 지원자〉

구분	나이	평균 학점	공인영어점수	관련 자격증 개수	희망 국가
A지원자	26세	4.10점	92점	2개	독일
B지원자	24세	4.25점	81점	0개	싱가포르
C지원자	25세	3.86점	75점	2개	일본
D지원자	28세	4.12점	78점	3개	호주
E지원자	27세	4.50점	96점	1개	영국

02 다음 〈조건〉에 따라 점수를 부여할 때, C지원자가 인턴을 갈 국가는 어디인가?

조건
- 나이가 어린 사람부터 순서대로 5 ~ 1점을 부여한다.
- 평균 학점이 높은 사람부터 순서대로 5 ~ 1점을 부여한다.
- 공인영어점수의 10%를 점수로 환산한다.
- 관련 자격증은 1개당 3점을 부여한다.
- 총점이 가장 높은 2명은 희망한 국가로, 3번째는 미국으로, 4번째는 중국으로 인턴을 가고, 5번째는 탈락한다.

① 영국
② 일본
③ 미국
④ 중국
⑤ 탈락

03 다음 〈조건〉과 같이 선발 기준이 변경되었을 때, 희망한 국가에 가지 못하는 지원자는 누구인가?

조건
- 나이는 고려하지 않는다.
- 평균 학점은 소수점 첫째 자리에서 반올림하여 점수를 부여한다.
- 공인영어점수의 10%를 점수로 환산한다.
- 관련 자격증은 1개당 2점을 부여한다.
- 총점이 가장 낮은 1명은 탈락하고, 나머지는 각자 희망하는 국가로 인턴을 간다.

① A지원자
② B지원자
③ C지원자
④ D지원자
⑤ E지원자

04 다음은 청년가구를 대상으로 하는 주거지원 프로그램을 정리한 자료이다. 이를 보고 응대한 내용으로 적절하지 않은 것은?

<table>
<tr><td colspan="3" align="center">〈청년가구 대상 주거지원 프로그램〉</td></tr>
<tr><td>구분</td><td>프로그램</td><td>내용</td></tr>
<tr><td rowspan="4">신규공급</td><td>행복주택</td><td>• 일반형, 산업단지형 구분
• 일반형에서 대학생, 사회초년생, 신혼부부 물량을 80% 공급
• 45m² 이하의 면적
• 시세의 60 ~ 80%</td></tr>
<tr><td>행복 기숙사</td><td>• 대학생 공공주거복지 실현 목적</td></tr>
<tr><td>사회적 주택</td><td>• 쉐어하우스형
• 졸업 후 2년 이내 취준생 포함 5년 이내 사회초년생 대상
• 시세의 50% 이하</td></tr>
<tr><td>신혼부부 특별공급</td><td>• 혼인기간 5년 이내 자녀출산 무주택 세대
• 공공임대 할당</td></tr>
<tr><td rowspan="3">기존주택
활용</td><td>집주인 리모델링임대</td><td>• 대학생에게 저렴한 임대주택 공급
• 시세의 80%</td></tr>
<tr><td>청년 전세임대</td><td>• 타 시군 출신 대학생 및 졸업 2년 이내 취업준비생 주거 독립 지원</td></tr>
<tr><td>신혼부부 전세임대</td><td>• 신혼부부 임대보증금 지원
• 지역별 차등
• 저리대출</td></tr>
<tr><td rowspan="2">자금대출</td><td>버팀목 대출</td><td>• 19세 이상 세대주 주택임차보증금 지원
• 지역별 차등</td></tr>
<tr><td>주거안정 월세대출</td><td>• 주거급여 비대상 무주택자 중 취업준비생, 사회초년생 대상
• 월 최대 30만 원씩 2년 대출</td></tr>
</table>

① 행복주택은 일반형과 산업단지형을 구분하고 있으니 참고하시기 바랍니다.
② 사회적 주택은 쉐어하우스형으로 시세의 50% 이하의 가격으로 이용할 수 있습니다.
③ 공공주거복지의 목적으로 행복 기숙사 제도가 시행 중이며, 대학생은 누구나 이용할 수 있습니다.
④ 버팀목 대출로 주택임차보증금을 지원받을 수 있으며, 월 최대 30만 원씩 2년간 대출이 가능합니다.
⑤ 신혼부부들이 전세임대를 할 경우 보증금을 지원받을 수 있으며, 지원 금액은 지역별로 차등 지원되므로 해당 주민센터에 문의하시기 바랍니다.

05 경영기획실에서 근무하는 H씨는 매년 부서별 사업계획을 정리하는 업무를 맡고 있다. 다음 자료를 보고 H씨가 할 수 있는 생각으로 가장 적절한 것은?

〈사업별 기간 및 소요예산〉

- A사업 : 총사업기간은 2년으로, 첫해에는 1조 원, 둘째 해에는 4조 원의 예산이 필요하다.
- B사업 : 총사업기간은 3년으로, 첫해에는 15조 원, 둘째 해에는 18조 원, 셋째 해에는 21조 원의 예산이 필요하다.
- C사업 : 총사업기간은 1년으로, 총소요예산은 15조 원이다.
- D사업 : 총사업기간은 2년으로, 첫해에는 15조 원, 둘째 해에는 8조 원의 예산이 필요하다.
- E사업 : 총사업기간은 3년으로, 첫해에는 6조 원, 둘째 해에는 12조 원, 셋째 해에는 24조 원의 예산이 필요하다.

올해를 포함한 향후 5년간 위의 5개 사업에 투자할 수 있는 예산은 아래와 같다.

〈연도별 가용예산〉

(단위 : 조 원)

1차 연도(올해)	2차 연도	3차 연도	4차 연도	5차 연도
20	24	28.8	34.5	41.5

〈규정〉

- 모든 사업은 한번 시작하면 완료될 때까지 중단할 수 없다.
- 예산은 당해 사업연도에 남아도 상관없다.
- 각 사업연도의 예산은 이월될 수 없다.
- 모든 사업을 향후 5년 이내에 반드시 완료한다.

① D사업을 첫해에 시작해야 하는구나.
② 첫해에는 E사업만 시작해야 하는구나.
③ 첫해에 E사업과 A사업을 같이 시작해야 하는구나.
④ A사업과 D사업을 첫해에 동시에 시작해야 하는구나.
⑤ B사업을 세 번째 해에 시작하고 C사업을 최종연도에 시행해야 하는구나.

PART 2

전공시험

CHAPTER 01   경영

CHAPTER 02   경제

01 다음 중 자회사 주식의 일부 또는 전부를 소유해서 자회사 경영권을 지배하는 지주회사와 관련이 있는 기업결합은?

① 콘체른(Konzern) ② 카르텔(Cartel)

③ 트러스트(Trust) ④ 콤비나트(Kombinat)

⑤ 조인트 벤처(Joint Venture)

02 다음 중 가중평균자본비용($WACC$)에 대한 설명으로 옳지 않은 것은?

① 일반적으로 기업의 자본비용은 가중평균자본비용을 의미한다.

② 기업자산에 대한 요구수익률은 자본을 제공한 채권자와 주주가 평균적으로 요구하는 수익률을 의미한다.

③ 가중평균자본비용은 기업의 자본비용을 시장가치 기준에 따라 총자본 중에서 차지하는 가중치로 가중평균한 것이다.

④ 부채비율을 높임으로써 가중평균자본비용은 점차 떨어지게 되지만 일정한 선을 넘어 부채비율이 상승하면 가중평균자본비용은 상승한다.

⑤ 가중치를 시장가치 기준의 구성 비율이 아닌 장부가치 기준의 구성 비율로 하는 이유는 주주와 채권자의 현재 청구권에 대한 요구수익률을 측정하기 위해서이다.

03 다음 중 액면가가 10,000원, 만기가 5년, 표면이자율이 0%인 순할인채 채권의 듀레이션은?

① 5년 ② 6년

③ 7년 ④ 8년

⑤ 9년

04 다음 중 평가센터법(Assessment Center)에 대한 설명으로 옳지 않은 것은?

① 평가에 대한 신뢰성이 양호하다.
② 교육훈련에 대한 타당성이 높다.
③ 승진에 대한 의사결정에 유용하다.
④ 평가센터에 초대받지 못한 종업원의 심리적 저항이 예상된다.
⑤ 다른 평가기법에 비해 상대적으로 시간과 비용이 적게 소요된다.

05 다음 2가지 투자프로젝트에 대한 NPV와 IRR을 참고하여 두 프로젝트를 동시에 투자할 경우 NPV와 IRR의 계산으로 옳은 것은?

구분	NPV	IRR
A프로젝트	24억 원	35%
B프로젝트	18억 원	15%

	NPV	IRR		NPV	IRR
①	21억 원	25%	②	21억 원	알 수 없음
③	42억 원	알 수 없음	④	42억 원	25%
⑤	알 수 없음	알 수 없음			

06 다음 중 M&A의 특징으로 옳지 않은 것은?

① 인수 비용이 적게 든다.
② 경쟁사의 반발이 심해진다.
③ 분산투자 효과를 얻을 수 있다.
④ 경영환경변화에 전략적으로 대응할 수 있다.
⑤ 기업의 안정성과 성장력의 동기를 부여할 수 있다.

07 H기업은 2024년 1월 1일에 150만 원을 투자하여 2024년 12월 31일과 2025년 12월 31일에 각각 100만 원을 회수하는 투자안을 고려하고 있다. H기업의 요구수익률이 연 10%일 때, 이 투자안의 순현재가치(NPV)는 약 얼마인가?(단, 연 10% 기간이자율에 대한 2기간 단일현가계수와 연금현가계수는 각각 0.8264, 1.7355이다)

① 90,910원   ② 173,550원
③ 182,640원   ④ 235,500원
⑤ 256,190원

08 다음 〈보기〉 중 재무제표 관련 용어에 대한 설명이 옳은 것을 모두 고르면?

> **보기**
> ㉠ 매출채권 : 기업이 상품을 판매하는 과정에서 발생한 채권으로 외상매출금과 받을어음으로 구분된다.
> ㉡ 당좌자산 : 기업이 판매하기 위하여 또는 판매를 목적으로 제조 과정 중에 있는 자산을 의미한다.
> ㉢ 미수수익 : 수익이 실현되어 청구권이 발생했으나 아직 회수되지 않은 수익을 의미한다.
> ㉣ 자본잉여금 : 기업의 법정자본금을 초과하는 순자산금액 중 이익을 원천으로 하는 잉여금을 의미한다.

① ㉠, ㉡   ② ㉠, ㉢
③ ㉡, ㉢   ④ ㉡, ㉣
⑤ ㉢, ㉣

09 다음 중 옵션거래에서 콜옵션에 대한 설명으로 옳지 않은 것은?

① 콜옵션은 가격이 내릴 때 거래하는 것이다.
② 구입할 수 있는 자산의 종류에는 제한이 없다.
③ 콜옵션의 매도자는 매입자에게 기초자산을 인도해야 할 의무를 가진다.
④ 콜옵션의 매입자는 옵션의 만기 내에 약속된 가격으로 구매할 권리를 갖는다.
⑤ 콜옵션 매수자는 만기일에 기초가 되는 상품이나 증권의 시장가격이 미리 정한 행사가격보다 높을 경우 옵션을 행사해 그 차액만큼 이익을 볼 수 있다.

10 시산표는 재무상태표의 구성요소와 포괄손익계산서의 구성요소를 한 곳에 집계한 표이다. 다음 시산표 등식에서 빈칸에 들어갈 항목으로 옳은 것은?

> (자산)＋(비용)＝(부채)＋(   )＋(수익)

① 자본
② 매출액
③ 법인세
④ 미지급금
⑤ 감가상각비

11 다음 중 동기부여 이론에 대한 설명으로 옳지 않은 것은?

① 로크(Locke)의 목표설정이론은 추후 목표에 의한 관리(MBO)의 이론적 기반이 되었다.
② 허즈버그(Herzberg)의 2요인이론에 따르면 임금수준이 높아지면 직무에 대한 만족도 또한 높아진다.
③ 애덤스(Adams)의 공정성이론은 다른 사람과의 상대적인 관계에서 동기요인이 작용한다는 것을 강조한다.
④ 조직의 관점에서 동기부여는 목표달성을 위한 종업원의 지속적 노력을 효과적으로 발생시키는 것을 의미한다.
⑤ 브룸(Vroom)의 기대이론에 따르면 유의성은 결과에 대한 개인의 선호도를 나타내는 것으로, 동기를 유발시키는 힘 또는 가치를 뜻한다.

12 다음 중 자기자본비용에 대한 설명으로 옳은 것은?

① 새로운 투자안의 선택에 있어서도 투자수익률이 자기자본비용을 넘어서는 안 된다.
② 위험프리미엄을 포함한 자기자본비용 계산 시 보통 자본자산가격결정모형을 이용한다.
③ 자기자본비용은 기업이 조달한 자기자본의 가치를 유지하기 위해 최대한 벌어들여야 하는 수익률이다.
④ 기업이 주식발행을 통해 자금조달을 할 경우 자본이용의 대가로 얼마의 이용 지급료를 산정해야 하는지는 명확하다.
⑤ 자본자산가격결정모형을 사용하는 경우 베타와 증권시장선을 계산해서 미래의 증권시장선으로 사용하는데 이는 과거와는 다른 현상들이 미래에 발생하더라도 타당한 방법이다.

13 다음 중 재무상태표의 항목으로 옳지 않은 것은?

① 차입금   ② 판매비

③ 매출채권   ④ 재고자산

⑤ 이익잉여금

14 다음 중 현금흐름표의 작성 목적으로 옳지 않은 것은?

① 영업성과에 대한 기업 간 비교를 용이하게 만든다.

② 기업의 현금유입과 현금유출에 대한 정보를 제공한다.

③ 기업의 지급능력과 재무적 융통성에 대한 정보를 제공한다.

④ 기업의 미래현금 흐름을 평가하는 데 유용한 정보를 제공한다.

⑤ 회계연도의 기초시점과 기말시점에서의 재무상태에 대한 정보를 제공한다.

15 다음은 2024년 초 설립한 H회사의 법인세에 대한 자료이다. 이를 토대로 H회사의 2024년 법인세를 구하면 얼마인가?

- 2024년 세무조정사항
  - 감가상각비한도초과액 : 125,000원
  - 접대비한도초과액 : 60,000원
  - 정기예금 미수이자 : 25,000원
- 2024년 법인세비용차감전순이익 : 490,000원
- 연도별 법인세율은 20%로 일정하다.
- 이연법인세자산(부채)의 실현가능성은 거의 확실하다.

① 85,000원   ② 98,000원

③ 105,000원   ④ 110,000원

⑤ 122,000원

16 다음은 H기업의 손익계산서 내용이다. 이를 토대로 H기업의 당기순이익을 구하면 얼마인가?

- 매출액 : 10억 원
- 영업외이익 : 1억 원
- 영업외비용 : 0.4억 원
- 법인세비용 : 0.2억 원
- 매출원가 : 6.5억 원
- 특별이익 : 0.4억 원
- 특별손실 : 0.6억 원
- 판관비 : 0.5억 원

① 2.0억 원
② 2.4억 원
③ 2.8억 원
④ 3.2억 원
⑤ 3.6억 원

PART 2

17 다음 중 경영 전략과 경영 조직에 대한 설명으로 옳은 것은?

① 기계적 조직은 유기적 조직에 비해 집권화 정도와 공식화 정도가 모두 강하다.
② BCG 매트릭스에서는 시장의 성장률과 절대적 시장 점유율을 기준으로 사업을 평가한다.
③ 포터의 가치사슬 모형에 의하면 마케팅, 재무관리, 생산관리, 인적자원관리는 본원적 활동이다.
④ 대량생산기술을 적용할 때에는 유기적 조직이 적합하며, 소량주문생산기술을 적용할 때에는 기계적 조직이 적합하다.
⑤ 제조업체에서 부품의 안정적 확보를 위해 부품회사를 인수하는 것은 전방통합에 해당하며, 제품 판매를 위해 유통회사를 인수하는 것은 후방통합에 해당한다.

18 다음 중 공매도가 미치는 영향으로 옳지 않은 것은?

① 공매도에 따른 채무불이행 리스크가 발생할 수 있다.
② 매도물량이 시장에 공급됨에 따라 시장 유동성이 증대된다.
③ 하락장에서도 수익을 낼 수 있어 수익의 변동성을 조정할 수 있다.
④ 공매도를 통해 기대수익과 기대손실을 자산 가격 내에서 운용할 수 있다.
⑤ 주가가 고평가되어 있다고 생각하는 투자자의 의견도 반영할 수 있어 효율성이 증대된다.

19 H회사는 2021년 초 지방자치단체로부터 무이자조건의 자금 100,000원을 차입(2024년 말 전액 일시상환)하여 기계장치(취득원가 100,000원, 내용연수 4년, 잔존가치 0원, 정액법 상각)를 취득하는 데 전부 사용하였다. 2022년 말 기계장치 장부금액은 얼마인가?(단, H회사가 2022년 초 금전대차 거래에서 부담할 시장이자율은 연 8%이고, 정부보조금을 자산의 취득원가에서 차감하는 원가 차감법을 사용한다)

기간	단일금액 1원의 현재가치(할인율=8%)
4	0.7350

① 48,500원   ② 54,380원

③ 55,125원   ④ 75,000원

⑤ 81,625원

20 다음 중 ㉠~㉢에 해당하는 노동조합 숍(Shop) 제도가 바르게 짝지어진 것은?

㉠ 근로자를 고용할 때 근로자가 노동조합의 조합원인 경우에만 채용이 가능한 제도이다.
㉡ 노동조합의 조합원 여부와 관계없이 근로자를 고용하는 것이 가능한 제도이다.
㉢ 고용된 근로자의 경우 일정 기간 내에 노동조합의 조합원이 되어야 하는 제도이다.

	㉠	㉡	㉢
①	오픈 숍	클로즈드 숍	프레퍼렌셜 숍
②	오픈 숍	에이전시 숍	클로즈드 숍
③	오픈 숍	유니온 숍	메인테넌스 숍
④	클로즈드 숍	에이전시 숍	메인테넌스 숍
⑤	클로즈드 숍	오픈 숍	유니온 숍

01 다음 중 다른 조건이 일정할 때, 국내통화 가치를 하락시키는 요인으로 옳은 것은?

① 해외여행에 대한 수요가 급감한다.
② 한국은행이 기준금리 인상을 실시한다.
③ 수입 가전제품에 대한 관세가 인상된다.
④ 외국 투자자들이 국내 주식을 매수한다.
⑤ 국내 H기업이 해외에 생산 공장을 건설한다.

02 다음 중 고전학파와 케인스학파의 거시경제관에 대한 설명으로 옳지 않은 것은?

① 고전학파는 공급이 수요를 창출한다고 보는 반면, 케인스학파는 수요가 공급을 창출한다고 본다.
② 고전학파는 자발적인 실업만 존재한다고 보는 반면, 케인스학파는 비자발적 실업이 존재한다고 본다.
③ 고전학파는 실업문제 해소에 대해 케인스학파와 동일하게 재정정책이 금융정책보다 더 효과적이라고 본다.
④ 고전학파는 화폐가 베일(Veil)에 불과하다고 보는 반면, 케인스학파는 화폐가 실물경제에 영향을 미친다고 본다.
⑤ 고전학파는 저축과 투자가 같아지는 과정에서 이자율이 중심적인 역할을 한다고 본 반면, 케인스학파는 국민소득이 중심적인 역할을 한다고 본다.

03 H국의 인구가 매년 1%씩 증가하고 있고, 국민들의 연평균 저축률은 20%로 유지되고 있으며, 자본의 감가상각률은 10%로 일정하다. 다음 중 솔로우(Solow) 모형에 따른 이 경제의 장기균형의 변화에 대한 설명으로 옳은 것은?

① 저축률이 높아지면 1인당 자본량의 증가율이 상승한다.
② 감가상각률이 높아지면 1인당 자본량의 증가율이 상승한다.
③ 인구증가율의 상승은 1인당 산출량의 증가율에 영향을 미치지 못한다.
④ 기술이 매년 진보하는 상황에서 H국의 1인당 자본량은 일정하게 유지된다.
⑤ H국의 기술이 매년 2%씩 진보한다면 H국의 전체 자본량은 매년 2%씩 증가한다.

04 다음 중 독점기업의 가격전략에 대한 설명으로 옳지 않은 것은?

① 영화관 조조할인은 제3급 가격차별의 사례이다.
② 제1급 가격차별의 경우 생산량은 완전경쟁시장과 같다.
③ 제3급 가격차별의 경우 재판매가 불가능해야 가격차별이 성립한다.
④ 독점기업이 시장에서 한계수입보다 높은 수준으로 가격을 책정하는 것은 가격차별전략이다.
⑤ 제2급 가격차별은 소비자들의 구매수량과 같이 구매 특성에 따라 다른 가격을 책정하는 경우 발생한다.

05 일반적인 형태의 수요곡선과 공급곡선을 가지는 재화 X의 가격이 상승하고 생산량이 감소하였다면 재화 X의 수요곡선과 공급곡선은 어떻게 이동한 것인가?

① 수요곡선이 하방이동하였다.
② 공급곡선이 하방이동하였다.
③ 수요곡선이 상방이동하였다.
④ 공급곡선이 상방이동하였다.
⑤ 수요곡선과 공급곡선이 동시에 하방이동하였다.

06 다음 중 독점적 경쟁시장의 장기균형에 대한 설명으로 옳지 않은 것은?(단, P는 가격, SAC는 단기평균비용, LAC는 장기평균비용, SMC는 단기한계비용을 의미한다)

① $P=SAC$가 성립한다.

② $P=LAC$가 성립한다.

③ $P=SMC$가 성립한다.

④ 기업의 장기 초과이윤은 0이다.

⑤ 균형생산량은 SAC가 최소화되는 수준보다 작다.

07 다음은 A국과 B국의 경제에 대한 자료이다. A국의 실질환율과 수출량의 변화로 옳은 것은?

구분	2023년	2024년
A국 통화로 표시한 B국 통화 1단위의 가치	1,000	1,150
A국의 물가지수	100	107
B국의 물가지수	100	103

	실질환율	수출량		실질환율	수출량
①	불변	감소	②	11% 상승	증가
③	11% 하락	감소	④	19% 상승	증가
⑤	19% 하락	증가			

08 국민소득, 소비, 투자, 정부지출, 순수출, 조세를 각각 Y, C, I, G, NX, T라고 표현할 때, 국민경제의 균형이 다음과 같다면 균형재정승수(Balanced Budget Multiplier)는?

- $C=100+0.8(Y-T)$
- $Y=C+I+G+NX$

① 0.5

② 1

③ 1.5

④ 2

⑤ 2.5

09 다음 중 통화승수에 대한 설명으로 옳지 않은 것은?

① 통화승수는 법정지급준비율을 낮추면 커진다.

② 통화승수는 이자율 상승으로 요구불예금이 증가하면 작아진다.

③ 통화승수는 은행들이 지급준비금을 더 많이 보유할수록 작아진다.

④ 화폐공급에 내생성이 없다면 화폐공급곡선은 수직선의 모양을 갖는다.

⑤ 통화승수는 대출을 받은 개인과 기업들이 더 많은 현금을 보유할수록 작아진다.

10 흡연자 갑은 담배 한 갑을 피울 때 최대 3천 원을 지불할 용의가 있고, 을은 최대 5천 원을 지불할 용의가 있다. 현재 한 갑당 2천 원의 가격일 때 갑과 을은 하루에 한 갑씩 담배를 피운다. 미래에 담배 한 갑당 2천 원의 건강세가 부과될 때, 이 건강세로부터 발생하는 하루 조세수입원은 얼마인가?(단, 두 사람은 한 갑 단위로 담배를 소비하는 합리적 경제주체이고, 하루에 최대한 소비할 수 있는 담배의 양은 각각 한 갑이라고 가정한다)

① 1천 원   ② 2천 원

③ 3천 원   ④ 4천 원

⑤ 5천 원

11 H근로자의 연봉이 올해 1,500만 원에서 1,650만 원으로 150만 원 인상되었다. 이 기간에 인플레이션율이 12%일 때, H근로자의 임금변동에 대한 설명으로 옳은 것은?

① 2% 명목임금 증가   ② 2% 명목임금 감소

③ 2% 실질임금 증가   ④ 2% 실질임금 감소

⑤ 4% 명목임금 증가

12 A국과 B국의 상황이 다음과 같을 때 나타날 수 있는 경제현상으로 옳지 않은 것은?(단, 미 달러화로 결제하며, 각국의 환율은 달러 대비 자국 화폐의 가격으로 표시한다)

A국	• A국의 해외 유학생 수가 증가하고 있다. • 외국인 관광객이 증가하고 있다.
B국	• B국 기업의 해외 투자가 증가하고 있다. • 외국의 투자자들이 투자자금을 회수하고 있다.

① A국의 환율은 하락할 것이다.
② A국의 경상수지는 악화될 것이다.
③ B국이 생산하는 수출상품의 가격경쟁력이 높아질 것이다.
④ A국 국민이 B국으로 여행갈 경우 경비 부담이 증가할 것이다.
⑤ B국 국민들 중 환전하지 않은 환율 변동 전 달러를 보유하고 있는 사람은 이익을 얻게 될 것이다.

13 다음은 어느 기업의 총비용곡선과 총가변비용곡선이다. 이에 대한 설명으로 옳지 않은 것은?

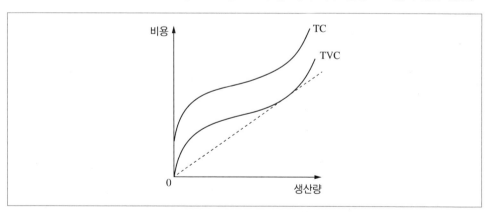

① 평균비용곡선은 평균가변비용곡선의 위에 위치한다.
② 평균비용곡선이 상승할 때 한계비용곡선은 평균비용곡선 아래에 있다.
③ 원점을 지나는 직선이 총비용곡선과 접하는 점에서 평균비용은 최소이다.
④ 원점을 지나는 직선이 총가변비용곡선과 접하는 점에서 평균가변비용은 최소이다.
⑤ 총비용곡선의 임의의 한 점에서 그은 접선의 기울기는 그 점에서의 한계비용을 나타낸다.

14 다음은 A사와 B사의 시간당 최대 생산량을 나타낸 자료이다. 이에 대한 설명으로 옳은 것은?

구분	A사	B사
모터(개)	4	2
펌프(개)	4	3

① A사는 모터 생산에만 절대우위가 있다.
② B사는 모터 생산에 비교우위가 있다.
③ A사는 펌프 생산에만 절대우위가 있다.
④ B사는 펌프 생산에 비교우위가 있다.
⑤ 펌프 생산은 A사가 담당하는 것이 합리적이다.

15 다음 글에 대한 설명으로 옳지 않은 것은?

옵션거래는 주식, 채권, 주가지수 등 특정 자산을 장래의 일정 시점에 미리 정한 가격으로 살 수 있는 권리와 팔 수 있는 권리를 매매하는 거래를 말한다. 시장에서 당일 형성된 가격으로 물건을 사고파는 현물거래나 미래의 가격을 매매하는 선물거래와는 달리 사고팔 수 있는 '권리'를 거래하는 것이 옵션거래의 특징이다.

① 콜옵션은 매도자는 매수자가 옵션 권리를 행사하면 반드시 응해야 할 의무를 진다.
② 콜옵션은 가격이 예상보다 올랐으면 권리를 행사하고 값이 떨어지면 포기하면 된다.
③ 풋옵션을 매수한 사람은 해당 상품의 시장 가격이 사전에 정한 가격보다 높은 경우는 권리를 행사하지 않을 권리도 있다.
④ 풋옵션을 매수한 사람은 시장에서 해당 상품이 사전에 정한 가격보다 낮은 가격에서 거래될 경우 비싼 값에 상품을 팔 수 없다.
⑤ 풋옵션은 거래 당사자들이 미리 정한 가격으로 장래의 특정 시점 또는 그 이전에 특정 대상물을 팔 수 있는 권리를 매매하는 계약이다.

16 H국은 4개의 기업이 자동차 시장을 동일하게 점유하고 있다. 완전경쟁시장의 수요곡선은 $P = 10 - Q$이고, 각 기업의 한계비용은 6으로 고정되어 있다. 4개의 기업이 합병을 통해 하나의 독점기업이 되어 한계비용이 2로 낮아지고 합병 기업은 독점 가격을 설정할 경우 독점시장에서의 생산량은 얼마인가?

① 2   ② 4
③ 6   ④ 8
⑤ 10

17 다음 〈보기〉 중 내생적 경제성장이론에 대한 설명으로 옳은 것을 모두 고르면?

> **보기**
>
> ㄱ. 인적자본의 축적이나 연구개발은 경제성장을 결정하는 중요한 요인이다.
> ㄴ. 정부의 개입이 경제성장에 중요한 역할을 한다.
> ㄷ. 자본의 한계생산은 체감한다고 가정한다.
> ㄹ. 선진국과 후진국 사이의 소득격차가 줄어든다.

① ㄱ, ㄴ   ② ㄱ, ㄷ
③ ㄴ, ㄷ   ④ ㄴ, ㄹ
⑤ ㄷ, ㄹ

18 다음 중 경기종합지수에서 경기선행지수를 구성하는 변수로 옳지 않은 것은?

① 재고순환지표   ② 구인구직비율
③ 광공업생산지수   ④ 소비자기대지수
⑤ 수출입물가비율

19 다음 중 인플레이션이 발생했을 때 경제에 미치는 영향으로 옳은 것은?

① 인플레이션은 채무자에게는 손해를, 채권자에게는 이익을 준다.

② 완만하고 예측 가능한 인플레이션은 소비감소를 일으킬 수 있다.

③ 인플레이션을 통해 화폐를 저축하는 것에 대한 기회비용이 증가한다.

④ 인플레이션은 수입을 저해하고 수출을 촉진시켜 무역수지와 국제수지를 상승시킨다.

⑤ 인플레이션은 기업가로부터 다수의 근로자에게로 소득을 재분배하는 효과를 가져 온다.

20 다음 글에 대한 분석으로 옳은 것을 〈보기〉에서 모두 고르면?

> 우리나라에 거주 중인 광성이는 ⊙ 여름휴가를 앞두고 휴가 동안 발리로 서핑을 갈지, 빈 필하모닉 오케스트라의 3년 만의 내한 협주를 들으러 갈지 고민하다가 ⓒ 발리로 서핑을 갔다. 그러나 화산폭발의 위험이 있어 안전의 위협을 느끼고 ⓒ 환불이 불가능한 숙박비를 포기한 채 우리나라로 돌아왔다.

보기

ㄱ. ⊙의 고민은 광성이의 주관적 희소성 때문이다.
ㄴ. ⊙의 고민을 할 때는 기회비용을 고려한다.
ㄷ. ⓒ의 기회비용은 빈 필하모닉 오케스트라 내한 협주이다.
ㄹ. ⓒ은 경제재이다.
ㅁ. ⓒ은 비합리적 선택 행위의 일면이다.

---

① ㄱ, ㄴ, ㅁ   ② ㄴ, ㄷ, ㄹ

③ ㄷ, ㄹ, ㅁ   ④ ㄱ, ㄴ, ㄷ, ㄹ

⑤ ㄱ, ㄴ, ㄷ, ㄹ, ㅁ

PART 3

최종점검 모의고사

제1회   최종점검 모의고사

제2회   최종점검 모의고사

제1회
최종점검 모의고사

※ 한국주택금융공사 최종점검 모의고사는 2024년 채용공고 및 필기 후기를 기준으로 구성한 것으로, 실제 시험과 다를 수 있습니다.

■ 취약영역 분석

| 01 | 직업기초능력평가

번호	O/×	영역
01		
02		
03		
04		
05		의사소통능력
06		
07		
08		
09		
10		

번호	O/×	영역
11		
12		
13		
14		
15		수리능력
16		
17		
18		
19		
20		

번호	O/×	영역
21		
22		
23		
24		
25		문제해결능력
26		
27		
28		
29		
30		

| 02 | 전공시험

번호	01	02	03	04	05	06	07	08	09	10	11	12	13	14	15	16	17	18	19	20
O/×																				
영역	경영 / 경제																			
번호	21	22	23	24	25	26	27	28	29	30	31	32	33	34	35	36	37	38	39	40
O/×																				
영역	경영 / 경제																			
번호	41	42	43	44	45	46	47	48	49	50	51	52	53	54	55	56	57	58	59	60
O/×																				
영역	경영 / 경제																			

평가문항	90문항	평가시간	120분
시작시간	:	종료시간	:
취약영역			

🕐 응시시간 : 120분   📑 문항 수 : 90문항   정답 및 해설 p.050

01	직업기초능력평가

01 다음 글을 읽고 이해한 내용으로 적절하지 않은 것은?

> 정부는 '12·16 대책'을 통해 기존에 제출하던 자금조달계획서의 항목을 상세하게 나누고, 투기과열지구에서 9억 원을 초과하는 주택을 구매한 경우 증빙서류를 함께 제출하도록 하는 등의 규제를 강화한다는 방침을 밝혔다.
> 증여나 상속을 받은 경우 기존에는 단순히 증여금액이나 상속금액만 밝히도록 했으나, 앞으로는 부부나 직계존비속 등 누구로부터 받았는지도 상세히 밝혀야 한다. 부부나 직계존비속 등의 대상 구분은 납부해야 할 세금에서 상당한 차이로 이어진다. 예를 들어 증여를 받았을 때 부부와 직계존비속 중 누구에게 얼마를 받았는지에 따라 증여세 부과 대상인지, 면제 대상인지의 정도가 계획서에 바로 드러난다. 부부 간 증여인 경우 6억 원까지 면제받을 수 있으나, 직계존비속의 증여라면 5,000만 원까지만 가능하다.
> 또 기존에는 주택 구매 자금 중 현금과 그와 비슷한 자산은 '현금 등'으로 뭉뚱그려 기재했으나, 앞으로는 현금과 기타자산을 나누고 기타자산은 무엇인지 구체적으로 밝혀야 한다. 이와 함께 계획서에 조달한 자금을 어떻게 지급할지 구체적인 계획도 계좌이체, 보증금·대출 승계, 현금 지급 등으로 나누어 상세히 밝혀야 한다.
> 이에 따라 투기과열지구에서 9억 원이 넘는 집을 살 때, 자금조달계획서의 내용을 입증하기 위해 매수자가 제출해야 하는 증빙서류의 종류는 총 15종에 달한다. 보유한 예금과 처분한 주식, 대출, 증여를 통해 집을 산다면 떼야 할 서류는 모두 10개에 육박할 전망이다.

① A가 부인 B에게 9억 원을 증여할 경우 6억 원까지 증여세를 면제받을 수 있다.
② C가 아들 D에게 6억 원을 증여할 경우 증여세를 모두 면제받을 수 있다.
③ E가 투기과열지구에서 10억 원 상당의 주택을 구매할 경우 자금조달계획서와 함께 증빙서류를 제출해야 한다.
④ F가 새로 자금조달계획서를 작성해야 할 경우 계좌이체, 대출 승계, 현금 지급 등 구체적인 지급 계획을 함께 작성해야 한다.
⑤ G가 새로 자금조달계획서를 작성해야 할 경우 기존에 '현금 등'으로 기재한 내역을 현금과 기타자산으로 나누어 구체적으로 작성해야 한다.

02 다음 글의 밑줄 친 ㉠~㉤ 중 단어의 사용이 옳지 않은 것은?

> 서울시는 '공동주택 공동체 활성화 공모 사업' 5년 차를 맞아 아파트 단지의 ㉠ 자생력(自生力)을 강화하도록 지원 내용을 변경할 예정이다. 기존에는 사업비 자부담률이 지원 연차와 관계없이 일괄 적용되었지만, 앞으로는 연차에 따라 ㉡ 차등(次等) 적용된다. 한편, 서울시는 한 해 동안의 공동체 활성화 사업의 성과와 우수사례를 소개하고 공유하는 '공동주택 공동체 활성화 사업 우수사례 발표회'를 개최하고 있다. 지난해 개최된 발표회에서는 심사를 거쳐 ㉢ 엄선(嚴選)된 우수단지의 사례를 발표한 바 있다. 올해도 이웃 간 소통과 교류를 통해 아파트 공동체를 회복하고 각종 생활 불편들을 자발적으로 해결해 나가는 방안을 ㉣ 도출(導出)하여 '살기 좋은 아파트 만들기 문화'를 확산해 나갈 예정이다. 서울시 관계자는 "공동주택이라는 주거 공동체가 공동체 활성화 사업을 통해 ㉤ 지속적(持續的)으로 교류하고 소통할 수 있도록 적극적으로 지원해 나가겠다."라고 말했다.

① ㉠

② ㉡

③ ㉢

④ ㉣

⑤ ㉤

03 다음 문단을 논리적 순서대로 바르게 나열한 것은?

> (가) 상품 생산자, 즉 판매자는 화폐를 얻기 위해 자신의 상품을 시장에 내놓는다. 하지만 생산자가 만들어 낸 상품이 시장에 들어서서 다른 상품이나 화폐와 관계를 맺게 되면, 이제 그 상품은 주인에게 복종하기를 멈추고 자립적인 삶을 살아가게 된다.
> (나) 이처럼 상품이나 시장 법칙은 인간에 의해 산출된 것이지만, 이제 거꾸로 상품이나 시장 법칙이 인간을 지배하게 된다. 이때 인간 및 인간들 간의 관계가 소외되는 현상이 나타난다.
> (다) 상품은 그것을 만들어 낸 생산자의 분신이지만, 시장 안에서는 상품이 곧 독자적인 인격체가 된다. 즉, 사람이 주체가 아니라 상품이 주체가 된다.
> (라) 또한 사람들이 상품들을 생산하여 교환하는 과정에서 시장의 경제 법칙을 만들어 냈지만, 이제 거꾸로 상품들은 인간의 손을 떠나 시장 법칙에 따라 교환된다. 이런 시장 법칙의 지배 아래에서는 사람과 사람 간의 관계가 상품과 상품, 상품과 화폐 등 사물과 사물 간의 관계에 가려 보이지 않게 된다.

① (가) – (다) – (나) – (라)

② (가) – (다) – (라) – (나)

③ (다) – (가) – (라) – (나)

④ (다) – (라) – (가) – (나)

⑤ (다) – (라) – (나) – (가)

04 다음 글의 밑줄 친 ㉠, ㉡에 대해 추론한 내용으로 가장 적절한 것은?

권리금(權利金)이란 흔히 상가 등을 빌리는 사람, 즉 ㉠ 차주(借主)가 빌려주는 사람, ㉡ 대주(貸主)에게 내는 임차료 외에 앞서 대주에게 빌렸던 사람, 즉 전차주(前借主)에게 내는 관행상 금전을 의미한다. 전차주가 해당 임대상가에 투자한 설비나 상가 개량비용, 기존 고객들과의 인지도, 유대 관계 등 유형·무형의 대가를 차주가 고스란히 물려받는 경우의 가치가 포함된 일종의 이용 대가인 것이다. 하지만 이는 어디까지나 차주와 전차주의 사이에서 발생한 금전 관계로 대주는 해당 권리금과 관련이 없으며, 특별히 법률로 지정된 사항 또한 존재하지 않는다. 2001년 상가건물 임대차보호법이 제정되기 전에 대주의 횡포에 대한 차주의 보호가 이루어지지 않았고, 이에 임차인들이 스스로 자신의 권리를 찾기 위해 새 차주에게 금전을 받았는데, 이것이 권리금의 시작이다.

권리금이 높은 상가일수록 좋은 상가라고 볼 수 있는 지표로 작용하며, 여전히 전차주의 입장에서는 자신의 권리를 지키기 위한 하나의 방안으로 관습처럼 이용되고 있어 이에 대한 평가를 섣불리 하기 힘든 것이 사실이다. 그러나 권리금이 임대료보다 높아지는 경우가 종종 발생하고, 계약기간 만료 후 대주와 차주 사이의 금전적인 문제가 발생하기도 하면서 악습이라고 주장하는 사람도 있다.

① 장기적으로 권리금은 ㉠과 ㉡이 모두 요구할 수 있다.

② ㉠은 ㉡의 계약불이행으로 인하여 발생한 손해를 보장받을 수 없다.

③ 권리금은 본래 상대적 약자인 ㉡이 ㉠으로부터 손해를 보호받기 위해 시작된 관습이다.

④ ㉡이 계약기간 만료 후 자신의 권리를 이행할 때 ㉠은 ㉡에게 손해를 보장받을 수 없다.

⑤ 상대적으로 적은 권리금을 지불한 상가에서 높은 매출을 기록했다면 ㉡은 직접적으로 이득을 본 셈이다.

※ 다음 글을 읽고 이어지는 질문에 답하시오. [5~6]

H기업은 도자기를 판매하고 있다. H기업의 영업팀에 근무하는 김대리는 도자기 원재료의 납기와 가격을 논의하기 위하여 공급업체 담당자와 회의를 진행하려고 한다. 공급업체 담당자는 가격 인상과 납기 조정을 계속적으로 요청하고 있지만, 현재 매출 부분에서 위기를 겪고 있는 상황이라 제안을 받아들일 수 없는 김대리는 어떻게든 상황을 이해시키고자 한다.

05 다음 상황에서 김대리가 상대방을 이해시키고자 할 때 사용하는 의사 표현법으로 가장 적절한 것은?

① 구체적인 기간과 순서를 명확하게 제시한다.
② 먼저 칭찬을 하고, 잘못된 점을 질책한 후 격려를 한다.
③ 자신의 의견에 공감할 수 있도록 논리적으로 이야기한다.
④ 구체적이고 공개적인 칭찬을 해서 상대방을 더욱 기쁘게 한다.
⑤ 먼저 사과를 한 다음, 모호한 표현보다 단호하게 의사를 밝힌다.

06 다음 〈보기〉 중 김대리가 우선적으로 취해야 하는 의사 표현법으로 적절한 것을 모두 고르면?

> **보기**
> ㉠ 가장 먼저 사과를 한 다음, 타당한 이유를 밝힌다.
> ㉡ 모호한 태도보다는 단호한 방식의 의사 표현 테크닉이 필요하다.
> ㉢ 직설적인 화법보다 비유를 통해 상대방의 자존심을 지켜준다.
> ㉣ 하나를 얻기 위해 다른 하나를 양보하겠다는 자세가 필요하다.

① ㉠, ㉡
② ㉠, ㉣
③ ㉡, ㉢
④ ㉡, ㉣
⑤ ㉢, ㉣

최근에 사이버공동체를 중심으로 한 시민의 자발적 정치 참여 현상이 많은 관심을 끌고 있다. 이러한 현상과 관련하여 A의 연구가 새삼 주목 받고 있다. A의 연구에 따르면 공동체의 구성원이 됨으로써 얻게 되는 '사회적 자본'이 시민사회의 성숙과 민주주의 발전을 가져오는 원동력이다. A의 이론에서는 공동체에 대한 자발적 참여를 통해 사회 구성원 간의 상호 의무감과 신뢰, 구성원들이 공유하는 규칙과 관행, 사회적 유대 관계와 같은 사회적 자본이 늘어나면 사회 구성원 간의 협조적인 행위가 가능하게 된다고 보았다. 더 나아가 A는 자원봉사자와 같이 공동체 참여도가 높은 사람이 투표할 가능성이 높고 정부 정책에 대한 의견 개진도 활발해지는 등 정치 참여도가 높아진다고 주장하였다.

몇몇 학자들은 A의 이론을 적용하여 면대면 접촉에 따른 인간관계의 산물인 사회적 자본이 사이버공동체에서도 충분히 형성될 수 있다고 보았다. 그리고 사이버공동체에서 사회적 자본의 증가는 곧 정치 참여도 활성화시킬 것으로 기대했다. 하지만 이러한 기대와는 달리 정치 참여가 활성화되지 않았다. 요즘 젊은이들을 보면 각종 사이버공동체에 자발적으로 참여하는 수준은 높지만, 투표나 다른 정치 활동에는 무관심하거나 심지어 정치를 혐오하기도 한다. 이런 측면에서 A의 주장은 사이버공동체가 활성화된 오늘날에는 잘 맞지 않는다.

이러한 이유 때문에 오늘날 사이버공동체를 중심으로 한 정치 참여를 더 잘 이해하기 위해서 '정치적 자본' 개념의 도입이 필요하다. 정치적 자본은 사회적 자본의 구성 요소와는 달리 정치 정보의 습득과 이용, 정치적 토론과 대화, 정치적 효능감 등으로 구성된다. 정치적 자본은 사회적 자본과 마찬가지로 공동체 참여를 통해서 획득되지만, 정치 과정에의 관여를 촉진한다는 점에서 사회적 자본과는 구분될 필요가 있다. 사회적 자본만으로 정치 참여를 기대하기 어렵고, 사회적 자본과 정치 참여 사이를 정치적 자본이 매개할 때 비로소 정치 참여가 활성화된다.

① 사이버공동체에의 자발적 참여 증가는 정치 참여를 활성화시킨다.
② 사이버공동체의 특수성으로 인해 시민들의 정치 참여가 어렵게 되었다.
③ 사회적 자본이 많은 사회는 정치 참여가 활발하기 때문에 민주주의가 실현된다.
④ 사회적 자본은 정치적 자본을 포함하기 때문에 그 자체로 정치 참여의 활성화를 가져온다.
⑤ 사이버공동체를 통해 축적된 사회적 자본에 정치적 자본이 더해질 때 정치 참여가 활성화된다.

08 다음 글의 빈칸에 들어갈 내용으로 가장 적절한 것은?

질병(疾病)이란 유기체의 신체적, 정신적 기능이 비정상으로 된 상태를 일컫는다. 인간에게 있어 질병이란 넓은 의미에서는 극도의 고통을 비롯하여 스트레스, 사회적인 문제, 신체기관의 기능 장애와 죽음까지를 포괄하며, 넓게는 개인에서 벗어나 사회적으로 큰 맥락에서 이해되기도 한다.

하지만 다분히 진화 생물학적 관점에서 질병은 인간의 몸 안에서 일어나는 정교하고도 합리적인 자기조절 과정이다. 질병은 정상적인 기능을 할 수 없는 상태인 동시에, 진화의 역사 속에서 획득한 자기 치료 과정이 ＿＿＿＿＿＿＿＿＿＿＿＿＿＿＿이기도 하다. 가령 기침을 하고, 열이 나고, 통증을 느끼고, 염증이 생기는 것 따위는 자기 조절과 방어 시스템이 작동하는 과정인 것이다.

① 문제를 일으킨 상태
② 비일상적인 특이 상태
③ 정상적으로 가동하고 있는 상태
④ 인구의 개체 변이를 도모하는 상태
⑤ 보다 새로운 정보를 습득하려는 상태

09 다음 〈보기〉 중 밑줄 친 단어의 맞춤법이 옳지 않은 것을 모두 고르면?

> **보기**
> ㄱ. 일이 하도 많아 밤샘 작업이 <u>예삿일</u>로 되어 버렸다.
> ㄴ. 아이는 <u>등굣길</u>에 문구점에 잠깐 들른다.
> ㄷ. 지하 <u>전셋방</u>에서 살림을 시작한지 10년 만에 집을 장만하였다.
> ㄹ. <u>조갯살</u>로 국물을 내어 칼국수를 끓이면 시원한 맛이 일품이다.
> ㅁ. 우리는 저녁을 어디서 먹을까 망설이다가 만장일치로 <u>피잣집</u>에 갔다.

① ㄱ, ㄴ   ② ㄱ, ㄷ
③ ㄴ, ㄷ   ④ ㄷ, ㅁ
⑤ ㄹ, ㅁ

10 다음 글의 제목으로 가장 적절한 것은?

시장경제는 국민 모두가 잘살기 위한 목적을 달성하기 위한 수단으로서 선택한 나라 살림의 운영 방식이다. 그러나 최근에 재계, 정계, 그리고 경제 관료 사이에 벌어지고 있는 시장경제에 대한 논쟁은 마치 시장경제 그 자체가 목적인 것처럼 왜곡되고 있다. 국민들이 잘살기 위해서는 경제가 성장해야 한다. 그러나 경제가 성장했는데도 다수의 국민들이 잘사는 결과를 가져오지 못하고 경제적 강자들의 기득권을 확대 생산하는 결과만을 가져온다면 국민들은 시장경제를 버리고 대안적 경제 체제를 찾을 것이다. 그렇기 때문에 시장경제를 유지하기 위해서는 성장과 분배의 균형이 중요하다. 시장경제는 경쟁을 통해서 효율성을 높이고 성장을 달성한다. 경쟁의 동기는 사적인 이익을 추구하는 인간의 이기적 속성에 기인한다. 국민 각자는 모두가 함께 잘살기 위해서가 아니라 내가 잘살기 위해서 경쟁을 한다. 모두가 함께 잘살기 위한 공동의 목적을 달성하기 위한 수단으로 시장경제를 선택한 것이지만 개개인은 이기적인 동기로 시장에 참여하는 것이다. 이와 같이 시장경제는 개인과 공동의 목적이 서로 상반되는 모순을 갖는 것이 그 본질이다. 그래서 시장경제가 제대로 운영되기 위해서는 국가의 소임이 중요하다.

시장경제에서 국가가 해야 할 일을 크게 세 가지로 나누어 볼 수 있다. 첫째는 경쟁을 유도하는 시장 체제를 만드는 것이고, 둘째는 공정한 경쟁이 이루어지도록 시장 질서를 세우는 것이며, 셋째는 경쟁의 결과로 얻은 성과가 모두에게 공평하게 분배되도록 조정하는 것이다. 최근에 벌어지고 있는 시장경제의 논쟁은 세 가지 국가의 역할 중에서 논쟁의 주체들이 자신의 이해관계에 따라 선택적으로 시장경제를 왜곡하고 있다. 경쟁에서 강자의 위치를 확보한 재벌들은 경쟁 촉진을 주장하면서 공정 경쟁이나 분배를 말하는 것은 반시장적이라고 매도한다. 정치권은 인기 영합의 수단으로, 그리고 일부 노동계는 이기적 동기에서 분배를 주장하면서 분배의 전제가 되는 성장을 위해서 필요한 경쟁을 훼손하는 모순된 주장을 한다. 경제 관료들은 자신의 권력을 강화하기 위한 부처의 이기적인 관점에서 경쟁촉진과 공정 경쟁 사이에서 줄타기 곡예를 하며 분배에 대해서 말하는 것은 금기시한다. 모두가 자신들의 기득권을 위해서 선택적으로 왜곡하고 있다.

경쟁은 원천적으로 공정성을 보장하지 못한다. 서로 다른 능력이 주어진 천부적인 차이는 물론이고, 물려받는 재산과 환경의 차이로 인하여 출발선에서부터 불공정한 경쟁이 시작된다. 그럼에도 불구하고 경쟁은 창의력을 가지고 노력하는 사람에게 성공을 주는 체제이다. 그래서 출발점이 다를지라도 노력과 능력에 따라 성공의 기회가 제공되도록 보장하기 위해서 공정 경쟁이 중요하다.

경쟁은 또한 분배의 공평성을 보장하지 못한다. 경쟁의 결과는 경쟁에 참여한 모든 사람들의 노력의 결과로 이루어진 것이지, 승자만의 노력으로 이루어진 것은 아니다. 경쟁의 결과가 승자에 의해서 독점된다면 국민들은 경쟁의 참여를 거부할 수밖에 없다. 그래서 경쟁에 참여한 모두에게 공평한 분배가 이루어지는 것이 중요하다.

① 시장경제에서의 국가의 역할
② 시장경제에서의 개인 상호 간의 경쟁
③ 시장경제에서의 경쟁의 양면성과 그 한계
④ 시장경제에서의 개인과 경쟁의 상호 관계
⑤ 시장경제에서의 경쟁을 통한 개개인의 관계

11 다음은 2015 ~ 2024년 주택전세가격 동향에 대한 자료이다. 이에 대한 설명으로 옳지 않은 것은?

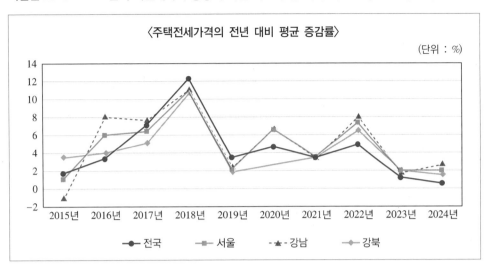

① 전국 주택전세가격은 2015년부터 2024년까지 매년 증가하고 있다.
② 2018년 강북의 주택전세가격은 2016년과 비교해 20% 이상 증가했다.
③ 2021년 이후 서울의 주택전세가격 증가율은 전국 평균 증가율보다 높다.
④ 강남의 전년 대비 주택전세가격 증가율이 가장 높은 시기는 2018년이다.
⑤ 2015년부터 2024년까지 주택전세가격이 전년 대비 감소한 적이 있는 지역은 한 곳뿐이다.

12 다음과 같이 일정한 규칙으로 수를 나열할 때, 빈칸에 들어갈 수는?

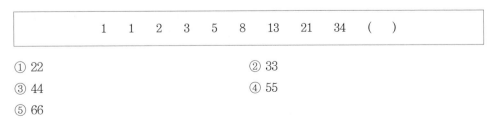

① 22
② 33
③ 44
④ 55
⑤ 66

13 다음은 부동산 취득세 세율에 대한 자료이다. 실 매입비가 6억 7천만 원인 92m² 주택의 거래금액은 얼마인가?(단, 만 원 단위 미만은 절사한다)

<부동산 취득세 세율>

구분		취득세	농어촌특별세	지방교육세
6억 원 이하 주택	85m² 이하	1%	비과세	0.1%
	85m² 초과	1%	0.2%	0.1%
6억 원 초과 9억 원 이하 주택	85m² 이하	2%	비과세	0.2%
	85m² 초과	2%	0.2%	0.2%
9억 원 초과 주택	85m² 이하	3%	비과세	0.3%
	85m² 초과	3%	0.2%	0.3%

① 65,429만 원
② 65,800만 원
③ 67,213만 원
④ 67,480만 원
⑤ 68,562만 원

14 귤 상자 2개에 각각 귤이 들어 있다고 한다. 한 상자당 귤이 안 익었을 확률이 10%, 썩었을 확률이 15%이고 나머지는 잘 익은 귤일 때, 두 사람이 각각 다른 상자에서 귤을 꺼낼 때 한 사람은 잘 익은 귤을 꺼내고, 다른 한 사람은 썩거나 안 익은 귤을 꺼낼 확률은 몇 %인가?

① 37%
② 37.5%
③ 38%
④ 38.5%
⑤ 39%

15 H회사에서 성과급을 지급하려고 한다. 한 사원에게 50만 원씩 주면 100만 원이 남고, 60만 원씩 주면 500만 원이 부족하다고 할 때, 사원의 수는 모두 몇 명인가?

① 50명
② 60명
③ 70명
④ 80명
⑤ 90명

16 비행기가 순항 중일 때에는 860km/h의 속력으로 날아가고, 기상이 악화되면 40km/h의 속력이 줄어든다. 어떤 비행기가 3시간 30분 동안 비행하는 데 15분 동안 기상이 악화되었다면 날아간 거리는 총 몇 km인가?

① 2,850km

② 2,900km

③ 2,950km

④ 3,000km

⑤ 3,050km

17 다음은 카페 판매음료에 대한 연령별 선호도를 조사한 자료이다. 〈보기〉 중 이에 대한 설명으로 옳은 것을 모두 고르면?

〈연령별 카페 판매음료 선호도〉

구분	20대	30대	40대	50대
아메리카노	42%	47%	35%	31%
카페라테	8%	18%	28%	42%
카페모카	13%	16%	2%	1%
바닐라라테	9%	8%	11%	3%
핫초코	6%	2%	3%	1%
에이드	3%	1%	1%	1%
아이스티	2%	3%	4%	7%
허브티	17%	5%	16%	14%

보기

ㄱ. 연령대가 높아질수록 아메리카노에 대한 선호율은 낮아진다.

ㄴ. 아메리카노와 카페라테의 선호율 차이가 가장 적은 연령대는 40대이다.

ㄷ. 20대와 30대의 선호율 하위 3개 메뉴는 동일하다.

ㄹ. 40대와 50대의 선호율 상위 2개 메뉴가 전체 선호율의 70% 이상이다.

① ㄱ, ㄴ

② ㄱ, ㄹ

③ ㄴ, ㄷ

④ ㄴ, ㄹ

⑤ ㄷ, ㄹ

18 다음은 연도별 영·유아 사망률에 대한 자료이다. 이를 나타낸 그래프로 옳은 것은?(단, 모든 그래프의 단위는 '%'이다)

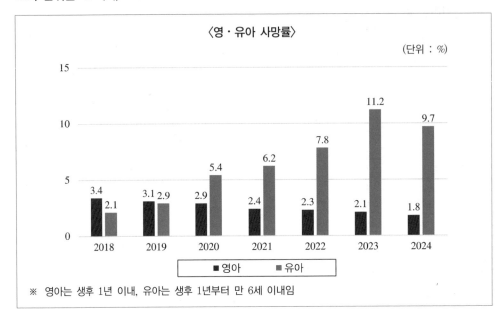

〈영·유아 사망률〉

(단위 : %)

※ 영아는 생후 1년 이내, 유아는 생후 1년부터 만 6세 이내임

①
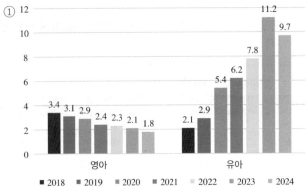

②
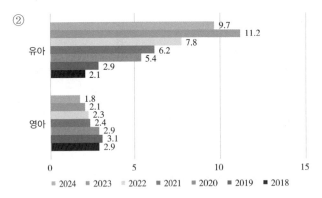

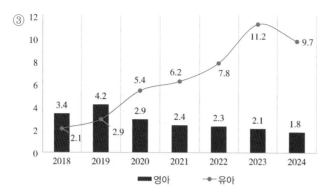

③ 영아 ─●─ 유아

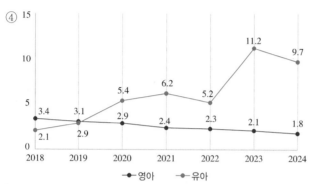

④ ─●─ 영아 ─●─ 유아

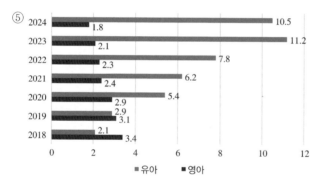

⑤ 유아 영아

PART 3

19 다음은 연도별 아르바이트 소득 및 시급에 대한 자료이다. 이에 대한 설명으로 옳은 것은?

<a르바이트 소득 및 시급>

(단위 : 원, 시간)

구분	2020년	2021년	2022년	2023년	2024년
월평균 소득	641,000	682,000	727,000	761,000	788,000
평균 시급	6,200	6,900	7,200	7,400	7,900
주간 평균 근로시간	24	23.5	22	23	23.4

① 월 근로시간이 가장 적은 해는 2021년이다.

② 주간 평균 근로시간이 많을수록 평균 시급이 적다.

③ 2020년 월평균 소득은 2024년 월평균 소득의 70% 이하이다.

④ 전년 대비 2022년 평균 시급 증가액은 전년 대비 2024년 증가액보다 100원 적다.

⑤ 2021 ~ 2024년 동안 전년 대비 월평균 소득의 증가율이 가장 높은 해는 2024년이다.

20 H회사에서는 올해 고객만족도 조사를 통해 갑 ~ 병 지점 중 최고의 지점을 뽑으려고 한다. 인터넷 설문 응답자 5,500명 중 '잘 모르겠다'를 제외한 응답자의 비율이 67%일 때, 갑 지점을 택한 응답자는 몇 명인가?(단, 인원은 소수점 첫째 자리에서 반올림한다)

<고객만족도 조사 현황>

구분	갑 지점	을 지점	병 지점	합계
응답률		23%	45%	100%

※ 응답률은 '잘 모르겠다'를 제외한 응답자 안에서의 비율임

① 1,119명
② 1,139명
③ 1,159명
④ 1,179명
⑤ 1,199명

21 경제학과, 물리학과, 통계학과, 지리학과 학생인 A ~ D는 검은색, 빨간색, 흰색 3가지 색 중 적어도 1가지 이상의 색을 좋아한다. 다음 〈조건〉에 따라 항상 참인 것은?

> **조건**
> • 경제학과 학생은 검은색과 빨간색만 좋아한다.
> • 경제학과 학생과 물리학과 학생은 좋아하는 색이 서로 다르다.
> • 통계학과 학생은 빨간색만 좋아한다.
> • 지리학과 학생은 물리학과 학생과 통계학과 학생이 좋아하는 색만 좋아한다.
> • C는 검은색을 좋아하고, B는 빨간색을 좋아하지 않는다.

① A는 통계학과이다.
② B는 물리학과이다.
③ C는 지리학과이다.
④ D는 경제학과이다.
⑤ B와 C는 빨간색을 좋아한다.

22 회장실, 응접실, 탕비실과 재무회계팀, 홍보팀, 법무팀, 연구개발팀, 인사팀의 위치가 다음 〈조건〉에 따를 때, 인사팀의 위치는 어디인가?

	A	B	C	D	회의실1
출입문	복도				
	E	F	G	H	회의실2

> **조건**
> • A ~ H에는 빈 곳 없이 회장실, 응접실, 탕비실, 모든 팀 중 하나가 위치해 있다.
> • 회장실은 출입문과 가장 가까운 위치에 있다.
> • 회장실 맞은편은 응접실이다.
> • 재무회계팀은 회장실 옆에 있고, 응접실 옆에는 홍보팀이 있다.
> • 법무팀은 항상 홍보팀 옆에 있다.
> • 연구개발팀은 회의실2와 같은 줄에 있다.
> • 탕비실은 법무팀 맞은편에 있다.

① B
② C
③ D
④ G
⑤ H

PART 3

※ 다음은 H은행의 주택연금대출에 대한 자료이다. 이어지는 질문에 답하시오. [23~24]

<h3 style="text-align:center">〈주택연금대출〉</h3>

■ **상품특징**
- 만 60세 이상의 고령자가 소유주택을 담보로 매월 연금방식으로 노후생활자금을 지급받는 국가 보증의 금융상품(역모기지론)
- A공사에서 연금 가입자를 위해 발급한 보증서를 통해 H은행이 가입자에게 연금을 지급함

■ **가입요건**
(1) 가입가능연령 : 주택소유자가 만 60세 이상
  - 부부 공동으로 주택소유 시 연장자가 만 60세 이상이어야 함
(2) 보유주택 수 : 다음 중 하나에 해당(부부 기준)
  - 1주택을 소유하신 분
  - 보유주택 합산가격이 9억 원 이하인 다주택자
    (상기 외 2주택자는 3년 이내 1주택 처분 조건으로 가능)
    ※ 주택으로 보지 않는 주택
      - 문화재로 지정된 주택, 전용면적 $20m^2$ 이하의 주택(아파트 제외)
    ※ 보유주택 수 판단 시 유의사항
      - 아파트분양권, 재건축 및 재개발 조합원 입주권은 1주택으로 보지 않음
      - 복합용도주택, 임대사업자가 임대 목적으로 보유한 주택은 보유주택 수에 포함됨
      - 공동상속주택의 경우 지분이 가장 큰 상속인이 소유한 것으로 봄
      - 부부 공동소유주택은 각 지분에 관계없이 1주택으로 봄
(3) 대상주택 : 시가 9억 원 이하의 주택
  - 상가 등 복합 용도 주택은 전체 면적 중 주택이 차지하는 면적이 $\frac{1}{2}$ 이상인 경우 가입 가능
  - 권리침해(가압류 등) 사실이 없는 주택만 가능(이용 중 권리변경 불가)

■ **지급방법**
(1) 월지급금 지급방식 : 종신방식(월지급금을 종신토록 지급받는 방식)
  - 종신지급방식 : 인출한도 설정 없이 월지급금을 종신토록 받는 방식
  - 종신혼합방식 : 인출한도 설정 후 나머지 부분을 월지급금으로 종신토록 지급받는 방식
(2) 월지급금 지급유형
  - 정액형 : 월지급금을 평생 동안 일정한 금액으로 고정하는 방식
  - 증가형 : 처음에 적게 받다가 12개월마다 최초 지급금의 3%씩 증가하는 방식
  - 감소형 : 처음에 많이 받다가 12개월마다 최초 지급금의 3%씩 감소하는 방식
  - 전후후박형 : 초기 10년간은 정액형보다 많이 받다가 11년째부터는 초기 월지급금의 70% 수준으로 받는 방식
    ※ 이용기간 중 지급방식 변경 가능(3년 내 1회에 한하여 가능)

■ **대출금리**
본 상품은 '3개월 변동 시장금리 및 6개월 변동 신규취급액기준 COFIX'에 따라 적용금리가 변동됨

23 H은행에 근무 중인 F씨에게 다음과 같은 문의가 접수되었다. 이에 대한 답변으로 옳지 않은 것은?

> 고객 : 안녕하세요. 은퇴 후에 생활자금으로 주택연금대출을 이용해 볼까 고민하고 있어요. H은행 홈페이지에 가서 살펴봤는데도 이해가 잘 안 되네요. 주택연금대출에 대해서 설명해 주세요.

① 주택연금대출은 시가 9억 원 이하의 주택을 보유하고 있는 만 60세 이상의 고령자를 대상으로 하는 상품입니다.

② 보유주택 합산가격이 9억 원 이하더라도 전용면적 $20m^2$ 이하인 아파트가 아닌 주택은 주택으로 인정되지 않습니다.

③ 2주택의 합산가액이 9억 원 이하이더라도 3년 이내에 1주택을 처분하는 조건으로 했을 경우에만 가입이 가능합니다.

④ 주택소유자가 만 60세 이상이어야 하지만 부부 공동소유 시에는 부부 중 연장자가 만 60세 이상이면 가입 가능합니다.

⑤ 연금지급방식은 종신방식으로 취급하고 있으며 평생 일정한 금액을 받는 정액형과, 초기 10년간은 정액형보다 많이 받다가 11년째부터는 적게 받는 전후후박형 등이 있습니다.

24 F씨는 A ~ E고객 5명으로부터 주택연금대출 가입신청 상담을 요청받았다. 5명의 고객과 상담한 내용이 다음과 같을 때, 주택연금대출에 가입할 수 없는 고객은 모두 몇 명인가?(단, 단독소유 시 신청자가 주택소유자이다)

구분	신청자 연령 (배우자 연령)	주택소유 형태 (신청자 기준)	보유주택 수 (주택유형)	보유주택 합산가액	기타
A고객	만 62세 (만 58세)	단독소유	1 (아파트)	3억 원	–
B고객	만 57세 (만 63세)	단독소유	1 (단독주택)	5억 원	–
C고객	만 59세 (만 62세)	부부 공동소유	2 (아파트)	8억 원	1년 후 1주택 처분 예정
D고객	만 68세 (만 55세)	부부 공동소유	1 (아파트)	4억 원	이외 임대사업으로 4주택 보유 (가액 : 10억 원)
E고객	만 67세 (만 64세)	단독소유	2 (전원주택, 아파트)	9억 원	이외 전용면적 $18m^2$ 아파트 보유 (가액 : 1억 원)

① 1명
② 2명
③ 3명
④ 4명
⑤ 5명

25 어떤 비밀금고의 암호는 일정한 규칙을 따르고 있다. 금고 1번의 암호는 121, 금고 2번의 암호는 12321, 금고 3번의 암호는 1234321일 때, 금고 8번의 암호는 무엇인가?

① 12345678987654321
② 12345678487654321
③ 12345678087654321
④ 12345678187654321
⑤ 12345678287654321

26 다음은 국내 화장품 제조 회사에 대한 SWOT 분석 결과이다. 〈보기〉 중 분석에 따른 대응 전략으로 적절한 것을 모두 고르면?

〈국내 화장품 제조 회사에 대한 SWOT 분석 결과〉

강점(Strength)	약점(Weakness)
• 신속한 제품 개발 시스템 • 차별화된 제조 기술 보유	• 신규 생산 설비 투자 미흡 • 낮은 브랜드 인지도
기회(Opportunity)	위협(Threat)
• 해외시장에서의 한국 제품 선호 증가 • 새로운 해외시장의 출현	• 해외 저가 제품의 공격적 마케팅 • 저임금의 개발도상국과 경쟁 심화

보기
ㄱ. 새로운 해외시장의 소비자 기호를 반영한 제품을 개발하여 출시한다.
ㄴ. 국내에 화장품 생산 공장을 추가로 건설하여 제품 생산량을 획기적으로 증가시킨다.
ㄷ. 차별화된 제조 기술을 통해 품질 향상과 고급화 전략을 추구한다.
ㄹ. 브랜드 인지도가 낮으므로 해외 현지 기업과의 인수·합병을 통해 해당 회사의 브랜드로 제품을 출시한다.

① ㄱ, ㄴ   ② ㄱ, ㄷ
③ ㄴ, ㄷ   ④ ㄴ, ㄹ
⑤ ㄷ, ㄹ

27 조선시대에는 12시진(정시법)과 '초(初)', '정(正)', '한시진(2시간)' 등의 표현을 통해 시간을 나타내었다. 다음 중 조선시대의 시간과 현대의 시간을 비교한 내용으로 옳지 않은 것은?

〈12시진〉

조선시대 시간		현대 시간	조선시대 시간		현대 시간
자(子)시	초(初)	23시 1분 ~ 60분	오(午)시	초(初)	11시 1분 ~ 60분
	정(正)	24시 1분 ~ 60분		정(正)	12시 1분 ~ 60분
축(丑)시	초(初)	1시 1분 ~ 60분	미(未)시	초(初)	13시 1분 ~ 60분
	정(正)	2시 1분 ~ 60분		정(正)	14시 1분 ~ 60분
인(寅)시	초(初)	3시 1분 ~ 60분	신(申)시	초(初)	15시 1분 ~ 60분
	정(正)	4시 1분 ~ 60분		정(正)	16시 1분 ~ 60분
묘(卯)시	초(初)	5시 1분 ~ 60분	유(酉)시	초(初)	17시 1분 ~ 60분
	정(正)	6시 1분 ~ 60분		정(正)	18시 1분 ~ 60분
진(辰)시	초(初)	7시 1분 ~ 60분	술(戌)시	초(初)	19시 1분 ~ 60분
	정(正)	8시 1분 ~ 60분		정(正)	20시 1분 ~ 60분
사(巳)시	초(初)	9시 1분 ~ 60분	해(亥)시	초(初)	21시 1분 ~ 60분
	정(正)	10시 1분 ~ 60분		정(正)	22시 1분 ~ 60분

① 한 초등학교의 점심 시간이 오후 1시부터 2시까지라면, 조선시대 시간으로 미(未)시에 해당한다.

② 조선시대에 어떤 사건이 인(寅)시에 발생하였다면, 현대 시간으로는 오전 3시와 5시 사이에 발생한 것이다.

③ 현대인이 오후 8시 30분에 저녁을 먹었다면, 조선시대 시간으로 술(戌)시 정(正)에 저녁을 먹은 것이다.

④ 축구 경기가 연장 없이 각각 45분의 전반전과 후반전으로 진행되었다면, 조선시대 시간으로 한시진이 채 되지 않은 것이다.

⑤ 현대인이 오후 2시부터 4시 30분까지 운동을 하였다면, 조선시대 시간으로 미(未)시부터 유(酉)시까지 운동을 한 것이다.

※ 다음은 강화도에 있는 H부동산의 매물번호에 대한 자료이다. 이어지는 질문에 답하시오. [28~29]

<매물번호 부여 기준>

AA	B	CC	D	EE	F
매물	매매	지역	거래	매매 / 보증금	월세

매물	매매	지역
GD : 토지 HO : 전원주택 FE : 펜션 SR : 상가 AP : 아파트 VI : 빌라 FC : 공장	O : 매매 P : 전세 Q : 월세	01 : 강화읍 02 : 선원면 03 : 길상면 04 : 불은면 05 : 송해면 06 : 하점면 07 : 양도면

거래	매매 / 보증금	월세
1 : 독점매물 2 : 공유매물	00 : 1천만 원 미만 01 : 1천만 원대 02 : 2천만 원대 … 10 : 1억 원대 … 49 : 4억 9천만 원대 50 : 5억 원대	T : 해당 없음 N : 30만 원 미만 D : 30만 원 이상 50만 원 미만 X : 50만 원 이상 70만 원 미만 S : 70만 원 이상 100만 원 미만 V : 100만 원 이상

28 매물번호가 다음과 같을 때, 이에 대한 설명으로 옳지 않은 것은?

HOO01135T

① 매물은 주거를 위한 것이다.
② 매물은 독점매물에 해당한다.
③ 매물의 월세는 협의가 가능하다.
④ 매물 구매 시 소유권이 변경된다.
⑤ 매물은 읍 단위에 위치하고 있다.

29 다음은 H부동산을 방문한 고객의 문의 내용이다. 고객에게 H부동산 중개인이 보여 줄 매물로 옳은 것은?

> 고객 : 안녕하세요. 이번에 강화도로 공장을 이전하게 되어 적당한 매물이 있는지 여쭤보러 왔어요. 공장허가를 받을 수 있는 토지도 좋고요. 기존 공장건물이 있는 곳도 좋아요. 저희는 매매나 전세로 생각 중인데, 매매가의 경우에는 최대 3억 3천만 원까지 가능하고요. 전세가의 경우에는 최대 4억 원까지만 가능할 것 같아요. 위치는 크게 상관없으나, 아무래도 공장이라 소음이나 냄새 등으로 주민들과 마찰이 적었음 해서 시내인 강화읍은 피하고 싶어요.

① GDO01131T   ② GDP02241T
③ FCO03138T   ④ FCP04231T
⑤ FCQ06232T

30 동성, 현규, 영희, 영수, 미영이는 H씨의 이사를 도와주면서 H씨가 사용하지 않는 물건들을 각각 하나씩 받았다. 다음 〈조건〉을 토대로 옳지 않은 것은?

> **조건**
> • H씨가 사용하지 않는 물건은 세탁기, 컴퓨터, 드라이기, 로션, 핸드크림이고, 동성, 현규, 영희, 영수, 미영 순으로 물건을 고를 수 있다.
> • 동성이는 세탁기 또는 컴퓨터를 받길 원한다.
> • 현규는 세탁기 또는 드라이기를 받길 원한다.
> • 영희는 로션 또는 핸드크림을 받길 원한다.
> • 영수는 전자기기 이외의 것을 받길 원한다.
> • 미영이는 아무 것이나 받아도 상관없다.

① 미영이는 드라이기를 받을 수 없다.
② 영희는 영수와 원하는 물건이 동일하다.
③ 현규는 드라이기를 받을 확률이 더 높다.
④ 동성이는 자신이 원하는 물건을 받을 수 있다.
⑤ 영수는 원하는 물건을 고를 수 있는 선택권이 없다.

| 01 | 경영

01 다음 중 수익성 지수에 대한 설명으로 옳지 않은 것은?

① 수익성 지수는 현금유입액의 현재가치를 총 투자액의 현재가치로 나누어 계산한다.

② 수익성 지수는 단일 투자안이 있을 때 그 투자안이 경제성이 있는지 판단하기 위해 쓰인다.

③ 수익성 지수는 투자 금액 대비 회수할 수 있는 금액에 대한 비율로, 지수가 1보다 크면 경제성이 있어 투자할 가치가 있다고 본다.

④ 수익성 지수는 투자기간 전체의 현금흐름을 고려하고 화폐의 현재가치를 반영하므로 투자의 효율성을 직관적으로 판단할 수 있다는 장점이 있다.

⑤ 투자안에 대해 미래의 가치를 현재의 가치로 환산하는 할인율의 결정이 쉽지 않아 투자 및 회수금액의 현재가치를 산출할 때 어려움이 있을 수 있다.

02 다음 중 3C 분석에 대한 설명으로 옳지 않은 것은?

① 3C는 SWOT 분석과 PEST 분석에 밀접한 관련이 있다.

② 3C는 Company, Cooperation, Competitor로 구성되어 있다.

③ 3C의 Company 영역은 외부요인이 아닌 내부 자원에 대한 역량 파악이다.

④ 3C는 자사, 고객, 경쟁사로 기준을 나누어 현 상황을 파악하는 분석방법이다.

⑤ 3C는 기업들이 마케팅이나 서비스를 진행할 때 가장 먼저 실행하는 분석 중 하나이다.

03 다음 글에서 설명하는 경제성 분석 기법은?

> • 투자의 경제성(수익성)을 나타내는 지표 중 하나이다.
> • 일정 기간 동안의 현금유입의 현재가치와 현금유출의 현재가치를 같게 만든다.
> • 기간에 따라 값이 달라지게 되어 투자의 우선순위를 판단하기 어렵다는 한계가 있다.

① 내부수익률   ② 순현재가치

③ 손익분기점   ④ 비용편익비율

⑤ 자본회수기간

04 다음 중 재무제표에 대한 설명으로 옳지 않은 것은?

① 재무제표는 적어도 1년에 한 번은 작성한다.

② 현금흐름에 대한 정보를 제외하고는 발생기준의 가정에서 작성한다.

③ 재무제표 요소의 측정기준은 역사적원가와 현행가치 등으로 구분된다.

④ 재무제표는 재무상태표, 포괄손익계산서, 자본변동표, 현금흐름표, 주석으로 구성된다.

⑤ 기업이 경영활동을 청산 또는 중단할 의도가 있더라도, 재무제표는 계속기업의 가정에서 작성한다.

05 철물 관련 사업을 하는 중소기업인 H회사는 수요가 어느 정도 안정된 소모품을 다양한 거래처에 납품하고 있으며, 내부적으로는 부서별 효율성을 추구하고 있다. 이러한 회사의 조직 구조로 적합한 유형은?

① 기능별 조직   ② 다국적 조직

③ 프로젝트 조직   ④ 매트릭스 조직

⑤ 사업부제 조직

06 H회사는 A상품을 연간 20,000개 정도 판매할 수 있을 것으로 예상하고 있다. A상품의 1회당 주문비가 200원, 연간 재고유지비용은 상품당 32원이라고 할 때, 경제적 주문량(EOQ)은?(단, 소수점 자리는 버린다)

① 500개   ② 520개

③ 540개   ④ 560개

⑤ 580개

07 다음 중 리엔지니어링(Re – Engineering)에 대한 설명으로 옳은 것은?

① 기계 장비의 고장이나 정비 때문에 작업이 불가능해진 시간을 총칭한다.

② 흑자를 내기 위해 기구를 축소·폐쇄하거나 단순화하는 등의 장기적인 경영 전략이다.

③ 제품의 주요한 부분을 부품의 형태로 수출하여 현지에서 최종제품으로 조립하는 방식이다.

④ 기업이 환경변화에 능동적으로 대처하기 위해 비대해진 조직을 팀제로 개편하는 경영혁신을 나타낸다.

⑤ 정보기술을 통해 기업경영의 핵심적 과정을 전면 개편함으로써 경영성과를 향상시키려는 경영기법이다.

08 다음 상황을 참고하여 브룸(Vroom)의 기대이론에 따른 A대리의 동기유발력 값은?(단, 유인성은 ±10점으로 구성된다)

> H사에서는 분기마다 인재개발 프로그램을 실시하고 있다. A대리는 프로그램 참여를 고민하고 있는 상태이다. A대리가 생각하기에 자신이 프로그램에 참여하면 성과를 거둘 수 있을 것이라는 주관적 확률이 70%, 그렇지 않을 확률이 30%, 만약 훈련성과가 좋을 경우 승진에 대한 가능성은 80%, 그 반대의 가능성은 20%라고 생각한다. 그리고 A대리는 승진에 대해 극히 좋게 평가하며 10점을 부여하였다.
> - 기대치(E) : 인재개발 프로그램에 참여하여 성과를 거둘 수 있는가?
> - 수단성(I) : 훈련성과가 좋으면 승진할 수 있을 것인가?
> - 유인성(V) : 승진에 대한 선호도는 어느 정도인가?

① 1.2

② 2.3

③ 3.4

④ 4.8

⑤ 5.6

09 H회사는 지난 분기 매출액 2,000억 원을 달성하였고, 그중 매입액은 700억 원을 차지하였다. H회사의 지난 분기 부가가치율은?

① 50%

② 55%

③ 60%

④ 65%

⑤ 70%

10 다음 중 마이클 포터가 제시한 경쟁우위전략에 대한 설명으로 옳지 않은 것은?

① 원가우위전략과 차별화전략은 일반적으로 대기업에서 많이 수행된다.

② 집중화전략은 원가우위에 토대를 두거나 차별화우위에 토대를 둘 수 있다.

③ 차별화전략은 경쟁사들이 모방하기 힘든 독특한 제품을 판매하는 것을 의미한다.

④ 원가우위전략은 경쟁기업보다 낮은 비용에 생산하여 저렴하게 판매하는 것을 의미한다.

⑤ 마이클 포터는 기업이 성공하기 위해서는 한 제품을 통하여 원가우위전략과 차별화전략 2가지 전략을 동시에 추구해야 한다고 보았다.

11 다음 중 BCG 매트릭스와 GE 매트릭스의 차이점으로 옳지 않은 것은?

① BCG 매트릭스에서는 하나의 측정만 사용되는 반면, GE 매트릭스에서는 여러 측정이 사용된다.

② BCG 매트릭스는 GE 매트릭스에 비해 더 간단하며 4개의 셀로 구성되는 반면, GE 매트릭스 9개의 셀로 구성된다.

③ BCG 매트릭스의 기반이 되는 요인은 시장 성장과 시장점유율이고, GE 매트릭스의 기반이 되는 요인은 산업계의 매력과 비즈니스 강점이다.

④ BCG 매트릭스는 기업이 여러 사업부에 자원을 배치하는 데 사용되며, GE 매트릭스는 다양한 비즈니스 단위 간의 투자 우선순위를 결정하는 데 사용한다.

⑤ BCG 매트릭스는 기업이 그리드에서의 위치에 따라 제품 라인이나 비즈니스 유닛을 전략적으로 선택하는 데 사용하고, GE 매트릭스는 시장의 성장과 회사가 소유한 시장점유율을 반영한 성장 - 공유 모델로 이해할 수 있다.

12 강 상류에 위치한 A기업이 오염물질을 배출하고, 강 하류에서는 통조림을 생산하는 B기업이 어업 활동을 영위하고 있다. 그런데 A기업은 자사의 오염배출이 B기업에 미치는 영향을 고려하지 않고 있다. 다음 중 이에 대한 설명으로 옳지 않은 것은?

① A기업의 생산량은 사회의 적정생산량보다 많다.

② B기업의 생산량은 사회의 적정생산량보다 적다.

③ B기업의 생산비는 A기업의 생산량에 영향을 받는다.

④ A기업에게 적절한 피구세를 부과함으로써 사회적 최적 수준의 오염물질 배출량 달성이 가능하다.

⑤ 오염배출 문제는 A기업과 B기업의 협상을 통해 해결 가능하며, 이러한 경우 보상을 위한 필요자 금 없이도 가능하다.

13 다음 중 인사고과에 대한 설명으로 옳지 않은 것은?

① 인사고과의 수용성은 종업원이 인사고과 결과가 정당하다고 느끼는 정도이다.

② 인사고과의 타당성은 고과내용이 고과목적을 얼마나 잘 반영하고 있느냐에 대한 것이다.

③ 대비오류(Contrast Error)는 피고과자의 능력을 실제보다 높게 평가하는 경향을 말한다.

④ 후광효과(Halo Effect)는 피고과자의 어느 한 면을 기준으로 다른 것까지 함께 평가하는 경향을 말한다.

⑤ 인사고과란 종업원의 능력과 업적을 평가하여 그가 보유하고 있는 현재적 및 잠재적 유용성을 조직적으로 파악하는 방법이다.

14 다음 〈조건〉을 참고할 때, H기업의 올해 영업레버리지도는?

> **조건**
> • 의자 생산업체인 H기업의 올해 의자 판매량은 총 10,000개이다.
> • 의자의 개당 고정원가는 25,000원, 변동원가는 1개당 3,000원이며, 의자의 가격은 개당 50,000원으로 동일하다.

① 0.5　　　　　　　　　　② 1.0

③ 1.5　　　　　　　　　　④ 2.0

⑤ 2.5

15 다음 중 기업의 경영 전략을 평가할 때 BSC를 통해 평가하는 관점으로 볼 수 없는 것은?

① 고객 관점　　　　　　　② 재무적 관점

③ 성공요인 관점　　　　　④ 학습 및 성장 관점

⑤ 업무 프로세스 관점

16 H사는 자사 제품을 시대신문에 광고하려고 한다. 시대신문의 구독자 수가 10만 명이고, CPM 기준으로 5천 원을 요구하고 있을 경우에 시대신문의 요구대로 광고계약이 진행된다면 광고비 금액은?

① 1,100,000원　　　　　② 900,000원

③ 700,000원　　　　　　④ 500,000원

⑤ 300,000원

17 다음 〈보기〉 중 가격책정 방법에 대한 설명으로 옳은 것을 모두 고르면?

㉠ 준거가격이란 구매자가 어떤 상품에 대해 지불할 용의가 있는 최고가격을 의미한다.
㉡ 명성가격이란 가격 – 품질 연상관계를 이용한 가격책정 방법이다.
㉢ 단수가격이란 판매 가격을 단수로 표시하여 가격이 저렴한 인상을 소비자에게 심어주어 판매를 증대시키는 방법이다.
㉣ 최저수용가격이란 심리적으로 적당하다고 생각하는 가격 수준을 의미한다.

① ㉠, ㉡   ② ㉠, ㉢
③ ㉡, ㉢   ④ ㉡, ㉣
⑤ ㉢, ㉣

18 다음 중 평정척도법에 대한 설명으로 옳은 것은?

① 평소 부하직원의 직무 관련 행동에서 나타나는 강점과 약점을 기술한다.
② 피평가자의 능력과 업적 등을 일련의 연속척도 또는 비연속척도로 평가한다.
③ 일상생활에서 보여준 특별하게 효과적이거나 비효과적인 행동을 기록하여 활용한다.
④ 고과에 적당한 표준 행동을 평가 항목에 배열해 놓고 해당 항목을 체크하여 책정한다.
⑤ 통계적 분포에 따라 인원을 강제적으로 할당하여 피평가자를 배열하고 서열을 정한다.

19 다음 중 식스 시그마(6 – Sigma)에 대한 설명으로 옳지 않은 것은?

① 프로그램의 최고 단계 훈련을 마치고, 프로젝트 팀 지도를 전담하는 직원은 마스터 블랙벨트이다.
② 제조프로세스에서 기원하였지만 판매, 인적자원, 고객서비스, 재무서비스 부문으로 확대되고 있는 것이다.
③ 프로세스에서 불량과 변동성을 최소화하면서 기업의 성과를 최대화하려는 종합적이고 유연한 시스템이다.
④ 통계적 프로세스 관리에 크게 의존하며, '정의 – 측정 – 분석 – 개선 – 통제(DMAIC)'의 단계를 걸쳐 추진된다.
⑤ 사무부분을 포함한 모든 프로세스의 질을 높이고 업무 비용을 획기적으로 절감하여 경쟁력의 향상을 목표로 한다.

20 다음 중 페이욜(Fayol)이 주장한 경영 활동과 그 내용을 바르게 짝지은 것은?

① 기술적 활동 : 생산, 제조, 가공
② 회계적 활동 : 구매, 판매, 교환
③ 재무적 활동 : 원가관리, 예산통제
④ 관리적 활동 : 재화 및 종업원 보호
⑤ 상업적 활동 : 계획, 조직, 지휘, 조정, 통제

21 다음 중 작업 우선순위 결정 규칙에 대한 설명으로 옳지 않은 것은?

① 선입선출(FCFS) : 먼저 도착한 순서대로 처리한다.
② 후입선출(LCFS) : 늦게 도착한 순서대로 처리한다.
③ 최소납기일(EDD) : 납기일이 빠른 순서대로 처리한다.
④ 최소작업시간(SPT) : 작업시간이 짧은 순서대로 처리한다.
⑤ 최소여유시간(STR) : 납기일까지 남은 시간이 적은 순서대로 처리한다.

22 다음 중 직장 내 훈련(OJT)에 대한 설명으로 옳지 않은 것은?

① 실습장훈련, 인턴사원, 경영 게임법 등이 이에 속한다.
② 지도자의 높은 자질이 요구되고, 교육훈련 내용의 체계화가 어렵다.
③ 실제 현장에서 실제로 직무를 수행하면서 이루어지는 현직훈련이다.
④ 훈련내용의 전이정도가 높고 실제 업무와 직결되어 경제적인 장점을 가진다.
⑤ 훈련방식의 역사가 오래되며, 생산직에서 보편화된 교육방식이라 할 수 있다.

23 다음 중 생산합리화의 3S로 옳은 것은?

① 단순화(Simplification) – 규격화(Specification) – 세분화(Segmentation)
② 규격화(Specification) – 세분화(Segmentation) – 전문화(Specialization)
③ 규격화(Specification) – 전문화(Specialization) – 표준화(Standardization)
④ 세분화(Segmentation) – 표준화(Standardization) – 단순화(Simplification)
⑤ 표준화(Standardization) – 단순화(Simplification) – 전문화(Specialization)

24 다음 중 단위당 소요되는 표준작업시간과 실제작업시간을 비교하여 절약된 작업시간에 대한 생산성 이득을 노사가 각각 50 : 50의 비율로 배분하는 임금제도는?

① 러커 플랜
② 스캔런 플랜
③ 임프로쉐어 플랜
④ 메리크식 복률성과급
⑤ 테일러식 차별성과급

25 H회사는 2024년 초 토지, 건물 및 기계장치를 일괄하여 20,000,000원에 취득하였다. 취득일 현재를 기준으로 토지, 건물 및 기계장치의 판매회사 장부상 금액은 각각 12,000,000원, 3,000,000원, 10,000,000원이며, 토지, 건물 및 기계장치의 공정가치 비율은 7 : 1 : 2이다. H회사가 인식할 기계장치의 취득원가는?

① 4,000,000원
② 5,000,000원
③ 6,000,000원
④ 7,000,000원
⑤ 8,000,000원

26 다음 중 직무평가에 있어서 미리 규정된 등급 또는 어떠한 부류에 대해 평가하려는 직무를 배정함으로써 직무를 평가하는 방법은?

① 서열법
② 분류법
③ 점수법
④ 순위법
⑤ 요소비교법

27 다음 중 숍 제도에서 기업에 대한 노동조합의 통제력이 강력한 순서대로 나열한 것은?

① 오픈 숍 – 클로즈드 숍 – 유니언 숍
② 클로즈드 숍 – 오픈 숍 – 유니언 숍
③ 유니언 숍 – 오픈 숍 – 클로즈드 숍
④ 클로즈드 숍 – 유니언 숍 – 오픈 숍
⑤ 유니언 숍 – 클로즈드 숍 – 오픈 숍

28 다음 중 차별적 마케팅 전략을 활용하기에 적합한 경우는?

① 성장기에 접어드는 제품
② 대량생산, 대량유통이 가능한 제품
③ 소비자의 욕구, 선호도 등이 동질적인 시장
④ 각 시장이 명확히 세분화되어 이질적인 시장
⑤ 경영자원이 부족하여 시장지배가 어려운 기업

29 다음 중 주식의 발행시장과 유통시장에 대한 설명으로 옳지 않은 것은?

① 자사주 매입은 발행시장에서 이루어진다.
② 유통시장은 채권의 공정한 가격을 형성하게 하는 기능이 있다.
③ 50명 이하의 소수투자자와 사적으로 교섭하여 채권을 매각하는 방법을 사모라고 한다.
④ 유통시장은 투자자 간의 수평적인 이전기능을 담당하는 시장으로, 채권의 매매가 이루어지는 시장이다.
⑤ 발행시장은 발행주체가 유가증권을 발행하고, 중간 중개업자가 인수하여 최종 자금 출자자에게 배분하는 시장이다.

30 다음 중 조직 설계에 대한 설명으로 옳지 않은 것은?

① 전문화 수준이 높아질수록 수평적 분화의 정도는 낮아진다.
② 조직의 공식화 정도가 높을수록 직무담당자의 재량권은 줄어든다.
③ 집권화의 수준은 유기적 조직에 비해 기계적 조직의 경우가 높다.
④ 조직의 규모가 커지고 더 많은 부서가 생겨남에 따라 조직 구조의 복잡성은 증가한다.
⑤ 조직의 과업다양성이 높을수록 조직의 전반적인 구조는 더욱 유기적인 것이 바람직하다.

31 다음 자료를 토대로 계산한 H회사의 주식가치는?

> • 사내유보율 : 30%
> • 자기자본이익률(ROE) : 10%
> • 자기자본비용 : 20%
> • 당기의 주당순이익 : 3,000원

① 12,723원   ② 13,250원
③ 14,500원   ④ 15,670원
⑤ 16,500원

32 다음 상황을 토대로 측정한 광고예산은?

> 광고주는 A신문 또는 B신문에 자사 신제품을 최소 한 번 이상 노출시키고자 한다.
> • A신문 열독률 : 16%
> • B신문 열독률 : 10%
> • A, B신문 동시 열독률 : 4%
> • 전체 신문의 평균 CPR : 500만 원

① 5,000만 원   ② 1억 원
③ 1억 5,000만 원   ④ 2억 원
⑤ 2억 5,000만 원

33 다음 중 주로 자원이 한정된 중소기업이 많이 사용하는 마케팅 전략은?

① 마케팅 믹스 전략   ② 집중적 마케팅 전략
③ 차별적 마케팅 전략   ④ 무차별적 마케팅 전략
⑤ 비차별적 마케팅 전략

34 다음 글에서 설명하는 용어는?

> 이 전략의 대표적인 예로는 전기, 전화, 수도 등의 공공요금 및 택시요금, 놀이공원 등이 있다.

① 묶음 가격   ② 가격계열화
③ 부산품 전략   ④ 심리적 가격
⑤ 2부제 가격전략

35 다음 중 다른 기업에게 수수료를 받는 대신 자사의 기술이나 상품 사양을 제공하고 그 결과로 생산과 판매를 허용하는 것은?

① 라이선싱(Licensing)

② 아웃소싱(Outsourcing)

③ 합작투자(Joint Venture)

④ 턴키프로젝트(Turn – key Project)

⑤ 그린필드투자(Green Field Investment)

36 다음 중 특정 작업계획으로 여러 부품들을 생산하기 위해 컴퓨터에 의해 제어 및 조절되며 자재취급 시스템에 의해 연결되는 작업장들의 조합은?

① 셀제조시스템

② 유연생산시스템

③ 적시생산시스템

④ 지능형생산시스템

⑤ 컴퓨터통합생산시스템

37 다음 중 제품 및 제품계열에 대한 수년간의 자료 등을 수집하기 용이하고, 변화하는 경향이 비교적 분명하며 안정적일 경우에 활용되는 통계적인 예측방법은?

① 인과모형

② 델파이법

③ 회귀분석법

④ 시계열 분석법

⑤ 브레인스토밍법

38 다음 중 기업이 적정한 시간과 장소에서 알맞은 양의 제품과 서비스를 생산하기 위해 필요한 부품이나 자재를 확보할 수 있도록 보장해 주기 위해 설계된 기법은?

① MBO

② MPS

③ MRP

④ EOQ

⑤ JIT

39 다음 자료를 토대로 계산한 H회사의 적정주가는?

> • 유통주식수 : 1,000만 주
> • 당기순이익 : 300억 원
> • 주가수익비율 : 8배

① 16,000원   ② 20,000원
③ 24,000원   ④ 28,000원
⑤ 32,000원

40 다음 중 호손(Hawthorn) 실험의 주요 결론에 대한 설명으로 옳지 않은 것은?

① 심리적 요인에 의해서 생산성이 좌우될 수 있다.
② 일반 관리론의 이론을 만드는 데 가장 큰 영향을 미쳤다.
③ 노동환경과 생산성 사이에 반드시 비례관계가 존재히는 것은 아니다.
④ 비공식 집단이 자연적으로 발생하여 공식조직에 영향을 미칠 수 있다.
⑤ 작업자의 생산성은 작업자의 심리적 요인 및 사회적 요인과 관련이 크다.

41 다음 중 JIT(Just In Time)시스템의 특징으로 옳지 않은 것은?

① 푸시(Push) 방식이다.
② 필요한 만큼의 자재만을 생산한다.
③ 공급자와 긴밀한 관계를 유지한다.
④ 가능한 소량 로트(Lot) 크기를 사용하여 재고를 관리한다.
⑤ 생산지시와 자재이동을 가시적으로 통제하기 위한 방법으로 칸반(Kanban)을 사용한다.

42 다음 글에서 설명하고 있는 시장세분화의 요건은?

> 장애인들은 버튼조작만으로 운전할 수 있는 승용차를 원하고 있지만, 그러한 시장의 규모가 경제성을 보증하지 못한다면 세분시장의 가치가 적은 것이다.

① 측정가능성   ② 유지가능성
③ 접근가능성   ④ 실행가능성
⑤ 기대가능성

43 다음 중 마케팅 전략 수립 단계를 순서대로 바르게 나열한 것은?

① 시장세분화 → 표적시장 선정 → 포지셔닝
② 표적시장 선정 → 포지셔닝 → 시장세분화
③ 포지셔닝 → 시장세분화 → 표적시장 선정
④ 시장세분화 → 포지셔닝 → 표적시장 선정
⑤ 표적시장 선정 → 시장세분화 → 포지셔닝

44 다음 중 소비자들에게 타사 제품과 비교하여 자사 제품에 대한 차별화된 이미지를 심어주기 위한 계획적인 전략접근법은?

① 포지셔닝 전략   ② 시장세분화 전략
③ 가격차별화 전략   ④ 제품차별화 전략
⑤ 비가격경쟁 전략

45 다음 내용을 참고할 때, H씨가 얻게 되는 이익과 손실의 합은?

- H씨는 땅을 빌려 배추 농사를 짓고 있으며, 1월 1일 10,000평에 해당하는 땅에 대해 1년간 농사를 짓기로 계약하고 평당 1,500원의 계약금을 주었다.
- 계약금을 제외한 잔금은 배추의 시장가격에 따라 지급하기로 하였는데 계약일 기준 6개월 이후 배추가격이 10% 이상 오를 경우 계약금과 동일한 평당 1,500원을 잔금으로 지급하며, 0 ~ 10% 미만 오를 경우 1,200원, 하락한 경우에는 평당 800원을 잔금으로 지급한다.
- 1월 1일 기준 평당 배추가격은 6,000원이며, 7월 1일 기준 평당 배추가격은 5,500원이다.

① 200만 원   ② 600만 원
③ 1,000만 원   ④ 1,400만 원
⑤ 1,800만 원

46 다음은 유통경로의 설계전략에 대한 글이다. 빈칸 ㉠ ~ ㉢에 들어갈 용어를 바르게 짝지은 것은?

> • _____㉠_____ 유통 : 가능한 많은 중간상들에게 자사의 제품을 취급하도록 하는 것으로, 과자, 저가 소비재 등과 같이 소비자들이 구매의 편의성을 중시하는 품목에서 채택하는 방식이다.
> • _____㉡_____ 유통 : 제품의 이미지를 유지하고 중간상들의 협조를 얻기 위해 일정 지역 내에서의 독점 판매권을 중간상에게 부여하는 방식이다.
> • _____㉢_____ 유통 : ㉠ 유통과 ㉡ 유통의 중간 형태로, 지역별로 복수의 중간상에게 자사의 제품을 취급할 수 있도록 하는 방식이다.

	㉠	㉡	㉢
①	전속적	집약적	선택적
②	집약적	전속적	선택적
③	선택적	집약적	전속적
④	전속적	선택적	집약적
⑤	집약적	선택적	전속적

PART 3

47 다음 중 하이더(Heider)의 균형이론에 대한 설명으로 옳지 않은 것은?

① 각 관계의 주어진 값을 곱하여 양의 값이면 균형 상태, 음의 값이면 불균형 상태로 본다.
② 사람들은 균형 상태가 깨어지면 자신의 태도를 바꾸거나 상대방의 태도를 무시하는 등의 태도를 보인다.
③ 균형 상태란 자신 – 상대방 – 제3자의 세 요소가 내부적으로 일치되어 있는 것처럼 보이는 상태를 말한다.
④ 심리적 평형에 대한 이론으로, 일반적으로 사람들은 불균형 상태보다는 안정적인 상태를 선호한다고 가정한다.
⑤ 3가지의 요소로만 태도 변화를 설명하기 때문에 지나치게 단순하고, 그 관계의 좋고 싫음의 강도를 고려하지 못한다는 한계를 갖는다.

48 다음 중 주로 편의품에서 많이 사용되는 유통경로 전략은?

① 집약적 유통　　　　　　　　　② 전속적 유통
③ 선택적 유통　　　　　　　　　④ 통합적 유통
⑤ 수직적 유통

49 다음 〈보기〉 중 국제회계기준(IFRS)에 대한 설명으로 옳은 것을 모두 고르면?

> **보기**
>
> ㉠ IFRS는 국제회계기준위원회가 공표하는 회계기준으로 유럽 국가들이 사용한다.
> ㉡ IFRS의 기본 재무제표는 개별 재무제표이다.
> ㉢ 취득원가 등 역사적 원가에서 공정가치로 회계기준을 전환하였다.
> ㉣ 우리나라의 경우 상장사, 금융기업 등에 대해 2012년부터 의무 도입하였다.

① ㉠, ㉡   ② ㉠, ㉢
③ ㉡, ㉢   ④ ㉡, ㉣
⑤ ㉢, ㉣

50 다음 중 동일한 목표를 달성하고 새로운 가치창출을 위해 공급업체들과 자원 및 정보를 협력하여 하나의 기업처럼 움직이는 생산시스템은?

① 공급사슬관리(SCM)   ② 적시생산시스템(JIT)
③ 유연제조시스템(FMS)   ④ 컴퓨터통합생산(CIM)
⑤ 전사적품질경영(TQM)

51 다음 글에서 설명하는 소비재는?

> • 특정 브랜드에 대한 고객 충성도가 높다.
> • 제품마다 고유한 특성을 지니고 있다.
> • 브랜드마다 차이가 크다.
> • 구매 시 많은 시간과 노력을 필요로 한다.

① 자본재(Capital Items)   ② 원자재(Raw Materials)
③ 선매품(Shopping Goods)   ④ 전문품(Speciality Goods)
⑤ 편의품(Convenience Goods)

52 다음 중 리더십의 상황적합이론에서 특히 하급자의 성숙도를 강조하는 리더십의 상황모형을 제시하는 이론은?

① 피들러의 상황적합이론

② 브룸과 예튼의 규범이론

③ 하우스의 경로 – 목표이론

④ 베르탈란피의 시스템 이론

⑤ 허시와 블랜차드의 3차원적 유효성이론

53 상품매매기업인 H회사는 계속기록법과 실지재고조사법을 병행하고 있다. H회사의 2024년 기초재고는 10,000원(단가 100원)이고, 당기매입액은 30,000원(단가 100원), 2024년 말 장부상 재고수량은 70개이다. H회사가 보유하고 있는 재고자산은 진부화로 인해 단위당 순실현가능가치가 80원으로 하락하였다. H회사가 포괄손익계산서에 매출원가로 36,000원을 인식하였다면, H회사의 2024년 말 실제재고수량은?(단, 재고자산감모손실과 재고자산평가손실은 모두 매출원가에 포함한다)

① 40개 ② 50개

③ 60개 ④ 70개

⑤ 80개

54 다음 중 기업의 안정성 측정을 위하여 사용되는 지표로, 고정자산(비유동자산)을 자기자본으로 나눈 값의 백분율로 계산하여 자본의 유동성을 나타내는 것은?

① 부채비율(Debt Ratio)

② 유동비율(Current Ratio)

③ 활동성비율(Activity Ratio)

④ 고정자산비율(Fixed Assets Ratio)

⑤ 자본회전율(Turnover Ratio of Capital)

55 다음 〈보기〉 중 비유동부채에 해당하는 것은 모두 몇 개인가?

> **보기**
>
> ㄱ. 매입채무   ㄴ. 예수금
> ㄷ. 미지급금   ㄹ. 장기차입금
> ㅁ. 임대보증금   ㅂ. 선수수익
> ㅅ. 단기차입금   ㅇ. 선수금
> ㅈ. 장기미지급금   ㅊ. 유동성장기부채

① 1개   ② 3개
③ 5개   ④ 7개
⑤ 9개

56 다음 중 회수기간법에 대한 설명으로 옳은 것은?

① 회수기간법과 회계적 이익률법은 전통적 분석기법으로 화폐의 시간가치를 고려한 기법이다.
② 화폐의 시간가치를 고려하고 있지만 회수기간 이후의 현금흐름을 무시하고 있다는 점에서 비판을 받고 있다.
③ 회수기간법은 투자에 소요되는 자금을 그 투자안의 현금흐름으로 회수하는 기간이 짧은 투자안을 선택하게 된다.
④ 단일 투자안의 투자의사결정은 기업이 미리 설정한 최단기간 회수기간보다 실제 투자안의 회수기간이 길면 선택하게 된다.
⑤ 회수기간법은 투자안을 평가하는 데 있어 방법이 매우 복잡하면서 서로 다른 투자안을 비교하기 어렵고 기업의 자금 유동성을 고려하지 않았다는 단점을 가지고 있다.

57 복식부기는 하나의 거래를 대차평균의 원리에 따라 차변과 대변에 이중 기록하는 방식이다. 다음 중 차변에 기입되는 항목으로 옳지 않은 것은?

① 자산의 증가   ② 자본의 감소
③ 부채의 감소   ④ 비용의 발생
⑤ 수익의 발생

58 H주식회사의 2024년 총매출액과 이에 대한 총변동원가는 각각 200,000원과 150,000원이다. H주식회사의 손익분기점 매출액이 120,000원일 때, 총고정원가는 얼마인가?

① 15,000원   ② 20,000원

③ 25,000원   ④ 30,000원

⑤ 35,000원

59 H회사의 당기 말 타인자본은 2,000억 원이고 자기자본은 1,000억 원이다. 전년도 말 기준 부채비율은 300%를 기록하였다고 한다면, 당기 말 기준 전년도 대비 부채비율의 변동률은?(단, 소수점 자리는 버린다)

① 25% 상승   ② 25% 하락

③ 33% 상승   ④ 33% 하락

⑤ 55% 하락

60 부채비율$\left(\dfrac{B}{S}\right)$이 100%인 H기업의 세전타인자본비용은 8%이고, 가중평균자본비용은 10%일 때, H기업의 자기자본비용은?(단, 법인세율은 25%이다)

① 6%   ② 8%

③ 10%   ④ 12%

⑤ 14%

| 02 | 경제

01 현재 H기업에서 자본의 한계생산은 노동의 한계생산보다 2배 크고, 노동가격이 8, 자본가격이 4이다. 이때 동일한 양의 최종생산물을 산출하면서도 비용을 줄이는 방법은?(단, H기업은 노동과 자본만을 사용하고, 한계생산은 체감한다)

① 비용을 더 이상 줄일 수 없다.
② 자본투입과 노동투입을 모두 늘린다.
③ 자본투입과 노동투입을 모두 줄인다.
④ 노동투입을 늘리고 자본투입을 줄인다.
⑤ 자본투입을 늘리고 노동투입을 줄인다.

02 다음 사례를 토대로 각 기업의 총수익 변화로 옳은 것은?(단, 다른 조건은 일정하다)

> • 사례 1 : 수요의 가격탄력성이 0.5인 X재를 생산하고 있는 A기업은 최근 X재의 가격을 1,000원에서 2,000원으로 인상하였다.
> • 사례 2 : 수요의 가격탄력성이 2인 Y재를 생산하고 있는 B기업은 최근 Y재의 가격을 3,000원에서 5,500원으로 인상하였다.

	A기업	B기업
①	증가	감소
②	증가	일정
③	일정	일정
④	감소	증가
⑤	감소	감소

03 다음 중 무차별곡선에 대한 설명으로 옳지 않은 것은?

① 무차별곡선이 원점에 대해 오목할 경우 한계대체율은 체감한다.
② 무차별곡선의 기울기는 한계대체율이며 두 재화의 교환비율이다.
③ 완전대체재관계인 두 재화에 대한 무차별곡선은 직선의 형태이다.
④ 무차별곡선은 동일한 효용 수준을 제공하는 상품묶음들의 궤적이다.
⑤ 모서리해를 제외하면 무차별곡선과 예산선이 접하는 점이 소비자의 최적점이다.

04 다음 중 오쿤의 법칙(Okun's Law)에 대한 설명으로 옳은 것은?

① 악화(惡貨)는 양화(良貨)를 구축한다는 법칙이다.

② 실업률이 1% 늘어날 때마다 국민총생산이 2.5%의 비율로 줄어든다는 법칙이다.

③ 가난할수록 총지출에서 차지하는 주거비의 지출 비율이 점점 더 커진다는 법칙이다.

④ 소득수준이 낮을수록 전체 생계비에서 차지하는 식료품 소비의 비율이 높아진다는 법칙이다.

⑤ 어떤 시장을 제외한 다른 모든 시장이 균형 상태에 있으면 그 시장도 균형을 이룬다는 법칙이다.

05 다음 글의 밑줄 친 ㉠, ㉡에 해당하는 용어가 바르게 짝지어진 것은?

> 국방은 한 국가가 현존하는 적국이나 가상의 적국 또는 내부의 침략에 대응하기 위하여 강구하는 다양한 방위활동을 말하는데 이러한 국방은 ㉠ 많은 사람들이 누리더라도 다른 사람이 이용할 수 있는 몫이 줄어들지 않는다. 또한 국방비에 대해 ㉡ 가격을 지급하지 않는 사람들이 이용하지 못하게 막기가 어렵다. 따라서 국방은 정부가 담당하게 된다.

	㉠	㉡
①	공공재	외부효과
②	배제성	경합성
③	무임승차	비배재성
④	비경합성	비배재성
⑤	공공재	비배재성

06 다음 자료를 토대로 계산한 엥겔지수는?

> • 독립적인 소비지출 : 100만 원
> • 한계소비성향 : 0.6
> • 가처분소득 : 300만 원
> • 식비지출 : 70만 원

① 0.2

② 0.25

③ 0.3

④ 0.35

⑤ 0.4

제1회 최종점검 모의고사 • 115

07 초기 노동자 10명이 생산에 참여할 때 1인당 평균생산량은 30단위였다. 노동자를 한 사람 더 고용하여 생산하니 1인당 평균생산량은 28단위로 줄었을 때, 노동자의 한계생산량은?

① 4단위　　　　　　　　　　　　　　② 8단위
③ 12단위　　　　　　　　　　　　　④ 16단위
⑤ 20단위

08 다음 글을 토대로 추론할 수 있는 경제현상은?

> • 채무자가 채권자보다 유리하다.
> • 실물자산보유자가 금융자산보유자보다 유리하다.
> • 현재 현금 10만 원은 다음 달에 받게 될 현금 10만 원보다 훨씬 가치가 있다.

① 높은 실업률　　　　　　　　　　　② 환율의 급속한 하락
③ 물가의 급속한 상승　　　　　　　　④ 통화량의 급속한 감소
⑤ 이자율의 급속한 상승

09 다음 〈보기〉 중 소비자잉여와 생산자잉여에 대한 설명으로 옳은 것을 모두 고르면?

> **보기**
> ㉠ 외부효과가 발생하는 완전경쟁시장에서의 경제적 후생은 소비자잉여와 생산자잉여의 합이다.
> ㉡ 경제적 후생은 소비자잉여와 생산자잉여로 측정한다.
> ㉢ 가격이 하락하면 소비자잉여는 증가한다.
> ㉣ 생산자잉여는 소비자의 지불가능 금액에서 실제 지불금액을 뺀 것을 말한다.

① ㉠, ㉡　　　　　　　　　　　　　② ㉠, ㉢
③ ㉡, ㉢　　　　　　　　　　　　　④ ㉡, ㉣
⑤ ㉢, ㉣

10 다음 중 물적자본의 축적을 통한 경제성장을 설명하는 솔로우(R. Solow) 모형에서 수렴현상이 발생하는 원인은?

① 인적자본
② 기업가 정신
③ 내생적 기술진보
④ 경제성장과 환경오염
⑤ 자본의 한계생산체감

11 다음은 어느 경제의 로렌츠곡선이다. 이에 대한 설명으로 옳은 것은?

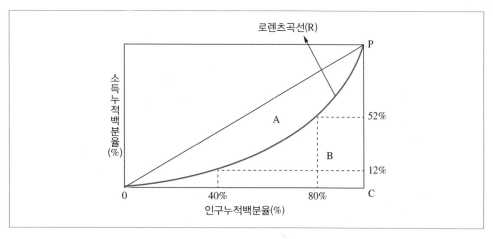

① 10분위분배율의 값은 4이다.
② 지니계수는 삼각형 OCP 면적을 면적 A로 나눈 값으로 산출한다.
③ 중산층 붕괴현상이 발생하면 A의 면적은 감소하고, B의 면적은 증가한다.
④ 미국의 서브프라임모기지 사태는 로렌츠곡선을 대각선에 가깝도록 이동시킨다.
⑤ 불경기로 인해 저소득층의 소득이 상대적으로 크게 감소하면 A의 면적이 커진다.

12 다음 중 우리나라의 경상수지 흑자를 증가시키는 국제거래로 옳은 것은?

① 우리나라 학생의 해외유학이 증가하였다.
② 외국인이 우리나라 기업의 주식을 매입하였다.
③ 미국 기업은 우리나라에 자동차 공장을 건설하였다.
④ 우리나라 기업이 중국 기업으로부터 특허료를 지급받았다.
⑤ 우리나라 기업이 외국인에게 주식투자에 대한 배당금을 지급하였다.

13 다음은 완전경쟁시장에서 어느 기업의 단기비용곡선이다. 제품의 시장 가격이 90원으로 주어졌을 때, 이 기업의 생산 결정에 대한 설명으로 옳은 것은?

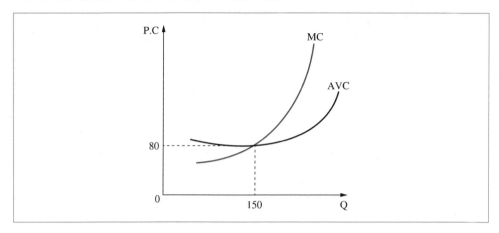

① 이 기업은 생산을 중단한다.
② 이 기업은 150개보다 많은 양을 생산한다.
③ 균형점에서 이 기업의 한계비용은 90원보다 작다.
④ 균형점에서 이 기업의 한계수입은 90원보다 크다.
⑤ 이 기업은 생산을 함으로써 초과 이윤을 얻을 수 있다.

14 외환시장에서 원·달러 환율이 1,100원/달러이고 수출업체인 H기업은 환율이 하락할 것으로 예상하여 행사가격이 달러당 1,100원인 풋옵션 1,000계약을 계약당 30원에 매수했다. 옵션 만기일에 원·달러 환율이 1,200원/달러가 됐다고 가정할 경우 옵션거래에 따른 H기업의 손익은?

① 이익 3만 원   ② 손실 3만 원
③ 이익 7만 원   ④ 손실 7만 원
⑤ 이익 13만 원

15 H기업이 생산요소로서 유일하게 노동만 보유했다고 가정할 때, 빈칸 (가) ~ (마)에 들어갈 수치로 옳지 않은 것은?

요소투입량	총생산	한계생산	평균생산
1	(가)	90	90
2	(나)	70	(다)
3	210	(라)	(마)

① (가) : 90
② (나) : 160
③ (다) : 80
④ (라) : 60
⑤ (마) : 70

16 물가상승률을 연 6%로 예상했으나 실제로는 7%에 달했다. 이와 같은 상황에서 이득을 얻는 경제주체를 〈보기〉에서 모두 고르면?

> **보기**
>
> ㄱ. 채권자   ㄴ. 채무자
> ㄷ. 국채를 발행한 정부   ㄹ. 국채를 구매한 개인
> ㅁ. 장기 임금 계약을 맺은 회사   ㅂ. 은행 정기적금에 가입한 주부

① ㄱ, ㄷ, ㅁ
② ㄱ, ㄹ, ㅂ
③ ㄴ, ㄷ, ㅁ
④ ㄴ, ㄹ, ㅂ
⑤ ㄷ, ㅁ, ㅂ

17 다음 중 국내외 여건에 유동적으로 대처하기 위해 수입품의 일정한 수량을 기준으로 부과하는 탄력관세는?

① 상계관세
② 조정관세
③ 할당관세
④ 계정관세
⑤ 덤핑방지관세

18 다음 중 전통적인 케인스 소비함수의 특징으로 옳지 않은 것은?

① 한계소비성향이 0과 1 사이에 존재한다.

② 현재의 소비는 현재의 소득에 의존한다.

③ 평균소비성향은 소득이 증가함에 따라 감소한다.

④ 이자율은 소비를 결정할 때 중요한 역할을 한다.

⑤ 단기소비곡선에서 평균소비성향은 한계소비성향보다 크다.

19 다음 중 루카스의 총공급곡선이 우상향하는 이유로 옳은 것은?

① 기술진보   ② 실질임금의 경직성

③ 완전신축적인 가격결정   ④ 재화시장 가격의 경직성

⑤ 재화가격에 대한 불완전정보

20 다음 중 수요견인 인플레이션(Demand – Pull Inflation)이 발생되는 경우로 옳은 것은?

① 임금의 삭감   ② 환경오염의 감소

③ 가계의 소비 증가   ④ 수입 자본재 가격의 상승

⑤ 국제 원자재 가격의 상승

21 쿠르노(Cournot) 복점기업 1과 2의 수요함수가 $P = 10 - (Q_1 + Q_2)$이고 생산비용은 0이다. 다음 중 이에 대한 설명으로 옳지 않은 것은?(단, P는 시장가격, Q_1은 기업 1의 산출량, Q_2는 기업 2의 산출량이다)

① 산업전체의 산출량은 $Q = \dfrac{20}{3}$이다.

② 기업 1의 반응함수는 $Q_1 = 5 - \dfrac{1}{2} Q_2$이다.

③ 기업 1의 쿠르노 균형산출량은 $Q_1 = \dfrac{10}{3}$이다.

④ 쿠르노 균형산출량에서 균형가격은 $P = \dfrac{20}{3}$이다.

⑤ 기업 1의 한계수입곡선은 $MR_1 = 10 - 2Q_1 - Q_2$이다.

22 임금이 경직적이지 않음에도 불구하고 노동자들이 새로운 직장을 탐색하는 과정에서 겪는 실업만으로 이루어진 실업률을 자연실업률이라고 한다. 다음 중 자연실업률의 변화 방향이 다른 경우는?

① 취업정보 비공개
② 경제 불확실성의 증가
③ 실업보험, 최저임금제 등 정부의 사회보장 확대
④ 정부가 구직 사이트 등을 운영해 취업정보 제공
⑤ 정부가 쇠퇴하는 산업의 종사자에게 지급하던 보조금 삭감

23 다음 중 조세부과에 대한 설명으로 옳지 않은 것은?(단, 수요곡선은 우하향하며, 공급곡선은 우상향한다)

① 조세부과로 인해 시장 가격은 상승한다.
② 조세부과로 인해 사회적 후생이 감소한다.
③ 가격탄력성에 따라 조세부담의 정도가 달라진다.
④ 우리나라 국세 중 비중이 가장 높은 세금은 부가가치세이다.
⑤ 공급자에게 조세납부의 책임이 있는 경우 소비자에게는 조세부담이 전혀 없다.

24 다음 중 여러 형태의 시장 또는 기업에 대한 설명으로 옳지 않은 것은?

① 독점기업이 직면한 수요곡선은 시장수요곡선 그 자체이다.
② 독점시장의 균형에서 가격과 한계수입의 차이가 클수록 독점도는 커진다.
③ 독점적 경쟁시장에서 제품의 차별화가 클수록 수요의 가격탄력성이 커진다.
④ 모든 기업의 이윤극대화 필요조건은 한계수입과 한계비용이 같아지는 것이다.
⑤ 독점기업은 수요의 가격탄력성이 서로 다른 두 소비자 집단이 있을 때 가격차별로 이윤극대화를 얻을 수 있다.

25 다음 중 수요의 가격탄력성에 대한 설명으로 옳은 것은?(단, 수요곡선은 우하향한다)

① 대체재가 많을수록 수요의 가격탄력성은 작아진다.
② 직선인 수요곡선에서 수요량이 많아질수록 수요의 가격탄력성은 작아진다.
③ 수요의 가격탄력성이 1보다 작은 경우 가격이 하락하면 총수입은 증가한다.
④ 수요의 가격탄력성이 작아질수록 물품세 부과로 인한 경제적 순손실은 커진다.
⑤ 소비자 전체 지출에서 차지하는 비중이 큰 상품일수록 수요의 가격탄력성은 작아진다.

26 다음 중 정부지출 증가의 효과가 가장 크게 나타나게 되는 상황은?

① 한계저축성향이 낮은 경우
② 한계소비성향이 낮은 경우
③ 정부지출의 증가로 물가가 상승한 경우
④ 정부지출의 증가로 이자율이 상승한 경우
⑤ 정부지출의 증가로 인해 구축효과가 나타난 경우

27 H기업의 사적 생산비용은 $TC=2Q^2+20Q$이다. H기업은 제품 생산과정에서 공해물질을 배출하고 있으며, 공해물질 배출에 따른 외부불경제를 비용으로 추산하면 추가로 $10Q$의 사회적 비용이 발생한다. 이 제품에 대한 시장수요가 $Q=60-P$일 때, 사회적 최적생산량은?(단, Q는 생산량, P는 가격이다)

① 2
② 3
③ 4
④ 5
⑤ 6

28 다음 중 케인스의 절약의 역설에 대한 설명으로 옳은 것은?

① 케인스의 거시모형에서 소비는 미덕이므로 저축할 필요가 없고, 결국은 예금은행의 설립을 불허해야 하는 상황이 된다는 것이다.
② 모든 개인이 저축을 줄이는 경우 늘어난 소비로 국민소득이 감소하고, 결국은 개인의 저축을 더 늘릴 수 없는 상황이 된다는 것이다.
③ 모든 개인이 저축을 늘리는 경우 총수요의 감소로 국민소득이 줄어들고, 결국은 개인의 저축을 더 늘릴 수 없는 상황이 된다는 것이다.
④ 모든 개인이 저축을 늘리는 경우 늘어난 저축이 투자로 이어져 국민소득이 증가하고, 결국은 개인의 저축을 더 늘릴 수 있는 상황이 된다는 것이다.
⑤ 모든 개인이 저축을 늘리는 경우 늘어난 저축이 소비와 국민소득의 증가를 가져오고, 결국은 개인의 저축을 더 늘릴 수 있는 상황이 된다는 것이다.

29 GDP는 특정 기간 동안 국가 내에서 생산된 최종재의 총합을 의미한다. 다음 〈보기〉 중 GDP 측정 시 포함되지 않는 것을 모두 고르면?

> **보기**
>
> ㄱ. 예금 지급에 따른 이자
> ㄴ. 법률자문 서비스를 받으면서 지불한 금액
> ㄷ. 떡볶이를 만들어 팔기 위해 분식점에 판매된 고추장
> ㄹ. 콘서트 티켓을 구입하기 위해 지불한 금액
> ㅁ. 도로 신설에 따라 주변 토지의 가격이 상승하여 나타나는 자본이득

① ㄱ, ㄷ   ② ㄴ, ㄹ
③ ㄴ, ㅁ   ④ ㄷ, ㄹ
⑤ ㄷ, ㅁ

30 다음 중 통화정책 및 재정정책에 대한 케인스와 통화주의자의 견해로 옳지 않은 것은?

① 통화주의자는 $k\%$ 준칙에 따른 통화정책을 주장한다.
② 케인스는 통화정책의 외부시차가 길다는 점을 강조한다.
③ 케인스는 투자의 이자율 탄력성이 매우 크다고 주장한다.
④ 케인스에 따르면 이자율이 매우 낮을 때 화폐시장에 유동성함정이 존재할 수 있다.
⑤ 동일한 재정정책에 대해서 통화주의자가 예상하는 구축효과는 케인스가 예상하는 구축효과보다 크다.

31 다음 〈보기〉 중 디플레이션(Deflation)에 대한 설명으로 옳은 것을 모두 고르면?

> **보기**
>
> 가. 명목금리가 마이너스(−)로 떨어져 투자수요와 생산 감소를 유발할 수 있다.
> 나. 명목임금의 하방경직성이 있는 경우 실질임금의 하락을 초래한다.
> 다. 기업 명목부채의 실질상환 부담을 증가시킨다.
> 라. 기업의 채무불이행 증가로 금융기관 부실화가 초래될 수 있다.

① 가, 나   ② 가, 다
③ 나, 다   ④ 나, 라
⑤ 다, 라

32 다음 글과 같은 현상의 발생을 방지하기 위해서 필요한 조치로 옳은 것은?

> 어부들에게 일일이 요금을 부과하는 것이 어렵기 때문에 바닷속 물고기는 배제성이 없다. 그러나 어떤 어부가 물고기를 잡으면 그만큼 다른 어부들이 잡을 수 있는 물고기가 줄어들기 때문에 바닷속 물고기는 경합성이 있다. 이로 인해 서해 바다의 어류들은 고갈되어 가고 돌고래와 같은 야생 동물은 점점 사라져가는 현상에 직면하고 있다.

① 물가의 안정
② 재정적자의 축소
③ 사유재산의 확립
④ 자유경쟁체제의 확립
⑤ 고용과 해고의 자유 보장

33 다음 〈보기〉 중 사적 경제활동이 사회적 최적 수준보다 과다하게 이루어질 가능성이 높은 경우를 모두 고르면?

> **보기**
> ㄱ. 과수원에 인접한 양봉업자의 벌꿀 생산량
> ㄴ. 흡연으로 인한 질병과 길거리 청결 유지를 위해 드는 비용
> ㄷ. 도심 교통체증과 공장 매연으로 인한 대기오염의 양
> ㄹ. 폐수를 방류하는 강 상류 지역 제철공장의 철강 생산량
> ㅁ. 인근 주민들도 이용 가능한 사업단지 내의 편의시설 규모

① ㄱ, ㅁ
② ㄴ, ㄷ
③ ㄴ, ㄹ
④ ㄱ, ㄷ, ㅁ
⑤ ㄴ, ㄷ, ㄹ

34 다음 글의 빈칸에 들어갈 용어로 옳은 것은?

> _____(이)란 물건에 소유권이 분명하게 설정되고 그 소유권 거래에서 비용이 들지 않는다면, 그 권리를 누가 가지든 효율적 배분에는 영향을 받지 않는다는 것을 보여주는 이론이다.

① 코즈의 정리
② 토빈의 이론
③ 불가능성 정리
④ 헥셔 – 올린 정리
⑤ 리카도의 대등정리

35 시간당 임금이 5,000원에서 6,000원으로 인상될 때, 노동수요량은 10,000에서 9,000으로 감소하였다면, 노동수요의 임금탄력성은?(단, 노동수요의 임금탄력성은 절댓값이다)

① 0.1%

② 0.3%

③ 0.5%

④ 0.7%

⑤ 0.9%

36 미국의 이자율이 사실상 0%이고 우리나라의 이자율은 연 10%이다. 현재 원화의 달러당 환율이 1,000원일 때 양국 사이에 자본 이동이 일어나지 않을 것으로 예상되는 1년 후의 환율은?

① 1,025원

② 1,050원

③ 1,075원

④ 1,100원

⑤ 1,125원

37 다음 중 빈칸 (가) ~ (라)에 들어갈 용어를 바르게 짝지은 것은?

재화의 유형은 소비의 배제성(사람들이 재화를 소비하는 것을 막는 것)과 경합성(한 사람이 재화를 소비하면 다른 사람이 이 재화를 소비하는 데 제한되는 것)에 따라 구분할 수 있다. 공유자원은 재화를 소비함에 있어 __(가)__ 은 있지만 __(나)__ 은 없는 재화를 의미한다. 예를 들어 차량이 이용하는 도로의 경우 막히는 __(다)__ 는 공유자원으로 구분할 수 있으며, __(라)__ 현상이 나타나기 쉽다.

	(가)	(나)	(다)	(라)
①	경합성	배제성	무료도로	공유지의 비극
②	배제성	경합성	무료도로	공유지의 비극
③	경합성	배제성	유료도로	공유지의 비극
④	배제성	경합성	유료도로	무임승차
⑤	경합성	배제성	무료도로	무임승차

38 다음 중 역선택 문제를 완화하기 위해 고안된 장치로 옳지 않은 것은?

① 보험가입 의무화

② 은행의 대출 심사

③ 중고차 판매 시 책임수리 제공

④ 민간의료보험 가입 시 신체검사

⑤ 사고에 따른 자동차 보험료 할증

39 다음 중 내생적 성장이론에 대한 설명으로 옳지 않은 것은?

① 저축률이 상승하면 경제성장률은 지속적으로 높아진다.

② 연구개발 투자 및 인적자본의 중요성을 강조하는 이론이다.

③ 지속적인 경제성장이 일어나게 만드는 요인을 모형 안에서 찾으려는 이론이다.

④ 내생적 성장에 대한 학습효과 모형은 의도적인 교육투자의 중요성을 강조한다.

⑤ 선진국과 개도국 간의 생활수준 격차가 더 벌어질 가능성이 있다는 것을 설명한다.

40 독점기업은 동일한 제품을 여러 가지 가격으로 판매하는 가격차별을 하는 경우가 있다. 다음 중 이 현상에 대한 설명으로 옳지 않은 것은?

① 전기료나 수도료를 사용량에 따라 지불하는 것은 제2급 가격차별에 해당한다.

② 제3급 가격차별은 제1급 가격차별에 비해서 자중손실(Deadweight Loss)이 더 발생한다.

③ 제3급 가격차별의 경우 한 구매자가 지불하는 단위당 가격은 그가 얼마를 사느냐에 따라 언제나 달라진다.

④ 가격차별은 소비자들을 몇 개의 그룹으로 구분할 수 있고 재판매가 불가능해야 한다는 것이 전제 조건에 해당한다.

⑤ A소비자 집단의 수요가 B소비자 집단의 수요보다 더 가격탄력적이라면 독점기업은 A소비자 집 단보다 B소비자 집단에 더 높은 가격을 부과한다.

41 제품 A만 생산하는 독점기업의 생산비는 생산량에 관계없이 1단위당 60원이고, 제품 A에 대한 시장수요곡선은 $P = 100 - 2Q$이다. 다음 중 이 독점기업의 이윤극대화 가격(P)과 생산량(Q)을 바르게 짝지은 것은?

	P	Q		P	Q
①	40원	30개	②	50원	25개
③	60원	20개	④	70원	15개
⑤	80원	10개			

42 다음 중 게임이론에 대한 설명으로 옳지 않은 것은?

① 순수전략들로만 구성된 내쉬균형이 존재하지 않는 게임도 있다.

② 죄수의 딜레마 게임에서 두 용의자 모두가 자백하는 것은 우월전략균형이면서 동시에 내쉬균형이다.

③ 우월전략이란 상대 경기자들이 어떤 전략들을 사용하든지 상관없이 자신의 전략들 중에서 항상 가장 낮은 보수를 가져다주는 전략을 말한다.

④ 커플이 각자 선호하는 취미활동을 따로 하는 것보다 동일한 취미를 함께 할 때 더 큰 만족을 줄 수 있는 상황에서는 복수의 내쉬균형이 존재할 수 있다.

⑤ 참여자 모두에게 상대방이 어떤 전략을 선택하는가에 관계없이 자신에게 더 유리한 결과를 주는 전략이 존재할 때 그 전략을 참여자 모두가 선택하면 내쉬균형이 달성된다.

43 수요의 가격탄력성이 공급의 가격탄력성에 비해 상대적으로 작은 와인에 대해서 종량세를 올린다고 할 경우 세금 부담은 어떻게 전가되는가?

① 판매자가 모두 부담한다.

② 소비자가 모두 부담한다.

③ 판매자와 소비자가 균등하게 부담한다.

④ 판매자가 소비자에 비해 많이 부담한다.

⑤ 소비자가 판매자에 비해 많이 부담한다.

44 다음 〈보기〉 중 돼지고기 값 급등의 요인으로 옳은 것을 모두 고르면?

> **보기**
> ㄱ. 돼지 사육두수 점차 감소 추세　　　ㄴ. 소고기나 닭고기 소비의 급증
> ㄷ. 수입 돼지고기 관세 크게 인하　　　ㄹ. 정부 예상보다 강한 경기 회복세

① ㄱ, ㄴ　　　　　　　　　　② ㄱ, ㄹ
③ ㄴ, ㄷ　　　　　　　　　　④ ㄴ, ㄹ
⑤ ㄷ, ㄹ

45 다음 중 변동환율제도에서 환율(원/달러 환율)을 하락시키는 요인으로 옳지 않은 것은?

① 국내산 제품의 수출 증가
② 미국산 제품의 국내 수입 증가
③ 미국 달러 자본의 국내 투자 확대
④ 미국 달러 자본의 국내 주식 매입
⑤ 미국 달러 자본의 국내 부동산 매입

46 독점시장에서 시장수요곡선은 $Q_D = 45 - \frac{1}{4}P$ 이고, 총비용곡선은 $TC = 100 + Q^2$ 이다. 이때 사회 전체의 후생수준이 극대화되는 생산량은?(단, Q_D는 수요량, P는 가격, TC는 총비용, Q는 생산량이다)

① 30
② 35
③ 40
④ 45
⑤ 50

47 다음 중 국민경제 전체의 물가압력을 측정하는 지수로 사용되며, 통화량 목표설정에 있어서도 기준 물가상승률로 사용되는 것은?

① 소비자물가지수(CPI)
② 생산자물가지수(PPI)
③ 기업경기실사지수(BSI)
④ GDP 디플레이터(GDP Deflator)
⑤ 구매력평가지수(Purchasing Power Parities)

48 다음 중 우상향하는 총공급곡선(AS)을 왼쪽으로 이동시키는 요인으로 옳은 것은?

① 임금 상승   ② 통화량 증가

③ 독립투자 증가   ④ 정부지출 증가

⑤ 수입원자재 가격 하락

49 완전경쟁시장에서 수요곡선과 공급곡선이 다음과 같을 때, 시장균형에서 공급의 가격탄력성은? (단, P는 가격, Q는 수량이다)

> • 수요곡선 : $P=7-0.5Q$
> • 공급곡선 : $P=2+2Q$

① 0.75   ② 1

③ 1.25   ④ 1.5

⑤ 1.75

50 X재와 Y재에 대한 효용함수가 $U=\min[X,\ Y]$인 소비자가 있다. 소득이 100이고 Y재의 가격 (P_Y)이 10일 때, 이 소비자가 효용극대화를 추구한다면 X재의 수요함수는?(단, P_X는 X재의 가격이다)

① $X=\dfrac{10+100}{P_X}$ ② $X=\dfrac{100}{P_X+10}$

③ $X=\dfrac{100}{P_X}$ ④ $X=\dfrac{50}{P_X+10}$

⑤ $X=\dfrac{10}{P_X}$

51 복숭아 시장에서 다음 그래프와 같은 변화를 가져올 수 있는 요인으로 옳지 않은 것은?

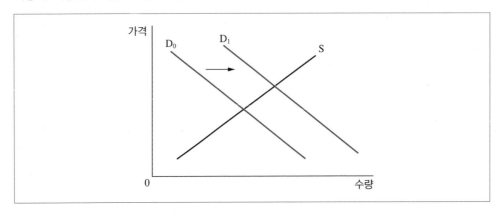

① 복숭아 가격의 하락
② 복숭아가 정상재인 경우 소비자의 소득 증가
③ 복숭아가 위장기능을 개선시킨다는 연구결과 발표
④ 복숭아 가격이 점점 상승할 것이라는 소비자들의 예상
⑤ 황도 복숭아와 대체관계에 있는 천도 복숭아 가격의 상승

52 다음 중 우리나라의 실업통계에서 실업률이 높아지는 경우로 옳은 것은?

① 대학생이 군 복무 후 복학한 경우
② 취업자가 퇴직하여 전업주부가 되는 경우
③ 취업을 알아보던 해직자가 구직을 단념하는 경우
④ 직장인이 교통사고를 당해 2주간 휴가 중인 경우
⑤ 공부만 하던 대학생이 편의점에서 주당 10시간 아르바이트를 시작하는 경우

53 다음은 X재에 대한 수요곡선이다. 이에 대한 설명으로 옳은 것은?(단, X재는 정상재이다)

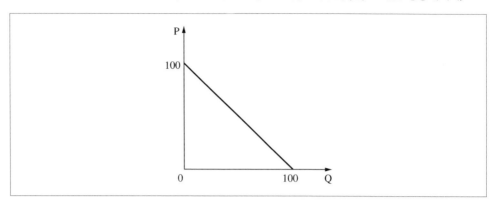

① 가격이 100원이면 X재의 수요량은 100이다.
② 가격에 상관없이 가격탄력성의 크기는 일정하다.
③ 소득이 증가하는 경우 수요곡선은 왼쪽으로 이동한다.
④ X재와 대체관계에 있는 Y재의 가격이 오르면 X재의 수요곡선은 왼쪽으로 이동한다.
⑤ X재 시장이 독점시장이라면 독점기업이 이윤극대화를 할 때 설정하는 가격은 50원 이상이다.

54 다음은 H국가의 국내총생산(GDP), 소비지출, 투자, 정부지출, 수입에 대한 자료이다. 이와 균형국민소득식을 통해 계산한 H국의 수출은?

• 국내총생산 : 900조 원	• 소비지출 : 200조 원
• 투자 : 50조 원	• 정부지출 : 300조 원
• 수입 : 100조 원	

① 150조 원 ② 250조 원
③ 350조 원 ④ 450조 원
⑤ 550조 원

55 다음 중 소비성향과 저축성향에 대한 설명으로 옳은 것은?

① $APC=1-APS$이다.

② $MPS=1+MPC$이다.

③ $APC+MPC=1$이다.

④ 평균소비성향(APC)은 항상 음($-$)의 값을 가진다.

⑤ 한계소비성향(MPC)은 항상 $MPC>1$의 값을 가진다.

56 다음은 H은행의 재무상태를 나타낸 자료이다. 법정지급준비율이 20%일 때, H은행이 보유하고 있는 초과지급준비금을 신규로 대출하는 경우 신용창조를 통한 최대 총예금창조액은?

<H은행 재무상태표>

자산		부채	
대출	80	예금	400
지급준비금	120	–	–
국채	200	–	–

① 100

③ 150

⑤ 200

② 120

④ 180

57 다음 글의 빈칸에 들어갈 용어를 순서대로 바르게 나열한 것은?

> 기업들에 대한 투자세액공제가 확대되면 대부자금에 대한 수요가 _____한다. 이렇게 되면 실질이자율이 _____하고 저축이 늘어난다. 그 결과 대부자금의 균형거래량은 _____한다(단, 실질이자율에 대하여 대부자금 수요곡선은 우하향하고, 대부자금 공급곡선은 우상향한다).

① 증가, 상승, 증가

③ 증가, 상승, 감소

⑤ 감소, 하락, 감소

② 증가, 하락, 증가

④ 감소, 하락, 증가

58 개방경제의 소국 H에서 수입관세를 부과하였다. 이때 나타나는 효과로 옳지 않은 것은?

① 생산량이 감소한다.
② 소비량이 감소한다.
③ 국내가격이 상승한다.
④ 교역조건은 변하지 않는다.
⑤ 사회적 후생손실이 발생한다.

59 H국의 통화량은 현금통화가 150, 예금통화가 450이며, 지급준비금은 90이라고 할 때, 통화승수는?(단, 현금통화비율과 지급준비율은 일정하다)

① 2.5   ② 3
③ 4.5   ④ 5
⑤ 6.5

60 다음은 H국의 중앙은행이 준수하는 테일러 법칙(Taylor's Rule)이다. 실제 인플레이션율은 4%이고 실제 GDP와 잠재 GDP의 차이가 1%일 때, H국의 통화정책에 대한 설명으로 옳지 않은 것은?

$$r=0.03+\frac{1}{4}(\pi-0.02)-\frac{1}{4}\times\frac{Y^*-Y}{Y^*}$$

※ r은 중앙은행의 목표 이자율, π는 실제 인플레이션율, Y^*는 잠재 GDP, Y는 실제 GDP임

① 균형 이자율은 3%이다.
② 목표 인플레이션율은 2%이다.
③ 목표 이자율은 균형 이자율보다 낮다.
④ 다른 조건이 일정할 때, GDP 갭 1%p 증가에 대해 목표 이자율은 0.25%p 감소한다.
⑤ 다른 조건이 일정할 때, 인플레이션 갭 1%p 증가에 대해 목표 이자율은 0.25%p 증가한다.

제2회
최종점검 모의고사

■ 취약영역 분석

| 01 | 직업기초능력평가

번호	O/×	영역	번호	O/×	영역	번호	O/×	영역
01			11			21		
02			12			22		
03			13			23		
04			14			24		
05		의사소통능력	15		수리능력	25		문제해결능력
06			16			26		
07			17			27		
08			18			28		
09			19			29		
10			20			30		

| 02 | 전공시험

번호	01	02	03	04	05	06	07	08	09	10	11	12	13	14	15	16	17	18	19	20
O/×																				
영역	경영 / 경제																			
번호	21	22	23	24	25	26	27	28	29	30	31	32	33	34	35	36	37	38	39	40
O/×																				
영역	경영 / 경제																			
번호	41	42	43	44	45	46	47	48	49	50	51	52	53	54	55	56	57	58	59	60
O/×																				
영역	경영 / 경제																			

평가문항	90문항	평가시간	120분
시작시간	:	종료시간	:
취약영역			

---

01 **직업기초능력평가**

01 다음 문단을 논리적 순서대로 바르게 나열한 것은?

> (가) 이와 같이 임베디드 금융의 개선을 위해서는 효과적인 보안 시스템과 프라이버시 보호 방안을 도입하여 사용자의 개인정보를 안전하게 관리하는 것이 필요하다. 또한 디지털 기기의 접근성을 개선하고 사용자들이 편리하게 이용할 수 있는 환경을 조성해야 한다.
>
> (나) 임베디드 금융은 기업과 소비자 모두에게 이점을 제공한다. 기업은 제품과 서비스에 금융 기능을 통합함으로써 자사 플랫폼 의존도를 높이고, 수집한 고객의 정보를 통해 매출을 증대시킬 수 있으며, 고객들에게 편리한 금융 서비스를 제공할 수 있다. 소비자의 경우는 모바일 앱을 통해 간편하게 금융 거래를 할 수 있고, 스마트기기 하나만으로 다양한 금융 상품에 접근할 수 있어 편의성과 접근성이 크게 향상된다.
>
> (다) 그러나 임베디드 금융은 개인정보 보호와 안전성에 대한 관리가 필요하다. 사용자의 금융 데이터와 개인정보가 디지털 플랫폼이나 기기에 저장되므로 해킹이나 데이터 유출과 같은 사고가 발생할 수 있다. 이는 사용자의 프라이버시 침해와 금융 거래 안전성에 대한 심각한 위협이 될 수 있다. 또한 모든 사람들이 안정적인 인터넷 연결과 임베디드 금융이 포함된 최신 기기를 보유하고 있지는 않기 때문에 디지털 기기에 익숙하지 않은 사람들은 임베디드 금융 서비스를 제공받는 데 제한을 받을 수 있다.
>
> (라) 임베디드 금융은 비금융 기업이 자신의 플랫폼이나 디지털 기기에 금융 서비스를 탑재하는 것을 뜻한다. A페이 같은 결제 서비스부터 대출이나 보험까지 임베디드 금융은 제품과 서비스에 금융 기능을 통합하여 사용자에게 편의성과 접근성을 높여준다.

① (가) – (다) – (라) – (나)
② (나) – (라) – (다) – (가)
③ (라) – (가) – (나) – (다)
④ (라) – (나) – (다) – (가)
⑤ (라) – (다) – (나) – (가)

02 다음은 금융통화위원회가 발표한 통화정책 의결사항이다. 〈보기〉 중 이에 대한 추론으로 적절하지 않은 것을 모두 고르면?

〈통화정책방향〉

금융통화위원회는 다음 통화정책방향 결정 시까지 한국은행 기준금리를 현 수준(1.75%)에서 유지하여 통화정책을 운용하기로 하였다.

세계경제는 성장세가 다소 완만해지는 움직임을 지속하였다. 국제금융시장에서는 미 연방준비은행의 통화정책 정상화 속도의 온건한 조절 및 미·중 무역협상 진전에 대한 기대가 높아지면서 전월의 변동성 축소 흐름이 이어졌다. 앞으로 세계경제와 국제금융시장은 보호무역주의 확산 정도, 주요국 통화정책 정상화 속도, 브렉시트 관련 불확실성 등에 영향받을 것으로 보인다.

국내경제는 설비 및 건설투자의 조정이 이어지고 수출 증가세가 둔화되었지만 소비가 완만한 증가세를 지속하면서 잠재성장률 수준에서 크게 벗어나지 않는 성장세를 이어간 것으로 판단된다. 고용상황은 취업자수 증가규모가 소폭에 그치는 등 부진한 모습을 보였다. 앞으로 국내경제의 성장흐름은 지난 1월 전망경로와 대체로 부합할 것으로 예상된다. 건설투자 조정이 지속되겠으나 소비가 증가 흐름을 이어가고 수출과 설비투자도 하반기로 가면서 점차 회복될 것으로 예상된다.

소비자물가는 석유류 가격 하락, 농축수산물 가격 상승폭 축소 등으로 오름세가 0%대 후반으로 둔화되었다. 근원인플레이션율(식료품 및 에너지 제외 지수)은 1% 수준을, 일반인 기대인플레이션율은 2%대 초중반 수준을 나타냈다. 소비자물가 상승률은 지난 1월 전망경로를 다소 하회하여 남은 상반기 동안 1%를 밑도는 수준에서 등락하다가 하반기 이후 1%대 중반을 나타낼 것으로 전망된다. 근원인플레이션율도 완만하게 상승할 것으로 보인다.

금융시장은 안정된 모습을 보였다. 주가가 미·중 무역 분쟁 완화 기대 등으로 상승하였으며, 장기시장금리와 원/달러 환율은 좁은 범위 내에서 등락하였다. 가계대출은 증가세 둔화가 이어졌으며, 주택가격은 소폭 하락하였다.

금융통화위원회는 앞으로 성장세 회복이 이어지고 중기적 시계에서 물가상승률이 목표수준에서 안정될 수 있도록 하는 한편, 금융안정에 유의하여 통화정책을 운용해 나갈 것이다. 국내경제가 잠재성장률 수준에서 크게 벗어나지 않는 성장세를 지속하는 가운데 당분간 수요 측면에서의 물가상승압력은 크지 않을 것으로 전망되므로 통화정책의 완화기조를 유지해 나갈 것이다. 이 과정에서 완화정도의 추가 조정 여부는 향후 성장과 물가의 흐름을 면밀히 점검하면서 판단해 나갈 것이다. 아울러 주요국과의 교역여건, 주요국 중앙은행의 통화정책 변화, 신흥시장국 금융·경제 상황, 가계부채 증가세, 지정학적 리스크 등도 주의 깊게 살펴볼 것이다.

보기

ㄱ. 미국 연방준비은행의 통화정책이 급변한다면 국제금융시장의 변동성은 증가할 것이다.

ㄴ. 소비자물가는 앞으로 남은 상반기 동안 1% 미만을 유지하다가 하반기가 되어서야 1%를 초과할 것으로 예상된다.

ㄷ. 국내산업의 수출이 하락세로 진입하였으나, 경제성장률은 잠재성장률 수준을 유지하는 추세를 보인다.

ㄹ. 수요 측면에서 물가상승압력이 급증한다면 국내경제성장률에 큰 변동이 없더라도 금융통화위원회는 기존의 통화정책 기조를 변경할 것이다.

① ㄱ, ㄴ   ② ㄱ, ㄷ

③ ㄴ, ㄷ   ④ ㄴ, ㄹ

⑤ ㄷ, ㄹ

03 다음 글을 읽고 알 수 있는 내용으로 적절하지 않은 것은?

콩나물의 가격 변화에 따라 콩나물의 수요량이 변하는 것은 일반적인 현상이다. 그러나 콩나물 가격은 변하지 않는데도 콩나물의 수요량이 변할 수 있다. 시금치 가격이 상승하면 소비자들은 시금치를 콩나물로 대체한다. 그러면 콩나물 가격은 변하지 않는데도 시금치 가격의 상승으로 인해 콩나물의 수요량이 증가할 수 있다. 또는 콩나물이 몸에 좋다는 내용의 방송이 나가면 콩나물 가격은 변하지 않았음에도 불구하고 콩나물의 수요량이 급증한다. 이와 같이 특정한 상품의 가격은 변하지 않는데도 다른 요인으로 인하여 그 상품의 수요량이 변하는 현상을 수요의 변화라고 한다.

수요의 변화는 소비자의 소득 변화에 의해서도 발생한다. 예를 들어, 스마트폰 가격에 변동이 없음에도 불구하고 소득이 증가하면 스마트폰에 대한 수요량이 증가한다. 반대로 소득이 감소하면 수요량이 감소한다. 이처럼 소득의 증가에 따라 수요량이 증가하는 재화를 '정상재'라고 한다. 우리 주위에 있는 대부분의 재화들은 정상재이다. 그러나 소득이 증가하면 오히려 수요량이 감소하는 재화가 있는데 이를 '열등재'라고 한다. 예를 들어, 용돈을 받아 쓰던 학생 때는 버스를 이용하다 취직해서 소득이 증가하여 자가용을 타게 되면 버스에 대한 수요는 감소한다. 이 경우 버스는 열등재라고 할 수 있다.

정상재와 열등재는 수요의 소득탄력성으로도 설명할 수 있다. 수요의 소득탄력성이란 소득이 1% 변할 때 수요량이 변하는 정도를 말한다. 수요의 소득탄력성이 양수인 재화는 소득이 증가할 때 수요량도 증가하므로 정상재이다. 반대로 수요의 소득탄력성이 음수인 재화는 소득이 증가할 때 수요량이 감소하므로 열등재이다. 정상재이면서 소득탄력성이 1보다 큰, 즉 소득이 증가하는 것보다 수요량이 더 크게 증가하는 경우가 있다. 경제학에서는 이를 '사치재'라고 한다. 반면에 정상재이면서 소득탄력성이 1보다 작은 재화를 '필수재'라고 한다.

정상재와 열등재는 가격이나 선호도 등 다른 모든 조건이 변하지 않는 상태에서 소득만 변했을 때 재화의 수요가 어떻게 변했는지를 분석한 개념이다. 하지만 특정 재화를 명확하게 정상재나 열등재로 구별하기는 어렵다. 동일한 재화가 소득수준이나 생활환경에 따라 열등재가 되기도 하고 정상재가 되기도 하기 때문이다. 패스트푸드점의 햄버거는 일반적으로 정상재로 볼 수 있지만 소득이 아주 높아져서 취향이 달라지면 햄버거에 대한 수요가 줄어들어 열등재가 될 수도 있다. 이처럼 재화의 수요 변화는 재화의 가격뿐만 아니라 그 재화를 대체하거나 보완하는 다른 재화의 가격, 소비자의 소득, 취향, 장래에 대한 예상 등의 여러 요인에 의하여 결정된다.

① 수요의 변화란 무엇인가?
② 정상재와 열등재의 차이점은 무엇인가?
③ 수요의 변화가 발생하는 이유는 무엇인가?
④ 사치재와 필수재의 예로는 어떤 것이 있는가?
⑤ 사치재는 수요의 소득탄력성으로 설명할 수 있는가?

04 다음 글의 제목으로 가장 적절한 것은?

20세기 한국 사회는 내부 노동시장에 의존한 평생직장 개념을 갖고 있었으나, 1997년 외환 위기 이후 인력 관리의 유연성이 향상되면서 그것은 사라지기 시작하였다. 기업은 필요한 우수 인력을 외부 노동시장에서 적기에 채용하고, 저숙련 인력은 주변화하여 비정규직을 계속 늘려간다는 전략을 구사하고 있다. 이러한 기업의 인력 관리 방식에 따라 실업률은 계속 하락하는 동시에 주당 18시간 미만으로 일하는 불완전 취업자가 많이 증가하고 있다.

이러한 현상은 우리나라의 경제가 지식 기반 산업 위주로 점차 바뀌고 있음을 말해 준다. 지식 기반 산업이 주도하는 경제 체제에서는 고급 지식을 갖거나 숙련된 노동자는 더욱 높은 임금을 받게 된다. 다시 말해, 지식 기반 경제로의 이행은 지식 격차에 의한 소득 불평등의 심화를 의미한다. 우수한 기술과 능력을 갖춘 핵심 인력은 능력 개발 기회를 얻게 되어 '고급 기술 → 높은 임금 → 양질의 능력 개발 기회'의 선순환 구조를 갖지만, 비정규직·장기 실업자 등 주변 인력은 악순환을 겪을 수밖에 없다. 이러한 '양극화' 현상을 국가가 적절히 통제하지 못할 경우 사회 계급 간의 간극은 더욱 확대될 것이다. 결국 고도 기술 사회가 온다고 해도 자본주의 사회 체제가 지속되는 한, 사회 불평등 현상은 여전히 계급 간 균열선을 따라 존재하게 될 것이다. 국가가 포괄적 범위에서 강력하게 사회 정책적 개입을 추진하면 계급 간 차이를 현재보다는 축소시킬 수 있겠지만 아주 없어지는 못할 것이다.

사회 불평등 현상은 국가들 사이에서도 발견된다. 국가 간 발전 격차가 지속 확대되면서 전 지구적 생산의 재배치는 이미 20세기 중엽부터 진행됐다. 정보통신 기술은 지구의 자전 주기와 공간적 거리를 '장애물'에서 '이점'으로 변모시켰다. 그 결과, 전 지구적 노동시장이 탄생하였다. 기업을 비롯한 각 사회 조직은 국경을 넘어 인력을 충원하고, 재화와 용역을 구매하고 있다. 개인들도 인터넷을 통해 이러한 흐름에 동참하고 있다. 생산 기능은 저개발국으로 이전되고, 연구·개발·마케팅 기능은 선진국으로 모여드는 경향이 지속·강화되어, 국가 간 정보 격차가 확대되고 있다. 유비쿼터스 컴퓨팅 기술에 의거하여 전 지구 사회를 잇는 지역 간 분업은 앞으로 더욱 활발해질 것이다. 나라 간의 경제적 불평등 현상은 국제 자본 이동과 국제 노동 이동으로 표출되고 있다. 노동 집약적 부문의 국내 기업이 해외로 생산 기지를 옮기는 현상에서 나아가, 초국적 기업화 현상이 본격적으로 대두되고 있다. 전 지구에 걸친 외부 용역 대치가 이루어지고, 콜센터를 외국으로 옮기는 현상도 보편화될 것이다.

① 저개발국에서 나타나는 사회 불평등 현상
② 국가 간 노동 인력의 이동이 가져오는 폐해
③ 지식 기반 산업 사회에서의 노동시장의 변화
④ 사회 계급 간 불평등 심화 현상의 해소 방안
⑤ 선진국과 저개발국 간의 격차 축소 정책의 필요성

05 다음 글을 〈보기〉와 같은 순서로 재구성하려고 할 때 논리적 순서대로 바르게 나열한 것은?

> (가) 최근 전자 상거래 시장에서 소셜 커머스 열풍이 거세게 불고 있다. 할인율 50%라는 파격적인 조건으로 검증된 상품을 구매할 수 있다는 입소문이 나면서 국내 소셜 커머스 시장의 규모가 급성장하고 있다. 시장 규모가 커지다 보니 개설된 소셜 커머스 사이트가 수백 개에 달하고, 소셜 커머스 모임 사이트까지 등장할 정도로 소셜 커머스의 인기가 날로 높아지고 있다.
>
> (나) 현재 국내 소셜 커머스는 일정 수 이상의 구매자가 모일 경우 파격적인 할인가로 상품을 판매하는 방식의 소셜 쇼핑이 주를 이루고 있다. 그러나 소셜 쇼핑 외에도 SNS에 개인화된 쇼핑 환경을 만들거나 상거래 전용 공간을 여는 방식의 소셜 커머스도 등장하고 있다. 소셜 커머스의 소비자는 판매자(생산자)의 상품을 하는 데서 그치지 않고 판매자들로 하여금 자신들이 원하는 물건을 판매하도록 유도할 수 있으며, 자신들 스스로가 새로운 소비자를 끌어 모을 수도 있다. 이러한 소비자의 변모는 소비자의 역할뿐만 아니라 상거래 지형이 크게 변화할 것임을 시사한다. 소셜 커머스 시대에는 소비자가 상거래의 주도권을 쥐는 일이 가능해진 것이다.
>
> (다) 소셜 커머스란 소셜 네트워크 서비스(SNS)를 통하여 이루어지는 전자 상거래를 가리키는 말이다. 소셜 커머스는 상품의 구매를 원하는 사람들이 할인을 성사하기 위하여 공동 구매자를 모으는 과정에서 주로 SNS를 이용하는 데서 그 명칭이 유래되었다. 소셜 커머스는 2005년 '야후(Yahoo)'의 장바구니 공유 서비스인 '쇼퍼스피어(Shopersphere)' 같은 사이트를 통하여 처음 소개되었다.

> **보기**
> 국내 소셜 커머스의 현황 → 소셜 커머스의 명칭 유래 및 등장 배경 → 소셜 커머스의 유형 및 전망

① (가) – (나) – (다)　　　　　　② (가) – (다) – (나)
③ (나) – (가) – (다)　　　　　　④ (나) – (다) – (가)
⑤ (다) – (가) – (나)

06 다음 중 밑줄 친 부분의 맞춤법이 옳은 것은?

① 추석에는 <u>햅쌀</u>로 송편을 빚는다.
② 언니는 상냥한데 동생은 너무 <u>냉냉하다</u>.
③ <u>요컨데</u>, 행복은 마음 먹기에 달렸다는 것이다.
④ 올해는 모두 건강하리라는 작은 <u>바램</u>을 가져본다.
⑤ 회의에서 나온 의견을 <u>뭉뚱거려</u> 말하지 않도록 해야 한다.

07 다음 글의 빈칸 ㉠, ㉡에 들어갈 내용을 바르게 나열한 것은?

> 애덤 스미스의 '보이지 않는 손'이라는 가정은 시장에서 개인의 이익 추구 활동을 제한하지 않는 것이 전체 이윤을 극대화하는 최선의 방책임을 보여주는 것으로 간주되었다. 그렇다면 다음의 경우는 어떠한가?
>
> 공동 소유의 목초지에 양을 치기에 알맞은 풀이 자라고 있다고 생각해 보자. 일정 넓이의 목초지에 방목할 수 있는 가축 두수에는 일정한 한계가 있기 마련이다. 즉, '수용 한계'가 존재하는 것이다. 그 목초지에 한 마리를 더 방목한다고 해서 다른 가축들이 갑자기 죽거나 병에 걸리는 것은 아니다. 하지만 목초지의 수용 한계를 넘어 양을 키울 경우 목초가 줄어들어 그 목초지에서 양을 키워 얻을 수 있는 전체 생산량이 줄어든다. 나아가 수용 한계를 과도하게 초과할 정도로 사육 두수가 늘어날 경우 목초지 자체가 거의 황폐화된다.
>
> 예를 들어 수용 한계가 양 20마리인 공동 목초지에서 4명의 농부가 각각 5마리의 양을 키우고 있다고 해 보자. 그 목초지의 수용 한계에 이미 도달한 상태이지만, 그중 한 농부가 자신의 이익을 늘리고자 방목하는 양의 두수를 늘리려 한다. 그러면 5마리를 키우고 있는 농부들은 목초지의 수용 한계로 인하여 기존보다 이익이 줄어들지만, 두수를 늘린 농부의 경우 그의 이익이 기존보다 조금 늘어난다. 손실을 만회하기 위해 다른 농부들도 사육 두수를 늘리고자 할 것이다. 이러한 상황이 장기화될 경우 _____㉠_____ 이와 같이 애덤 스미스의 '보이지 않는 손'에 시장을 맡겨 둘 경우 _____㉡_____ 결과가 나타날 것이다.

① ㉠ : 농부들의 총이익은 기존보다 증가할 것이다.
　㉡ : 한 사회의 공공 영역이 확장되는
② ㉠ : 농부들의 총이익은 기존보다 감소할 것이다.
　㉡ : 한 사회의 전체 이윤이 감소하는
③ ㉠ : 농부들의 총이익은 기존보다 감소할 것이다.
　㉡ : 한 사회의 전체 이윤이 유지되는
④ ㉠ : 농부들의 총이익은 기존과 동일하게 될 것이다.
　㉡ : 한 사회의 전체 이윤이 감소되는
⑤ ㉠ : 농부들의 총이익은 기존과 동일하게 될 것이다.
　㉡ : 한 사회의 공공 영역이 보호되는

08 다음 중 밑줄 친 부분의 의미가 다른 것은?

① 너를 향한 내 마음은 <u>한결같다</u>.
② 부모님은 <u>한결같이</u> 나를 지지해 주신다.
③ 아이들이 <u>한결같은</u> 모습으로 꽃을 들고 있다.
④ 예나 지금이나 아저씨의 말투는 <u>한결같으시군요</u>.
⑤ 우리는 초등학교 내내 10리나 되는 산길을 <u>한결같이</u> 걸어 다녔다.

09 다음 중 (가) ~ (마) 문단의 핵심 주제로 적절하지 않은 것은?

(가) 한 아이가 길을 가다가 골목에서 갑자기 튀어나온 큰 개에게 발목을 물렸다. 아이는 이 일을 겪은 뒤 개에 대한 극심한 불안에 시달렸다. 멀리 있는 강아지만 봐도 몸이 경직되고 호흡 곤란을 느꼈으며 심한 경우 응급실을 찾기도 하였다. 이것은 한 번의 부정적인 경험이 공포증으로 이어진 경우라고 할 수 있다.

(나) '공포증'이란 위의 경우에서 보듯이 특정 대상에 대한 과도한 두려움으로 그 대상을 계속해서 피하게 되는 증세를 말한다. 특정 동물, 높은 곳, 비행기나 엘리베이터 등이 공포증을 유발하는 대상이 될 수 있다. 물론 일반적인 사람들도 이런 대상을 접하여 부정적인 경험을 할 수 있지만 공포증으로까지 이어지는 경우는 드물다.

(다) 심리학자 와이너는 부정적인 경험을 한 상황을 어떻게 해석하느냐에 따라 이러한 공포증이 생길 수도 있고 그렇지 않을 수도 있으며, 공포증이 지속될 수도 있고 극복될 수도 있다고 했다. 그는 상황을 해석하는 방식을 설명하기 위해 상황의 원인을 어디에서 찾느냐, 상황의 변화 가능성에 대해 어떻게 인식하느냐의 두 가지 기준을 제시했다. 상황의 원인을 자신에게서 찾으면 '내부적'으로 해석한 것이고, 자신이 아닌 다른 것에서 찾으면 '외부적'으로 해석한 것이다. 또 상황이 바뀔 가능성이 전혀 없다고 생각하면 '고정적'으로 인식한 것이고, 상황이 충분히 바뀔 수 있다고 생각하면 '가변적'으로 인식한 것이다.

(라) 와이너에 의하면, 큰 개에게 물렸지만 공포증에 시달리지 않는 사람들은 개에게 물린 상황에 대해 '내 대처 방식이 잘못되었어.'라며 내부적이고 가변적으로 해석한다. 이것은 나의 대처 방식에 따라 상황이 충분히 바뀔 수 있다고 생각하는 것이므로 이들은 개와 마주치는 상황을 굳이 피하지 않는다. 그 후 개에게 물리지 않는 상황이 반복되면 '나도 어떤 경우라도 개를 감당할 수 있어.'라며 내부적이고 고정적으로 해석하는 단계로 나아가게 된다.

(마) 반면에 공포증을 겪는 사람들은 개에 물린 상황에 대해 '나는 약해서 개를 감당하지 못해.'라며 내부적이고 고정적으로 해석하거나 '개는 위험한 동물이야.'라며 외부적이고 고정적으로 해석한다. 자신의 힘이 개보다 약하다고 생각하거나 개를 맹수로 여기는 것이므로 이들은 자신이 개에게 물린 것을 당연한 일로 받아들인다. 하지만 공포증에 시달리지 않는 사람들처럼 상황을 해석하고 개를 피하지 않는 노력을 기울이면 공포증에서 벗어날 수 있다.

① (가) : 공포증이 생긴 구체적 상황
② (나) : 공포증의 개념과 공포증을 유발하는 대상
③ (다) : 와이너가 제시한 상황 해석의 기준
④ (라) : 공포증을 겪지 않는 사람들의 상황 해석 방식
⑤ (마) : 공포증을 겪는 사람들의 행동 유형

10 다음은 행정기관의 기안문 작성방법이다. 이에 대한 설명으로 적절하지 않은 것은?

〈기안문 작성방법〉

1. 행정기관명 : 그 문서를 기안한 부서가 속한 행정기관명을 기재한다. 행정기관명이 다른 행정기관명과 같은 경우에는 바로 위 상급 행정기관명을 함께 표시할 수 있다.
2. 수신 : 수신자명을 표시하고 그다음에 이어서 괄호 안에 업무를 처리할 보조·보좌 기관의 직위를 표시하되, 그 직위가 분명하지 않으면 ○○업무담당과장 등으로 쓸 수 있다. 다만, 수신자가 많은 경우에는 두문의 수신란에 '수신자 참조'라고 표시하고 결문의 발신명의 다음 줄의 왼쪽 기본선에 맞추어 수신란을 따로 설치하여 수신명을 표시한다.
3. (경유) : 경유문서인 경우에 '이 문서의 경유기관의 장은 ○○○(또는 제1차 경유기관의 장은 ○○○, 제2차 경유기관의 장은 ○○○)이고, 최종 수신기관의 장은 ○○○입니다.'라고 표시하고, 경유기관의 장은 제목란에 '경유문서의 이송'이라고 표시하여 순차적으로 이송하여야 한다.
4. 제목 : 그 문서의 내용을 쉽게 알 수 있도록 간단하고, 명확하게 기재한다.
5. 발신명의 : 합의제 또는 독임제 행정기관의 장의 명의를 기재하고, 보조기관 또는 보좌기관 상호간에 발신하는 문서는 그 보조기관 또는 보좌기관의 명의를 기재한다. 시행할 필요가 없는 내부결재문서는 발신명의를 표시하지 않는다.
6. 기안자·검토자·협조자·결재권자의 직위/직급 : 직위가 있는 경우에는 직위를, 직위가 없는 경우에는 직급(각급 행정기관이 6급 이하 공무원의 직급을 대신하여 사용할 수 있도록 정한 대외직명을 포함한다. 이하 이 서식에서 같다)을 온전하게 쓴다. 다만, 기관장과 부기관장의 직위는 간략하게 쓴다.
7. 시행 처리과명 – 연도별 일련번호(시행일), 접수 처리과명 – 연도별 일련번호(접수일) : 처리과명(처리과가 없는 행정기관은 10자 이내의 행정기관명 약칭)을 기재하고, 시행일과 접수일란에는 연월일을 각각 마침표(.)를 찍어 숫자로 기재한다. 다만, 민원문서인 경우로서 필요한 경우에는 시행일과 접수일란에 시·분까지 기재한다.
8. 우 도로명 주소 : 우편번호를 기재한 다음, 행정기관이 위치한 도로명 및 건물번호 등을 기재하고 괄호 안에 건물 명칭과 사무실이 위치한 층수와 호수를 기재한다.
9. 홈페이지 주소 : 행정기관의 홈페이지 주소를 기재한다.
10. 전화번호( ), 팩스번호( ) : 전화번호와 팩스번호를 각각 기재하되, ( ) 안에는 지역번호를 기재한다. 기관 내부문서의 경우는 구내 전화번호를 기재할 수 있다.
11. 공무원의 전자우편주소 : 행정기관에서 공무원에게 부여한 전자우편주소를 기재한다.
12. 공개구분 : 공개, 부분공개, 비공개로 구분하여 표시한다. 부분공개 또는 비공개인 경우에는 공공기록물 관리에 관한 법률 시행규칙 제18조에 따라 '부분공개( )' 또는 '비공개( )'로 표시하고, 공공기관의 정보공개에 관한 법률 제9조 제1항 각 호의 번호 중 해당 번호를 괄호 안에 표시한다.
13. 관인생략 등 표시 : 발신명의의 오른쪽에 관인생략 또는 서명생략을 표시한다.

① 연월일 날짜 뒤에는 각각 마침표(.)를 찍는다.
② 도로명 주소를 먼저 기재한 후 우편번호를 기재한다.
③ 기안자 또는 협조자의 직위가 없는 경우 직급을 기재한다.
④ 전화번호를 적을 때 지역번호는 괄호 안에 기재해야 한다.
⑤ 행정기관에서 공무원에게 부여한 전자우편주소를 기재해야 한다.

11 다음은 2004·2014·2024년의 수도권 및 전국 평균 매매·전세가격에 대한 자료이다. 이에 대한 설명으로 옳은 것은?

〈2004·2014·2024년 수도권 및 전국 평균 매매·전세가격〉

(단위 : 만 원)

구분		평균 매매가격			평균 전세가격		
		2004년	2014년	2024년	2004년	2014년	2024년
전국		10,100	14,645	18,500	6,762	9,300	13,500
수도권	전체	12,500	18,500	22,200	8,400	12,400	18,900
	서울	17,500	21,350	30,744	9,200	15,500	20,400
	인천	13,200	16,400	20,500	7,800	10,600	13,500
	경기	10,400	15,200	18,900	6,500	11,200	13,200

① 2004년 전국의 평균 전세가격은 수도권 전체의 평균 전세가격의 80% 미만이다.

② 2004년 대비 2014년의 전국과 수도권 전체 평균 매매가격 증가율의 차이는 5%p 미만이다.

③ 2024년 수도권 전체의 평균 매매가격은 전국의 1.2배이고, 평균 전세가격은 전국의 1.3배이다.

④ 서울의 2014년 대비 2024년 평균 매매가격 증가율은 2004년 대비 2014년 평균 매매가격 증가율의 1.5배이다.

⑤ 2004년, 2014년, 2024년 서울, 인천, 경기의 평균 매매·전세가격이 높은 순으로 나열하면 항상 '서울 - 인천 - 경기'이다.

12 다음과 같이 일정한 규칙으로 수를 나열할 때, A-2B의 값은?

4 5 10 B 27 44 A

① 25   ② 30

③ 35   ④ 40

⑤ 45

13 다음은 H기업의 연도별 매출액과 원가 및 판관비에 대한 자료이다. 이를 나타낸 그래프로 옳은 것은?(단, 영업이익률은 소수점 둘째 자리에서 반올림한다)

〈H기업의 매출액과 원가·판관비〉

(단위 : 억 원)

구분	2020년	2021년	2022년	2023년	2024년
매출액	1,485	1,630	1,410	1,860	2,055
매출원가	1,360	1,515	1,280	1,675	1,810
판관비	30	34	41	62	38

※ (영업이익)＝(매출액)－[(매출원가)＋(판관비)]
※ (영업이익률)＝(영업이익)÷(매출액)×100

① 영업이익

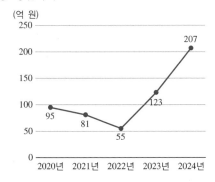

② 영업이익

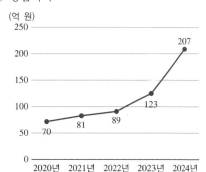

③ 영업이익률

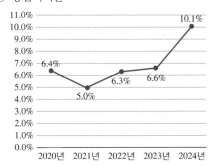

④ 영업이익률

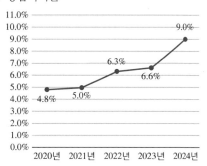

⑤ 영업이익률

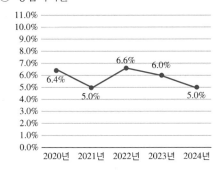

14 다음은 H공사의 금융구조조정자금 총지원 현황을 정리한 자료이다. 〈보기〉 중 이에 대한 설명으로 옳은 것을 모두 고르면?

〈H공사 금융구조조정자금 총지원 현황〉

(단위 : 억 원)

구분	은행	증권사	보험사	제2금융	저축은행	농협	합계
출자	222,039	99,769	159,198	26,931	1	–	507,938
출연	139,189	4,143	31,192	7,431	4,161	–	186,116
부실자산 매입	81,064	21,239	3,495	–	–	–	105,798
보험금 지급	–	113	–	182,718	72,892	47,402	303,125
대출	–	–	–	–	5,969	–	5,969
합계	442,292	125,264	193,885	217,080	83,023	47,402	1,108,946

보기

ㄱ. 출자 부문에서 은행이 지원받은 금융구조조정자금은 증권사가 지원받은 금융구조조정자금의 3 배 이상이다.

ㄴ. 보험금 지급 부문에서 지원된 총금융구조조정자금 중 저축은행이 지원받은 금액의 비중은 20% 를 초과한다.

ㄷ. 제2금융에서 지원받은 금융구조조정자금 중 보험금 지급 부문으로 지원받은 금액이 차지하는 비중은 80% 이상이다.

ㄹ. 부실자산 매입 부문에서 지원된 금융구조조정자금 중 은행이 지급받은 금액의 비중은 보험사가 지급받은 금액 비중의 20배 이상이다.

① ㄱ, ㄷ
② ㄴ, ㄹ
③ ㄱ, ㄴ, ㄷ
④ ㄴ, ㄷ, ㄹ
⑤ ㄱ, ㄴ, ㄷ, ㄹ

15 서울에 위치한 H회사는 거래처인 A, B회사에 소포를 보내려고 한다. 서울에 위치한 A회사에는 800g의 소포를, 인천에 위치한 B회사에는 2.4kg의 소포를 보내려고 한다. 두 회사로 보낸 소포의 총 중량이 16kg 이하이고, 택배요금의 합계가 6만 원이다. 택배회사의 요금표가 다음과 같을 때, H회사는 800g 소포와 2.4kg 소포를 각각 몇 개씩 보냈는가?(단, 소포는 각 회사로 1개 이상 보낸다)

<표제목>〈택배요금 정보〉</표제목>

구분	~ 2kg	~ 4kg	~ 6kg	~ 8kg	~ 10kg
동일지역	4,000원	5,000원	6,500원	8,000원	9,500원
타지역	5,000원	6,000원	7,500원	9,000원	10,500원

	800g	2.4kg
①	12개	2개
②	12개	4개
③	9개	2개
④	9개	4개
⑤	6개	6개

16 흰색 탁구공 7개와 노란색 탁구공 5개가 들어 있는 주머니에서 4개의 탁구공을 동시에 꺼낼 때, 흰색 탁구공이 노란색 탁구공보다 많을 확률은?

① $\dfrac{10}{33}$　　　　　　② $\dfrac{14}{33}$

③ $\dfrac{17}{33}$　　　　　　④ $\dfrac{20}{33}$

⑤ $\dfrac{23}{33}$

17 등산을 하는데 올라갈 때는 시속 3km로 걷고, 내려올 때는 올라갈 때보다 5km 더 먼 길을 시속 4km로 걷는다. 올라갔다가 내려올 때 총 3시간이 걸렸다면, 올라갈 때 걸은 거리는 몇 km인가?

① 3km　　　　　　② 4km

③ 5km　　　　　　④ 6km

⑤ 7km

18 다음은 마트별 비닐봉투·종이봉투·에코백 사용률을 조사한 자료이다. 〈보기〉 중 이에 대한 설명으로 옳은 것을 모두 고르면?

〈마트별 비닐봉투·종이봉투·에코백 사용률〉

구분	대형마트 (2,000명 대상)	중형마트 (800명 대상)	개인마트 (300명 대상)	편의점 (200명 대상)
비닐봉투	7%	18%	21%	78%
종량제봉투	28%	37%	43%	13%
종이봉투	5%	2%	1%	0%
에코백	16%	7%	6%	0%
개인장바구니	44%	36%	29%	9%

※ 마트별 전체 조사자 수는 상이함

보기

ㄱ. 대형마트의 종이봉투 사용자 수는 중형마트의 6배 이상이다.
ㄴ. 대형마트의 종량제봉투 사용자 수는 전체 종량제봉투 사용자 수의 절반 이하이다.
ㄷ. 비닐봉투 사용률이 가장 높은 곳과 비닐봉투 사용자 수가 가장 많은 곳은 동일하다.
ㄹ. 편의점을 제외한 마트의 규모가 커질수록 개인장바구니의 사용률은 증가한다.

① ㄱ, ㄹ
② ㄱ, ㄴ, ㄷ
③ ㄱ, ㄷ, ㄹ
④ ㄴ, ㄷ, ㄹ
⑤ ㄱ, ㄴ, ㄷ, ㄹ

19 다음은 연도별 우리나라 부패인식지수(CPI)의 변동 추이에 대한 자료이다. 이에 대한 설명으로 옳지 않은 것은?

<우리나라 부패인식지수(CPI) 변동 추이>

구분		2018년	2019년	2020년	2021년	2022년	2023년	2024년
CPI	점수(점)	4.5	5.0	5.1	5.1	5.6	5.5	5.4
	조사대상국(개)	146	159	163	180	180	180	178
	순위(위)	47	40	42	43	40	39	39
	백분율(%)	32.2	25.2	25.8	23.9	22.2	21.6	21.9
OECD	회원국(개)	30	30	30	30	30	30	30
	순위(위)	24	22	23	25	22	22	22

※ CPI : 10점 만점으로, 점수가 높을수록 청렴함

① CPI 순위는 2023년에 처음으로 30위권에 진입했다.
② 청렴도가 가장 낮은 해와 2024년의 청렴도 점수의 차이는 0.9점이다.
③ CPI 조사대상국은 2021년까지 증가하고 이후 2023년까지 유지되었다.
④ 우리나라의 OECD 순위는 2018년부터 2024년까지 상위권이라 볼 수 있다.
⑤ CPI를 확인해 볼 때, 우리나라는 다른 해에 비해 2022년에 가장 청렴했다고 볼 수 있다.

20 다음은 H사 피자 1판 주문 시 구매 방식별 할인 혜택과 비용을 나타낸 자료이다. 정가가 12,500원인 H사 피자 1판을 가장 저렴하게 살 수 있는 구매 방식은?

<구매 방식별 할인 혜택과 비용>

구매 방식	할인 혜택과 비용
스마트폰 앱	정가의 25% 할인
전화	정가에서 1,000원 할인 후, 할인된 가격의 10% 추가 할인
회원카드와 쿠폰	회원카드로 정가의 10% 할인 후, 할인된 가격의 15%를 쿠폰으로 추가 할인
직접 방문	정가의 30% 할인. 교통비용 1,000원 발생
교환권	H사 피자 1판 교환권 구매비용 10,000원 발생

※ 구매 방식은 하나만 선택함

① 스마트폰 앱
② 전화
③ 회원카드와 쿠폰
④ 직접 방문
⑤ 교환권

※ H사원은 신혼부부 전세임대주택 입주자 모집공고에 자주 묻는 질문을 정리하여 함께 올리고자 한다. 다음 글을 읽고 이어지는 질문에 답하시오. [21~22]

〈전세임대주택 입주자 관련 자주 묻는 질문〉

Q1. 전세임대 신청 시 현재 거주하고 있는 지역에서만 신청 가능한가요?
    입주신청은 입주자 모집공고일 기준 신청자의 주민등록이 등재되어 있는 주소지로 신청 가능합니다. 다만, 입주자 선정 후 전세주택 물색은 해당 특별시, 광역시 또는 도(道) 및 이와 연접한 시·군에서 가능합니다.

Q2. 전세임대 신청 시 청약통장은 반드시 있어야 하나요?
    전세임대 신청 시 청약통장이 반드시 필요한 것은 아니지만, 동일순위 입주희망자 간 경합이 있는 경우 청약저축 등 납입횟수에 따라 가점을 부여하고 있어 통장 보유 시 유리할 수 있습니다. 단, 청약통장은 신청자 명의의 통장만 인정합니다.

Q3. 신혼부부 전세임대로 입주하게 되면 20년간 거주가 보장되는 건가요?
    신혼부부 전세임대는 최초 임대기간이 2년으로 재계약은 9회까지 가능합니다. 따라서 전세기간 2년을 전부 채운 경우 최장 20년까지 거주가 가능하지만, 반드시 거주기간 20년을 보장하는 것은 아닙니다.

Q4. 입주대상자의 자격 검색은 어떻게 하나요?
    전세임대 입주대상자 선정 시 생계·의료급여 수급자 여부 및 해당 세대의 소득 등은 A주택공사가 보건복지부의 '사회보장정보시스템'을 이용하여 파악하므로, 입주대상자가 직접 서류를 준비할 필요가 없어 임대주택 신청이 간편합니다.

Q5. 모집공고일 기준 혼인신고하지 않은 예비신혼부부는 어떻게 신청하나요?
    입주일 전까지 혼인신고 예정인 예비신혼부부에 한하여 입주신청이 가능하며, 신청지역은 예비신혼부부 일방(성별 무관)의 주민등록등본 주소지로 신청하시면 됩니다.

Q6. 친척 소유의 주택을 전세임대주택으로 지원받을 수 있나요?
    본인과 배우자의 직계 존·비속 소유의 주택은 전세임대주택으로 지원받을 수 없으며, 가족관계증명서로 주택소유자를 확인합니다.

Q7. 소득 산정 시 어떤 소득이 포함되나요?
    소득 산정 대상은 기존의 2종(상시근로소득, 기타사업소득)에서 12종으로 확대되었으며, 해당 세대의 소득은 소득항목별 소득 자료 제공기관에 별도 문의하여 확인할 수 있습니다.

21 다음 중 자주 묻는 질문을 통해 알 수 있는 사실로 옳지 않은 것은?

① 전세임대 신청 시 청약통장이 반드시 있어야 하는 것은 아니나, 경합 시 불리할 수 있다.

② 선정된 입주자는 주민등록상 주소지와 연접한 시·군에서도 전세주택 계약을 할 수 있다.

③ 예비신혼부부 중 한 사람의 주민등록등본 주소지를 기준으로 전세임대를 신청할 수 있다.

④ 입주자의 자격서류는 입주대상자가 보건복지부의 '사회보장정보시스템'을 활용해 제출해야 한다.

⑤ 전세임대주택 계약 시 주택소유자는 가족관계증명서로 확인하며, 이때 본인과 배우자의 직계존·비속의 주택은 지원받을 수 없다.

22 H사원은 빠른 이해를 위해 질문을 카테고리별로 분류하고자 한다. 다음 중 분류가 옳은 것은?

① 입주신청 : Q2, Q6

② 입주신청 : Q1, Q3, Q5

③ 자격조회 : Q4, Q6, Q7

④ 계약 및 입주 : Q3, Q6

⑤ 계약 및 입주 : Q1, Q3, Q6

23 H중학교 백일장에 참여한 A ~ E학생에게 다음 〈조건〉에 따라 점수를 부여할 때, 점수가 가장 높은 학생은?

〈H중학교 백일장 채점표〉

학생	오탈자(건)	글자 수(자)	주제의 적합성	글의통일성	가독성
A	33	654	A	A	C
B	7	476	B	B	B
C	28	332	B	B	C
D	25	572	A	A	A
E	12	786	C	B	A

조건
- 기본 점수는 80점이다.
- 오탈자가 10건 이상일 때 1점을 감점하고, 5건이 추가될 때마다 1점을 추가로 감점한다.
- 전체 글자 수가 350자 미만일 때 10점을 감점하고, 600자 이상일 때 1점을 부여하며, 25자가 추가될 때마다 1점을 추가로 부여한다.
- 주제의 적합성, 글의 통일성, 가독성을 A, B, C등급으로 나누며 등급 개수에 따라 추가점수를 부여한다.
  - A등급 3개 : 25점
  - A등급 2개, B등급 1개 : 20점
  - A등급 2개, C등급 1개 : 15점
  - A등급 1개, B등급 2개 또는 A등급, B등급, C등급 1개 : 10점
  - B등급 3개 : 5점
- 예) 오탈자 46건, 전체 글자 수 626자, 주제의 적합성, 글의 통일성, 가독성이 각각 A, B, A일 때 점수는 80-8+2+20=94점이다.

① A   ② B

③ C   ④ D

⑤ E

24 다음은 중국에 진출한 프랜차이즈 커피전문점에 대한 SWOT 분석 결과이다. 이를 토대로 SWOT 분석에 의한 경영 전략을 세웠을 때, 빈칸 (가) ~ (라)에 들어갈 내용이 바르게 짝지어진 것은?

〈프랜차이즈 커피전문점에 대한 SWOT 분석 결과〉

S(Strength)	W(Weakness)
• 풍부한 원두커피의 맛 • 독특한 인테리어 • 브랜드 파워 • 높은 고객 충성도	• 중국 내 낮은 인지도 • 높은 시설비 • 비싼 임대료
O(Opportunity)	T(Threat)
• 중국 경제 급성장 • 서구문화에 대한 관심 • 외국인 집중 • 경쟁업체 진출 미비	• 중국의 차 문화 • 유명 상표 위조 • 커피 구매 인구의 감소

〈SWOT 분석에 의한 경영 전략〉

(가)	(나)
• 브랜드가 가진 미국 고유문화 고수 • 독특하고 차별화된 인테리어 유지 • 공격적 점포 확장	• 외국인이 많은 곳에 점포 개설 • 본사 직영으로 인테리어
(다)	(라)
• 고품질 커피로 상위 소수고객에 집중	• 녹차 향 커피 • 개발 상표 도용 감시

	(가)	(나)	(다)	(라)
①	SO전략	ST전략	WO전략	WT전략
②	WT전략	ST전략	WO전략	SO전략
③	SO전략	WO전략	ST전략	WT전략
④	ST전략	WO전략	SO전략	WT전략
⑤	WT전략	WO전략	ST전략	SO전략

※ 다음은 복지대상자 분류 복지코드에 대한 자료이다. 이어지는 질문에 답하시오. [25~26]

〈복지코드 부여 기준〉

복지	주제	대상자
EN : 에너지바우처 HO : 영구임대주택공급 LA : 언어발달지원 ED : 정보화교육 JO : 직업훈련·일자리지원 UN : 대학생학자금융자 LO : 디딤돌대출 DE : 치매치료관리비 ME : 의료급여 DP : 장애인보조기구 CB : 출산비용보조	D : 교육 E : 고용 R : 주거 M : 의료 F : 금융 C : 문화	0 : 영유아(만 5세 이하) 1 : 아동·청소년 2 : 여성 3 : 청년(만 65세 미만 성인) 4 : 노년(만 65세 이상) 5 : 장애인 6 : 다문화 7 : 한부모(미성년자녀) 8 : 기초생활수급자 9 : 저소득층
월평균소득	신청기관	신청방법
N0 : 해당 없음 A1 : 50% 이하 A2 : 80% 이하 B1 : 100% 이하 B2 : 120% 이하 C1 : 150% 이하	00 : 시·군·구청 01 : 관할주민센터 02 : 보건소 03 : 위탁금융기관 04 : 고용지원센터	CA : 전화 VS : 방문 EM : 우편 ON : 온라인

※ 하나의 부여 기준에 대해 2개 이상 해당할 경우 임의로 1개의 코드번호만 입력함
※ 월평균소득은 복지대상자 전체소득 대비 비중을 기준으로 함

25 복지코드가 다음과 같을 때, 이에 대한 설명으로 옳지 않은 것은?

ENR4A201VS

① 에너지바우처는 주거복지 사업에 해당된다.
② 복지 대상자는 만 65세 이상인 노년층에만 해당한다.
③ 해당 사업은 관할주민센터를 통해 신청하는 사업이다.
④ 해당 사업은 신청기관에 직접 방문하여 신청하는 사업이다.
⑤ 복지 대상자의 월평균소득은 전체소득의 80% 이하에 해당한다.

26 다음 〈보기〉 중 복지코드로 옳은 것을 모두 고르면?

> **보기**
>
> ㄱ. EDOE3A201ON   ㄴ. HOR4A100EM
> ㄷ. LOD3N103VS   ㄹ. EDD5B204CA

① ㄱ, ㄴ   ② ㄱ, ㄷ
③ ㄴ, ㄷ   ④ ㄴ, ㄹ
⑤ ㄷ, ㄹ

27 아마추어 야구 리그에서 활동하는 A ~ D팀은 빨간색, 노란색, 파란색, 보라색 중에서 매년 상징하는 색을 바꾸고 있다. 다음 〈조건〉을 토대로 반드시 참인 것은?

> **조건**
>
> • 하나의 팀은 하나의 상징색을 갖는다.
> • 이전에 사용했던 상징색을 다시 사용할 수는 없다.
> • A팀과 B팀은 빨간색을 사용한 적이 있다.
> • B팀과 C팀은 보라색을 사용한 적이 있다.
> • D팀은 노란색을 사용한 적이 있고, 올해는 파란색을 선택하였다.

① D팀은 보라색을 사용한 적이 있다.
② A팀의 상징색은 노란색이 될 것이다.
③ C팀의 상징색은 빨간색이 될 것이다.
④ C팀은 파란색을 사용한 적이 있을 것이다.
⑤ A팀은 파란색을 사용한 적이 있어 다른 색을 골라야 한다.

28 다음은 포화 수증기량에 대한 글과 날짜별 기온 및 수증기량에 대한 자료이다. 〈보기〉 중 이에 대한 설명으로 옳은 것을 모두 고르면?(단, 모두 맑은 날이고, 해발 0m에서 수증기량을 측정하였다)

수증기는 온도에 따라 공기에 섞여 있을 수 있는 양이 다르다. 온도에 따라 공기 $1m^3$ 중에 섞여 있는 수증기량의 최댓값을 포화 수증기량이라고 하며 기온에 따른 포화 수증기량의 변화를 그린 그래프를 포화 수증기량 곡선이라 한다. 공기에 섞여 있는 수증기량이 포화 수증기량보다 적으면 건조공기, 포화 수증기량에 도달하면 습윤공기이다.

아래 그래프에서 수증기가 $1m^3$당 X만큼 섞여 있고 온도가 T인 어떤 공기 P가 있다고 하자. 이 공기가 냉각되면 기온이 하강하더라도 섞여 있는 수증기량은 변하지 않으므로 점 P는 왼쪽으로 이동한다. 이동한 점이 포화 수증기량 곡선과 만나면 수증기는 응결되어 물이 된다. 이때 온도를 이슬점 (T_D)이라고 한다.

〈포화 수증기량 곡선〉

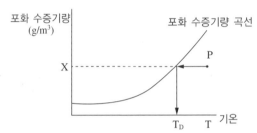

공기가 상승하면 단열팽창되어 건조한 공기는 100m 상승할 때마다 온도는 약 1℃ 하강하고 습윤한 공기는 100m 상승할 때마다 온도는 약 0.5℃ 하강한다. 반대로 건조한 공기가 100m 하강할 때는 단열압축되어 온도는 약 1℃ 상승하고 습윤한 공기는 100m 하강할 때마다 온도는 약 0.5℃씩 상승하게 된다.

기온이 하강하여 이슬점이 되면 수증기는 응결되어 구름이 되고 더 많은 수증기가 응결되면 비가 되어 내리게 된다.

〈날짜별 기온 및 수증기량〉

구분	4월 5일	4월 12일	4월 19일	4월 26일	5월 3일	5월 10일
기온(℃)	20	16	18	18	22	20
수증기량(g/m³)	15	13	10	15	8	16

보기

ㄱ. 가장 건조한 날은 5월 3일이다.
ㄴ. 4월 5일에 측정한 공기와 4월 26일에 측정한 공기가 응결되는 높이는 같다.
ㄷ. 4월 19일에 측정한 공기는 4월 26일에 측정한 공기보다 더 높은 곳에서 응결된다.
ㄹ. 공기 중에 수증기가 가장 많이 있을 수 있는 날은 4월 12일이다.

① ㄱ, ㄷ   ② ㄱ, ㄹ
③ ㄴ, ㄷ   ④ ㄴ, ㄹ
⑤ ㄷ, ㄹ

29 빨간색, 파란색, 노란색, 초록색의 화분에 빨강, 파랑, 노랑, 초록 꽃씨를 다음 〈조건〉에 따라 심는다고 한다. 〈보기〉에 대해 판단한 내용으로 옳은 것은?

> **조건**
> • 각각의 화분에 화분과 같은 색깔의 꽃씨는 심을 수 없다.
> • 빨강 꽃씨를 노란색 화분에 심을 수 없으며, 노랑 꽃씨를 빨간색 화분에 심지 못한다.
> • 파랑 꽃씨를 초록색 화분에 심을 수 없으며, 초록 꽃씨를 파란색 화분에 심지 못한다.

> **보기**
> 초록색 화분과 노란색 화분에 심을 수 있는 꽃씨의 종류는 같다.

① 확실히 맞다.
② 확실히 틀리다.
③ 확실하지 않지만 맞을 확률이 높다.
④ 확실하지 않지만 틀릴 확률이 높다.
⑤ 맞는지 틀린지 제시된 내용으로는 알 수 없다.

30 여행업체 가이드 A ~ D는 2022년부터 2024년까지 네덜란드, 독일, 영국, 프랑스에서 활동하였다. 다음 〈조건〉을 토대로 항상 참인 것은?

> **조건**
> • 독일에서 가이드를 하면 항상 전년도에 네덜란드에서 가이드를 한다.
> • 2023년에 B는 독일에서 가이드를 했다.
> • 2022년에 C는 프랑스에서 가이드를 했다.
> • 2022년에 프랑스에서 가이드를 한 사람은 2024년에 독일에서 가이드를 하지 않는다.
> • 2022년에 D가 가이드를 한 곳에서 B가 2023년에 가이드를 하였다.
> • 한 사람당 1년에 한 국가에서 가이드를 했으며, 한 번 가이드를 한 곳은 다시 가지 않았다.

① D는 프랑스에서 가이드를 한 적이 없다.
② 2024년에 B는 영국에서 가이드를 하였다.
③ 2025년에 C는 독일에서 가이드를 할 것이다.
④ 2022 ~ 2024년 동안 A와 D가 가이드를 한 곳은 동일하다.
⑤ 2023년에 A와 2022년에 B는 다른 곳에서 가이드를 하였다.

| 01 | 경영

01 다음 중 목표설정이론 및 목표관리(MBO)에 대한 설명으로 옳지 않은 것은?

① 목표를 설정하는 과정에 부하직원이 함께 참여한다.
② 조직의 목표를 구체적인 부서별 목표로 전환하게 된다.
③ 성과는 경영진이 평가하여 부하직원 개개인에게 통보한다.
④ 목표는 구체적이고 도전적으로 설정하는 것이 바람직하다.
⑤ 목표는 지시적 목표, 자기설정적 목표, 참여적 목표로 구분된다.

02 다음 중 시스템 이론에 대해 바르지 않게 설명하는 사람은?

> 창민 : 시스템 이론이란 자연과학에서 보편화되어 온 일반 시스템 이론을 경영학 연구에 응용한 것
> 이야.
> 철수 : 시스템은 외부환경과 상호작용이 일어나느냐의 여부에 따라 개방시스템과 폐쇄시스템으로
> 나누어지는데, 일반적으로 시스템 이론은 개방시스템을 의미해.
> 영희 : 시스템의 기본구조에 의하면 투입은 각종 자원을 뜻하는데, 인적자원과 물적자원, 재무자
> 원, 정보 등 기업이 목적달성을 위해 투입하는 모든 에너지가 여기에 속해.
> 준수 : 시스템 이론에서 조직이라는 것은 각종 상호의존적인 요인들의 총합체이므로, 관리자는 조
> 직의 목표를 달성하기 위해 조직 내의 모든 요인들이 적절히 상호작용하고 조화로우며 균형
> 을 이룰 수 있게 해야 해.
> 정인 : 시스템 이론은 모든 상황에 동일하게 적용될 수 있는 이론은 없다고 보고, 상황과 조직이
> 어떠한 관계를 맺고 있으며 이들 간에 어떠한 관계가 성립할 때 조직 유효성이 높아지는가
> 를 연구하는 이론이야.

① 창민   ② 철수
③ 영희   ④ 준수
⑤ 정인

03 다음 중 기업신용평가등급표의 양적 평가요소로 옳은 것은?

① 진입장벽
② 시장점유율
③ 은행거래 신뢰도
④ 경영자의 경영능력
⑤ 재무비율 평가항목

04 다음 중 자원기반관점(RBV)에 대한 설명으로 옳지 않은 것은?

① 주요결정요인은 진입장벽, 제품차별화 정도, 사업들의 산업집중도 등이다.
② 인적자원은 기업의 지속적인 경쟁력 확보의 주요한 원천이라고 할 수 있다.
③ 기업의 전략과 성과의 주요결정요인은 기업내부의 자원과 핵심역량의 보유라고 주장한다.
④ 경쟁우위의 원천이 되는 자원은 이질성(Heterogeneous)과 비이동성(Immobile)을 가정한다.
⑤ 기업이 보유한 가치(Value), 희소성(Rareness), 모방불가능(Inimitability), 대체불가능성(Non – Substitutability) 자원들은 경쟁우위를 창출할 수 있다.

05 다음 중 네트워크 조직(Network Organization)의 장점으로 옳지 않은 것은?

① 정보 공유의 신속성 및 촉진이 용이하다.
② 광범위한 전략적 제휴로 기술혁신이 가능하다.
③ 관리감독자의 수가 줄어들게 되어 관리비용이 절감된다.
④ 개방성 및 유연성이 뛰어나 전략과 상품의 전환이 빠르다.
⑤ 전문성이 뛰어나 아웃소싱 업체의 전문성 및 핵심역량을 활용하기 용이하다.

06 다음 중 리더의 구성원 교환이론(LMX; Leader Member Exchange Theory)에 대한 설명으로 옳지 않은 것은?

① 조직의 모든 구성원들은 동일한 차원으로 리더십에 반응한다.

② 리더가 여러 구성원들을 동일하게 다루지 않는다고 주장한다.

③ 리더는 팀의 구성원들과 강한 신뢰감, 감정, 존중이 전제된 관계를 형성한다.

④ LMX 이론의 목표는 구성원, 팀, 조직에 리더십이 미치는 영향을 설명하는 것이다.

⑤ 구성원들의 업무와 관련된 태도나 행동들은 리더가 그들을 다루는 방식에 달려 있다.

07 다음 중 내부모집에 대한 설명으로 옳지 않은 것은?

① 외부모집에 비해 비용이 적게 든다.

② 구성원의 사회화 기간을 단축시킬 수 있다.

③ 모집과정에서 탈락한 직원들은 사기가 저하될 수 있다.

④ 외부모집에 비해 지원자를 정확하게 평가할 가능성이 높다.

⑤ 빠르게 변화하는 환경에 적응하는 데 외부모집보다 효과적이다.

08 다음 중 직무평가방법에서 요소비교법(Factor Comparison Method)에 대한 설명으로 옳은 것은?

① 직무를 평가요소별로 분해하여 점수를 배정함으로써 각 직무를 구체적으로 결정하는 방법이다.

② 사전에 분류할 직무의 등급(숙련, 반숙련, 미숙련 등)을 결정해 두고, 각각의 직무를 적절히 판정 하여 해당 등급에 삽입하는 방법이다.

③ 직무를 평가요소별로 분해하고, 점수 대신 임률로 기준직무를 평가한 후, 타 직무를 기준직무에 비교하여 각각의 임률을 결정하는 방법이다.

④ 직무의 상대적 가치를 결정함으로써 기업 내부의 임금격차를 합리적으로 결정하고, 직무급 정립 과 직무별 계층제도를 확립하며, 나아가 인사관리 전반을 합리화한다.

⑤ 기업 내의 각 직무를 그 상대적인 훈련, 노력, 책임, 작업조건 등과 같은 요소를 기준으로 종합적 으로 판단하여, 높은 가치의 직무에서 낮은 가치의 직무 순서로 배열하는 방법이다.

09 다음 〈보기〉 중 수직적 마케팅 시스템(VMS; Vertical Marketing System)에 대한 설명으로 옳은 것을 모두 고르면?

> **보기**
>
> ㄱ. 수직적 마케팅 시스템은 유통조직의 생산시점과 소비시점을 하나의 고리형태로 유통계열화하는 것이다.
> ㄴ. 수직적 마케팅 시스템은 유통경로 구성원인 제조업자, 도매상, 소매상, 소비자를 각각 별개로 파악하여 운영한다.
> ㄷ. 유통경로 구성원의 행동은 시스템 전체보다 각자의 이익을 극대화하는 방향으로 조정된다.
> ㄹ. 수직적 마케팅 시스템의 유형에는 기업적 VMS, 관리적 VMS, 계약적 VMS 등이 있다.
> ㅁ. 프랜차이즈 시스템은 계약에 의해 통합된 수직적 마케팅 시스템이다.

① ㄱ, ㄴ, ㄷ   ② ㄱ, ㄴ, ㄹ
③ ㄱ, ㄹ, ㅁ   ④ ㄴ, ㄷ, ㄹ
⑤ ㄴ, ㄹ, ㅁ

10 다음 중 마일즈(Miles)와 스노우(Snow)의 전략유형에서 방어형의 특징으로 옳은 것은?

① 조직의 안정적 유지를 추구하는 소극적 전략이다.
② 위험을 감수하고 혁신과 모험을 추구하는 적극적 전략이다.
③ 성과 지향적 인사고과와 장기적인 결과를 중시하는 전략이다.
④ 진입장벽을 돌파하여 시장에 막 진입하려는 기업들이 주로 활용하는 전략이다.
⑤ 먼저 진입하지 않고 혁신형을 관찰하다가 성공가능성이 보이면 신속하게 진입하는 전략이다.

11 다음 자료를 토대로 경제적 주문량(EOQ)을 고려해 계산한 연간 총재고비용은?[단, (총재고비용) = (주문비) + (재고유지비)이다]

> • 연간 부품 수요량 : 1,000개
> • 1회 주문비 : 200원
> • 단위당 재고 유지비 : 40원

① 2,000원   ② 2,500원
③ 3,000원   ④ 3,500원
⑤ 4,000원

12 다음 중 기업이 상품을 판매할 때마다 수익의 일부를 기부하는 마케팅은?

① 프로 보노(Pro Bono)

② 그린 마케팅(Green Marketing)

③ 니치 마케팅(Niche Marketing)

④ 코즈 마케팅(Cause Marketing)

⑤ 앰부시 마케팅(Ambush Marketing)

13 다음 대화의 빈칸에 공통으로 들어갈 용어로 옳은 것은?

> A이사 : 이번에 우리 회사에서도 _____시스템을 도입하려고 합니다. _____는 기업 전체의
> 의사결정권자와 사용자 모두가 실시간으로 정보를 공유할 수 있게 합니다. 또한 제조, 판
> 매, 유통, 인사관리, 회계 등 기업의 전반적인 운영 프로세스를 통합하여 자동화할 수 있
> 지요.
>
> B이사 : 맞습니다. _____시스템을 통하여 기업의 자원관리를 보다 효율적으로 할 수 있어서 조
> 직 전체의 의사결정도 더 신속하게 할 수 있을 것입니다.

① JIT   ② MRP

③ MPS   ④ ERP

⑤ APP

14 다음 중 제품별 배치에 대한 설명으로 옳지 않은 것은?

① 다품종 생산이 가능하다.

② 높은 설비이용률을 가진다.

③ 수요 변화에 적응하기 어렵다.

④ 설비 고장에 큰 영향을 받는다.

⑤ 낮은 제품단위당 원가로 경쟁우위를 점할 수 있다.

15 다음 중 기업과 조직들이 중앙집중적 권한 없이 거의 즉시 네트워크에서 거래를 생성하고 확인할 수 있는 분산 데이터베이스 기술은?

① 핀테크(Fintech)
② 빅데이터(Big Data)
③ 블록체인(Blockchain)
④ 사물인터넷(Internet of Things)
⑤ 클라우드 컴퓨팅(Cloud Computing)

PART 3

16 다음 중 재무제표의 표시에 대한 설명으로 옳지 않은 것은?

① 수익과 비용의 어느 항목은 포괄손익계산서 또는 주석에 특별손익항목으로 별도 표시한다.
② 매출채권에 대한 대손충당금을 차감하여 관련 자산을 순액으로 측정하는 것은 상계표시에 해당하지 아니한다.
③ 기업이 재무상태표에 유동자산과 비유동자산으로 구분하여 표시하는 경우 이연법인세자산은 유동자산으로 분류하지 아니한다.
④ 비용을 기능별로 분류하는 기업은 감가상각비, 기타 상각비와 종업원급여비용을 포함하여 비용의 성격에 대한 추가 정보를 공시한다.
⑤ 재무제표가 한국채택국제회계기준의 요구사항을 모두 충족한 경우가 아니라면 한국채택국제회계기준을 준수하여 작성되었다고 기재하여서는 안 된다.

17 H회사의 2024년 초 유통보통주식수는 18,400주이며, 주주우선배정 방식으로 유상증자를 실시하였다. 유상증자 권리행사 전일의 공정가치는 주당 50,000원이고, 유상증자 시의 주당 발행금액은 40,000원, 발행주식수는 2,000주이다. H회사는 2024년 9월 초 자기주식을 1,500주 취득하였다. H회사의 2024년 가중평균유통보통주식수는?(단, 가중평균유통보통주식수는 월할 계산한다)

① 18,667주   ② 19,084주
③ 19,268주   ④ 19,400주
⑤ 20,400주

18 다음 중 내용이론에 해당하는 동기부여 이론으로 옳지 않은 것은?

① 앨더퍼(Alderfer)의 ERG이론

② 애덤스(Adams)의 공정성이론

③ 매슬로(Maslow) 욕구단계이론

④ 허즈버그(Herzberg) 2요인이론

⑤ 맥클랜드(Meclelland)의 성취동기이론

19 다음은 H주식에 대한 자료이다. 자본자산가격결정모형($CAPM$)을 이용하여 계산한 H주식의 기대수익률은?

- 시장무위험수익률 : 5%
- 시장기대수익률 : 18%
- 베타 : 0.5

① 9.35% ② 10.25%
③ 10.45% ④ 11.5%
⑤ 12.45%

20 H기업의 현재 주가는 30,000원이며, 차기 주당배당액이 2,000원으로 예상되고, H기업의 이익과 배당은 매년 4%씩 성장할 것으로 예상될 때, 보통주의 자본비용은?

① 약 10% ② 약 14%
③ 약 18% ④ 약 22%
⑤ 약 26%

21 H제약회사가 신약개발 R&D에 투자하려고 하고, 이에 담당 임원은 200만 달러를 특정 연구에 쏟아 부어야 하는지를 결정해야 한다. 다음과 같은 상황에서 귀하가 의사결정자라면 어떻게 할 것인가?(단, 기대수익으로 옳은 것을 결정한다)

〈상황〉

이 연구개발프로젝트의 성공 여부는 확실하지 않으며, 의사의 결정자는 특허를 받는 기회를 70%로 보고 있다. 만일 특허를 받는다면 이 회사는 2,500만 달러의 기술료를 받아 다른 회사에 넘기거나, 1,000만 달러를 더 투자해 개발품을 직접 판매할 수 있다. 만일 직접 판매할 경우 수요가 몰릴 확률은 25%, 수요가 중간인 경우는 55%, 수요가 낮을 경우는 20%이다. 수요가 높으면 5,500만 달러를 판매 수입으로 벌 것으로 보이며, 수요가 중간인 경우는 3,300만 달러, 수요가 없는 경우에도 1,500만 달러를 벌 것으로 예상된다.

---

① 개발을 그만둔다.
② 개발한 다음 직접 판매한다.
③ 시장의 변화를 좀 더 지켜보고 결정한다.
④ 개발이 된다고 하더라도 특허를 받지 않는다.
⑤ 개발한 다음 기술료를 받고, 특허를 외부에 판다.

22 다음 사례에 해당하는 브랜드 개발 전략은?

바나나맛 우유는 1974년 출시된 이후 꾸준히 인기를 끌고 있는 장수 제품이다. 빙그레는 최근 기존의 바나나맛 우유에서 벗어나 멜론의 달콤한 향을 더한 메론맛 우유를 내놓았는데, 그로 인해 사람들은 기존 제품에서 벗어난 신선함에 관심을 가졌고, 바나나맛 우유라는 상표를 다시금 사람들의 머릿속에 기억시키는 전략적 성과를 거두었다.

---

① 라인 확장   ② 카테고리 확장
③ 시장침투 전략   ④ 생산라인 확대
⑤ 푸시(Push) 전략

23 다음 중 최고경영자, 중간경영자, 하위경영자 모두가 공통적으로 가져야 할 인간적 자질은?

① 타인에 대한 이해력과 동기부여 능력

② 지식과 경험을 해당 분야에 적용시키는 능력

③ 담당 업무를 수행하기 위한 육체적, 지능적 능력

④ 한 부서의 변화가 다른 부서에 미치는 영향을 파악하는 능력

⑤ 복잡한 상황 등 여러 상황을 분석하여 조직 전체에 적용하는 능력

24 다음 중 기업이 글로벌 전략을 수행하는 이유로 옳지 않은 것은?

① 규모의 경제를 달성하기 위해

② 세계 시장에서의 협력 강화를 위해

③ 현지 시장으로의 효과적인 진출을 위해

④ 저임금 노동력을 활용하여 생산단가를 낮추기 위해

⑤ 기업구조를 개편하여 경영의 효율성을 높이고 리스크를 줄이기 위해

25 다음 중 지식경영시스템(KMS)에 대한 설명으로 옳지 않은 것은?

① 지식관리시스템은 지식베이스, 지식스키마, 지식맵의 3가지 요소로 구성되어 있다.

② KMS는 Knowledge Management System의 약자로, 지식경영시스템 또는 지식관리시스템을 나타낸다.

③ 조직에서 필요한 지식과 정보를 창출하는 연구자, 설계자, 건축가, 과학자, 기술자는 필수적으로 포함되어야 한다.

④ 지식베이스가 데이터베이스에 비유된다면 지식스키마는 원시데이터에 대한 메타데이터를 담고 있는 데이터사전 또는 데이터베이스에 비유될 수 있다.

⑤ 지식스키마 내에는 개별 지식의 유형, 중요도, 동의어, 주요 인덱스, 보안단계, 생성 – 조회 – 갱신 – 관리부서 정보 등과 전사적인 지식분류체계 등이 들어 있다.

26 인사평가제도는 평가목적을 어디에 두느냐에 따라 상대평가와 절대평가로 구분된다. 다음 중 상대평가에 해당하는 기법은?

① 평정척도법   ② 강제할당법

③ 체크리스트법   ④ 중요사건기술법

⑤ 연공형 승진제도

27 다음 글에서 설명하는 현상은?

> • 응집력이 높은 집단에서 나타나기 쉽다.
> • 집단구성원들이 의견일치를 추구하려다가 잘못된 의사결정을 하게 된다.
> • 이에 대처하기 위해서는 자유로운 비판이 가능한 분위기 조성이 필요하다.

① 집단사고(Groupthink)

② 임파워먼트(Empowerment)

③ 악마의 옹호자(Devil's Advocacy)

④ 몰입상승(Escalation of Commitment)

⑤ 조직시민행동(Organizational Citizenship Behavior)

28 다음 중 노동조합의 가입방법에 대한 설명으로 옳지 않은 것은?

① 에이전시 숍(Agency Shop) 제도에서는 근로자들의 조합가입과 조합비 납부가 강제된다.

② 오픈 숍(Open Shop) 제도에서는 노동조합 가입여부가 고용 또는 해고의 조건이 되지 않는다.

③ 유니언 숍(Union Shop) 제도에서 신규 채용된 근로자는 일정기간이 지나면 반드시 노동조합에 가입해야 한다.

④ 클로즈드 숍(Closed Shop) 제도는 기업에 속해 있는 근로자 전체가 노동조합에 가입해야 할 의무가 있는 제도이다.

⑤ 클로즈드 숍(Closed Shop) 제도에서는 기업과 노동조합의 단체협약을 통하여 근로자의 채용·해고 등을 노동조합의 통제에서 둔다.

29 다음 중 직무확대에 대한 설명으로 옳지 않은 것은?

① 한 직무에서 수행되는 과업의 수를 증가시키는 것을 말한다.

② 근로자가 스스로 직무를 계획하고 실행하여 일의 자부심과 책임감을 가지게 한다.

③ 다양한 업무를 진행하며 종업원의 능력이 개발되고 종합적인 시각을 가질 수 있다는 장점이 있다.

④ 종업원으로 하여금 중심과업에 다른 관련 직무를 더하여 수행하게 함으로써 개인의 직무를 넓게 확대한다.

⑤ 기업이 직원들의 능력을 개발하고 여러 가지 업무를 할 수 있도록 하여 인적자원의 운용 효율을 증가시킨다.

30 다음 중 SWOT 분석 방법의 관점이 다른 것은?

① 해외시장의 성장　　　　　　　　② 고품질 제품 보유

③ 시장에서의 기술 우위　　　　　　④ 기업상표의 명성 증가

⑤ 기업이 보유한 자원 증가

31 다음 중 수요예측기법의 시계열 분석법(Time Series Analysis)에 대한 설명으로 옳지 않은 것은?

① 주로 중단기 예측에 이용되며, 비교적 적은 자료로도 정확한 예측이 가능하다.

② 과거 수요를 분석하여 시간에 따른 수요의 패턴을 파악하고 이의 연장선상에서 미래 수요를 예측하는 방법이다.

③ 시계열 자료수집이 용이하고 변화하는 경향이 뚜렷하여 안정적일 때 이를 기초로 미래의 예측치를 구할 수 있다.

④ 목측법, 이동평균법, 지수평활법, 최소자승법, 박스 – 젠킨스(Box – Jenkins)법, 계절지수법, 시계열 회귀분석법 등이 있다.

⑤ 과거의 수요 흐름으로부터 미래의 수요를 투영하는 방법으로 과거의 수요 패턴이 미래에도 지속된다는 시장의 안정성이 기본적인 가정이다.

32 다음 중 마케팅믹스 4P와 로터본(Lauterborn)의 4C의 비교 내용으로 옳지 않은 것은?

	4P	4C
①	기업 관점	소비자 관점
②	제품	소비자 문제해결
③	가격	소비자 비용
④	유통	편의성
⑤	판매 촉진	제품 접근성

33 다음 중 제품수명주기(Product Life Cycle)에 대한 설명으로 옳지 않은 것은?

① 도입기, 성장기, 성숙기, 쇠퇴기의 4단계로 나누어진다.
② 쇠퇴기에는 매출이 떨어지고 순이익이 감소하기 시작한다.
③ 성장기에는 제품선호형 광고에서 정보제공형 광고로 전환한다.
④ 도입기에는 제품인지도를 높이기 위해 광고비가 많이 소요된다.
⑤ 성숙기에는 제품의 매출성장률이 점차적으로 둔화되기 시작한다.

34 다음 중 토빈의 Q - 비율에 대한 설명으로 옳지 않은 것은?(단, 다른 조건이 일정하다고 가정한다)

① 이자율이 상승하면 Q - 비율은 하락한다.
② 한 기업의 Q - 비율이 1보다 높을 경우 투자를 증가하는 것이 바람직하다.
③ 한 기업의 Q - 비율이 1보다 낮을 경우 투자를 감소하는 것이 바람직하다.
④ 특정 기업이 주식 시장에서 어떤 평가를 받고 있는지 판단할 때 종종 토빈의 Q - 비율을 활용한다.
⑤ 토빈의 Q - 비율은 실물자본의 대체비용을 주식시장에서 평가된 기업의 시장가치로 나눠서 구한다.

35 다음은 H기업의 균형성과평가제도를 적용한 평가기준표이다. 빈칸 (A) ~ (D)에 들어갈 용어를 바르게 짝지은 것은?

구분	전략목표	주요 성공요인	주요 평가지표	목표	실행계획
(A) 관점	매출 확대	경쟁사 대비 가격 및 납기우위	평균 분기별 총매출, 전년 대비 총매출	평균 분기 10억 원 이상, 전년 대비 20% 이상	영업 인원 증원
(B) 관점	부담 없는 가격, 충실한 A/S	생산성 향상, 높은 서비스품질	전년 대비 재구매 비율, 고객 만족도	전년 대비 10포인트 향상, 만족도 80% 이상	작업 순서 준수, 서비스 품질 향상
(C) 관점	작업 순서 표준화 개선 제안 및 실행	매뉴얼 작성 및 준수	매뉴얼 체크 회수 개선 제안 수 및 실행 횟수	1일 1회 연 100개 이상	매뉴얼 교육 강좌 개선, 보고회의 실시
(D) 관점	경험이 부족한 사원 교육	실천적 교육 커리큘럼 충실	사내 스터디 실시 횟수, 스터디 참여율	연 30회, 80% 이상	스터디 모임의 중요성 및 참여 촉진

	(A)	(B)	(C)	(D)
①	고객	업무 프로세스	학습 및 성장	재무적
②	고객	학습 및 성장	업무 프로세스	재무적
③	재무적	고객	업무 프로세스	학습 및 성장
④	학습 및 성장	고객	재무적	업무 프로세스
⑤	업무 프로세스	재무적	고객	학습 및 성장

36 H회사는 2022년 초 부여일로부터 3년의 용역제공을 조건으로 직원 50명에게 각각 주식선택권 10개를 부여하였으며, 부여일 현재 주식선택권의 단위당 공정가치는 1,000원으로 추정되었다. 주식선택권 1개로는 1주의 주식을 부여받을 수 있는 권리를 가득일로부터 3년간 행사가 가능하며, 총 35명의 종업원이 주식선택권을 가득하였다. 2025년 초 주식선택권을 가득한 종업원 중 60%가 본인의 주식선택권 전량을 행사하였다면, H회사의 주식발행초과금은 얼마나 증가하는가?(단, H회사 주식의 주당 액면금액은 5,000원이고, 주식선택권의 개당 행사가격은 7,000원이다)

① 630,000원
② 1,050,000원
③ 1,230,000원
④ 1,470,000원
⑤ 1,680,000원

37 다음 중 공정가치 측정에 대한 설명으로 옳지 않은 것은?

① 공정가치는 시장에 근거한 측정치이며 기업 특유의 측정치가 아니다.

② 공정가치란 측정일에 시장참여자 사이의 정상거래에서 자산을 매도할 때 받거나 부채를 이전할 때 지급하게 될 가격이다.

③ 공정가치를 측정하기 위해 사용하는 가치평가기법은 관측할 수 있는 투입변수를 최소한으로 사용하고 관측할 수 없는 투입변수를 최대한으로 사용한다.

④ 기업은 시장참여자가 경제적으로 최선의 행동을 한다는 가정에서, 시장참여자가 자산이나 부채의 가격을 결정할 때 사용할 가정에 근거하여 자산이나 부채의 공정가치를 측정하여야 한다.

⑤ 비금융자산의 공정가치를 측정할 때는 자신이 그 자산을 최고 최선으로 사용하거나 최고 최선으로 사용할 다른 시장참여자에게 그 자산을 매도함으로써 경제적 효익을 창출할 수 있는 시장참여자의 능력을 고려한다.

38 다음 글의 특징을 모두 가지고 있는 자산은?

> • 개별적으로 식별하여 별도로 인식할 수 없다.
> • 손상징후와 관계없이 매년 손상검사를 실시한다.
> • 손상차손환입을 인식할 수 없다.
> • 사업결합시 이전대가가 피취득자 순자산의 공정가치를 초과한 금액이다.

① 특허권 ② 회원권
③ 영업권 ④ 라이선스
⑤ 가상화폐

39 H회사는 2024년 초 액면금액 100,000원인 전환상환우선주(액면배당률 연 2%, 매년 말 배당지급)를 액면발행 하였다. 전환상환우선주 발행 시 조달한 현금 중 금융부채요소의 현재가치는 80,000원이고 나머지는 자본요소(전환권)이다. 전환상환우선주 발행시점의 금융부채요소 유효이자율은 연 10%이다. 2025년 초 전환상환우선주의 40%를 보통주로 전환할 때 H회사의 자본증가액은?

① 32,000원 ② 34,400원
③ 40,000원 ④ 42,400원
⑤ 50,000원

40 다음 중 주가순자산비율(PBR)에 대한 설명으로 옳은 것은?

① 주당순자산가치는 자기자본을 자산으로 나누어 계산한다.

② PBR이 1보다 클 경우 순자산보다 주가가 낮게 형성되어 저평가되었다고 판단한다.

③ 기업 청산 시 채권자가 배당받을 수 있는 자산의 가치를 의미하며 1을 기준으로 한다.

④ 주가를 주당순자산가치(BPS)로 나눈 비율로서 주가와 1주당 순자산가치를 비교한 수치이다.

⑤ 주가순자산비율(PBR)은 재무회계상 주가를 판단하는 기준지표로 성장성을 보여주는 지표이다.

41 다음 중 이자율의 기간구조에 대한 설명으로 옳지 않은 것은?

① 장기이자율이 단기이자율과 같다면 수평곡선의 형태를 취한다.

② 장기이자율이 단기이자율보다 높으면 우하향곡선의 형태를 취한다.

③ 이자율의 기간구조는 흔히 수익률 곡선(Yield Curve)으로 나타낸다.

④ 채권금리는 만기가 길수록 금리도 높아지는 우상향의 모양을 보인다.

⑤ 기간에 따라 달라질 수 있는 이자율 사이의 관계를 이자율의 기간구조라고 부른다.

42 다음 중 샤인(Schein)이 제시한 경력 닻의 내용으로 옳지 않은 것은?

① 관리역량 닻 : 특정 전문영역보다 관리직에 주된 관심이 있다.

② 전문역량 닻 : 일의 실제 내용에 주된 관심이 있으며, 전문분야에 종사하기를 원한다.

③ 안전지향 닻 : 직업 및 고용의 안정성에 관심이 있으며 보수를 중요하게 여긴다.

④ 사업가적 창의성 닻 : 타인의 삶을 향상시키고 사회를 위해 봉사하는 데 주된 관심이 있다.

⑤ 자율지향 닻 : 조직의 규칙과 제약조건에서 벗어나 스스로 결정할 수 있는 경력을 선호한다.

43 H회사가 사용하는 기계장치의 2024년 말 장부금액은 3,500원(취득원가 6,000원, 감가상각누계액 2,500원, 원가모형 적용)이다. 2024년 말 동 기계장치의 진부화로 가치가 감소하여 순공정가치는 1,200원, 사용가치는 1,800원으로 추정되었다. H회사가 2024년 인식할 기계장치 손상차손은?

① 1,200원
② 1,700원
③ 1,800원
④ 2,000원
⑤ 2,300원

44 다음 중 과학적 경영 전략에 대한 설명으로 옳지 않은 것은?

① 호손 실험은 생산성에 비공식적 조직이 영향을 미친다는 사실을 밝혀낸 연구이다.
② 테일러의 과학적 관리법은 시간연구와 동작연구를 통해 노동자의 심리상태와 보상심리를 적용한 효과적인 과학적 경영 전략을 제시하였다.
③ 직무특성이론은 기술된 핵심 직무 특성이 종업원의 주요 심리 상태에 영향을 미치며, 이것이 다시 종업원의 직무 성과에 영향을 미친다고 주장한다.
④ 목표설정이론은 인간이 합리적으로 행동한다는 기본적인 가정에 기초하여, 개인이 의식적으로 얻으려고 설정한 목표가 동기와 행동에 영향을 미친다는 이론이다.
⑤ 포드 시스템은 노동자의 이동경로를 최소화하며 물품을 생산하거나, 고정된 생산라인에서 노동자가 계속해서 생산하는 방식을 통하여 불필요한 절차와 행동 요소들을 없애 생산성을 향상하였다.

45 다음 중 기업합병에 대한 설명으로 옳지 않은 것은?

① 기업합병이란 두 독립된 기업이 법률적, 실질적으로 하나의 기업실체로 통합되는 것이다.
② 기업매각은 사업부문 중 일부를 분할한 후 매각하는 것으로, 기업의 구조를 재편성하는 것이다.
③ 기업인수는 한 기업이 다른 기업의 지배권을 획득하기 위하여 주식이나 자산을 취득하는 것이다.
④ 기업합병에는 흡수합병과 신설합병이 있으며, 흡수합병의 경우 한 회사는 존속하고 다른 회사의 주식은 소멸한다.
⑤ 수평적 합병은 기업의 생산이나 판매과정 전후에 있는 기업 간의 합병으로, 주로 원자재 공급의 안정성 등을 목적으로 한다.

46 다음 〈보기〉 중 맥그리거(Mcgregor)의 XY이론 중 X이론적 인간관과 동기부여 전략에 해당하는 것을 모두 고르면?

> **보기**
>
> ㄱ. 천성적 나태 ㄴ. 변화지향적
> ㄷ. 자율적 활동 ㄹ. 민주적 관리
> ㅁ. 어리석은 존재 ㅂ. 타율적 관리
> ㅅ. 변화에 저항적 ㅇ. 높은 책임감

① ㄱ, ㄴ, ㄷ, ㄹ   ② ㄱ, ㄴ, ㄹ, ㅁ
③ ㄱ, ㅁ, ㅂ, ㅅ   ④ ㄴ, ㄷ, ㄹ, ㅇ
⑤ ㄴ, ㅁ, ㅂ, ㅅ

47 다음 중 터크만(Tuckman)의 집단 발달의 5단계 모형에서 집단 구성원들 간에 집단의 목표와 수단에 대해 합의가 이루어지고 응집력이 높아지며 구성원들의 역할과 권한 관계가 정해지는 단계는?

① 형성기(Forming)   ② 격동기(Storming)
③ 규범기(Norming)   ④ 성과달성기(Performing)
⑤ 해체기(Adjourning)

48 다음 중 행동기준고과법(BARS)에 대한 설명으로 옳지 않은 것은?

① 다양하고 구체적인 직무에 적용이 가능하다는 장점이 있다.
② 전통적인 인사평가 방법에 비해 평가의 공정성이 증가하는 장점이 있다.
③ 어떤 행동이 목표달성과 관련이 있는지 인식하여 목표관리의 일환으로 사용이 가능하다.
④ 평정척도법과 중요사건기록법을 혼용하여 평가직무에 직접 적용되는 행동패턴을 척도화하여 평가하는 방법이다.
⑤ 점수를 통해 등급화하기보다는 개별행위를 빈도를 나눠서 측정하기 때문에 풍부한 정보를 얻을 수 있지만, 종업원의 행동변화를 유도하기 어렵다는 단점이 있다.

49 다음 중 인적자원관리(HRM)에 대한 설명으로 옳지 않은 것은?

① 직무분석의 결과로 직무기술서와 직무명세서가 만들어진다.

② 직무분석의 방법으로 면접법, 관찰법, 중요사건법 등이 있다.

③ 직무평가 방법으로는 서열법, 요소비교법, 질문지법 등이 있다.

④ 직무분석이란 적재적소에 인적자원을 배치하기 위하여 직무 관련 정보를 수집하는 절차이다.

⑤ '동일노동 동일임금'의 원칙을 실현하는 직무급을 도입하기 위한 기초 작업으로 직무평가가 실시된다.

50 다음 〈보기〉 중 푸시 앤 풀(Push and Pull) 기법에서 푸시 전략에 대한 설명으로 옳은 것을 모두 고르면?

> **보기**
> ㉠ 제조업자가 중간상을 대상으로 적극적인 촉진전략을 사용하여 도매상, 소매상들이 자사의 제품을 소비자에게 적극적으로 판매하도록 유도하는 방법이다.
> ㉡ 인적판매와 중간상 판촉의 중요성이 증가하게 되고, 최종소비자를 대상으로 하는 광고의 중요성은 상대적으로 감소하게 된다.
> ㉢ 제조업자가 최종소비자를 대상으로 적극적인 촉진을 사용하여 소비자가 자사의 제품을 적극적으로 찾게 함으로써 중간상들이 자발적으로 자사 제품을 취급하게 만드는 전략이다.
> ㉣ 최종소비자를 대상으로 하는 광고와 소비자 판촉의 중요성이 증가하게 된다.

① ㉠, ㉡

② ㉠, ㉣

③ ㉡, ㉢

④ ㉡, ㉣

⑤ ㉢, ㉣

51 다음 중 인간의 감각이 느끼지 못할 정도의 자극을 주어 잠재의식에 호소하는 광고는?

① 티저 광고

② 키치 광고

③ 리스폰스 광고

④ 서브리미널 광고

⑤ 애드버커시 광고

52 다음 중 마이클 포터(Michael Porter)의 가치사슬 모형(Value Chain Model)에 대한 설명으로 옳지 않은 것은?

① 기술 개발은 지원적 활동에 해당한다.

② 마케팅 활동은 지원적 활동에 해당한다.

③ 물류 투입 및 산출 활동은 본원적 활동에 해당한다.

④ 지원적 활동에 해당하는 활동도 기업의 핵심 역량이 될 수 있다.

⑤ 기업이 가치를 창출하는 활동을 본원적 활동과 지원적 활동으로 구분하였다.

53 다음 중 시장세분화에 대한 설명으로 옳은 것은?

① 시장포지셔닝은 세분화된 시장의 좋은 점을 분석한 후 진입할 세분시장을 선택하는 것이다.

② 행동적 세분화는 구매자의 사회적 위치, 생활습관, 개인성격을 바탕으로 시장을 나누는 것이다.

③ 사회심리적 세분화는 추구하는 편익, 사용량, 상표애호도, 사용여부 등을 바탕으로 시장을 나누는 것이다.

④ 인구통계적 세분화는 나이, 성별, 가족규모, 소득, 직업, 종교, 교육수준 등을 바탕으로 시장을 나누는 것이다.

⑤ 시장표적화는 시장경쟁이 치열해졌거나 소비자의 욕구가 급격히 변할 때 저가격으로 설정하는 전략방법이다.

54 다음 중 공급사슬관리(SCM)의 목적으로 옳은 것은?

① 제품 생산에 필요한 자재의 소요량과 소요시기를 결정한다.

② 자재의 흐름을 효과적으로 관리하여 불필요한 시간과 비용을 절감한다.

③ 조직의 인적 자원이 축적하고 있는 개별적인 지식을 체계화하고 공유한다.

④ 기업 내 모든 자원의 흐름을 정확히 파악하여 자원을 효율적으로 배치한다.

⑤ 자재를 필요한 시각에 필요한 수량만큼 조달하여 낭비 요소를 근본적으로 제거한다.

55 H회사는 정상원가계산을 사용하고 있으며, 직접노무시간을 기준으로 제조간접원가를 예정배부하고 있다. H회사의 2024년 연간 제조간접원가 예산은 600,000원이고, 실제 발생한 제조간접원가는 650,000원이다. 2024년 연간 예정조업도는 20,000시간이고, 실제 직접노무시간은 18,000시간이다. H회사는 제조간접원가 배부차이를 전액 매출원가에서 조정하고 있다. 2024년 제조간접원가 배부차이조정전 매출총이익이 400,000원이라면, 포괄손익계산서에 인식할 매출총이익은?

① 290,000원   ② 360,000원
③ 400,000원   ④ 450,000원
⑤ 510,000원

56 다음 중 재고자산에 대한 설명으로 옳은 것은?(단, 재고자산감모손실 및 재고자산평가손실은 없다)

① 재고자산 매입 시 부담한 매입운임은 운반비로 구분하여 비용처리한다.
② 부동산 매매기업이 정상적인 영업과정에서 판매를 목적으로 보유하는 건물은 재고자산으로 구분한다.
③ 재고자산을 순실현가능가치로 감액한 평가손실과 모든 감모손실은 감액이나 감모가 발생한 다음 기간에 매출원가로 인식한다.
④ 선입선출법 적용 시 물가가 지속적으로 상승한다면, 계속기록법에 의한 기말재고자산금액이 실지재고조사법에 의한 기말재고자산 금액보다 크다.
⑤ 선입선출법 적용 시 물가가 지속적으로 상승한다면, 계속기록법에 의한 기말재고자산금액이 실지재고조사법에 의한 기말재고자산 금액보다 작다.

57 다음 중 자금, 인력, 시설 등 모든 제조자원을 통합하여 계획 및 통제하는 관리시스템은?

① MRP   ② MRP Ⅱ
③ JIT   ④ FMS
⑤ BPR

58 다음은 H회사의 2024년 세무조정사항 등 법인세 계산 자료이다. H회사의 2024년 법인세비용은?

- 접대비 한도초과액은 24,000원이다.
- 감가상각비 한도초과액은 10,000원이다.
- 2024년 초 전기이월 이연법인세자산은 7,500원이고, 이연법인세부채는 없다.
- 2024년 법인세비용차감전순이익은 150,000원이고, 이후에도 매년 이 수준으로 실현될 가능성이 높다.
- 과세소득에 적용될 세율은 25%이고, 향후에도 변동이 없다.

① 37,500원   ② 40,500원
③ 43,500원   ④ 45,500원
⑤ 48,500원

59 H회사는 고객에게 상품을 판매하고 난 뒤 약속어음(액면금액 5,000,000원, 만기 6개월, 표시이자율 연 6%)을 받았다. H회사는 동 어음을 3개월간 보유한 후 은행에 할인하면서 은행으로부터 4,995,500원을 받았다. 동 어음에 대한 은행의 연간 할인율은?(단, 이자는 월할계산한다)

① 8%   ② 10%
③ 12%   ④ 14%
⑤ 16%

60 다음 자료를 이용하여 결합레버리지도를 구한 값은?

매출액	100	영업이익	40
변동비	30	이자비용	30
고정비	30	법인세차감전이익	10

① 5   ② 7
③ 9   ④ 11
⑤ 13

| 02 | 경제

01 H기업의 비용함수가 $TC(Q)=50+25Q$로 주어져 있을 때, 이에 대한 설명으로 옳지 않은 것은?

① 규모의 경제가 존재한다.
② 한계비용은 항상 일정하다.
③ 생산활동에 고정비용이 소요된다.
④ 생산량이 10일 때 평균비용은 30이다.
⑤ 평균비용은 생산량이 늘어날수록 증가한다.

02 한 경제의 취업자 수는 120만 명이라고 한다. 이 경제의 실업률은 20%이고, 노동가능인구(생산가능인구)는 200만 명이라고 할 때 경제활동참가율은?

① 15%   ② 35%
③ 55%   ④ 75%
⑤ 95%

03 다음 상황을 의미하는 용어로 옳은 것은?

> 일본의 장기불황과 미국의 금융위기 사례에서와 같이 금리를 충분히 낮추는 확장적 통화정책을 실시해도 가계와 기업이 시중에 돈을 풀어놓지 않는 상황을 말한다. 특히 일본의 경우 1990년대 제로금리를 고수했음에도 불구하고 소위 '잃어버린 10년'이라고 불리는 장기 불황을 겪었다. 불황 탈출을 위해 확장적 통화정책을 실시했지만 경제성장률은 계속 낮았다. 이후 경기 비관론이 팽배해지고 디플레이션이 심화되면서 모든 경제 주체가 투자보다는 현금을 보유하려는 유동성 선호경향이 강해졌다.

① 공개시장조작
② 동태적 비일관성
③ 용의자의 딜레마
④ 유동성 함정(Liquidity Trap)
⑤ 구축효과(Crowding-Out Effect)

04 다음 〈보기〉 중 피셔(Fisher)의 2기간 최적소비선택모형에서 제1기의 소득이 소비보다 큰 소비자에 대한 설명으로 옳은 것을 모두 고르면?(단, 기간별 소비는 모두 정상재이며, 저축과 차입이 자유롭고 저축이자율과 차입이자율이 동일한 완전자본시장을 가정한다)

> **보기**
>
> ㄱ. 제1기의 소득증가는 제1기의 소비를 증가시킨다.
> ㄴ. 제2기의 소득증가는 제2기의 소비를 감소시킨다.
> ㄷ. 실질이자율이 증가하면 제2기의 소비는 증가한다.

① ㄱ
② ㄱ, ㄴ
③ ㄱ, ㄷ
④ ㄴ, ㄷ
⑤ ㄱ, ㄴ, ㄷ

05 다음 중 설문을 어떻게 구성하느냐에 따라 다른 응답이 나오는 효과는?

① 기정편향(Default Bias)
② 틀짜기효과(Framing Effect)
③ 부존효과(Endowment Effect)
④ 닻내림효과(Anchoring Effect)
⑤ 현상유지편향(Status Quo Bias)

06 효용을 극대화하는 A의 효용함수는 $U(x, y) = \min[x, y]$이다. 소득이 1,800, X재와 Y재의 가격이 각각 10이다. X재의 가격만 8로 하락할 때, 〈보기〉 중 이에 대한 설명으로 옳은 것을 모두 고르면?(단, x는 X재의 소비량, y는 Y재의 소비량이다)

> **보기**
>
> ㄱ. X재의 소비량 변화 중 대체효과는 0이다.
> ㄴ. X재의 소비량 변화 중 소득효과는 10이다.
> ㄷ. 한계대체율은 하락한다.
> ㄹ. X재 소비는 증가하고, Y재 소비는 감소한다.

① ㄱ, ㄴ
② ㄱ, ㄷ
③ ㄴ, ㄷ
④ ㄴ, ㄹ
⑤ ㄷ, ㄹ

07 주어진 예산으로 효용극대화를 추구하는 어떤 사람이 일정 기간에 두 재화 X와 Y만 소비한다고 하자. X의 가격은 200원이고, 그가 얻는 한계효용이 600이 되는 수량까지 X를 소비한다. 다음은 Y의 가격이 300원일 때 그가 소비하는 Y의 수량과 한계효용 사이의 관계를 나타내는 자료이다. 효용이 극대화되는 Y의 소비량은?

Y의 수량	1개	2개	3개	4개	5개
한계효용	2,600	1,900	1,300	900	800

① 1개
② 2개
③ 3개
④ 4개
⑤ 5개

08 다음 중 탄력성에 대한 설명으로 옳은 것은?

① 수요의 소득탄력성은 항상 0보다 크다.
② 잉크젯프린터와 잉크카트리지 간의 수요의 교차탄력성은 0보다 크다.
③ 가격이 1% 상승할 때 수요량이 2% 감소했다면 수요의 가격탄력성은 0.5이다.
④ 소득이 5% 상승할 때 수요량이 1%밖에 증가하지 않았다면 이는 기펜재(Giffen Goods)이다.
⑤ 수요의 가격탄력성이 0보다 크고 1보다 작으면 가격이 상승함에 따라 소비자의 총지출은 증가한다.

09 다음은 불평등지수에 대한 글이다. 빈칸 ㉠ ~ ㉢에 들어갈 내용을 바르게 짝지은 것은?

• 지니계수가 ___㉠___ 수록 소득불평등 정도가 크다.
• 십분위분배율이 ___㉡___ 수록 소득불평등 정도가 크다.
• 앳킨슨지수가 ___㉢___ 수록 소득불평등 정도가 크다.

	㉠	㉡	㉢
①	클	클	클
②	클	클	작을
③	클	작을	클
④	작을	클	클
⑤	작을	클	작을

10 다음은 A국과 B국의 2020년과 2024년의 자동차와 TV 생산에 대한 생산가능곡선이다. 이에 대한 설명으로 옳은 것은?

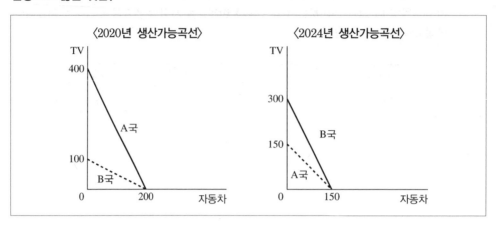

① 2020년 자동차 수출국은 A국이다.

② B국의 자동차 1대 생산 기회비용은 감소하였다.

③ 두 시점의 생산가능곡선 변화 원인은 생산성 향상 때문이다.

④ 2020년 A국이 생산 가능한 총생산량은 TV 400대와 자동차 200대이다.

⑤ 2024년에 자동차 1대가 TV 2대와 교환된다면 무역의 이익은 B국만 갖게 된다.

11 다음 중 파레토 최적에 대한 설명으로 옳지 않은 것은?

① 파레토 효율성이란 일반적으로 한정된 자원의 효율적인 사용과 관련된 의미이다.

② 외부성이 존재해도 완전경쟁만 이루어진다면 파레토 최적의 자원배분은 가능하다.

③ 재화 간 소비자의 주관적 교환비율인 한계대체율이 생산자의 한계변환율과 서로 같아야 한다.

④ 후생경제학 제1정리에 의하여 시장실패요인이 없다면 일반경쟁균형에서의 자원배분은 파레토 최적이다.

⑤ 파레토 효율성과 관련된 후생경제학의 제1정리와 제2정리에 있어서 소비자의 선호체계에 대한 기본 가정은 동일하지 않다.

12 다음 〈보기〉 중 내생적 성장이론에서 주장하는 내용으로 옳지 않은 것을 모두 고르면?

> **보기**
>
> 가. 금융시장이 발달하면 투자의 효율성이 개선되어 경제성장이 촉진된다.
> 나. 연구부문의 고용비율이 높아지면 성장률이 장기적으로 높아질 수 있다.
> 다. 외부효과를 갖는 지식의 경우에는 수확체감의 법칙이 적용되지 않는다.
> 라. 자본의 한계생산이 체감하지 않으므로 국가 간 소득수준의 수렴이 빠르게 발생한다.

① 다

② 라

③ 가, 나

④ 나, 다

⑤ 가, 다, 라

13 다음 중 IS곡선에 대한 설명으로 옳지 않은 것은?

① 한계저축성향이 클수록 IS곡선은 급경사이다.

② IS곡선 하방의 한 점은 생산물시장이 초과 수요 상태임을 나타낸다.

③ 피구(Pigou)효과를 고려하게 되면 IS곡선의 기울기는 보다 가팔라진다.

④ 정부지출과 조세가 동액만큼 증가하더라도 IS곡선은 우측으로 이동한다.

⑤ 수입은 소득의 증가함수이므로 개방경제의 IS곡선은 폐쇄경제의 IS곡선보다 가파르다.

14 다음 중 항상소득가설에 의하면 소비에 미치는 영향이 가장 큰 소득의 변화는?

① 직장에서 과장으로 승진하여 월급이 올랐다.

② 로또에서 3등으로 당첨되어 당첨금을 받았다.

③ 감기로 인한 결근으로 급여가 일시적으로 감소했다.

④ 휴가를 최대한 사용하여 미사용 연차휴가수당이 줄었다.

⑤ 일시적인 수요 증가로 초과 근무가 늘어나고 초과 수당이 증가했다.

15 다음 중 조세정책에 대한 설명으로 옳지 않은 것은?

① 조세정책을 시행하는 곳은 한국은행이다.
② 조세정의 실현을 위해 지하경제 양성화, 역외탈세 근절 등이 매우 중요하다.
③ 조세정책은 정부가 경제영역 중 분배영역에 개입할 수 있는 중요한 수단 중 하나이다.
④ 정부는 기업의 고용 및 투자를 촉진하기 위한 수단으로 소득세, 법인세 감면 등을 시행한다.
⑤ 세율을 높이면 세수입이 늘어나지만 일정 수준 이상의 세율에서는 오히려 세금이 줄어드는 현상
이 나타난다.

16 다음 〈보기〉 중 단기총공급곡선이 우상향하는 이유, 즉 물가 상승 시 생산이 증가하는 경우를 모두
고르면?

> **보기**
> ㄱ. 물가 상승 시 기업들은 자사제품의 상대가격이 상승했다고 오인하여 생산을 늘린다.
> ㄴ. 노동자가 기업에 비해 물가 상승을 과소예측하면 노동공급은 증가한다.
> ㄷ. 물가상승에도 불구하고 메뉴비용이 커서 가격을 올리지 않는 기업의 상품 판매량이 증가한다.
> ㄹ. 명목임금이 경직적이면 물가 상승에 따라 고용이 증가한다.

① ㄴ, ㄷ
② ㄱ, ㄴ, ㄷ
③ ㄱ, ㄷ, ㄹ
④ ㄴ, ㄷ, ㄹ
⑤ ㄱ, ㄴ, ㄷ, ㄹ

17 다음은 2020년과 2024년의 빅맥 가격에 대한 자료이다. 일물일가의 법칙이 성립할 때, 옳지 않은
것은?(단, 환율은 빅맥 가격을 기준으로 표시한다)

2020년		2024년	
원화 가격	달러 가격	원화 가격	달러 가격
5,000원	5달러	5,400원	6달러

① 빅맥의 원화 가격은 두 기간 사이에 8% 상승했다.
② 2024년 원화의 명목환율은 구매력평가환율보다 낮다.
③ 달러 대비 원화의 가치는 두 기간 사이에 10% 상승했다.
④ 빅맥의 1달러당 원화 가격은 두 기간 사이에 10% 하락했다.
⑤ 달러 대비 원화의 실질환율은 두 기간 사이에 변하지 않았다.

18 다음 중 일반적인 필립스곡선에 나타나는 실업률과 인플레이션의 관계에 대한 설명으로 옳지 않은 것은?

① 장기적으로 인플레이션과 실업률 사이에 특별한 관계가 없다.

② 원자재 가격이 상승하는 경우 실업률이 감소하지 않더라도 인플레이션이 심화된다.

③ 단기적으로는 인플레이션율과 실업률이 반대방향으로 움직이는 경우가 대부분이다.

④ 실업률을 낮추기 위하여 확장적인 통화정책을 사용하는 경우 인플레이션이 일어난다.

⑤ 인플레이션에 대한 높은 기대 때문에 인플레이션이 나타난 경우에도 실업률은 하락한다.

19 다음 중 소비자잉여와 생산자잉여에 대한 설명으로 옳지 않은 것은?

① 소비자잉여는 소비자의 선호 체계에 의존한다.

② 완전경쟁일 때보다 기업이 가격차별을 실시할 경우 소비자잉여가 줄어든다.

③ 완전경쟁시장에서는 소비자잉여와 생산자잉여의 합인 사회적잉여가 극대화된다.

④ 독점시장의 시장가격은 완전경쟁시장의 가격보다 높게 형성되지만 소비자잉여는 줄어들지 않는다.

⑤ 소비자잉여는 어떤 상품에 소비자가 최대한으로 지급할 용의가 있는 가격에서 실제 지급한 가격을 차감한 차액이다.

20 진영이는 완전경쟁적인 햄버거시장에서 매월 햄버거를 1,000개 팔고 있다. 진영이의 월간 총비용은 100만 원이고, 이 중 고정비용은 40만 원이다. 진영이가 단기적으로는 햄버거 가게를 운영하지만 장기적으로는 폐업할 계획이라고 할 때 햄버거 1개당 가격의 범위는?

① 400원 이상 600원 미만

② 600원 이상 1,000원 미만

③ 800원 이상 1,200원 미만

④ 1,000원 이상 1,400원 미만

⑤ 1,200원 이상 1,600원 미만

현재 인플레이션율을 8%에서 4%로 낮출 경우 다음 〈조건〉을 토대로 계산한 희생률은?[단, Π_t, Π_{t-1}, U_t는 각각 t기의 인플레이션율, $(t-1)$기의 인플레이션율, t기의 실업률이다]

> **조건**
> - $\Pi_t - \Pi_{t-1} = -0.8(U_t - 0.05)$
> - 현재 실업률 : 5%
> - 실업률 1%p 증가할 때 GDP 2% 감소로 가정
> - 희생률 : 인플레이션율을 1%p 낮출 경우 감소되는 GDP 변화율(%)

① 1.5   ② 2

③ 2.5   ④ 3

⑤ 3.5

다음 〈보기〉 중 통화정책의 단기적 효과를 높이는 요인으로 옳은 것을 모두 고르면?

> **보기**
> ㄱ. 화폐수요의 이자율 탄력성이 높은 경우
> ㄴ. 투자의 이자율 탄력성이 높은 경우
> ㄷ. 한계소비성향이 높은 경우

① ㄱ   ② ㄴ

③ ㄱ, ㄴ   ④ ㄴ, ㄷ

⑤ ㄱ, ㄴ, ㄷ

기업의 생산함수가 $Y = 200N - N^2$이고, 근로자의 여가 1시간당 가치가 40이다. 상품시장과 생산요소시장이 완전경쟁시장이고, 생산물의 가격이 1일 때, 균형노동시간은?(단, Y는 생산량이고, N은 노동시간이다)

① 40시간   ② 60시간

③ 80시간   ④ 100시간

⑤ 120시간

24 휴대폰의 수요곡선은 $Q=-2P+100$이고, 공급곡선은 $Q=-3P-20$이다. 정부가 휴대폰 1대당 10의 종량세 형태의 물품세를 공급자에게 부과하였다면, 휴대폰 공급자가 부담하는 총조세부담액은?(단, P는 가격, Q는 수량이고, $P>0$, $Q>0$이다)

① 140
② 160
③ 180
④ 200
⑤ 220

25 도담이는 만기가 도래한 적금 3,000만 원을 기대수익률이 10%인 주식에 투자해야 할지 이자율이 5%인 예금에 저축해야 할지 고민 중이다. 결국 도담이가 주식에 투자하기로 결정한 경우 이에 대한 연간 기회비용은?

① 0원
② 150만 원
③ 300만 원
④ 3,000만 원
⑤ 3,300만 원

26 다음 〈보기〉 중 가격차별 행위로 옳지 않은 것을 모두 고르면?

> **보기**
>
> 가. 전월세 상한제
> 나. 학생과 노인에게 극장표 할인
> 다. 수출품 가격과 내수품 가격을 다르게 책정
> 라. 전력 사용량에 따라 단계적으로 다른 가격 적용
> 마. 대출 최고 이자율 제한

① 가, 마
② 다, 라
③ 나, 다, 라
④ 나, 다, 마
⑤ 다, 라, 마

27 다음 중 인플레이션에 의해 나타날 수 있는 현상으로 옳지 않은 것은?

① 통화가치 하락
② 메뉴비용의 발생
③ 구두창 비용의 발생
④ 총요소생산성의 상승
⑤ 단기적인 실업률 하락

28 다음 〈보기〉 중 도덕적 해이(Moral Hazard)를 해결하는 방안으로 옳은 것을 모두 고르면?

> **보기**
>
> 가. 스톡옵션(Stock option)　　　　나. 은행담보대출
> 다. 자격증 취득　　　　　　　　　라. 전자제품 다년간 무상수리
> 마. 사고 건수에 따른 보험료 할증

① 가, 나　　　　　　　　　　② 가, 라
③ 다, 마　　　　　　　　　　④ 가, 나, 마
⑤ 나, 라, 마

29 甲국과 乙국 두 나라만 존재하며 재화는 TV와 쇠고기, 생산요소는 노동뿐이며, 두 나라에서 재화 1단위 생산에 필요한 노동량은 다음과 같다. 리카도(D. Ricardo)의 비교우위론에 입각한 설명으로 옳은 것은?

구분	甲국	乙국
TV	3	2
쇠고기	10	4

① 乙국이 두 재화 모두 甲국에 수출한다.
② 甲국은 쇠고기를 乙국은 TV를 상대국에 수출한다.
③ 자유무역이 이루어질 경우 甲국은 TV만 생산할 때 이익이 가장 크다.
④ 국제거래가격이 TV 1단위당 쇠고기 0.2단위라면 甲국은 TV를 수출한다.
⑤ 국제거래가격은 쇠고기 1단위당 TV 0.3단위와 0.5단위 사이에서 결정된다.

30 다음 중 어떤 산업이 자연독점화되는 이유로 옳은 것은?

① 고정비용의 크기가 작은 경우
② 최소효율규모의 수준이 매우 큰 경우
③ 다른 산업에 비해 규모의 경제가 작게 나타나는 경우
④ 생산량이 증가함에 따라 평균비용이 계속 늘어나는 경우
⑤ 기업 수가 증가할수록 산업의 평균 생산비용이 감소하는 경우

31 다음 글에서 설명하는 무차별곡선은?

- 원점에 볼록하며, 절편을 가지지 않는다.
- 효용함수는 $U(X, \ Y) = aX \times bY$로 표시한다(단, a, b는 0보다 크다).
- 우하향하는 모습을 나타내며, 원점에서 멀수록 더 높은 효용을 나타낸다.

① 선형 무차별곡선   ② 준 선형 무차별곡선
③ 레온티에프형 무차별곡선   ④ 콥 – 더글러스형 무차별곡선
⑤ X재가 비재화인 무차별곡선

32 다음 중 생산자의 단기 생산 활동에 대한 설명으로 옳지 않은 것은?

① 가변요소의 투입량이 증가할 때 평균생산성은 증가하다가 감소한다.
② 가변요소의 투입량이 증가할 때 한계생산성은 증가하다가 감소한다.
③ 평균생산성이 증가하는 구간에서 한계생산성은 평균생산성보다 크다.
④ 수확체감의 법칙은 한계생산성이 지속적으로 감소하는 구간에서 발생한다.
⑤ 한계생산물곡선은 평균생산물곡선의 극대점을 통과하므로 한계생산물과 평균생산물이 같은 점에서는 총생산물이 극대가 된다.

33 다음 중 산업 내 무역에 대한 설명으로 옳은 것은?

① 산업 내 무역은 규모의 경제와 관계없이 발생한다.
② 산업 내 무역은 무역으로 인한 소득재분배가 발생한다.
③ 산업 내 무역은 경제여건이 다른 국가 사이에서 이루어진다.
④ 산업 내 무역은 부존자원의 상대적인 차이 때문에 발생한다.
⑤ 산업 내 무역은 유럽연합 국가들 사이의 활발한 무역을 설명할 수 있다.

34 다음 〈보기〉 중 코즈의 정리에 대한 설명으로 옳은 것을 모두 고르면?

> **보기**
>
> ㄱ. 외부효과를 발생시키는 재화에 대해 시장을 따로 개설해 주면 시장의 문제가 해결된다.
> ㄴ. 외부효과를 발생시키는 재화에 대해 조세를 부과하면 시장의 문제가 해결된다.
> ㄷ. 외부효과를 발생시키는 재화의 생산을 정부가 직접 통제하면 시장의 문제가 해결된다.
> ㄹ. 외부효과를 발생시키는 재화에 대해 소유권을 인정해주면 이해당사자들의 협상을 통하여 시장의 문제가 해결된다.
> ㅁ. 코즈의 정리와 달리 현실에서는 민간주체들이 외부효과 문제를 항상 해결할 수 있는 것은 아니다.

① ㄱ, ㄷ
② ㄹ, ㅁ
③ ㄱ, ㄴ, ㄹ
④ ㄴ, ㄷ, ㅁ
⑤ ㄷ, ㄹ, ㅁ

35 다음 중 한국은행의 주요 업무에 대한 설명으로 옳지 않은 것은?

① 한국은행은 우리나라 화폐를 발행한다.
② 한국은행은 국고금을 수납하고 지급하는 업무를 한다.
③ 한국은행은 경제에 대한 조사연구 및 통계 업무를 한다.
④ 한국은행은 금융시스템의 안정성을 유지하고 강화하는 업무를 한다.
⑤ 한국은행은 기관 및 개인 고객을 대상으로 예금 수신 및 대출 업무를 한다.

36 다음 〈보기〉 중 국내총생산(GDP) 통계에 대한 설명으로 옳은 것을 모두 고르면?

> **보기**
>
> 가. 여가가 주는 만족은 삶의 질에 매우 중요한 영향을 미치므로 GDP에 반영된다.
> 나. 환경오염으로 파괴된 자연을 치유하기 위해 소요된 지출은 GDP에 포함된다.
> 다. 우리나라의 지하경제 규모는 엄청나므로 한국은행은 이것을 포함하여 GDP를 측정한다.
> 라. 가정주부의 가사노동은 GDP에 불포함되지만 가사도우미의 가사노동은 GDP에 포함된다.

① 가, 다
② 가, 라
③ 나, 다
④ 나, 라
⑤ 다, 라

37 다음 중 선도계약에 대한 설명으로 옳지 않은 것은?

① 선도계약은 만기일에만 결제가 가능하다.

② 통화 선도계약은 환위험을 줄이기 위한 수단으로 주로 사용된다.

③ 통화 선도계약은 통화 스와프에 비해 수익과 손실의 범위가 크다.

④ 선도계약의 가격은 만기일 당일 현물가격의 기댓값에 따라 결정된다.

⑤ 선도계약은 계약 당사자 간 직접거래이므로 계약 당사자의 신용이 중요하다.

PART 3

38 다음 중 파레토효율성에 대한 설명으로 옳지 않은 것은?

① 파레토효율적인 자원배분에서는 항상 사회후생이 극대화된다.

② 파레토효율적인 자원배분은 일반적으로 무수히 많이 존재한다.

③ 파레토효율적인 자원배분이 평등한 소득분배를 보장해주는 것은 아니다.

④ 일정한 조건이 충족될 때 완전경쟁시장에서의 일반균형은 파레토효율적이다.

⑤ 어느 한 사람의 효용을 감소시키지 않고서는 다른 사람의 효용을 증가시킬 수 없는 상태를 파레토효율적이라고 한다.

39 다음 〈보기〉 중 소비의 항상소득가설과 생애주기가설에 대한 설명으로 옳은 것을 모두 고르면?

> **보기**
>
> 가. 소비자들은 가능한 한 소비수준을 일정하게 유지하려는 성향이 있다.
> 나. 생애주기가설에 의하면 고령인구의 비율이 높아질수록 민간부문의 저축률이 하락할 것이다.
> 다. 프리드먼의 항상소득가설에 의하면 높은 소득의 가계가 평균적으로 낮은 평균소비성향을 갖는다.
> 라. 케인스는 항상소득가설을 이용하여 승수효과를 설명하였다.

① 가, 나   ② 가, 라

③ 나, 다   ④ 가, 나, 다

⑤ 나, 다, 라

40 다음 중 자국의 실물시장 균형을 나타내는 IS곡선에 대한 설명으로 옳지 않은 것은?(단, IS곡선의 기울기는 세로축을 이자율, 가로축을 소득으로 하는 그래프상 기울기를 말한다)

① 자국의 정부지출이 증가하면 IS곡선은 오른쪽으로 이동한다.
② 자국의 한계소비성향이 커지면 IS곡선의 기울기가 완만해진다.
③ 자국의 한계수입성향이 커질수록 IS곡선의 기울기는 가팔라진다.
④ 해외교역국의 한계수입성향이 커질수록 IS곡선의 기울기는 완만해진다.
⑤ 자국의 소득증가로 인한 한계유발투자율이 증가하면 IS곡선의 기울기가 완만해진다.

41 다음 중 국제수지와 환율에 대한 설명으로 옳지 않은 것은?

① 개방경제의 총수요에는 순수출이 포함된다.
② 명목환율은 서로 다른 나라 화폐 간의 교환비율이다.
③ 국제수지는 경제적 거래의 형태에 따라 크게 경상수지와 금융계정으로 나눌 수 있다.
④ 국민소득 항등식에 의하면 국내 저축이 국내 투자보다 크면 순수출은 항상 0보다 작다.
⑤ 실질환율은 우리나라에서 생산한 재화 한 단위가 다른 나라에서 생산한 재화 몇 단위와 교환되는지를 나타낸다.

42 다음 〈조건〉을 토대로 계산한 사중손실은?

> **조건**
> • $Q_s = 500 + 3P$, $Q_d = 800 - 2P$
> • 가격상한제 시행으로 인한 상한가격 : 50

① 185
② 250
③ 315
④ 375
⑤ 400

43 다음 중 매일 마시는 물보다 다이아몬드의 가격이 비싸다는 사실을 통해 내릴 수 있는 결론으로 옳은 것은?

① 유용한 재화일수록 희소하다.

② 희소하지 않은 자원도 존재한다.

③ 희소하지 않지만 유용한 재화도 있다.

④ 재화의 가격은 희소성의 영향을 많이 받는다.

⑤ 재화의 사용가치가 높을수록 가격도 높아진다.

44 다음 중 수요의 가격탄력성에 대해 바르게 설명한 사람을 모두 고르면?

> 보검 : 대학교 학생식당 음식에 대한 수요가 가격탄력적인 경우에는 가격을 올리면 매출이 증가할 거야.
>
> 지철 : 캐나다행 비행기표의 수요곡선이 직선이라면 가격에 상관없이 비행기표 수요의 가격탄력성은 일정할 거야.
>
> 지현 : 명품 찻잔의 가격이 올라도 수요가 별로 줄지 않는 것은 사치재의 가격탄력성이 작기 때문이라고도 설명할 수 있어.
>
> 진솔 : 나처럼 용돈에서 아메리카노 사 먹는 데 쓰는 돈이 차지하는 비중이 큰 사람의 커피 수요는 아메리카노 값에 탄력적으로 반응할 거야.

① 보검, 지현

② 보검, 진솔

③ 지철, 지현

④ 지철, 진솔

⑤ 지현, 진솔

45 기업들이 각자의 생산량을 동시에 결정하는 쿠르노(Cournot) 복점모형에서 시장 수요곡선이 $P = 60 - Q$로 주어지고, 두 기업의 한계비용은 30으로 동일하다. 이때, 내쉬균형에서 각 기업의 생산량과 가격은?(단, P는 가격, Q는 총생산량, Q는 $Q_1 + Q_2$이고, Q_1은 기업 1의 생산량, Q_2는 기업 2의 생산량이다)

	Q_1	Q_2	P
①	5	5	50
②	10	10	40
③	10	10	50
④	15	10	35
⑤	15	30	30

46 A와 B 두 개의 지역으로 나누어진 H시는 도심공원을 건설할 계획이다. 두 지역에 거주하는 지역주민의 공원에 대한 수요곡선과 공원 건설의 한계비용곡선이 다음과 같을 때, 사회적으로 최적인 (Socially Optimal) 도심공원의 면적은?(단, P_A는 A지역 주민이 지불하고자 하는 가격, P_B는 B지역 주민이 지불하고자 하는 가격, Q는 공원면적, MC는 한계비용이다)

- A지역 주민의 수요곡선 : $P_A = 10 - Q$
- B지역 주민의 수요곡선 : $P_B = 10 - \dfrac{1}{2}Q$
- 한계비용곡선 : $MC = 5$

① 4   ② 6

③ 8   ④ 10

⑤ 12

47 밀턴 프리드먼은 "공짜 점심은 없다(There is no such thing as a free lunch)."라는 말을 즐겨했다고 한다. 다음 중 이 말을 설명할 수 있는 경제 원리는?

① 기회비용   ② 규모의 경제

③ 긍정적 외부성   ④ 수요공급의 원리

⑤ 한계효용 체감의 법칙

48 다음은 A, B 두 국가의 생산 1단위당 노동투입량을 나타낸 자료이다. 비교우위론에 입각하였을 때 진행되는 무역의 흐름으로 옳은 것은?

구분	C상품	D상품
A국가	6	10
B국가	6	2

① 무역이 발생하지 않는다.

② A국가는 B국가로 C, D상품을 모두 수출한다.

③ B국가는 A국가로 C, D상품을 모두 수출한다.

④ A국가는 B국가로 C상품을, B국가는 A국가로 D상품을 수출한다.

⑤ A국가는 B국가로 D상품을, B국가는 A국가로 C상품을 수출한다.

49 노동수요곡선은 $L = 300 - 2w$, 노동공급곡선은 $L = -100 + 8w$ 이다. 최저임금이 50일 경우 시장 고용량(ㄱ)과 노동수요의 임금탄력성(ㄴ)은?(단, L은 노동량, w는 임금, 임금탄력성은 절댓값으로 표시한다)

	ㄱ	ㄴ
①	200	0.4
②	200	0.5
③	220	2
④	300	0.5
⑤	400	8

50 다음 그래프는 X재의 국내 수요곡선(D)과 공급곡선(S)을 나타내고 있다. 폐쇄경제의 국내균형은 E, 무관세 자유무역에서의 소비자가격은 P_1, X재 수입에 대하여 한 개당 t원의 관세가 부과되는 경우의 소비자가격은 P_2 이다. 이에 대한 설명으로 옳지 않은 것은?

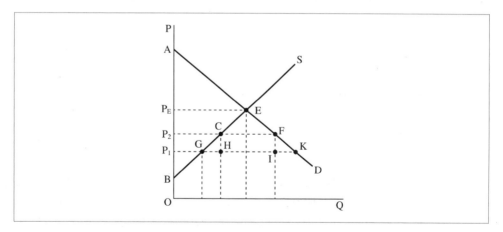

① 관세부과 후 X재의 수입량은 CF이다.

② 무관세 자유무역과 비교하면 관세부과로 인한 경제적 순손실은 CFKG이다.

③ 폐쇄경제와 비교하면 무관세 자유무역으로 인한 총잉여 증가분은 EGK이다.

④ 폐쇄경제와 비교하면 관세부과 무역으로 인한 소비자잉여 증가분은 P_EEFP_2이다.

⑤ 무관세 자유무역과 비교하면 관세부과로 인한 생산자잉여 증가분은 P_2CGP_1이다.

51 다음은 국내 통화의 실질절하(Real Depreciation)가 t_0에 발생한 이후의 무역수지 추이를 나타낸 그래프이다. 이에 대한 설명으로 옳지 않은 것은?(단, 초기 무역수지는 균형으로 0이다)

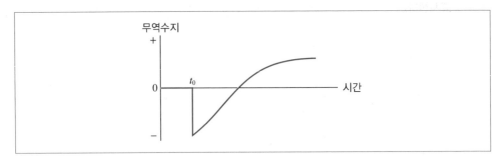

① 그림과 같은 무역수지의 조정과정을 J – 곡선(J – Curve)이라 한다.
② 실질절하 초기에 수출과 수입이 모두 즉각 변화하지 않아 무역수지가 악화된다.
③ 실질절하 후 시간이 흐름에 따라 수출과 수입이 모두 변화하므로 무역수지가 개선된다.
④ 수출수요탄력성과 수입수요탄력성의 합이 1보다 작다면 장기적으로 실질절하는 무역수지를 개선한다.
⑤ 마샬 – 러너 조건(Marshall – Lerner condition)이 만족되면 장기적으로 실질절하는 무역수지를 개선한다.

52 노동(L)과 자본(K)을 생산요소로 투입하여 비용을 최소화하는 기업의 생산함수는 $Q = L^{0.5}K$이다. 다음 중 이에 대한 설명으로 옳지 않은 것은?(단, Q는 생산량이다)

① 규모에 대한 수익이 체증한다.
② 노동투입량이 증가할수록 노동의 한계생산은 감소한다.
③ 노동투입량이 증가할수록 자본의 한계생산은 증가한다.
④ 자본투입량이 증가할수록 자본의 한계생산은 증가한다.
⑤ 노동과 자본의 단위당 가격이 동일할 때 자본투입량은 노동투입량의 2배이다.

53 해진이는 현재 다니는 회사의 임금 월 200만 원이 만족스럽지 못하여 월 임대료가 100만 원인 자신의 건물에서 호떡집을 개업하기로 하였다. 호떡집의 한 달 수입은 2,000만 원이고 밀가루와 설탕 등 한 달 원료비가 500만 원이라 한다. 그리고 고용된 종업원 2명에게 각 월 180만 원의 인건비가 지출된다고 한다. 이 경우 해진이가 호떡집을 개업하여 얻는 경제적 이윤은 한 달에 얼마인가?

① 300만 원
② 840만 원
③ 860만 원
④ 940만 원
⑤ 1,140만 원

54 다음 중 두 상품의 선택 모형에서 소비자 A의 무차별곡선에 대한 설명으로 옳지 않은 것은?

① 서로 다른 두 무차별곡선은 교차하지 않는다.

② 두 상품이 완전대체재인 경우 무차별곡선의 형태는 L자형이다.

③ 두 상품이 각각 재화(Goods)와 비재화(Bads)인 경우 무차별곡선은 우상향한다.

④ 두 상품이 모두 재화(Goods)인 경우 한계대체율체감의 법칙이 성립하면 무차별곡선은 원점에 대하여 볼록하다.

⑤ 두 상품이 모두 재화(Goods)인 경우 무차별곡선이 원점으로부터 멀어질수록 무차별곡선이 나타내는 효용수준이 높아진다.

PART 3

55 다음 〈보기〉 중 펀더멘털(Fundamental)로 옳은 것을 모두 고르면?

> **보기**
> ㄱ. 금융기관 매출액   ㄴ. 경제성장률
> ㄷ. 물가상승률   ㄹ. 경상수지

① ㄱ, ㄴ   ② ㄴ, ㄷ

③ ㄷ, ㄹ   ④ ㄱ, ㄴ, ㄷ

⑤ ㄴ, ㄷ, ㄹ

56 다음 〈보기〉 중 다른 조건이 일정할 때 통화승수의 증가를 가져오는 요인으로 옳은 것을 모두 고르면?

> **보기**
> ㄱ. 법정지급준비율 증가   ㄴ. 초과지급준비율 증가
> ㄷ. 현금통화비율 하락

① ㄱ   ② ㄴ

③ ㄷ   ④ ㄱ, ㄴ

⑤ ㄴ, ㄷ

57 다음 중 한국은행의 기준금리 인상이 경제에 미치는 영향으로 옳지 않은 것은?

① 예금금리, 대출금리 모두 상승한다.

② 수출증가 및 수입감소 현상이 나타난다.

③ 장기시장금리보다 단기시장금리가 먼저 상승한다.

④ 투자, 소비 활동이 상대적으로 줄어들면서 물가가 하락한다.

⑤ 경기가 과열되거나 인플레이션 압력이 높을 때 금리인상을 단행한다.

58 원자재 가격 상승으로 물가수준이 상승하여 중앙은행이 기준금리를 인상하기로 결정하였다. 〈보기〉 중 원자재 가격 상승과 기준금리 인상의 경제적 효과를 단기 총수요 – 총공급 모형을 이용하여 분석한 내용으로 옳은 것을 모두 고르면?

> **보기**
> ㄱ. 총수요곡선은 왼쪽으로 이동한다.　　ㄴ. 총공급곡선은 왼쪽으로 이동한다.
> ㄷ. 총생산량은 크게 감소한다.　　ㄹ. 물가는 크게 감소한다.

① ㄱ, ㄴ

② ㄴ, ㄷ

③ ㄱ, ㄴ, ㄷ

④ ㄴ, ㄷ, ㄹ

⑤ ㄱ, ㄴ, ㄷ, ㄹ

59 다음 중 실업 및 우리나라의 실업조사에 대한 설명으로 옳은 것은?

① 경제가 완전고용 상태일 때 실업률은 0이다.

② 경기적 실업이나 구조적 실업은 자발적 실업이다.

③ 실업률은 실업자 수를 생산가능인구로 나누고 100을 곱한 수치이다.

④ 실업률 조사 대상 주간에 수입을 목적으로 1시간 이상 일한 경우 취업자로 분류된다.

⑤ 지난 4주간 구직활동을 하지 않았더라도 취업의사가 있는 한 경제활동인구로 분류된다.

60 다음 중 리카도 대등정리(Ricardian Equivalence Theorem)에 대한 설명으로 옳은 것은?

① 국채 발행이 증가하면 이자율이 하락한다.

② 소비이론 중 절대소득가설에 기초를 두고 있다.

③ 국채 발행을 통해 재원이 조달된 조세삭감은 소비에 영향을 미치지 않는다.

④ 소비자들이 유동성제약에 직면해 있는 경우 이 이론의 설명력이 더 커진다.

⑤ 경기침체 시에는 조세 대신 국채 발행을 통한 확대재정정책이 더 효과적이다.

PART 4

채용 가이드

CHAPTER 01 블라인드 채용 소개

CHAPTER 02 서류전형 가이드

CHAPTER 03 인성검사 소개 및 모의테스트

CHAPTER 04 면접전형 가이드

CHAPTER 05 한국주택금융공사 면접 기출질문

CHAPTER 01 블라인드 채용 소개

1. 블라인드 채용이란?

채용 과정에서 편견이 개입되어 불합리한 차별을 야기할 수 있는 출신지, 가족관계, 학력, 외모 등의 편견요인은 제외하고, 직무능력만을 평가하여 인재를 채용하는 방식입니다.

2. 블라인드 채용의 필요성

- 채용의 공정성에 대한 사회적 요구
  - 누구에게나 직무능력만으로 경쟁할 수 있는 균등한 고용기회를 제공해야 하나, 아직도 채용의 공정성에 대한 불신이 존재
  - 채용상 차별금지에 대한 법적 요건이 권고적 성격에서 처벌을 동반한 의무적 성격으로 강화되는 추세
  - 시민의식과 지원자의 권리의식 성숙으로 차별에 대한 법적 대응 가능성 증가
- 우수인재 채용을 통한 기업의 경쟁력 강화 필요
  - 직무능력과 무관한 학벌, 외모 위주의 선발로 우수인재 선발기회 상실 및 기업경쟁력 약화
  - 채용 과정에서 차별 없이 직무능력중심으로 선발한 우수인재 확보 필요
- 공정한 채용을 통한 사회적 비용 감소 필요
  - 편견에 의한 차별적 채용은 우수인재 선발을 저해하고 외모·학벌 지상주의 등의 심화로 불필요한 사회적 비용 증가
  - 채용에서의 공정성을 높여 사회의 신뢰수준 제고

3. 블라인드 채용의 특징

편견요인을 요구하지 않는 대신 직무능력을 평가합니다.

블라인드 채용 = 편견유발 요인제외 + 직무능력 중심평가

※ 직무능력중심 채용이란?
기업의 역량기반 채용, NCS기반 능력중심 채용과 같이 직무수행에 필요한 능력과 역량을 평가하여 선발하는 채용방식을 통칭합니다.

4. 블라인드 채용의 평가요소

직무수행에 필요한 지식, 기술, 태도 등을 과학적인 선발기법을 통해 평가합니다.

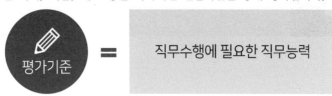

※ 과학적 선발기법이란?
    직무분석을 통해 도출된 평가요소를 서류, 필기, 면접 등을 통해 체계적으로 평가하는 방법으로 입사지원서, 자기소개서,
    직무수행능력평가, 구조화 면접 등이 해당됩니다.

5. 블라인드 채용 주요 도입 내용

- 입사지원서에 인적사항 요구 금지
  - 인적사항에는 출신지역, 가족관계, 결혼여부, 재산, 취미 및 특기, 종교, 생년월일(연령), 성별, 신장
    및 체중, 사진, 전공, 학교명, 학점, 외국어 점수, 추천인 등이 해당
  - 채용 직무를 수행하는 데 있어 반드시 필요하다고 인정될 경우는 제외
    예 특수경비직 채용 시 : 시력, 건강한 신체 요구
       연구직 채용 시 : 논문, 학위 요구 등
- 블라인드 면접 실시
  - 면접관에게 응시자의 출신지역, 가족관계, 학교명 등 인적사항 정보 제공 금지
  - 면접관은 응시자의 인적사항에 대한 질문 금지

6. 블라인드 채용 도입의 효과성

- 구성원의 다양성과 창의성이 높아져 기업 경쟁력 강화
  - 편견을 없애고 직무능력 중심으로 선발하므로 다양한 직원 구성 가능
  - 다양한 생각과 의견을 통하여 기업의 창의성이 높아져 기업경쟁력 강화
- 직무에 적합한 인재선발을 통한 이직률 감소 및 만족도 제고
  - 사전에 지원자들에게 구체적이고 상세한 직무요건을 제시함으로써 허수 지원이 낮아지고, 직무에
    적합한 지원자 모집 가능
  - 직무에 적합한 인재가 선발되어 직무이해도가 높아져 업무효율 증대 및 만족도 제고
- 채용의 공정성과 기업이미지 제고
  - 블라인드 채용은 사회적 편견을 줄인 선발 방법으로 기업에 대한 사회적 인식 제고
  - 채용과정에서 불합리한 차별을 받지 않고 실력에 의해 공정하게 평가를 받을 것이라는 믿음을 제공
    하고, 지원자들은 평등한 기회와 공정한 선발과정 경험

CHAPTER 02 서류전형 가이드

01 채용공고문

1. 채용공고문의 변화

기존 채용공고문	변화된 채용공고문
• 취업준비생에게 불충분하고 불친절한 측면 존재 • 모집분야에 대한 명확한 직무관련 정보 및 평가기준 부재 • 해당분야에 지원하기 위한 취업준비생의 무분별한 스펙 쌓기 현상 발생	• NCS 직무분석에 기반한 채용공고를 토대로 채용전형 진행 • 지원자가 입사 후 수행하게 될 업무에 대한 자세한 정보 공지 • 직무수행내용, 직무수행 시 필요한 능력, 관련된 자격, 직업기초능력 제시 • 지원자가 해당 직무에 필요한 스펙만을 준비할 수 있도록 안내
• 모집부문 및 응시자격 • 지원서 접수 • 전형절차 • 채용조건 및 처우 • 기타사항	• 채용절차 • 채용유형별 선발분야 및 예정인원 • 전형방법 • 선발분야별 직무기술서 • 우대사항

2. 지원 유의사항 및 지원요건 확인

채용 직무에 따른 세부사항을 공고문에 명시하여 지원자에게 적격한 지원 기회를 부여함과 동시에 채용과정에서의 공정성과 신뢰성을 확보합니다.

구성	내용	확인사항
모집분야 및 규모	고용형태(인턴 계약직 등), 모집분야, 인원, 근무지역 등	채용직무가 여러 개일 경우 본인이 해당되는 직무의 채용규모 확인
응시자격	기본 자격사항, 지원조건	지원을 위한 최소자격요건을 확인하여 불필요한 지원을 예방
우대조건	법정·특별·자격증 가점	본인의 가점 여부를 검토하여 가점 획득을 위한 사항을 사실대로 기재
근무조건 및 보수	고용형태 및 고용기간, 보수, 근무지	본인이 생각하는 기대수준에 부합하는지 확인하여 불필요한 지원을 예방
시험방법	서류·필기·면접전형 등의 활용방안	전형방법 및 세부 평가기법 등을 확인하여 지원전략 준비
전형일정	접수기간, 각 전형 단계별 심사 및 합격자 발표일 등	본인의 지원 스케줄을 검토하여 차질이 없도록 준비
제출서류	입사지원서(경력·경험기술서 등), 각종 증명서 및 자격증 사본 등	지원요건 부합 여부 및 자격 증빙서류 사전에 준비
유의사항	임용취소 등의 규정	임용취소 관련 법적 또는 기관 내부 규정을 검토하여 해당여부 확인

직무기술서란 직무수행의 내용과 필요한 능력, 관련 자격, 직업기초능력 등을 상세히 기재한 것으로 입사 후 수행하게 될 업무에 대한 정보가 수록되어 있는 자료입니다.

1. 채용분야

설명

NCS 직무분류 체계에 따라 직무에 대한 「대분류 – 중분류 – 소분류 – 세분류」 체계를 확인할 수 있습니다. 채용 직무에 대한 모든 직무기술서를 첨부하게 되며 실제 수행 업무를 기준으로 세부적인 분류정보를 제공합니다.

채용분야	분류체계			
사무행정	대분류	중분류	소분류	세분류
분류코드	02. 경영 · 회계 · 사무	03. 재무 · 회계	01. 재무	01. 예산
				02. 자금
			02. 회계	01. 회계감사
				02. 세무

2. 능력단위

설명

직무분류 체계의 세분류 하위능력단위 중 실질적으로 수행할 업무의 능력만 구체적으로 파악할 수 있습니다.

능력단위	(예산)	03. 연간종합예산수립	04. 추정재무제표 작성
		05. 확정예산 운영	06. 예산실적 관리
	(자금)	04. 자금운용	
	(회계감사)	02. 자금관리	04. 결산관리
		05. 회계정보시스템 운용	06. 재무분석
		07. 회계감사	
	(세무)	02. 결산관리	05. 부가가치세 신고
		07. 법인세 신고	

3. 직무수행내용

설명

세분류 영역의 기본정의를 통해 직무수행내용을 확인할 수 있습니다. 입사 후 수행할 직무내용을 구체적으로 확인할 수 있으며, 이를 통해 입사서류 작성부터 면접까지 직무에 대한 명확한 이해를 바탕으로 자신의 희망직무 인지 아닌지, 해당 직무가 자신이 알고 있던 직무가 맞는지 확인할 수 있습니다.

직무수행내용	(예산) 일정기간 예상되는 수익과 비용을 편성, 집행하며 통제하는 일
	(자금) 자금의 계획 수립, 조달, 운용을 하고 발생 가능한 위험 관리 및 성과평가
	(회계감사) 기업 및 조직 내 · 외부에 있는 의사결정자들이 효율적인 의사결정을 할 수 있도록 유용한 정보를 제공, 제공된 회계정보의 적정성을 파악하는 일
	(세무) 세무는 기업의 활동을 위하여 주어진 세법범위 내에서 조세부담을 최소화시키는 조세전략을 포함하고 정확한 과세소득과 과세표준 및 세액을 산출하여 과세당국에 신고 · 납부하는 일

4. 직무기술서 예시

태도	(예산) 정확성, 분석적 태도, 논리적 태도, 타 부서와의 협조적 태도, 설득력
	(자금) 분석적 사고력
	(회계 감사) 합리적 태도, 전략적 사고, 정확성, 적극적 협업 태도, 법률준수 태도, 분석적 태도, 신속성, 책임감, 정확한 판단력
	(세무) 규정 준수 의지, 수리적 정확성, 주의 깊은 태도
우대 자격증	공인회계사, 세무사, 컴퓨터활용능력, 변호사, 워드프로세서, 전산회계운용사, 사회조사분석사, 재경관리사, 회계관리 등
직업기초능력	의사소통능력, 문제해결능력, 자원관리능력, 대인관계능력, 정보능력, 조직이해능력

5. 직무기술서 내용별 확인사항

항목	확인사항
모집부문	해당 채용에서 선발하는 부문(분야)명 확인 예 사무행정, 전산, 전기
분류체계	지원하려는 분야의 세부직무군 확인
주요기능 및 역할	지원하려는 기업의 전사적인 기능과 역할, 산업군 확인
능력단위	지원분야의 직무수행에 관련되는 세부업무사항 확인
직무수행내용	지원분야의 직무군에 대한 상세사항 확인
전형방법	지원하려는 기업의 신입사원 선발전형 절차 확인
일반요건	교육사항을 제외한 지원 요건 확인(자격요건, 특수한 경우 연령)
교육요건	교육사항에 대한 지원요건 확인(대졸 / 초대졸 / 고졸 / 전공 요건)
필요지식	지원분야의 업무수행을 위해 요구되는 지식 관련 세부항목 확인
필요기술	지원분야의 업무수행을 위해 요구되는 기술 관련 세부항목 확인
직무수행태도	지원분야의 업무수행을 위해 요구되는 태도 관련 세부항목 확인
직업기초능력	지원분야 또는 지원기업의 조직원으로서 근무하기 위해 필요한 일반적인 능력사항 확인

1. 입사지원서의 변화

기존지원서		능력중심 채용 입사지원서
직무와 관련 없는 학점, 개인신상, 어학점수, 자격, 수상경력 등을 나열하도록 구성	VS	해당 직무수행에 꼭 필요한 정보들을 제시할 수 있도록 구성

직무기술서		인적사항	성명, 연락처, 지원분야 등 작성 (평가 미반영)
직무수행내용		교육사항	직무지식과 관련된 학교교육 및 직업교육 작성
요구지식 / 기술	➡	자격사항	직무관련 국가공인 또는 민간자격 작성
관련 자격증		경력 및 경험사항	조직에 소속되어 일정한 임금을 받거나(경력) 임금 없이(경험) 직무와 관련된 활동 내용 작성
사전직무경험			

2. 교육사항

- 지원분야 직무와 관련된 학교 교육이나 직업교육 혹은 기타교육 등 직무에 대한 지원자의 학습 여부를 평가하기 위한 항목입니다.
- 지원하고자 하는 직무의 학교 전공교육 이외에 직업교육, 기타교육 등을 기입할 수 있기 때문에 전공 제한 없이 직업교육과 기타교육을 이수하여 지원이 가능하도록 기회를 제공합니다.
  (기타교육 : 학교 이외의 기관에서 개인이 이수한 교육과정 중 지원직무와 관련이 있다고 생각되는 교육내용)

구분	교육과정(과목)명	교육내용	과업(능력단위)

3. 자격사항

- 채용공고 및 직무기술서에 제시되어 있는 자격 현황을 토대로 지원자가 해당 직무를 수행하는 데 필요한 능력을 가지고 있는지를 평가하기 위한 항목입니다.
- 채용공고 및 직무기술서에 기재된 직무관련 필수 또는 우대자격 항목을 확인하여 본인이 보유하고 있는 자격사항을 기재합니다.

자격유형	자격증명	발급기관	취득일자	자격증번호

4. 경력 및 경험사항

- 직무와 관련된 경력이나 경험 여부를 표현하도록 하여 직무와 관련한 능력을 갖추었는지를 평가하기 위한 항목입니다.
- 해당 기업에서 직무를 수행함에 있어 필요한 사항만을 기록하게 되어 있기 때문에 직무와 무관한 스펙을 갖추지 않아도 됩니다.
- 경력 : 금전적 보수를 받고 일정기간 동안 일했던 경우
- 경험 : 금전적 보수를 받지 않고 수행한 활동

※ 기업에 따라 경력 / 경험 관련 증빙자료 요구 가능

구분	조직명	직위 / 역할	활동기간(년 / 월)	주요과업 / 활동내용

Tip

입사지원서 작성 방법

○ 경력 및 경험사항 작성
- 직무기술서에 제시된 지식, 기술, 태도와 지원자의 교육사항, 경력(경험)사항, 자격사항과 연계하여 개인의 직무역량에 대해 스스로 판단 가능

○ 인적사항 최소화
- 개인의 인적사항, 학교명, 가족관계 등을 노출하지 않도록 유의

부적절한 입사지원서 작성 사례
- 학교 이메일을 기입하여 학교명 노출
- 거주지 주소에 학교 기숙사 주소를 기입하여 학교명 노출
- 자기소개서에 부모님이 재직 중인 기업명, 직위, 직업을 기입하여 가족관계 노출
- 자기소개서에 석·박사 과정에 대한 이야기를 언급하여 학력 노출
- 동아리 활동에 대한 내용을 학교명과 더불어 언급하여 학교명 노출

1. 자기소개서의 변화

- 기존의 자기소개서는 지원자의 일대기나 관심 분야, 성격의 장·단점 등 개괄적인 사항을 묻는 질문으로 구성되어 지원자가 자신의 직무능력을 제대로 표출하지 못합니다.
- 능력중심 채용의 자기소개서는 직무기술서에 제시된 직업기초능력(또는 직무수행능력)에 대한 지원자의 과거 경험을 기술하게 함으로써 평가 타당도의 확보가 가능합니다.

---

1. 우리 회사와 해당 지원 직무분야에 지원한 동기에 대해 기술해 주세요.

2. 자신이 경험한 다양한 사회활동에 대해 기술해 주세요.

3. 지원 직무에 대한 전문성을 키우기 위해 받은 교육과 경험 및 경력사항에 대해 기술해 주세요.

4. 인사업무 또는 팀 과제 수행 중 발생한 갈등을 원만하게 해결해 본 경험이 있습니까? 당시 상황에 대한 설명과 갈등의 대상이 되었던 상대방을 설득한 과정 및 방법을 기술해 주세요.

5. 과거에 있었던 일 중 가장 어려웠던(힘들었었던) 상황을 고르고, 어떤 방법으로 그 상황을 해결했는지를 기술해 주세요.

PART 4

자기소개서 작성 방법

① 자기소개서 문항이 묻고 있는 평가 역량 추측하기

> 예시
>
> • 팀 활동을 하면서 갈등 상황 시 상대방의 니즈나 의도를 명확히 파악하고 해결하여 목표 달성에 기여했던 경험에 대해서 작성해 주시기 바랍니다.
> • 다른 사람이 생각해내지 못했던 문제점을 찾고 이를 해결한 경험에 대해 작성해 주시기 바랍니다.

② 해당 역량을 보여줄 수 있는 소재 찾기(시간×역량 매트릭스)

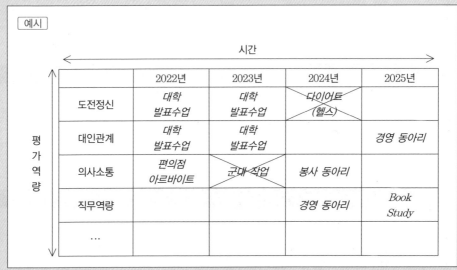

예시

평가역량 \ 시간	2022년	2023년	2024년	2025년
도전정신	대학 발표수업	대학 발표수업	~~다이어트 (헬스)~~	
대인관계	대학 발표수업	대학 발표수업		경영 동아리
의사소통	편의점 아르바이트	~~군대 작업~~	봉사 동아리	
직무역량			경영 동아리	Book Study
…				

③ 자기소개서 작성 Skill 익히기
• 두괄식으로 작성하기
• 구체적 사례를 사용하기
• '나'를 중심으로 작성하기
• 직무역량 강조하기
• 경험 사례의 차별성 강조하기

CHAPTER 03

인성검사 소개 및 모의테스트

01 인성검사 유형

인성검사는 지원자의 성격특성을 객관적으로 파악하고 그것이 각 기업에서 필요로 하는 인재상과 가치에 부합하는가를 평가하기 위한 검사입니다. 인성검사는 KPDI(한국인재개발진흥원), K-SAD(한국사회적성개발원), KIRBS(한국행동과학연구소), SHR(에스에이치알) 등의 전문기관을 통해 각 기업의 특성에 맞는 검사를 선택하여 실시합니다. 대표적인 인성검사의 유형에는 크게 다음과 같은 세 가지가 있으며, 채용 대행업체에 따라 달라집니다.

1. KPDI 검사

조직적응성과 직무적합성을 알아보기 위한 검사로 인성검사, 인성역량검사, 인적성검사, 직종별 인적성 검사 등의 다양한 검사 도구를 구현합니다. KPDI는 성격을 파악하고 정신건강 상태 등을 측정하고, 직무 검사는 해당 직무를 수행하기 위해 기본적으로 갖추어야 할 인지적 능력을 측정합니다. 역량검사는 특정 직무 역할을 효과적으로 수행하는 데 직접적으로 관련 있는 개인의 행동, 지식, 스킬, 가치관 등을 측정합니다.

2. KAD(Korea Aptitude Development) 검사

K-SAD(한국사회적성개발원)에서 실시하는 적성검사 프로그램입니다. 개인의 성향, 지적 능력, 기호, 관심, 흥미도를 종합적으로 분석하여 적성에 맞는 업무가 무엇인가 파악하고, 직무수행에 있어서 요구되는 기초능력과 실무능력을 분석합니다.

3. SHR 직무적성검사

직무수행에 필요한 종합적인 사고 능력을 다양한 적성검사(Paper and Pencil Test)로 평가합니다. SHR의 모든 직무능력검사는 표준화 검사입니다. 표준화 검사는 표본집단의 점수를 기초로 규준이 만들어진 검사이므로 개인의 점수를 규준에 맞추어 해석·비교하는 것이 가능합니다. S(Standardized Tests), H(Hundreds of Version), R(Reliable Norm Data)을 특징으로 하며, 직군·직급별 특성과 선발 수준에 맞추어 검사를 적용할 수 있습니다.

인성검사는 특히 면접질문과 관련성이 높습니다. 면접관은 지원자의 인성검사 결과를 토대로 질문을 하기 때문입니다. 일관적이고 이상적인 답변을 하는 것이 가장 좋지만, 실제 시험은 매우 복잡하여 전문가라 해도 일정 성격을 유지하면서 답변을 하는 것이 힘듭니다. 또한, 인성검사에는 라이 스케일(Lie Scale) 설문이 전체 설문 속에 교묘하게 섞여 들어가 있으므로 겉치레적인 답을 하게 되면 회답태도의 허위성이 그대로 드러나게 됩니다. 예를 들어 '거짓말을 한 적이 한 번도 없다.'에 '예'로 답하고, '때로는 거짓말을 하기도 한다.'에 '예'라고 답하여 라이 스케일의 득점이 올라가게 되면 모든 회답의 신빙성이 사라지고 '자신을 돋보이게 하려는 사람'이라는 평가를 받을 수 있으므로 주의해야 합니다. 따라서 모의테스트를 통해 인성검사의 유형과 실제 시험 시 어떻게 문제를 풀어야 하는지 연습해 보고 체크한 부분 중 자신의 단점과 연결되는 부분은 면접에서 질문이 들어왔을 때 어떻게 대처해야 하는지 생각해 보는 것이 좋습니다.

03   유의사항

1. 기업의 인재상을 파악하라!

인성검사를 통해 개인의 성격 특성을 파악하고 그것이 기업의 인재상과 가치에 부합하는지를 평가하는 시험이기 때문에 해당 기업의 인재상을 먼저 파악하고 시험에 임하는 것이 좋습니다. 모의테스트에서 인재상에 맞는 가상의 인물을 설정하고 문제에 답해 보는 것도 많은 도움이 됩니다.

2. 일관성 있는 대답을 하라!

짧은 시간 안에 다양한 질문에 답을 해야 하는데, 그 안에는 중복되는 질문이 여러 번 나옵니다. 이때 앞서 자신이 체크했던 대답을 잘 기억해뒀다가 일관성 있는 답을 하는 것이 중요합니다.

3. 모든 문항에 대답하라!

많은 문제를 짧은 시간 안에 풀려다 보니 다 못 푸는 경우도 종종 생깁니다. 하지만 대답을 누락하거나 끝까지 다 못했을 경우 좋지 않은 결과를 가져올 수도 있으니 최대한 주어진 시간 안에 모든 문항에 답할 수 있도록 해야 합니다.

※ 모의테스트는 질문 및 답변 유형 연습을 위한 것으로 실제 시험과 다를 수 있습니다.
※ 인성검사는 정답이 따로 없는 유형의 검사이므로 결과지를 제공하지 않습니다.

번호	내용	예	아니요
001	나는 솔직한 편이다.	☐	☐
002	나는 리드하는 것을 좋아한다.	☐	☐
003	법을 어겨서 말썽이 된 적이 한 번도 없다.	☐	☐
004	거짓말을 한 번도 한 적이 없다.	☐	☐
005	나는 눈치가 빠르다.	☐	☐
006	나는 일을 주도하기보다는 뒤에서 지원하는 것을 선호한다.	☐	☐
007	앞일은 알 수 없기 때문에 계획은 필요하지 않다.	☐	☐
008	거짓말도 때로는 방편이라고 생각한다.	☐	☐
009	사람이 많은 술자리를 좋아한다.	☐	☐
010	걱정이 지나치게 많다.	☐	☐
011	일을 시작하기 전 재고하는 경향이 있다.	☐	☐
012	불의를 참지 못한다.	☐	☐
013	처음 만나는 사람과도 이야기를 잘 한다.	☐	☐
014	때로는 변화가 두렵다.	☐	☐
015	나는 모든 사람에게 친절하다.	☐	☐
016	힘든 일이 있을 때 술은 위로가 되지 않는다.	☐	☐
017	결정을 빨리 내리지 못해 손해를 본 경험이 있다.	☐	☐
018	기회를 잡을 준비가 되어 있다.	☐	☐
019	때로는 내가 정말 쓸모없는 사람이라고 느낀다.	☐	☐
020	누군가 나를 챙겨주는 것이 좋다.	☐	☐
021	자주 가슴이 답답하다.	☐	☐
022	나는 내가 자랑스럽다.	☐	☐
023	경험이 중요하다고 생각한다.	☐	☐
024	전자기기를 분해하고 다시 조립하는 것을 좋아한다.	☐	☐

PART 4

025	감시받고 있다는 느낌이 든다.	☐	☐
026	난처한 상황에 놓이면 그 순간을 피하고 싶다.	☐	☐
027	세상엔 믿을 사람이 없다.	☐	☐
028	잘못을 빨리 인정하는 편이다.	☐	☐
029	지도를 보고 길을 잘 찾아간다.	☐	☐
030	귓속말을 하는 사람을 보면 날 비난하고 있는 것 같다.	☐	☐
031	막무가내라는 말을 들을 때가 있다.	☐	☐
032	장래의 일을 생각하면 불안하다.	☐	☐
033	결과보다 과정이 중요하다고 생각한다.	☐	☐
034	운동은 그다지 할 필요가 없다고 생각한다.	☐	☐
035	새로운 일을 시작할 때 좀처럼 한 발을 떼지 못한다.	☐	☐
036	기분 상하는 일이 있더라도 참는 편이다.	☐	☐
037	업무능력은 성과로 평가받아야 한다고 생각한다.	☐	☐
038	머리가 맑지 못하고 무거운 느낌이 든다.	☐	☐
039	가끔 이상한 소리가 들린다.	☐	☐
040	타인이 내게 자주 고민상담을 하는 편이다.	☐	☐

※ 모의테스트는 질문 및 답변 유형 연습을 위한 것으로 실제 시험과 다를 수 있습니다.
※ 인성검사는 정답이 따로 없는 유형의 검사이므로 결과지를 제공하지 않습니다.

※ **이 성격검사의 각 문항에는 서로 다른 행동을 나타내는 네 개의 문장이 제시되어 있습니다. 이 문장들을 비교하여, 자신의 평소 행동과 가장 가까운 문장을 'ㄱ' 열에 표기하고, 가장 먼 문장을 'ㅁ' 열에 표기하십시오.**

01 나는 _____

	ㄱ	ㅁ
A. 실용적인 해결책을 찾는다.	☐	☐
B. 다른 사람을 돕는 것을 좋아한다.	☐	☐
C. 세부 사항을 잘 챙긴다.	☐	☐
D. 상대의 주장에서 허점을 잘 찾는다.	☐	☐

02 나는 _____

	ㄱ	ㅁ
A. 매사에 적극적으로 임한다.	☐	☐
B. 즉흥적인 편이다.	☐	☐
C. 관찰력이 있다.	☐	☐
D. 임기응변에 강하다.	☐	☐

03 나는 _____

	ㄱ	ㅁ
A. 무서운 영화를 잘 본다.	☐	☐
B. 조용한 곳이 좋다.	☐	☐
C. 가끔 울고 싶다.	☐	☐
D. 집중력이 좋다.	☐	☐

04 나는 _____

	ㄱ	ㅁ
A. 기계를 조립하는 것을 좋아한다.	☐	☐
B. 집단에서 리드하는 역할을 맡는다.	☐	☐
C. 호기심이 많다.	☐	☐
D. 음악을 듣는 것을 좋아한다.	☐	☐

PART 4

05 나는 _____

	ㄱ	ㅁ
A. 타인을 늘 배려한다.	☐	☐
B. 감수성이 예민하다.	☐	☐
C. 즐겨하는 운동이 있다.	☐	☐
D. 일을 시작하기 전에 계획을 세운다.	☐	☐

06 나는 _____

	ㄱ	ㅁ
A. 타인에게 설명하는 것을 좋아한다.	☐	☐
B. 여행을 좋아한다.	☐	☐
C. 정적인 것이 좋다.	☐	☐
D. 남을 돕는 것에 보람을 느낀다.	☐	☐

07 나는 _____

	ㄱ	ㅁ
A. 기계를 능숙하게 다룬다.	☐	☐
B. 밤에 잠이 잘 오지 않는다.	☐	☐
C. 한 번 간 길을 잘 기억한다.	☐	☐
D. 불의를 보면 참을 수 없다.	☐	☐

08 나는 _____

	ㄱ	ㅁ
A. 종일 말을 하지 않을 때가 있다.	☐	☐
B. 사람이 많은 곳을 좋아한다.	☐	☐
C. 술을 좋아한다.	☐	☐
D. 휴양지에서 편하게 쉬고 싶다.	☐	☐

09 나는 _____

	ㄱ	ㅁ
A. 뉴스보다는 드라마를 좋아한다.	☐	☐
B. 길을 잘 찾는다.	☐	☐
C. 주말엔 집에서 쉬는 것이 좋다.	☐	☐
D. 아침에 일어나는 것이 힘들다.	☐	☐

10 나는 _____

	ㄱ	ㅁ
A. 이성적이다.	☐	☐
B. 할 일을 종종 미룬다.	☐	☐
C. 어른을 대하는 게 힘들다.	☐	☐
D. 불을 보면 매혹을 느낀다.	☐	☐

11 나는 _____

	ㄱ	ㅁ
A. 상상력이 풍부하다.	☐	☐
B. 예의 바르다는 소리를 자주 듣는다.	☐	☐
C. 사람들 앞에 서면 긴장한다.	☐	☐
D. 친구를 자주 만난다.	☐	☐

12 나는 _____

	ㄱ	ㅁ
A. 나만의 스트레스 해소 방법이 있다.	☐	☐
B. 친구가 많다.	☐	☐
C. 책을 자주 읽는다.	☐	☐
D. 활동적이다.	☐	☐

01 면접유형 파악

1. 면접전형의 변화

기존 면접전형에서는 일상적이고 단편적인 대화나 지원자의 첫인상 및 면접관의 주관적인 판단 등에 의해서 입사 결정 여부를 판단하는 경우가 많았습니다. 이러한 면접전형은 면접 내용의 일관성이 결여되거나 직무 관련 타당성이 부족하였고, 면접에 대한 신뢰도에 영향을 주었습니다.

기존 면접(전통적 면접)		능력중심 채용 면접(구조화 면접)
• 일상적이고 단편적인 대화 • 인상, 외모 등 외부 요소의 영향 • 주관적인 판단에 의존한 총점 부여 ⇩ • 면접 내용의 일관성 결여 • 직무관련 타당성 부족 • 주관적인 채점으로 신뢰도 저하	VS	• 일관성 – 직무관련 역량에 초점을 둔 구체적 질문 목록 – 지원자별 동일 질문 적용 • 구조화 – 면접 진행 및 평가 절차를 일정한 체계에 의해 구성 • 표준화 – 평가 타당도 제고를 위한 평가 Matrix 구성 – 척도에 따라 항목별 채점, 개인 간 비교 • 신뢰성 – 면접진행 매뉴얼에 따라 면접위원 교육 및 실습

2. 능력중심 채용의 면접 유형

① 경험 면접
  • 목적 : 선발하고자 하는 직무 능력이 필요한 과거 경험을 질문합니다.
  • 평가요소 : 직업기초능력과 인성 및 태도적 요소를 평가합니다.
② 상황 면접
  • 목적 : 특정 상황을 제시하고 지원자의 행동을 관찰함으로써 실제 상황의 행동을 예상합니다.
  • 평가요소 : 직업기초능력과 인성 및 태도적 요소를 평가합니다.
③ 발표 면접
  • 목적 : 특정 주제와 관련된 지원자의 발표와 질의응답을 통해 지원자 역량을 평가합니다.
  • 평가요소 : 직무수행능력과 인지적 역량(문제해결능력)을 평가합니다.
④ 토론 면접
  • 목적 : 토의과제에 대한 의견수렴 과정에서 지원자의 역량과 상호작용능력을 평가합니다.
  • 평가요소 : 직무수행능력과 팀워크를 평가합니다.

1. 경험 면접

① 경험 면접의 특징

- 주로 직업기초능력에 관련된 지원자의 과거 경험을 심층 질문하여 검증하는 면접입니다.
- 직무능력과 관련된 과거 경험을 평가하기 위해 심층 질문을 하며, 이 질문은 지원자의 답변에 대하여 '꼬리에 꼬리를 무는 형식'으로 진행됩니다.

- 능력요소, 정의, 심사 기준
  - 평가하고자 하는 능력요소, 정의, 심사기준을 확인하여 면접위원이 해당 능력요소 관련 질문을 제시합니다.
- Opening Question
  - 능력요소에 관련된 과거 경험을 유도하기 위한 시작 질문을 합니다.
- Follow-up Question
  - 지원자의 경험 수준을 구체적으로 검증하기 위한 질문입니다.
  - 경험 수준 검증을 위한 상황(Situation), 임무(Task), 역할 및 노력(Action), 결과(Result) 등으로 질문을 구분합니다.

경험 면접의 형태

[면접관 1]　[면접관 2]　[면접관 3]　　　　[면접관 1]　[면접관 2]　[면접관 3]

　　　　　[지원자]　　　　　　　　[지원자 1]　[지원자 2]　[지원지 3]

　　　　〈일대다 면접〉　　　　　　　　　〈다대다 면접〉

② 경험 면접의 구조

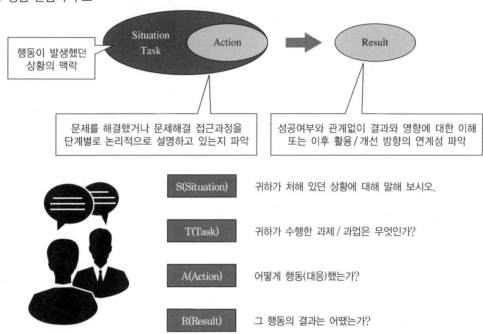

행동이 발생했던 상황의 맥락

문제를 해결했거나 문제해결 접근과정을 단계별로 논리적으로 설명하고 있는지 파악

성공여부와 관계없이 결과와 영향에 대한 이해 또는 이후 활용 / 개선 방향의 연계성 파악

S(Situation)	귀하가 처해 있던 상황에 대해 말해 보시오.
T(Task)	귀하가 수행한 과제 / 과업은 무엇인가?
A(Action)	어떻게 행동(대응)했는가?
R(Result)	그 행동의 결과는 어땠는가?

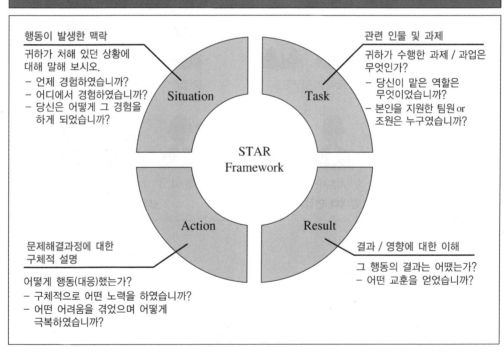

(   )에 관한 과거 경험에 대하여 말해 보시오.

행동이 발생한 맥락
귀하가 처해 있던 상황에 대해 말해 보시오.
– 언제 경험하였습니까?
– 어디에서 경험하였습니까?
– 당신은 어떻게 그 경험을 하게 되었습니까?

관련 인물 및 과제
귀하가 수행한 과제 / 과업은 무엇인가?
– 당신이 맡은 역할은 무엇이었습니까?
– 본인을 지원한 팀원 or 조원은 누구였습니까?

Situation   Task

STAR Framework

Action   Result

문제해결과정에 대한 구체적 설명
어떻게 행동(대응)했는가?
– 구체적으로 어떤 노력을 하였습니까?
– 어떤 어려움을 겪었으며 어떻게 극복하였습니까?

결과 / 영향에 대한 이해
그 행동의 결과는 어땠는가?
– 어떤 교훈을 얻었습니까?

③ 경험 면접 질문 예시(직업윤리)

시작 질문	
1	남들이 신경 쓰지 않는 부분까지 고려하여 절차대로 업무(연구)를 수행하여 성과를 낸 경험을 구체적으로 말해 보시오.
2	조직의 원칙과 절차를 철저히 준수하며 업무(연구)를 수행한 것 중 성과를 향상시킨 경험에 대해 구체적으로 말해 보시오.
3	세부적인 절차와 규칙에 주의를 기울여 실수 없이 업무(연구)를 마무리한 경험을 구체적으로 말해 보시오.
4	조직의 규칙이나 원칙을 고려하여 성실하게 일했던 경험을 구체적으로 말해 보시오.
5	타인의 실수를 바로잡고 원칙과 절차대로 수행하여 성공적으로 업무를 마무리하였던 경험에 대해 말해 보시오.

후속 질문		
상황 (Situation)	상황	구체적으로 언제, 어디에서 경험한 일인가?
		어떤 상황이었는가?
	조직	어떤 조직에 속해 있었는가?
		그 조직의 특성은 무엇이었는가?
		몇 명으로 구성된 조직이었는가?
	기간	해당 조직에서 얼마나 일했는가?
		해당 업무는 몇 개월 동안 지속되었는가?
	조직규칙	조직의 원칙이나 규칙은 무엇이었는가?
임무 (Task)	과제	과제의 목표는 무엇이었는가?
		과제에 적용되는 조직의 원칙은 무엇이었는가?
		그 규칙을 지켜야 하는 이유는 무엇이었는가?
	역할	당신이 조직에서 맡은 역할은 무엇이었는가?
		과제에서 맡은 역할은 무엇이었는가?
	문제의식	규칙을 지키지 않을 경우 생기는 문제점 / 불편함은 무엇인가?
		해당 규칙이 왜 중요하다고 생각하였는가?
역할 및 노력 (Action)	행동	업무 과정의 어떤 장면에서 규칙을 철저히 준수하였는가?
		어떻게 규정을 적용시켜 업무를 수행하였는가?
		규정은 준수하는 데 어려움은 없었는가?
	노력	그 규칙을 지키기 위해 스스로 어떤 노력을 기울였는가?
		본인의 생각이나 태도에 어떤 변화가 있었는가?
		다른 사람들은 어떤 노력을 기울였는가?
	동료관계	동료들은 규칙을 철저히 준수하고 있었는가?
		팀원들은 해당 규칙에 대해 어떻게 반응하였는가?
		규칙에 대한 태도를 개선하기 위해 어떤 노력을 하였는가?
		팀원들의 태도는 당신에게 어떤 자극을 주었는가?
	업무추진	주어진 업무를 추진하는 데 규칙이 방해되진 않았는가?
		업무수행 과정에서 규정을 어떻게 적용하였는가?
		업무 시 규정을 준수해야 한다고 생각한 이유는 무엇인가?

결과 (Result)	평가	규칙을 어느 정도나 준수하였는가?
		그렇게 준수할 수 있었던 이유는 무엇이었는가?
		업무의 성과는 어느 정도였는가?
		성과에 만족하였는가?
		비슷한 상황이 온다면 어떻게 할 것인가?
	피드백	주변 사람들로부터 어떤 평가를 받았는가?
		그러한 평가에 만족하는가?
		다른 사람에게 본인의 행동이 영향을 주었다고 생각하는가?
	교훈	업무수행 과정에서 중요한 점은 무엇이라고 생각하는가?
		이 경험을 통해 느낀 바는 무엇인가?

2. 상황 면접

① 상황 면접의 특징

직무 관련 상황을 가정하여 제시하고 이에 대한 대응능력을 직무관련성 측면에서 평가하는 면접입니다.

- 상황 면접 과제의 구성은 크게 2가지로 구분
  - 상황 제시(Description) / 문제 제시(Question or Problem)
- 현장의 실제 업무 상황을 반영하여 과제를 제시하므로 직무분석이나 직무전문가 워크숍 등을 거쳐 현장성을 높임
- 문제는 상황에 대한 기본적인 이해능력(이론적 지식)과 함께 실질적 대응이나 변수 고려능력(실천적 능력) 등을 고르게 질문해야 함

상황 면접의 형태

[면접관 1] [면접관 2]

[연기자 1] [연기자 2]

[면접관 1] [면접관 2]

[지원자]

〈시뮬레이션〉

[지원자 1] [지원자 2] [지원자 3]

〈문답형〉

② 상황 면접 예시

상황 제시	인천공항 여객터미널 내에는 다양한 용도의 시설(사무실, 통신실, 식당, 전산실, 창고 면세점 등)이 설치되어 있습니다.	실제 업무 상황에 기반함
	금년에 소방배관의 누수가 잦아 메인 배관을 교체하는 공사를 추진하고 있으며, 당신은 이번 공사의 담당자입니다.	배경 정보
	주간에는 공항 운영이 이루어져 주로 야간에만 배관 교체 공사를 수행하던 중, 시공하는 기능공의 실수로 배관 연결 부위를 잘못 건드려 고압배관의 소화수가 누출되는 사고가 발생하였으며, 이로 인해 인근 시설물에 누수에 의한 피해가 발생하였습니다.	구체적인 문제 상황
문제 제시	일반적인 소방배관의 배관연결(이음)방식과 배관의 이탈(누수)이 발생하는 원인에 대해 설명해 보시오.	문제 상황 해결을 위한 기본 지식 문항
	담당자로서 본 사고를 현장에서 긴급히 처리하는 프로세스를 제시하고, 보수완료 후 사후적 조치가 필요한 부분 및 재발방지 방안에 대해 설명해 보시오.	문제 상황 해결을 위한 추가 대응 문항

3. 발표 면접

① 발표 면접의 특징
- 직무관련 주제에 대한 지원자의 생각을 정리하여 의견을 제시하고, 발표 및 질의응답을 통해 지원자의 직무능력을 평가하는 면접입니다.
- 발표 주제는 직무와 관련된 자료로 제공되며, 일정 시간 후 지원자가 보유한 지식 및 방안에 대한 발표 및 후속 질문을 통해 직무적합성을 평가합니다.

> - 주요 평가요소
>   - 설득적 말하기 / 발표능력 / 문제해결능력 / 직무관련 전문성
> - 이미 언론을 통해 공론화된 시사 이슈보다는 해당 직무분야에 관련된 주제가 발표면접의 과제로 선정되는 경우가 최근 들어 늘어나고 있음
> - 짧은 시간 동안 주어진 과제를 빠른 속도로 분석하여 발표문을 작성하고 제한된 시간 안에 면접관에게 효과적인 발표를 진행하는 것이 핵심

발표 면접의 형태

[면접관 1] [면접관 2]　　　　　　[면접관 1] [면접관 2]

[지원자]　　　　　　[지원자 1] [지원자 2] [지원자 3]

〈개별 과제 발표〉　　　　〈팀 과제 발표〉

※ 면접관에게 시각적 효과를 사용하여 메시지를 전달하는 쌍방향 커뮤니케이션 방식
※ 심층면접을 보완하기 위한 방안으로 최근 많은 기업에서 적극 도입하는 추세

② 발표 면접 예시

1. 지시문

> 당신은 현재 A사에서 직원들의 성과평가를 담당하고 있는 팀원이다. 인사팀은 지난주부터 사내 조직문화관련 인터뷰를 하던 도중 성과평가제도에 관련된 개선 니즈가 제일 많다는 것을 알게 되었다. 이에 팀장님은 인터뷰 결과를 종합하려 성과평가제도 개선 아이디어를 A4용지에 정리하여 신속 보고할 것을 지시하셨다. 당신에게 남은 시간은 1시간이다. 자료를 준비하는 대로 당신은 팀원들이 모인 회의실에서 5분 간 발표할 것이며, 이후 질의응답을 진행할 것이다.

2. 배경자료

> 〈성과평가제도 개선에 대한 인터뷰〉
>
> 최근 A사는 회사 사세의 급성장으로 인해 작년보다 매출이 두 배 성장하였고, 직원 수 또한 두 배로 증가하였다. 회사의 성장은 임금, 복지에 대한 상승 등 긍정적인 영향을 주었으나 업무의 불균형 및 성과보상의 불평등 문제가 발생하였다. 또한 수시로 입사하는 신입직원과 경력직원, 퇴사하는 직원들까지 인원들의 잦은 변동으로 인해 평가해야 할 대상이 변경되어 현재의 성과평가제도로는 공정한 평가가 어려운 상황이다.
>
> [생산부서 김상호]
> 우리 팀은 지난 1년 동안 생산량이 급증했기 때문에 수십 명의 신규인력이 급하게 채용되었습니다. 이 때문에 저희 팀장님은 신규 입사자들의 이름조차 기억 못할 때가 많이 있습니다. 성과평가를 제대로 하고 있는지 의문이 듭니다.
>
> [마케팅 부서 김흥민]
> 개인의 성과평가의 취지는 충분히 이해합니다. 그러나 현재 평가는 실적기반이나 정성적인 평가가 많이 포함되어 있어 객관성과 공정성에는 의문이 드는 것이 사실입니다. 이러한 상황에서 평가제도를 재수립하지 않고, 인센티브에 계속 반영한다면, 평가제도에 대한 반감이 커질 것이 분명합니다.
>
> [교육부서 홍경민]
> 현재 교육부서는 인사팀과 밀접하게 일하고 있습니다. 그럼에도 인사팀에서 실시하는 성과평가제도에 대한 이해가 부족한 것 같습니다.
>
> [기획부서 김경호 차장]
> 저는 저의 평가자 중 하나가 연구부서의 팀장님인데, 일 년에 몇 번 같이 일하지 않는데 어떻게 저를 평가할 수 있을까요? 특히 연구팀은 저희가 예산을 배정하는데, 저에게는 좋지만….

4. 토론 면접

① 토론 면접의 특징

- 다수의 지원자가 조를 편성해 과제에 대한 토론(토의)을 통해 결론을 도출해가는 면접입니다.
- 의사소통능력, 팀워크, 종합인성 등의 평가에 용이합니다.

> - 주요 평가요소
>   - 설득적 말하기, 경청능력, 팀워크, 종합인성
> - 의견 대립이 명확한 주제 또는 채용분야의 직무 관련 주요 현안을 주제로 과제 구성
> - 제한된 시간 내 토론을 진행해야 하므로 적극적으로 자신 있게 토론에 임하고 본인의 의견을 개진할 수 있어야 함

토론 면접의 형태

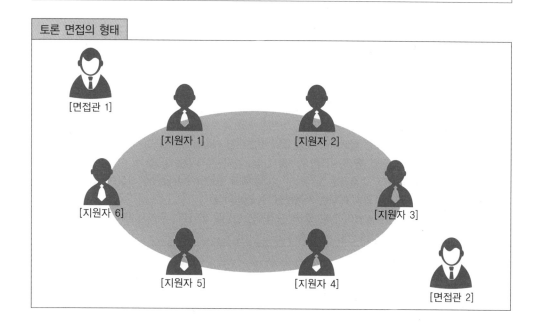

② 토론 면접 예시

고객 불만 고충처리
1. 들어가며
최근 우리 상품에 대한 고객 불만의 증가로 고객고충처리 TF가 만들어졌고 당신은 여기에 지원해 배치받았다. 당신의 업무는 불만을 가진 고객을 만나서 애로사항을 듣고 처리해 주는 일이다. 주된 업무로는 고객의 니즈를 파악해 방향성을 제시해 주고 그 해결책을 마련하는 일이다. 하지만 경우에 따라서 고객의 주관적인 의견으로 인해 제대로 된 방향으로 의사결정을 하지 못할 때가 있다. 이럴 경우 설득이나 논쟁을 해서라도 의견을 관철시키는 것이 좋을지 아니면 고객의 의견대로 진행하는 것이 좋을지 결정해야 할 때가 있다. 만약 당신이라면 이러한 상황에서 어떤 결정을 내릴 것인지 여부를 자유롭게 토론해 보시오.
2. 1분 자유 발언 시 준비사항
• 당신은 의견을 자유롭게 개진할 수 있으며 이에 따른 불이익은 없습니다.
• 토론의 방향성을 이해하고, 내용의 장점과 단점이 무엇인지 문제를 명확히 말해야 합니다.
• 합리적인 근거에 기초하여 개선방안을 명확히 제시해야 합니다.
• 제시한 방안을 실행 시 예상되는 긍정적·부정적 영향요인도 동시에 고려할 필요가 있습니다.
3. 토론 시 유의사항
• 토론 주제문과 제공해드린 메모지, 볼펜만 가지고 토론장에 입장할 수 있습니다.
• 사회자의 지정 또는 발표자가 손을 들어 발언권을 획득할 수 있으며, 사회자의 통제에 따릅니다.
• 토론회가 시작되면, 팀의 의견과 논거를 정리하여 1분간의 자유발언을 할 수 있습니다. 순서는 사회자가 지정합니다. 이후에는 자유롭게 상대방에게 질문하거나 답변을 하실 수 있습니다.
• 핸드폰, 서적 등 외부 매체는 사용하실 수 없습니다.
• 논제에 벗어나는 발언이나 지나치게 공격적인 발언을 할 경우, 위에서 제시한 유의사항을 지키지 않을 경우 불이익을 받을 수 있습니다.

1. 면접 Role Play 편성

- 교육생끼리 조를 편성하여 면접관과 지원자 역할을 교대로 진행합니다.
- 지원자 입장과 면접관 입장을 모두 경험해 보면서 면접에 대한 적응력을 높일 수 있습니다.

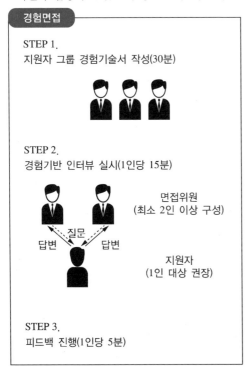

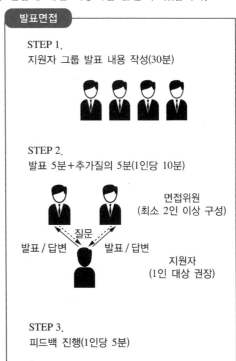

Tip

면접 준비하기
1. 면접 유형 확인 필수
   - 기업마다 면접 유형이 상이하기 때문에 해당 기업의 면접 유형을 확인하는 것이 좋음
   - 일반적으로 실무진 면접, 임원면접 2차례에 거쳐 면접을 실시하는 기업이 많고 실무진 면접과 임원 면접에서 평가요소가 다르기 때문에 유형에 맞는 준비방법이 필요
2. 후속 질문에 대한 사전 점검
   - 블라인드 채용 면접에서는 주요 질문과 함께 후속 질문을 통해 지원자의 직무능력을 판단
     → STAR 기법을 통한 후속 질문에 미리 대비하는 것이 필요

PART 4

한국주택금융공사 면접 기출질문

한국주택금융공사의 면접전형은 1차 면접전형과 2차 면접전형으로 진행된다. 1차 면접전형은 PT면접과 심층면접으로 구분된다. 그중 PT면접은 전공 주제에 대한 발표 및 질의응답으로, 문제해결능력, 전공 지식, 기획·발표력 등을 평가한다. 심층면접은 직무능력 검증을 위한 입사지원서 기반 질의응답으로, 발전가능성, 공사 이해도, 소통능력 등을 평가한다. 또한, 2차 면접전형은 인성면접으로, 창의성, 적극성, 인성 등을 평가한다.

1. 2024년 기출질문

- 자기소개를 해 보시오.
- 한국주택금융공사와 다른 금융공기업의 차이에 대해 아는 대로 설명해 보시오.
- 공직자로서 가져야 할 자세 중 가장 중요하다고 생각하는 2가지를 말해 보시오.
- 다른 사람과 의견 충돌이 발생했을 경우 어떻게 대처할 것인지 말해 보시오.
- 비윤리적이었던 경험을 말해 보시오.
- 단체 생활에서 주도적으로 이끌었던 경험을 말해 보시오.
- 청년대출 관련 상품에 대해 아는 대로 설명해 보시오.
- 본인이 수행한 프로젝트 중 가장 성과가 좋았던 프로젝트가 무엇인지 말해 보시오.
- 본인의 장단점이 무엇인지 말해 보시오.
- 팀워크를 발휘했던 경험을 말해 보시오.
- 본인이 한국주택금융공사에 기여할 수 있는 부분이 무엇인지 말해 보시오.
- 4050세대를 응대했던 경험을 말해 보시오.
- 한국주택금융공사에서 시행하고 있는 사업에 대해 아는 대로 설명해 보시오.
- 한국주택금융공사에서 하는 업무에 대해 아는 대로 설명해 보시오.
- 공동체 생활에서 책임감을 발휘했던 경험을 말해 보시오.
- 실수를 인정하고 성과를 얻었던 경험을 말해 보시오.
- 평소 다른 사람들이 본인을 어떻게 평가하는지 말해 보시오.
- 본인의 소통능력은 어떠한지 말해 보시오.

2. 2023년 기출질문

- 한국주택금융공사에 지원한 동기를 말해 보시오.
- 한국주택금융공사가 하는 일에 대해 아는 대로 설명해 보시오.
- 한국주택금융공사의 사업 중 가장 관심 있는 사업을 말해 보시오.
- 한국주택금융공사의 인재상 중 본인에게 적합하다고 생각하는 인재상은 무엇인지 말해 보시오.
- 한국주택금융공사에 지원하기 위해 노력한 점을 말해 보시오.
- 한국주택금융공사의 비전에 대해 아는 대로 설명해 보시오.
- 한국주택금융공사의 모기지론에 대해 아는 대로 설명해 보시오.
- 모기지론과 역모기지론의 차이에 대해 아는 대로 설명해 보시오.
- 주택연금의 단점에 대해 아는 대로 설명해 보시오.
- 주택연금의 단점을 극복하기 위해 법적으로 활용하고 있는 제도에 대해 아는 대로 설명해 보시오.
- 조직 생활에서 가장 중요한 것이 무엇이라고 생각하는지 말해 보시오.
- 달성하기 어려운 일을 책임지고 수행했던 경험을 말해 보시오.

3. 과년도 기출질문

- 업무수행 시 가장 중요하다고 생각하는 키워드 3가지를 말해 보시오.
- 배려를 베풀었던 경험을 말해 보시오.
- 본인의 가치관이 무엇인지 말해 보시오.
- 한국주택금융공사에 대해 아는 대로 설명해 보시오.
- 한국주택금융공사의 주택연금을 홍보하기 위한 방안을 말해 보시오.
- 한국주택금융공사의 최근 이슈에 대해 아는 대로 설명해 보시오.
- 은행권이 아닌 금융공기업에 지원한 이유를 말해 보시오.
- 본인에게 10억 원이 주어졌을 경우 어떻게 사용할 것인지 말해 보시오.
- 본인의 버킷리스트 3가지를 말해 보시오.
- 역모기지론의 사회·문화·경제적 영향에 대해 아는 대로 설명해 보시오.
- 보금자리론에 대해 아는 대로 설명해 보시오.
- 보금자리론이 금융시장의 주택담보대출보다 이자율이 낮은 이유에 대해 아는 대로 설명해 보시오.
- 주택담보대출이 발생하는 순서를 말해 보시오.
- 공무원의 직업윤리에 대해 어떻게 생각하는지 말해 보시오.
- 노사 갈등을 해결하기 위한 방안을 말해 보시오.
- 강성노조가 생기는 이유에 대해 아는 대로 설명해 보시오.
- 원하는 업무가 아닌 다른 업무를 맡게 된다면 어떻게 할 것인지 말해 보시오.
- 4차 산업혁명 기술 중 가장 중요하다고 생각하는 분야가 무엇인지 말해 보시오.
- 리더와 팔로워 중 어떤 사람이 되고 싶은지 말해 보시오.
- 단체 생활에서 갈등을 해소했던 경험을 말해 보시오.

우리가 해야 할 일은 끊임없이 호기심을 갖고
새로운 생각을 시험해 보고 새로운 인상을 받는 것이다.

– 월터 페이터 –

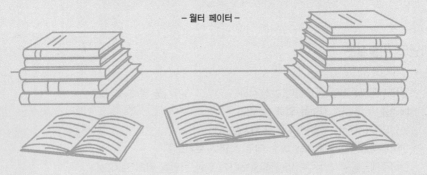

답안채점 • 성적분석 서비스

모바일 OMR

 ➡ ➡ ➡ ➡ ➡ ➡ ➡ ➡

| 도서 내 모의고사 우측 상단에 위치한 QR코드 찍기 | 로그인 하기 | '시작하기' 클릭 | '응시하기' 클릭 | 나의 답안을 모바일 OMR 카드에 입력 | '성적분석 & 채점결과' 클릭 | 현재 내 실력 확인하기 |

도서에 수록된 모의고사에 대한
객관적인 결과(정답률, 순위)를
종합적으로 분석하여 제공합니다.

※OMR 답안채점 / 성적분석 서비스는 등록 후 30일간 사용 가능합니다.

한국주택
금융공사

정답 및 해설

NCS + 전공 + 모의고사 5회

편저 | SDC(Sidae Data Center)

기출복원문제부터
대표기출유형 및
모의고사까지
한 권으로
마무리!

SDC

SDC는 시대에듀 데이터 센터의 약자로
약 30만 개의 NCS·적성 문제 데이터를
바탕으로 최신 출제경향을 반영하여
문제를 출제합니다.

시대에듀

Add+

특별부록

CHAPTER 01   2024년 하반기 주요 공기업 NCS 기출복원문제

CHAPTER 02   2024 ~ 2023년 주요 공기업 전공 기출복원문제

끝까지 책임진다! 시대에듀!

QR코드를 통해 도서 출간 이후 발견된 오류나 개정법령, 변경된 시험 정보, 최신기출문제, 도서 업데이트 자료 등이 있는지 확인해 보세요! 시대에듀 합격 스마트 앱을 통해서도 알려 드리고 있으니 구글 플레이나 앱 스토어에서 다운받아 사용하세요. 또한, 파본 도서인 경우에는 구입하신 곳에서 교환해 드립니다.

01	02	03	04	05	06	07	08	09	10	11	12	13	14	15	16	17	18	19	20
④	③	⑤	③	③	③	④	④	③	⑤	③	④	②	①	③	④	⑤	④	③	④
21	22	23	24	25	26	27	28	29	30	31	32	33	34	35	36	37	38	39	40
⑤	③	②	⑤	⑤	③	③	③	①	①	③	①	②	①	④	③	④	④	④	④
41	42	43	44	45	46	47	48	49	50										
②	③	⑤	③	①	④	④	③	②	⑤										

01   정답 ④

쉼이란 대화 도중에 잠시 침묵하는 것을 말한다. 쉼을 사용하는 대표적인 경우는 다음과 같다.
• 이야기의 전이 시(흐름을 바꾸거나 다른 주제로 넘어갈 때)
• 양해, 동조, 반문의 경우
• 생략, 암시, 반성의 경우
• 여운을 남길 때
위와 같은 목적으로 쉼을 활용함으로써 논리성, 감정 제고, 동질감 등을 확보할 수 있다.
반면, 연단공포증은 면접이나 발표 등 청중 앞에서 이야기할 때 가슴이 두근거리고, 입술이 타고, 식은땀이 나고, 얼굴이 달아오르는 생리적인 현상으로, 쉼과는 관련이 없다. 연단공포증은 90% 이상의 사람들이 호소하는 불안이므로 극복하기 위해서는 연단공포증에 대한 걱정을 떨쳐내고 이러한 심리현상을 잘 통제하여 의사 표현하는 것을 연습해야 한다.

02   정답 ③

미국의 심리학자인 도널드 키슬러는 대인관계 의사소통 방식을 체크리스트로 평가하여 8가지 유형으로 구분하였다. 이 중 친화형은 따뜻하고 배려심이 깊으며, 타인과의 관계를 중시하는 유형이다. 또한 협동적이고 조화로운 성격으로, 자기희생적인 경향이 강하다.

키슬러의 대인관계 의사소통 유형
• 지배형 : 자신감이 있고 지도력이 있으나 논쟁적이고 독단이 강하여 대인 갈등을 겪을 수 있으므로 타인의 의견을 경청하고 수용하는 자세가 필요하다.
• 실리형 : 이해관계에 예민하고 성취 지향적으로 경쟁적인 데다 자기중심적이어서 타인의 입장을 배려하고 관심을 갖는 자세가 필요하다.
• 냉담형 : 이성적인 의지력이 강하고 타인의 감정에 무관심하며 피상적인 대인관계를 유지하므로 타인의 감정 상태에 관심을 가지고 긍정적인 감정을 표현하는 것이 필요하다.
• 고립형 : 혼자 있는 것을 선호하고 사회적 상황을 회피하며 지나치게 자신의 감정을 억제하므로 대인관계의 중요성을 인식하고 타인에 대한 비현실적인 두려움의 근원을 성찰하는 것이 필요하다.
• 복종형 : 수동적이고 의존적이며 자신감이 없으므로 적극적인 자기표현과 주장이 필요하다.
• 순박형 : 단순하고 솔직하며 자기주관이 부족하므로 자기주장을 하는 노력이 필요하다.
• 친화형 : 따뜻하고 인정이 많고 자기희생적이나 타인의 요구를 거절하지 못하므로 타인과의 정서적인 거리를 유지하는 노력이 필요하다.
• 사교형 : 외향적이고 인정하는 욕구가 강하며, 타인에 대한 관심이 많아서 간섭하는 경향이 있고 흥분을 잘 하므로 심리적 안정과 지나친 인정욕구에 대한 성찰이 필요하다.

03

철도사고는 달리는 도중에도 발생할 수 있으므로 먼저 인터폰을 통해 승무원에게 사고를 알리고, 열차가 멈춘 후에 안내방송에 따라 비상핸들이나 비상콕크를 돌려 문을 열고 탈출해야 한다. 만일 화재가 발생했을 경우에는 승무원에게 사고를 알리고 곧바로 119에도 신고를 해야 한다.

오답분석

① 침착함을 잃고 패닉에 빠지게 되면, 적절한 행동요령에 따라 대피하기 어렵다. 따라서 사고현장에서 대피할 때는 승무원의 안내에 따라 질서 있게 대피해야 한다.
② 화재사고 발생 시 승객들은 여유가 있을 경우 전동차 양 끝에 비치된 소화기로 초기 진화를 시도해야 한다.
③ 역이 아닌 곳에서 열차가 멈췄을 경우 감전의 위험이 있으므로 반드시 승무원의 안내에 따라 반대편 선로의 열차 진입에 유의하며 대피 유도등을 따라 침착하게 비상구로 대피해야 한다.
④ 전동차에서 대피할 때는 부상자, 노약자, 임산부 등 탈출이 어려운 사람부터 먼저 대피할 수 있도록 배려하고 도와주어야 한다.

04

하향식 읽기 모형은 독자의 배경지식을 바탕으로 글의 맥락을 먼저 파악하는 읽기 전략이다. ③의 경우 제품 설명서를 통해 세부 기능과 버튼별 용도를 파악하고 기계를 작동시켰으므로 상향식 읽기를 수행한 사례이다. 제품 설명서를 하향식으로 읽는다면 제품 설명서를 읽기 전 제품을 보고 배경지식을 바탕으로 어떤 기능이 있는지 예측하고, 해당 기능을 수행하는 세부 방법을 제품 설명서를 통해 찾아봐야 한다.

오답분석

① 회의의 주제에 대한 배경지식을 가지고 회의 안건을 예상한 후 회의 자료를 파악하였으므로 하향식 읽기 모형에 해당한다.
② 헤드라인을 먼저 읽어 배경지식을 바탕으로 전체적인 내용을 파악하고 상세 내용을 읽었으므로 하향식 읽기 모형에 해당한다.
④ 요리에 대한 경험과 지식을 바탕으로 요리 과정을 파악하였으므로 하향식 읽기 모형에 해당한다.
⑤ 해당 분야에 대한 기본적인 지식을 바탕으로 서문이나 목차를 통해 책의 전체적인 흐름을 파악하였으므로 하향식 읽기 모형에 해당한다.

05

농도가 15%인 소금물 200g의 소금의 양은 $200 \times \frac{15}{100} = 30\text{g}$이고, 농도가 20%인 소금물 300g의 소금의 양은 $300 \times \frac{20}{100} = 60\text{g}$이다. 따라서 두 소금물을 섞었을 때의 농도는 $\frac{30+60}{200+300} \times 100 = \frac{90}{500} \times 100 = 18\%$이다.

06

동성끼리 인접하지 않아야 하므로 남직원과 여직원은 모두 번갈아 앉아야 한다. 이때 여직원 D의 자리를 기준으로 남직원 B가 옆에 앉는 경우를 다음과 같이 나눌 수 있다.
• 첫 번째, 여섯 번째 자리에 여직원 D가 앉는 경우
  남직원 B가 여직원 D 옆에 앉는 경우는 1가지뿐으로, 남은 자리에 남직원, 여직원이 번갈아 앉아 경우의 수는 $2 \times 1 \times 2! \times 2! = 8$가지이다.
• 두 번째, 세 번째, 네 번째, 다섯 번째 자리에 여직원 D가 앉는 경우
  각 경우에 대하여 남직원 B가 여직원 D 옆에 앉는 경우는 2가지이다. 남은 자리에 남직원, 여직원이 번갈아 앉으므로 경우의 수는 $4 \times 2 \times 2! \times 2! = 32$가지이다.
따라서 구하고자 하는 경우의 수는 $8 + 32 = 40$가지이다.

07

제시된 수열은 홀수 항일 때 +12, +24, +48, … 이고, 짝수 항일 때 +20인 수열이다.
따라서 (   )=13+48=61이다.

08

2022년에 중학교에서 고등학교로 진학한 학생의 비율은 99.7%이고, 2023년에 중학교에서 고등학교로 진학한 학생의 비율은 99.6%이다. 따라서 진학한 비율이 감소하였으므로 중학교에서 고등학교로 진학하지 않은 학생의 비율은 증가하였음을 알 수 있다.

오답분석

① 중학교의 취학률이 가장 낮은 해는 97.1%인 2020년이다. 이는 97% 이상이므로 중학교의 취학률은 매년 97% 이상이다.
② 매년 초등학교의 취학률이 가장 높다.
③ 고등교육기관의 취학률은 2020년 이후로 계속해서 70% 이상을 기록하였다.
⑤ 고등교육기관의 취학률이 가장 낮은 해는 2016년이고, 고등학교의 상급학교 진학률이 가장 낮은 해 또한 2016년이다.

09

오답분석

① B기업의 매출액이 가장 많은 때는 2024년 3월이지만, 그래프에서는 2024년 4월의 매출액이 가장 많은 것으로 나타났다.
② 2024년 2월에는 A기업의 매출이 더 많지만, 그래프에서는 B기업이 더 많은 것으로 나타났다.
④ A기업의 매출액이 가장 적은 때는 2024년 4월이지만, 그래프에서는 2024년 3월의 매출액이 가장 적은 것으로 나타났다.
⑤ A기업과 B기업의 매출액의 차이가 가장 큰 때는 2024년 1월이지만, 그래프에서는 2024년 5월과 6월의 매출액 차이가 더 큰 것으로 나타났다.

10

스마트 팜 관련 정부 사업 참여 경험은 K사의 강점요인이다. 또한 정부의 적극적인 지원은 스마트 팜 시장 성장에 따른 기회요인이다. 따라서 스마트 팜 관련 정부 사업 참여 경험을 바탕으로 정부의 적극적인 지원을 확보하는 것은 내부의 강점을 통해 외부의 기회요인을 극대화하는 SO전략에 해당한다.

오답분석

①・②・③・④ 외부의 기회를 이용하여 내부의 약점을 보완하는 WO전략에 해당한다.

11

A~F 모두 문맥을 무시하고 일부 문구에만 집착하여 뜻을 해석하고 있으므로 '과대해석의 오류'를 범하고 있다. 과대해석의 오류는 전체적인 상황이나 맥락을 고려하지 않고 특정 단어나 문장에만 집착하여 의미를 해석하는 오류로, 글의 의미를 지나치게 확대하거나 축소하여 생각하고, 문자 그대로의 의미에만 너무 집착하여 다른 가능성이나 해석을 배제하게 되는 논리적 오류이다.

오답분석

① 무지의 오류 : '신은 존재하지 않는다가 증명되지 않았으므로 신은 존재한다.'처럼 증명되지 않았다고 해서 그 반대의 주장이 참이라고 생각하는 오류이다.
② 연역법의 오류 : '조류는 날 수 있다. 펭귄은 조류이다. 따라서 펭귄은 날 수 있다.'처럼 잘못된 삼단논법에 의해 발생하는 논리적 오류이다.
④ 허수아비 공격의 오류 : '저 사람은 과거에 거짓말을 한 적이 있으니 이번에 일어난 사기 사건의 범인이다.'처럼 개별적 인과관계를 입증하지 않고 전혀 상관없는 별개의 논리를 만들어 공격하는 논리적 오류이다.
⑤ 권위나 인신공격에 의존한 논증 : '제정신을 가진 사람이면 그런 주장을 할 수가 없다.'처럼 상대방의 주장 대신 인격을 공격하거나, '최고 권위자인 A교수도 이런 말을 했습니다.'처럼 자신의 논리적인 약점을 권위자를 통해 덮으려는 논리적 오류이다.

12

정답 ④

A ~ E열차의 운행시간 단위를 시간 단위로, 평균 속력의 단위를 시간당 운행거리로 통일하여 정리하면 다음과 같다.

구분	운행시간	평균 속력	운행거리
A열차	900분＝15시간	50m/s＝(50×60×60)m/h＝180km/h	15×180＝2,700km
B열차	10시간 30분＝10.5시간	150km/h	10.5×150＝1,575km
C열차	8시간	55m/s＝(55×60×60)m/h＝198km/h	8×198＝1,584km
D열차	720분＝12시간	2.5km/min＝(2.5×60)km/h＝150km/h	12×150＝1,800km
E열차	10시간	2.7km/min＝(2.7×60)km/h＝162km/h	10×162＝1,620km

따라서 C열차의 운행거리는 네 번째로 길다.

13

정답 ②

K대학교 기숙사 운영위원회는 단순히 '기숙사에 문제가 있다.'라는 큰 문제에서 벗어나 식사, 시설, 통신환경이라는 3가지 주요 문제를 파악하고 문제별로 다시 세분화하여 더욱 구체적으로 인과관계 및 구조를 파악하여 분석하고 있다. 따라서 제시문에서 나타난 문제해결 절차는 '문제 도출'이다.

> **문제해결 절차 5단계**
> 1. 문제 인식 : 해결해야 할 전체 문제를 파악하여 우선순위를 정하고 선정 문제에 대한 목표를 명확히 하는 단계
> 2. 문제 도출 : 선정된 문제를 분석하여 해결해야 할 것이 무엇인지를 명확히 하는 단계로, 현상에 대한 문제를 분해하여 인과관계 및 구조를 파악하는 단계
> 3. 원인 분석 : 파악된 핵심 문제에 대한 분석을 통해 근본 원인을 도출해 내는 단계
> 4. 해결안 개발 : 문제로부터 도출된 근본 원인을 효과적으로 해결할 수 있는 최적의 해결 방안을 수립하는 단계
> 5. 실행 및 평가 : 해결안 개발을 통해 만들어진 실행 계획을 실제 상황에 적용하는 단계로, 해결안을 통해 문제의 원인들을 제거해 나가는 단계

14

정답 ①

공공사업을 위해 투입된 세금을 본래의 목적에 사용하지 않고 무단으로 다른 곳에 쓴 상황이므로 '예정되어 있는 곳에 쓰지 아니하고 다른 데로 돌려서 씀'을 의미하는 '전용(轉用)'이 가장 적절한 단어이다.

[오답분석]
② 남용(濫用) : 일정한 기준이나 한도를 넘어서 함부로 씀
③ 적용(適用) : 알맞게 이용하거나 맞추어 씀
④ 활용(活用) : 도구나 물건 따위를 충분히 잘 이용함
⑤ 준용(遵用) : 그대로 좇아서 씀

15

정답 ③

시조새는 비대칭형 깃털을 가진 최초의 동물로, 현대의 날 수 있는 조류처럼 바람을 맞는 곳의 깃털은 짧고, 뒤쪽은 긴 형태로 이루어졌으며, 이와 같은 비대칭형 깃털이 양력을 제공하여 짧은 거리의 활강을 가능하게 하였다. 따라서 비행을 하기 위한 시조새의 신체 조건은 날개의 깃털이 비대칭 구조로 형성되어 있는 것이다.

[오답분석]
① 제시문에서 언급하지 않은 내용이다.
②·④ 세 개의 갈고리 발톱과 척추뼈가 꼬리까지 이어지는 구조는 공룡의 특징을 보여주는 신체 조건이다.
⑤ 시조새는 현대 조류처럼 가슴뼈가 비행에 최적화된 형태로 발달되지 않았다고 언급하고 있다.

16

제시문은 서양의학에 중요한 영향을 준 히포크라테스와 갈레노스에 대해 소개하고 있다. 히포크라테스는 자연적 관찰을 통해 의사를 과학적인 기반 위의 직업으로 만들었으며, 히포크라테스 선서와 같이 전문직업으로써의 윤리적 기준을 마련한 서양의학의 상징이라고 소개하고 있으며, 갈레노스는 실제 해부와 임상 실험을 통해 의학 이론을 증명하고 방대한 저술을 남겨 후대 의학 발전에 큰 영향을 주었음을 설명하고 있다. 따라서 '히포크라테스와 갈레노스가 서양의학에 끼친 영향과 중요성'이 제시문의 주제이다.

오답분석

① 갈레노스의 의사로서의 이력은 언급하고 있지만, 생애에 대해 구체적으로 밝히는 글은 아니다.
② 갈레노스가 해부와 실험을 통해 의학 이론을 증명하였음을 설명할 뿐이며, 해부학의 발전 과정에 대해 설명하는 글은 아니다.
③ 히포크라테스 선서는 히포크라테스가 서양의학에 남긴 중요한 윤리적 기준이지만, 이를 중심으로 설명하는 글은 아니다.
⑤ 히포크라테스와 갈레노스 모두 4체액설과 같은 부분에서는 현대 의학과는 거리가 있었음을 밝히고 있다.

17

'비상구'는 '화재나 지진 따위의 갑작스러운 사고가 일어날 때에 급히 대피할 수 있도록 특별히 마련한 출입구'이다. 따라서 이와 가장 비슷한 단어는 '갇힌 곳에서 빠져나가거나 도망하여 나갈 수 있는 출구'를 의미하는 '탈출구'이다.

오답분석

① 진입로 : 들어가는 길
② 출입구 : 나갔다가 들어왔다가 하는 어귀나 문
③ 돌파구 : 가로막은 것을 쳐서 깨뜨려 통과할 수 있도록 뚫은 통로나 목
④ 여울목 : 여울물(강이나 바다 따위의 바닥이 얕거나 폭이 좁아 물살이 세게 흐르는 곳의 물)이 턱진 곳

18

A열차의 속력을 V_a, B열차의 속력을 V_b라 하고, 터널의 길이를 l, 열차의 전체 길이를 x라 하자.

A열차가 터널을 진입하고 빠져나오는 데 걸린 시간은 $\dfrac{l+x}{V_a}=14$초이다. B열차가 A열차보다 5초 늦게 진입하고 5초 빠르게 빠져나왔으므로 터널을 진입하고 빠져나오는 데 걸린 시간은 14−5−5=4초이다. 그러므로 $\dfrac{l+x}{V_b}=4$초이다.

따라서 같은 거리를 빠져나오는 데 A열차는 14초, B열차는 4초가 걸렸으므로 B열차는 A열차보다 3.5배 빠르다.

19

A팀은 5일마다, B팀은 4일마다 회의실을 사용하므로 두 팀이 회의실을 사용하고자 하는 날은 20일마다 겹친다. 첫 번째 겹친 날에 A팀이 먼저 사용했으므로 20일 동안 A팀이 회의실을 사용한 횟수는 4회이다. 두 번째 겹친 날에는 B팀이 사용하므로 40일 동안 A팀이 회의실을 사용한 횟수는 7회이고, 세 번째로 겹친 날에는 A팀이 회의실을 사용하므로 60일 동안 A팀은 회의실을 11회 사용하였다. 이를 표로 정리하면 다음과 같다.

겹친 횟수	첫 번째	두 번째	세 번째	네 번째	다섯 번째	…	$(n-1)$번째	n번째
회의실 사용 팀	A팀	B팀	A팀	B팀	A팀	…	A팀	B팀
A팀의 회의실 사용 횟수	4회	7회	11회	14회	18회	…		

겹친 날을 기준으로 A팀은 9회, B팀은 8회를 사용하였으므로 다음으로는 B팀이 회의실을 사용할 순서이다. 이때, B팀이 m번째로 회의실을 사용할 순서라면 A팀이 이때까지 회의실을 사용한 횟수는 $7m$회이다. 따라서 B팀이 겹친 날을 기준으로 회의실을 8회까지 사용하였고, 9번째로 사용할 순서이므로 이때까지 A팀이 회의실을 사용한 횟수는 최대 7×9=63회이다.

20

마지막 조건에 따라 광물 B는 인회석이고, 광물 B로 광물 C를 긁었을 때 긁힘 자국이 생기므로 광물 C는 인회석보다 무른 광물이다. 한편, 광물 A로 광물 C를 긁었을 때 긁힘 자국이 생기므로 광물 A는 광물 C보다 단단하고, 광물 A로 광물 B를 긁었을 때 긁힘 자국이 생기지 않으므로 광물 A는 광물 B보다는 무른 광물이다. 따라서 가장 단단한 광물은 B이며, 그다음으로 A, C 순으로 단단하다.

[오답분석]

① 광물 C는 인회석보다 무른 광물이므로 석영이 아니다.
② 광물 A는 인회석보다 무른 광물이지만, 방해석인지는 확인할 수 없다.
③ 가장 무른 광물은 C이다.
⑤ 광물 B는 인회석이므로 모스 굳기 단계는 5단계이다.

21

J공사의 지점 근무 인원이 71명이므로 가용 인원수가 부족한 B오피스는 제외된다. 또한, 시설 조건에서 스튜디오와 회의실이 필요하다고 했으므로 스튜디오가 없는 D오피스도 제외된다. 나머지 A, C, E오피스는 모두 교통 조건을 충족하므로 임대비용만 비교하면 된다. A, C, E오피스의 5년 임대비용은 다음과 같다.

• A오피스 : 600만×71×5=213,000만 원 → 21억 3천만 원
• C오피스 : 3,600만×12×5=216,000만 원 → 21억 6천만 원
• E오피스 : (3,800만×12×0.9)×5=205,200만 원 → 20억 5천 2백만 원

따라서 사무실 이전 조건을 바탕으로 가장 저렴한 공유 오피스인 E오피스로 이전할 것이다.

22

에너지바우처를 신청하기 위해서는 소득기준과 세대원 특성기준을 모두 충족해야 한다. C는 생계급여 수급자이므로 소득기준을 충족하고, 65세 이상이므로 세대원 특성기준도 충족한다. 그러나 C의 경우 보장시설인 양로시설에 거주하는 보장시설 수급자이므로 지원 제외 대상이다. 따라서 C는 에너지바우처를 신청할 수 없다.

[오답분석]

① A의 경우 의료급여 수급자이므로 소득기준을 충족하고, 7세 이하의 영유아가 있으므로 세대원 특성기준도 충족한다. 따라서 에너지바우처를 신청할 수 있다.
② B의 경우 교육급여 수급자이므로 소득기준을 충족하고, 한부모가족이므로 세대원 특성기준도 충족한다. 또한 4인 이상 세대에 해당하므로 바우처 지원금액은 716,300원으로 70만 원 이상이다.
④ 동절기 에너지바우처 지원방법은 요금차감과 실물카드 2가지 방법이 있다. 이 중 D의 경우 연탄보일러를 이용하고 있으므로 실물카드를 받아 연탄을 직접 결제하는 방식으로 지원받아야 한다.
⑤ E의 경우 생계급여 수급자이므로 소득기준을 충족하고, 희귀질환을 앓고 있는 어머니가 세대원으로 있으므로 세대원 특성기준도 충족한다. 또한 2인 세대에 해당하므로 하절기 바우처 지원금액인 73,800원이 지원된다. 이때, 하절기는 전기요금 고지서에서 요금을 자동으로 차감해 주므로 전기비에서 73,800원이 차감될 것이다.

23

A가족과 B가족 모두 소득기준과 세대원 특성기준이 에너지바우처 신청기준을 충족한다. A가족의 경우 5명이므로 총 716,300원을 지원받을 수 있다. 그러나 이미 연탄쿠폰을 발급받았으므로 동절기 에너지바우처는 지원받을 수 없다. 따라서 하절기 지원금액인 117,000원을 지원받는다. B가족의 경우 2명이므로 총 422,500원을 지원받을 수 있으며, 지역난방을 이용 중이므로 하절기와 동절기 모두 요금차감의 방식으로 지원받는다. 따라서 두 가족의 에너지바우처 지원 금액은 117,000+422,500=539,500원이다.

24

정답 ⑤

제시된 프로그램은 'result'의 초기 값을 0으로 정의한 후 'result' 값이 2를 초과할 때까지 하위 명령을 실행하는 프로그램이다. 이때 'result' 값을 1 증가시킨 후 그 값을 출력하고, 다시 1을 빼므로 0 → 1 → 1 출력 → 0 → 1 → 1 출력 → 0 → 1 → 1 출력 → … 과정을 무한히 반복하게 된다. 따라서 1이 무한히 출력된다.

25

정답 ⑤

ROUND 함수는 인수를 지정한 자릿수로 반올림한 값을 구하는 함수로, 「=ROUND(인수,자릿수)」로 표현한다. 이때 자릿수는 다음과 같이 나타낸다.

만의 자리	천의 자리	백의 자리	십의 자리	일의 자리	소수점 첫째 자리	소수점 둘째 자리	소수점 셋째 자리
-4	-3	-2	-1	0	1	2	3

따라서 「=ROUND(D2,−1)」는 [D2] 셀에 입력된 117.3365의 값을 십의 자리로 반올림하여 나타내므로, 출력되는 값은 120이다.

26

정답 ③

제시문은 ADHD의 원인과 치료 방법에 대한 글이다. 첫 번째 문단에서는 ADHD가 유전적 원인에 의해 발생한다고 설명하고, 두 번째 문단에서는 환경적 원인에 의해 발생한다고 설명하고 있다. 이를 종합하면 ADHD가 다양한 원인이 복합적으로 작용하는 질환임을 알 수 있다. 또한 빈칸 뒤에서도 다양한 원인에 부합하는 맞춤형 치료와 환경 조성이 필요하다고 하였으므로 빈칸에 들어갈 내용으로 가장 적절한 것은 ③이다.

27

정답 ③

~율/률의 앞 글자가 'ㄱ' 받침을 가지고 있으므로 '출석률'이 옳은 표기이다.

> **~율과 ~률의 구별**
> • ~율 : 앞 글자의 받침이 없거나 받침이 'ㄴ'인 경우 → 비율, 환율, 백분율
> • ~률 : 앞 글자의 받침이 있는 경우(단, 'ㄴ' 받침 제외) → 능률, 출석률, 이직률, 합격률

28

정답 ③

남성 합격자 수와 여성 합격자 수의 비율이 2 : 3이므로 여성 합격자는 48명이다.
남성 불합격자 수와 여성 불합격자 수가 모두 a명이라 하면 다음과 같이 정리할 수 있다.

(단위 : 명)

구분	합격자	불합격자	전체 지원자
남성	$2b=32$	a	$a+2b$
여성	$3b=48$	a	$a+3b$

남성 전체 지원자 수는 $(a+32)$명이고, 여성 전체 지원자 수는 $(a+48)$명이다.
$(a+32) : (a+48)=6 : 7$
→ $6 \times (a+48)=7 \times (a+32)$
→ $a=(48 \times 6)-(32 \times 7)$
∴ $a=64$
따라서 전체 지원자 수는 $2a+5b=(64 \times 2)+(16 \times 5)=128+80=208$명이다.

29

A씨는 2023년에는 9개월 동안 K공사에 근무하였다. (건강보험료)=(보수월액)×(건강보험료율)이고, 2023년 1월 1일 이후 (장기요양보험료)=(건강보험료)×$\dfrac{(장기요양보험료율)}{(건강보험료율)}$이므로 (장기요양보험료)=(보수월액)×(건강보험료율)×$\dfrac{(장기요양보험료율)}{(건강보험료율)}$이다.

그러므로 (보수월액)=$\dfrac{(장기요양보험료)}{(장기요양보험료율)}$이다.

따라서 A씨의 2023년 장기요양보험료는 35,120원이므로 보수월액은 $\dfrac{35,120}{0.9082\%}=\dfrac{35,120}{0.9082}\times100 ≒ 3,866,990$원이다.

30

'가명처리'란 개인정보의 일부를 삭제하거나 일부 또는 전부를 대체하는 등의 방법으로 추가 정보가 없이는 특정 개인을 알아볼 수 없도록 처리하는 것을 말한다(개인정보보호법 제2조 제1의2호).

오답분석
② 개인정보보호법 제2조 제3호
③ 개인정보보호법 제2조 제1호 가목
④ 개인정보보호법 제2조 제2호

31

「=COUNTIF(범위,조건)」 함수는 조건을 만족하는 범위 내 인수의 개수를 셈하는 함수이다. 이때, 열 전체에 적용하려면 해당 범위에서 숫자를 제외하면 된다. 따라서 B열에서 값이 100 이하인 셀의 개수를 구하는 함수는 「=COUNTIF(B:B,"<=100")」이다.

32

• (A) : 초등학생의 한 달 용돈의 합계는 B열부터 E열까지 같은 행에 있는 금액의 합이다. 따라서 옳은 함수는 「=SUM(B2:E2)」이다.
• (B) : 한 달 용돈이 150,000원 이상인 학생 수는 [F2] 셀부터 [F7] 셀까지 금액이 150,000원 이상인 셀의 개수로 구할 수 있다. 따라서 옳은 함수는 「=COUNTIF(F2:F7,">=150,000")」이다.

33

빅데이터 분석을 기획하고자 할 때는 먼저 범위를 설정한 다음 프로젝트를 정의해야 한다. 그 후에 수행 계획을 수립하고 위험 계획을 수립해야 한다.

34

㉠ 짜깁기 : 기존의 글이나 영화 따위를 편집하여 하나의 완성품으로 만드는 일
㉡ 뒤처지다 : 어떤 수준이나 대열에 들지 못하고 뒤로 처지거나 남게 되다.

오답분석
• 짜집기 : 짜깁기의 비표준어형
• 뒤쳐지다 : 물건이 뒤집혀서 젖혀지다.

35

공문서에서 날짜를 작성할 때 날짜 다음에 괄호를 사용할 경우에는 마침표를 찍지 않아야 한다.

공문서 작성 시 유의사항
• 한 장에 담아내는 것이 원칙이다.
• 마지막엔 반드시 '끝'자로 마무리한다.
• 날짜 다음에 괄호를 사용할 경우에는 마침표를 찍지 않는다.
• 복잡한 내용은 항목별로 구분한다('-다음-', 또는 '-아래-').
• 대외문서이며 장기간 보관되는 문서이므로 정확하게 기술한다.

36

영서가 1시간 동안 빚을 수 있는 만두의 수를 x개, 어머니가 1시간 동안 빚을 수 있는 만두의 수를 y개라 할 때 다음 식이 성립한다.

$\frac{2}{3}(x+y)=60 \cdots \bigcirc$

$y=x+10 \cdots \bigcirc$

$\bigcirc \times \frac{3}{2}$에 $\bigcirc$을 대입하면

$x+(x+10)=90$

$\rightarrow 2x=80$

$\therefore x=40$

따라서 영서는 혼자서 1시간 동안 40개의 만두를 빚을 수 있다.

37

• 1,000 이상 10,000 미만
  맨 앞과 맨 뒤의 수가 같은 경우는 1~9의 수가 올 수 있으므로 9가지이고, 각각의 경우에 따라 두 번째 수와 네 번째 수로 0~9의 수가 올 수 있으므로 경우의 수는 10가지이다. 그러므로 모든 네 자리 대칭수의 개수는 9×10=90개이다.
• 10,000 이상 50,000 미만
  맨 앞과 맨 뒤의 수가 같은 경우는 1, 2, 3, 4의 수가 올 수 있으므로 4가지이고, 각각의 경우에 따라 두 번째 수와 네 번째 수로 0~9의 수가 올 수 있으므로 경우의 수는 10가지, 그 각각의 경우에 따라 세 번째 올 수 있는 수 또한 0~9의 수가 올 수 있으므로 경우의 수는 10가지이다. 그러므로 10,000~50,000 사이의 대칭수의 개수는 4×10×10=400개이다.

따라서 1,000 이상 50,000 미만의 모든 대칭수의 개수는 90+400=490개이다.

38

어떤 자연수의 모든 자릿수의 합이 3의 배수일 때, 그 자연수는 3의 배수이다. 그러므로 2+5+□의 값이 3의 배수일 때, 25□는 3의 배수이다. 2+5=7이므로, 7+□의 값이 3의 배수가 되도록 하는 □의 값은 2, 5, 8이다. 따라서 가능한 모든 수의 합은 2+5+8=15이다.

39

바이올린(V), 호른(H), 오보에(O), 플루트(F) 중 첫 번째 조건에 따라 호른과 바이올린을 묶었을 때 가능한 경우는 3!=6가지로 다음과 같다.

- (HV) − O − F
- (HV) − F − O
- F − (HV) − O
- O − (HV) − F
- F − O − (HV)
- O − F − (HV)

이때 두 번째 조건에 따라 오보에는 플루트 왼쪽에 위치하지 않으므로 (HV) − O − F, O − F − (HV) 2가지는 제외된다.

따라서 왼쪽에서 두 번째 칸에는 바이올린, 호른, 오보에만 위치할 수 있으므로 플루트는 배치할 수 없다.

40

사회적 기업은 수익 창출을 통해 자립적인 운영을 추구하고, 사회적 문제 해결과 경제적 성장을 동시에 달성하려는 특징을 가진 기업 모델로, 영리 조직에 해당한다.

영리 조직과 비영리 조직
- 영리 조직 : 이윤 추구를 주된 목적으로 하는 집단으로, 일반적인 사기업이 해당된다.
- 비영리 조직 : 사회적 가치 실현을 위해 공익을 추구하는 집단으로 자선단체, 의료기관, 교육기관, 비정부기구(NGO) 등이 해당된다.

41

(영업이익률)$=\dfrac{(영업이익)}{(매출액)}\times100$이고, 영업이익을 구하기 위해서는 매출총이익을 먼저 계산해야 한다. 따라서 2022년 4분기의

매출총이익은 $60-80=-20$십억 원이고, 영업이익은 $-20-7=-27$십억 원이므로 영업이익률은 $-\dfrac{27}{60}\times100=-45\%$이다.

42

1시간은 3,600초이므로 36초는 $36초\times\dfrac{1시간}{3,600초}=0.01$시간이다. 그러므로 무빙워크의 전체 길이는 $5\times0.01=0.05$km이다.

따라서 무빙워크와 같은 방향으로 4km/h의 속력으로 걸을 때의 속력은 $5+4=9$km/h이므로 걸리는 시간은 $\dfrac{0.05}{9}=\dfrac{5}{900}=\dfrac{5}{900}$

$\times\dfrac{3,600초}{1시간}=20초$이다.

43

제시된 순서도는 result 값이 6을 초과할 때까지 2씩 증가하고, result 값이 6을 초과하면 그 값을 출력하는 순서도이다.

따라서 result 값이 5일 때 2를 더하여 $5+2=7$이 되어 6을 초과하므로 출력되는 값은 7이다.

44

방문 사유 → 파손 관련(NO) → 침수 관련(NO) → 데이터 복구 관련(YES) → ◎ 출력 → STOP
따라서 출력되는 도형은 ◎이다.

45

상품코드의 맨 앞 자릿수가 '9'이므로 2 ~ 7번째 자릿수의 이진코드 변환 규칙은 'ABBABA'를 따른다. 이를 변환하면 다음과 같다.

3	8	7	6	5	5
A	B	B	A	B	A
0111101	0001001	0010001	0101111	0111001	0110001

따라서 주어진 수를 이진코드로 바르게 변환한 것은 ①이다.

46

안전 스위치를 누르는 동안에만 스팀이 나온다고 하였으므로 안전 스위치를 누르는 등의 외부 입력이 없다면 스팀은 발생하지 않는다.

[오답분석]
① 기본형 청소구로 카펫을 청소하면 청소 효율이 떨어질 뿐이며, 카펫 청소는 가능하다고 언급되어 있다.
② 스팀 청소 완료 후 충분히 식지 않은 상태에서 통을 분리하면 뜨거운 물이 새어 나와 화상의 위험이 있다고 언급되어 있다.
③ 기본형 청소구의 돌출부를 누른 상태에서 잡아당기면 좁은 흡입구를 꺼낼 수 있다고 언급되어 있다.
⑤ 스팀 청소구의 물통에 물을 채우는 작업, 걸레판에 걸레를 부착하는 작업 모두 반드시 전원을 분리한 상태에서 진행해야 한다고 언급되어 있다.

47

바닥에 물이 남는다면 스팀 청소구를 좌우로 자주 기울이지 않도록 주의하거나 젖은 걸레를 교체해야 한다.

48

팀 목표를 달성하도록 팀원을 격려하는 환경을 조성하기 위해서는 동료의 피드백이 필요하다. 긍정이든 부정이든 피드백이 없다면 팀원들은 개선을 이루거나 탁월한 성과를 내고자 하는 노력을 게을리하게 된다.

동료의 피드백을 장려하는 4단계
1. 간단하고 분명한 목표와 우선순위를 설정하라.
2. 행동과 수행을 관찰하라.
3. 즉각적인 피드백을 제공하라.
4. 뛰어난 수행성과에 대해 인정하라.

49

정답 ②

업무적으로 내적 동기를 유발하기 위해서는 업무 관련 교육을 꾸준히 하여야 한다.

내적 동기를 유발하는 방법
- 긍정적 강화법 활용하기
- 새로운 도전의 기회 부여하기
- 창의적인 문제해결법 찾기
- 자신의 역할과 행동에 책임감 갖기
- 팀원들을 지도 및 격려하기
- 변화를 두려워하지 않기
- 지속적인 교육 실시하기

50

정답 ⑤

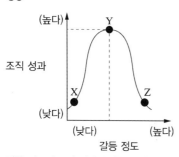

갈등 정도와 조직 성과에 대한 그래프에서 갈등이 X점 수준일 때에는 조직 내부의 의욕이 상실되고 환경의 변화에 대한 적응력도 떨어져 조직 성과가 낮아진다. 갈등이 Y점 수준일 때에는 갈등의 순기능이 작용하여 조직 내부에 생동감이 넘치고 변화 지향적이며 문제해결능력이 발휘되어 조직 성과가 높아진다. 반면, 갈등이 Z점 수준일 때에는 오히려 갈등의 역기능이 작용하여 조직 내부에 혼란과 분열이 발생하고 조직 구성원들이 비협조적이 되어 조직 성과는 낮아지게 된다.

01   경영

01	02	03	04	05	06	07	08	09	10	11	12	13	14	15	16	17	18	19	20
③	⑤	④	③	⑤	④	③	③	①	①	④	②	①	③	④	①	④	③	③	④
21	22	23	24	25															
④	③	③	④	④															

01
정답 ③

테일러의 과학적 관리법은 하루 작업량을 과학적으로 설정하고 과업 수행에 따른 임금을 차별적으로 설정하는 차별적 성과급제를 시행한다.

오답분석
①·② 시간연구와 동작연구를 통해 표준 노동량을 정하고 해당 노동량에 따라 임금을 지급하여 생산성을 향상시킨다.
④ 각 과업을 전문화하여 관리한다.
⑤ 근로자가 노동을 하는 데 필요한 최적의 작업조건을 유지한다.

02
정답 ⑤

기능목록제도는 종업원별로 기능보유색인을 작성하여 데이터베이스에 저장하여 인적자원관리 및 경력개발에 활용하는 제도이며, 근로자의 직무능력 평가에 있어 필요한 정보를 파악하기 위해 개인능력평가표를 활용한다.

오답분석
① 자기신고제도 : 근로자에게 본인의 직무내용, 능력수준, 취득자격 등에 대한 정보를 직접 자기신고서에 작성하여 신고하게 하는 제도이다.
② 직능자격제도 : 직무능력을 자격에 따라 등급화하고 해당 자격을 취득하는 경우 직위를 부여하는 제도이다.
③ 평가센터제도 : 근로자의 직무능력을 객관적으로 발굴 및 육성하기 위한 제도이다.
④ 직무순환제도 : 담당직무를 주기적으로 교체함으로써 직무 전반에 대한 이해도를 높이는 제도이다.

03
정답 ④

데이터베이스 마케팅(DB 마케팅)은 고객별로 맞춤화된 서비스를 제공하기 위해 정보 기술을 이용하여 고객의 정보를 데이터베이스로 구축하여 관리하는 마케팅 전략이다. 이를 위해 고객의 성향, 이력 등 관련 정보가 필요하므로 기업과 고객 간 양방향 의사소통을 통해 1 : 1 관계를 구축하게 된다.

04

공정성 이론에 따르면 공정성 유형은 크게 절차적 공정성, 상호작용적 공정성, 분배적 공정성으로 나누어진다.
• 절차적 공정성 : 과정통제, 접근성, 반응속도, 유연성, 적정성
• 상호작용적 공정성 : 정직성, 노력, 감정이입
• 분배적 공정성 : 형평성, 공평성

05

e-비즈니스 기업은 비용절감 등을 통해 더 낮은 가격으로 우수한 품질의 상품 및 서비스를 제공할 수 있다는 장점이 있다.

06

조직시민행동은 조직 구성원의 내재적 만족으로 인해 촉발되므로 구성원에 대한 처우가 합리적일수록 자발적으로 일어난다.

07

협상을 통해 공동의 이익을 확대(Win – Win)하는 것은 통합적 협상의 특징이다.

분배적 협상과 통합적 협상의 비교
• 분배적 협상
  – 고정된 자원을 대상으로 합리적인 분배를 위해 진행하는 협상이다.
  – 한정된 자원량으로 인해 제로섬 원칙이 적용되어 갈등이 발생할 가능성이 많다.
  – 당사자 간 이익 확보를 목적으로 하며, 협상 참여자 간 관계는 단기적인 성격을 나타낸다.
• 통합적 협상
  – 당사자 간 이해관계를 조율하여 더 큰 이익을 추구하기 위해 진행하는 협상이다.
  – 협상을 통해 확보할 수 있는 자원량이 변동될 수 있어 갈등보다는 문제해결을 위해 노력한다.
  – 협상 참여자의 이해관계, 우선순위 등이 달라 장기적인 관계를 가지고 통합적인 문제해결을 추구한다.

08

워크 샘플링법은 전체 작업과정에서 무작위로 많은 관찰을 실시하여 직무활동에 대한 정보를 얻는 방법으로, 여러 직무활동을 동시에 기록하기 때문에 전체 직무의 모습을 파악할 수 있다.

오답분석
① 관찰법 : 조사자가 직접 조사대상과 생활하면서 관찰을 통해 자료를 수집하는 방법이다.
② 면접법 : 조사자가 조사대상과 직접 대화를 통해 자료를 수집하는 방법이다.
④ 질문지법 : 설문지로 조사내용을 작성하고 자료를 수집하는 방법이다.
⑤ 연구법 : 기록물, 통계자료 등을 토대로 자료를 수집하는 방법이다.

09

가구, 가전제품 등은 선매품에 해당한다. 전문품에는 명품제품, 자동차, 아파트 등이 해당한다.

10

연속생산은 동일제품을 대량생산하기 때문에 규모의 경제가 적용되어 여러 가지 제품을 소량생산하는 단속생산에 비해 단위당 생산원가가 낮다.

[오답분석]

② 연속생산의 경우 표준화된 상품을 대량으로 생산함에 따라 운반에 따른 자동화 비율이 매우 높고, 속도가 빨라 운반비용이 적게 소요된다.

③·④ 제품의 수요가 다양하거나 제품의 수명이 짧은 경우 단속생산 방식이 적합하다.

⑤ 연속생산은 작업자의 숙련도와 관계없이 작업에 참여가 가능하다.

11

ELS는 주가연계증권으로, 사전에 정해진 조건에 따라 수익률이 결정되며 만기가 있다.

[오답분석]

① 주가연계펀드(ELF)에 대한 설명이다.

② 주가연계파생결합사채(ELB)에 대한 설명이다.

③ 주가지수연동예금(ELD)에 대한 설명이다.

⑤ 주가연계신탁(ELT)에 대한 설명이다.

12

브룸은 동기 부여에 대해 기대이론을 적용하여 기대감, 수단성, 유의성을 통해 구성원의 직무에 대한 동기 부여를 결정한다고 주장하였다.

[오답분석]

① 로크의 목표설정이론에 대한 설명이다.

③ 매슬로의 욕구 5단계이론에 대한 설명이다.

④ 맥그리거의 XY이론에 대한 설명이다.

⑤ 허즈버그의 2요인이론에 대한 설명이다.

13

시장세분화 단계에서는 시장을 기준에 따라 세분화하고, 각 세분시장의 고객 프로필을 개발하여 차별화된 마케팅을 실행한다.

[오답분석]

②·③ 표적시장 선정 단계에서는 각 세분시장의 매력도를 평가하여 표적시장을 선정한다.

④ 포지셔닝 단계에서는 각각의 시장에 대응하는 포지셔닝을 개발하고 전달한다.

⑤ 재포지셔닝 단계에서는 자사와 경쟁사의 경쟁위치를 분석하여 포지셔닝을 조정한다.

14

정답 ③

수익이 많고 안정적이어서 현상을 유지하는 것이 필요한 사업은 현금젖소(Cash Cow)이다. 스타(Star)는 성장률과 시장 점유율이 모두 높아 추가적인 자금흐름을 통해 성장시킬 필요가 있는 사업을 의미한다.

BCG 매트릭스의 영역
- 물음표(Question) : 성장률은 높으나 점유율이 낮아 수익이 적고 현금흐름이 마이너스인 사업이다.
- 스타(Star) : 성장률과 시장 점유율이 모두 높아 수익이 많고, 더 많은 투자를 통해 수익을 증대하는 사업이다.
- 현금젖소(Cash Cow) : 성장률은 낮으나 점유율이 높아 안정적인 수익이 확보되는 사업으로, 투자 금액이 유지·보수 차원에서 머물게 되어 자금 투입보다 자금 산출이 많다.
- 개(Dog) : 성장률과 시장 점유율이 모두 낮아 수익이 적거나 마이너스인 사업이다.

15

정답 ④

변혁적 리더십에서 구성원의 성과 측정뿐만 아니라 구성원들을 리더로 얼마나 육성했는지도 중요한 평가 요소라 할 수 있다.

16

정답 ①

감정적 치유는 서번트 리더십의 구성요소에 해당한다.

변혁적 리더십의 구성요소
- 카리스마 : 변혁적 리더십의 가장 핵심적인 구성요소로, 명확한 비전을 제시하고 집합적인 행동을 위해 동기를 부여하며, 환경 변화에 민감하게 반응하는 일련의 과정을 의미한다.
- 영감적 동기화 : 구성원에게 영감을 주고 격려를 통해 동기를 부여하는 것을 의미한다.
- 지적 자극 : 구성원들이 기존 조직의 가치관, 신념, 기대 등에 대해 끊임없이 의문을 가지도록 지원하는 것을 의미한다.
- 개별 배려 : 구성원을 개별적으로 관리하며, 개인적인 욕구, 관심 등을 파악하여 만족시키고자 하는 것을 의미한다.

17

정답 ④

매트릭스 조직은 기존의 기능별 조직 구조 상태를 유지하면서 특정한 프로젝트를 수행할 때는 다른 부서의 인력과도 함께 일하는 조직설계 방식으로, 서로 다른 부서 구성원이 함께 일하면서 효율적인 자원 사용과 브레인스토밍을 통한 창의적인 대안 도출도 가능하다.

오답분석
① 매트릭스 조직은 조직 목표와 외부 환경 간 발생하는 갈등이 내재하여 갈등과 혼란을 초래할 수 있다.
② 복수의 상급자를 상대해야 하므로 역할에 대한 갈등 등으로 구성원이 심한 스트레스에 노출될 수 있다.
③ 힘의 균형이 치우치게 되면 조직의 구성이 깨지기 때문에 경영자의 개입 등으로 힘의 균형을 유지하기 위한 노력이 필요하다.

18

정답 ③

가치사슬(Value Chain)은 기업의 경쟁적 지위를 파악하고 이를 향상할 수 있는 지점을 찾기 위해 사용하는 모형으로, 고객에게 가치를 제공함에 있어서 부가가치 창출에 직·간접적으로 관련된 일련의 활동·기능·프로세스의 연계를 뜻한다. 가치사슬의 각 단계에서 가치를 높이는 활동을 어떻게 수행할 것인지, 비즈니스 과정이 어떻게 개선될 수 있는지를 조사·분석하여야 한다.

가치사슬 분석의 효과
• 프로세스 혁신 : 생산, 물류, 서비스 등 기업의 전반적 경영활동을 혁신할 수 있다.
• 원가 절감 : 낭비요소를 사전에 파악하여 제거함으로써 원가를 절감할 수 있다.
• 품질 향상 : 기술개발 등을 통해 더욱 양질의 제품을 생산할 수 있다.
• 기간 단축 : 조달, 물류, CS 등을 분석하여 고객에게 제품을 더욱 빠르게 납품할 수 있다.

19

정답 ③

• (당기순이익)=(총수익)-(총비용)=35억-20억=15억 원
• (기초자본)=(기말자본)-(당기순이익)=65억-15억=50억 원
• (기초부채)=(기초자산)-(기초자본)=100억-50억=50억 원

20

정답 ④

상위에 있는 욕구를 충족시키지 못하면 하위에 있는 욕구는 더욱 크게 증가하여, 하위욕구를 충족시키기 위해 훨씬 더 많은 노력이 필요하게 된다.

오답분석
① 심리학자 앨더퍼가 인간의 욕구에 대해 매슬로의 욕구 5단계설을 발전시켜 주장한 이론이다.
②·③ 존재욕구를 기본적 욕구로 정의하며, 관계욕구, 성장욕구로 계층화하였다.

21

정답 ④

사업 다각화는 무리하게 추진할 경우 수익성에 악영향을 줄 수 있다는 단점이 있다.

오답분석
① 지속적인 성장을 추구하여 미래 유망산업에 참여하고, 구성원에게 더 많은 기회를 줄 수 있다.
② 기업이 1가지 사업만 영위하는 데 따르는 위험에 대비할 수 있다.
③ 보유자원 중 남는 자원을 활용하여 범위의 경제를 실현할 수 있다.

22

정답 ③

종단분석은 시간과 비용의 제약으로 인해 표본 규모가 작을수록 좋으며, 횡단분석은 집단의 특성 또는 차이를 분석해야 하므로 표본이 일정 규모 이상일수록 정확하다.

23

정답 ③

채권이자율이 시장이자율보다 높아지면 채권가격은 액면가보다 높은 가격에 거래된다. 단, 만기에 가까워질수록 채권가격이 하락하여 가격위험에 노출된다.

오답분석
①·②·④ 채권이자율이 시장이자율보다 낮은 할인채에 대한 설명이다.

24

물음표(Question Mark) 사업은 신규 사업 또는 현재 시장점유율은 낮으나, 향후 성장 가능성이 높은 사업이다. 기업 경영 결과에 따라 개(Dog) 사업 또는 스타(Star) 사업으로 바뀔 수 있다.

오답분석
① 스타(Star) 사업 : 성장 가능성과 시장점유율이 모두 높아서 계속 투자가 필요한 유망 사업이다.
② 현금젖소(Cash Cow) 사업 : 높은 시장점유율로 현금창출은 양호하나, 성장 가능성은 낮은 사업이다.
③ 개(Dog) 사업 : 성장 가능성과 시장점유율이 모두 낮아 철수가 필요한 사업이다.

25

테일러의 과학적 관리법에서는 작업에 사용하는 도구 등을 표준화하여 관리 비용을 낮추고 효율성을 높이는 것을 추구한다.

오답분석
① 과학적 관리법의 특징 중 동기부여에 대한 설명이다.
② 과학적 관리법의 특징 중 표준화에 대한 설명이다.
③ 과학적 관리법의 특징 중 통제에 대한 설명이다.

02 | 경제

01	02	03	04	05	06	07	08	09	10	11	12	13	14	15					
①	②	①	④	②	④	④	③	③	③	①	③	③	②	②					

01

가격탄력성이 1보다 크면 탄력적이라고 할 수 있다.

오답분석
② 대체재가 많을수록 해당 상품 가격 변동에 따른 수요의 변화는 더 크게 반응하게 된다.
③ · ④ 수요의 가격탄력성은 가격의 변화에 따른 수요의 변화를 의미하는 것으로, 분모는 상품 가격의 변화량을 상품 가격으로 나눈 값이고, 분자는 수요량의 변화량을 수요량으로 나눈 값이다.

02

GDP 디플레이터는 명목 GDP를 실질 GDP로 나누어 물가상승 수준을 예측할 수 있는 물가지수로, 국내에서 생산된 모든 재화와 서비스 가격을 반영한다. 따라서 GDP 디플레이터를 구하는 계산식은 '(명목 GDP)÷(실질 GDP)×100'이다.

03

한계소비성향은 소비의 증가분을 소득의 증가분으로 나눈 값으로, 소득이 1,000만 원 늘었을 때 현재 소비자들의 한계소비성향이 0.7이므로 소비는 700만 원이 늘었다고 할 수 있다. 따라서 소비의 변화폭은 7000이다.

04

㉠ 환율이 상승하면 제품을 수입하기 위해 더 많은 원화를 필요로 하고, 이에 따라 수입이 감소하게 되므로 순수출이 증가한다.
㉡ 국내이자율이 높아지면 국내자산 투자수익률이 좋아져 해외로부터 자본유입이 확대되고, 이에 따라 환율은 하락한다.
㉢ 국내물가가 상승하면 상대적으로 가격이 저렴한 수입품에 대한 수요가 늘어나 환율은 상승한다.

05

독점적 경쟁시장은 광고, 서비스 등 비가격경쟁이 가격경쟁보다 더 활발히 진행된다.

06

케인스학파는 경기침체 시 정부가 적극적으로 개입하여 총수요의 증대를 이끌어야 한다고 주장하였다.

[오답분석]
① 고전학파의 이분법에 대한 설명이다.
② 케인스학파의 화폐중립성에 대한 설명이다.
③ 케인스학파의 거시경제론에 대한 설명이다.
⑤ 고전학파의 거시경제론에 대한 설명이다.

07

[오답분석]
① 매몰비용의 오류 : 이미 투입한 비용과 노력 때문에 경제성이 없는 사업을 지속하여 손실을 키우는 것을 의미한다.
② 감각적 소비 : 제품을 구입할 때, 품질, 가격, 기능보다 디자인, 색상, 패션 등을 중시하는 소비 패턴을 의미한다.
③ 보이지 않는 손 : 개인의 사적 영리활동이 사회 전체의 공적 이익을 증진시키는 것을 의미한다.
⑤ 희소성 : 사람들의 욕망에 비해 그 욕망을 충족시켜 주는 재화나 서비스가 부족한 현상을 의미한다.

08

• (실업률)=(실업자)÷(경제활동인구)×100
• (경제활동인구)=(취업자)+(실업자)
∴ 5,000÷(20,000+5,000)×100=20%

09

(한계비용)=(총비용 변화분)÷(생산량 변화분)
• 생산량이 50일 때 총비용 : 16(평균비용)×50(생산량)=800
• 생산량이 100일 때 총비용 : 15(평균비용)×100(생산량)=1,500
따라서 한계비용은 700÷50=14이다.

10

• A국 : 노트북 1대를 생산할 때 A국이 B국보다 기회비용이 더 적으므로 A국은 노트북 생산에 비교우위가 있다.
• B국 : TV 1대를 생산할 때 B국이 A국보다 기회비용이 더 적으므로 B국은 TV 생산에 비교우위가 있다.

구분	노트북 1대	TV 1대
A국	TV 0.75	노트북 1.33
B국	TV 1.25	노트북 0.8

11

다이내믹 프라이싱의 단점은 소비자 후생이 감소해 소비자의 만족도가 낮아진다는 것이다. 이로 인해 기업이 소비자의 불만에 직면할 수 있다는 리스크가 발생한다.

12

ⓒ 빅맥 지수는 동질적으로 판매되는 상품의 가치는 동일하다는 가정에서 나라별 화폐로 해당 제품의 가격을 평가하여 구매력을 비교하는 것이다.
ⓓ 맥도날드의 대표적 햄버거인 빅맥 가격을 기준으로 한 이유는 전 세계에서 가장 동질적으로 판매되고 있기 때문이며, 이처럼 품질, 크기, 재료가 같은 물건이 세계 여러 나라에서 팔릴 때 나라별 물가를 비교하기 수월하다.

오답분석

ⓐ 빅맥 지수는 영국 경제지인 이코노미스트에서 최초로 고안하였다.
ⓔ 빅맥 지수에 사용하는 빅맥 가격은 제품 가격만 반영하고 서비스 가격은 포함하지 않기 때문에 나라별 환율에 대한 상대적 구매력 평가 외에 다른 목적으로 사용하기에는 측정값이 정확하지 않다.

13

확장적 통화정책은 국민소득을 증가시켜 이에 따른 보험료 인상 등 세수확대 요인으로 작용한다.

오답분석

①・④ 긴축적 통화정책이 미치는 영향이다.
② 이자율이 하락하고, 소비 및 투자가 증가한다.

14

토지, 설비 등이 부족하면 한계 생산가치가 떨어지기 때문에 노동자를 많이 고용하는 게 오히려 손해이다. 따라서 노동 수요곡선은 왼쪽으로 이동한다.

오답분석

① 상품 가격이 상승하면 기업은 더 많은 제품을 생산하기 위해 노동자를 더 많이 고용한다.
③ 노동 수요는 재화에 대한 수요가 아닌 재화를 생산하기 위해 파생되는 수요이다.
④ 노동에 대한 인식이 긍정적으로 변화하면 노동시장에 더 많은 노동력이 공급된다.

15

S씨가 최선의 선택을 하려면 순편익이 가장 높은 운동을 골라야 한다.
• 헬스 : (순편익)=5만-3만=2만 원
• 수영 : (순편익)=7만-2만=5만 원
• 자전거 : (순편익)=8만-5만=3만 원
• 달리기 : (순편익)=4만-3만=1만 원
따라서 S씨가 할 수 있는 최선의 선택은 순편익이 가장 높은 수영이다.

성공은 행동을 취하기 시작하는 곳에서
비로소 시작된다.

- 파블로 피카소 -

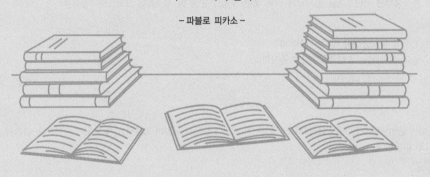

PART 1

직업기초능력평가

CHAPTER 01 의사소통능력

CHAPTER 02 수리능력

CHAPTER 03 문제해결능력

대표기출유형 01	기출응용문제

01

정답 ⑤

네 번째 문단에 따르면 2000년대 초 연준의 금리 인하는 국공채에 투자했던 퇴직자들의 소득을 감소시켰고, 노년층에서 정부로, 정부에서 금융업으로 부의 대규모 이동이 이루어져 불평등을 심화시켰다. 따라서 금융업으로부터 정부로 부가 이동하였다는 ⑤는 제시문의 내용으로 적절하지 않다.

오답분석

① 두 번째 문단에 따르면 부동산 거품 대응 정책에서는 주택 담보 대출에 대한 규제가 금리 인상보다 더 효과적인 정책이다.
② 세 번째 문단과 네 번째 문단에 따르면 2000년대 초 연준의 저금리 정책으로 주택 가격이 상승하여 주택 시장의 거품을 초래하였고, 주식 가격 역시 상승하였지만 이에 대한 이득은 대체로 부유층에 집중되었다.
③ 세 번째 문단에 따르면 2000년대 초는 대부분의 부문에서 설비 가동률이 낮은 상황이었기 때문에 당시의 저금리 정책은 오히려 주택 시장의 거품을 초래하였다.
④ 마지막 문단에 따르면 2000년대 초 연준이 고용 증대를 기대하고 시행한 저금리 정책은 노동을 자본으로 대체하는 투자를 증대시킴으로써 오히려 실업률이 떨어지지 않는 구조를 만들었다.

02

정답 ①

두 번째 문단에 따르면 선물환거래는 금리차익을 얻는 것과 투기적 목적 등을 가지고 있다.

오답분석

②·⑤ 옵션에 대한 내용이다.
③·④ 선물환거래에 대한 내용이다.

03

정답 ⑤

첫 번째 문단에 따르면 평균비용이 한계비용보다 큰 경우 공공요금을 평균비용 수준에서 결정하면 수요량이 줄면서 거래량이 따라 줄고, 결과적으로 생산량도 감소한다. 이는 사회 전체의 관점에서 볼 때 자원이 효율적으로 배분되지 못하는 상황이다.

오답분석

①·④ 첫 번째 문단을 통해 확인할 수 있다.
② 마지막 문단을 통해 확인할 수 있다.
③ 두 번째 문단을 통해 확인할 수 있다.

대표기출유형 02 　기출응용문제

01
정답 ⑤

제시문은 빠른 사회변화 속 다양해지는 수요에 맞춘 주거복지 정책의 예시로 예술인을 위한 공동주택, 창업자나 취업자를 위한 주택, 환자나 고령자를 위한 의료안심주택을 들고 있다. 따라서 제시문의 주제로 가장 적절한 것은 ⑤이다.

02
정답 ③

제시문에서는 현대 사회의 소비 패턴이 '보이지 않는 손' 아래의 합리적 소비에서 벗어나 과시 소비가 중심이 되었으며, 그 이면에는 소비를 통해 자신의 물질적 부를 표현함으로써 신분을 과시하려는 욕구가 있다고 설명하고 있다. 따라서 제시문의 제목으로 가장 적절한 것은 ③이다.

03
정답 ③

제시문은 한국인 하루 평균 시간과 수면의 질에 대한 글로, 짧은 수면 시간으로 현대인 대부분이 수면 부족에 시달리며, 낮은 수면의 질로 다양한 합병증이 발생할 수 있음을 설명하고 있다. 그러나 '수면 마취제의 부작용'에 대한 내용은 언급되어 있지 않으므로 ③은 제시문의 주제로 적절하지 않다.

대표기출유형 03 　기출응용문제

01
정답 ④

제시된 문단 뒤에 이어질 내용으로는 먼저 지난해 보험을 중도 해지한 사람들의 상세 집계 내역을 제시한 (다) 문단과 해당 집계 내역에 대해 비교하는 (가) 문단이 적절하다. (나) 문단은 '이에 해당하는 방법으로는'으로 시작하므로 방법에 대해 언급한 적이 없는 (가) 문단 뒤에 오는 것은 적절하지 않다. 따라서 (라) 문단이 (나) 문단 앞에 오는 것이 적절하다. 따라서 순서대로 나열하면 (다) - (가) - (라) - (나)이다.

02
정답 ②

제시문은 가격을 결정하는 요인과 이를 통해 일반적으로 할 수 있는 예상을 언급하고, 현실적인 여러 요인으로 인해 나타날 수 있는 '거품 현상'이 무엇인지를 설명하고 있다. 따라서 (가) 수요와 공급에 의해 결정되는 가격 → (마) 상품의 가격에 대한 일반적인 예상 → (다) 현실적인 가격 결정 요인 → (나) 이로 인해 예상치 못하게 나타나는 '거품 현상' → (라) '거품 현상'에 대한 구체적인 설명의 순서로 나열해야 한다.

03
정답 ②

제시문은 조각보가 클레와 몬드리안의 작품보다 먼저 제작되었음을 언급하고, 조각보의 독특한 예술성과 가치에 대해 설명하고 있다. 따라서 (나) 조각보의 정의, 클레와 몬드리안의 비교가 잘못된 이유 → (가) 조각보는 클레와 몬드리안보다 100여 년 이상 앞서 제작된 작품이며 독특한 예술성을 지니고 있음 → (다) 조각보가 아름답게 느껴지는 이유는 일상 속에서 삶과 예술을 함께 담았기 때문임의 순서로 나열해야 한다.

04

정답 ③

제시문의 서론에서 지방은 건강에 반드시 필요한 것이라고 서술하고 있으며, 결론에서는 현대인들의 지방이 풍부한 음식을 찾는 경향이 부작용으로 이어졌다고 하였다. 따라서 본론은 (나) 비만과 다이어트의 문제는 찰스 다윈의 진화론과 관련 있음 → (라) 자연선택에서 생존한 종들이 번식하여 자손을 남기게 됨 → (다) 인류의 역사에서 인간이 끼니 걱정을 하지 않고 살게 된 것은 수십 년의 일임 → (가) 생존에 필수적인 능력은 에너지를 몸에 축적하는 능력이었음의 순서로 나열해야 한다.

대표기출유형 04   기출응용문제

01

정답 ⑤

화폐 통용을 위해서는 화폐가 유통될 수 있는 시장이 성장해야 하고, 농업생산력이 발전해야 한다. 그러나 서민들은 물품화폐를 더 선호하였고, 일부 계층에서만 화폐가 유통되었다. 이에 따라 광범위한 동전 유통이 실패한 것이다. 화폐수요량에 따른 공급은 화폐가 유통된 이후의 조선 후기에 해당하는 내용이다.

02

정답 ①

세 번째 문단에서 '금융시장이 통합되어 있으면 지역 내 국가들 사이에 경상수지 불균형이 발생했을 때 자본 이동이 쉽게 일어날 수 있을 것이며 이에 따라 조정의 압력이 줄어들게 되므로 지역 내 환율 변동의 필요성이 감소하게 된다.'라고 했으나, 금융시장의 통합에 따른 편익의 계산 방식은 나타나지 않는다.

오답분석

② 세 번째 문단에서 확인할 수 있다.
③·④ 마지막 문단에서 확인할 수 있다.
⑤ 첫 번째 문단에서 확인할 수 있다.

03

정답 ⑤

보기는 독립신문이 일반 민중들을 위해 순 한글을 사용해 배포됐고, 상하귀천 없이 누구에게나 새로운 소식을 전달해 준다는 내용이다. 따라서 이를 바탕으로 ⑤를 추론할 수 있다.

대표기출유형 05   기출응용문제

01

정답 ④

미생물을 끓는 물에 노출하면 영양세포나 진핵포자는 죽일 수 있으나, 세균의 내생포자는 사멸시키지 못한다. 멸균은 포자, 박테리아, 바이러스 등을 완전히 파괴하거나 제거하는 것이므로 물을 끓여서 하는 열처리 방식으로는 멸균이 불가능함을 알 수 있다. 따라서 빈칸에 들어갈 내용으로는 소독은 가능하지만, 멸균은 불가능하다는 ④가 가장 적절하다.

02

빈칸 뒷부분은 최근 선진국에서 스마트팩토리로 인해 해외로 나간 자국 기업들이 다시 본국으로 돌아오는 현상인 '리쇼어링'이 가속화되고 있다는 내용이다. 따라서 스마트팩토리의 발전이 공장의 위치를 해외에서 본국으로 변화시키고 있으므로 빈칸에 들어갈 내용으로는 ②가 가장 적절하다.

03

빈칸 앞부분에서는 왼손보다 오른손을 선호하는 이유에 대한 가설을 제시하고, 이러한 가설이 근본적인 설명을 하지 못한다고 주장한다. 또한, 빈칸 뒷부분에서는 왼손이 아닌 '오른손만을 선호'하는 이유에 대해 설명하고 있다. 즉, 앞부분의 가설대로 단순한 기능 분담이라면 먹는 일에 왼손을 사용하는 사회도 존재해야 하는데, 그렇지 않기 때문에 빈칸에는 사람들이 단순한 기능 분담과 별개로 오른손만 선호하고 왼손을 선호하지 않는다는 내용이 나와야 한다. 따라서 빈칸에 들어갈 문장으로는 ④가 가장 적절하다.

대표기출유형 06 | 기출응용문제

01

[오답분석]
① 조금 가시다가 우회전 하십시오.
③ 그 나라에 가기 전에 풍토병 예방 알약을 먹거나 백신을 맞아야 한다.
④ 김 군은 심도 있는 철학책 독서를, 최 군은 운동을 열심히 해야 한다.
⑤ 나를 위해 시 낭송을 하거나 노래를 부르는 등 특별한 행사는 자제하는 게 좋겠네.

02

이 자리를 빌려 감사의 뜻을 전한다.

03

㉠ 제시(提示) : 어떠한 의사를 글이나 말로 나타내어 보임
㉡ 표현(表現) : 생각이나 느낌 따위를 언어나 몸짓 따위의 형상으로 드러내어 나타냄
㉢ 유지(維持) : 어떤 상태나 상황을 그대로 보존하거나 변함없이 계속하여 지탱함

[오답분석]
• 제안(提案) : 안이나 의견으로 내놓음. 또는 그 안이나 의견
• 재연(再演) : 한 번 하였던 행위나 일을 다시 되풀이함
• 유치(誘致) : 꾀어서 데려옴

대표기출유형 01   기출응용문제

01

정답 ②

민지와 준수가 처음 만날 때까지 걸린 시간을 x분이라고 하자.

x분 동안 민지와 준수의 이동거리는 각각 $70x$m, $30x$m이므로 다음 식이 성립한다.

$70x+30x=1,000$

$\therefore \ x=10$

따라서 두 사람이 처음 만날 때까지 걸린 시간은 10분이다.

02

정답 ④

농도가 15%인 소금물의 양을 xg이라고 가정하고, 소금의 양에 대한 식은 다음과 같다.

$0.1\times200+0.15\times x=0.13\times(200+x)$

$\rightarrow 20+0.15x=26+0.13x$

$\rightarrow 0.02x=6$

$\therefore \ x=300$

따라서 농도가 15%인 소금물은 300g이 필요하다.

03

정답 ⑤

• 물통의 부피 : $5\times4\times12=240\text{cm}^3 \rightarrow 240\text{mL}(\because$ 부피 $1\text{L}=1,000\text{cm}^3)$
• 5mL/s의 속도로 물이 빠져나갈 때 걸리는 시간 : $240\div5=48$초
• 다시 물을 채워 넣을 때의 속도 : $15-5=10\text{mL/s}(\because$ 물이 빠진 채로 채워 넣음)
• 240mL를 채울 때까지 걸리는 시간 : 24초

따라서 물이 빠져나가기 시작해서 물이 다시 가득 차게 될 때까지 $48+24=72$초가 걸린다.

04

정답 ①

A, B, C, D팀의 재작년 인원수를 각각 a, b, c, d명이라 하면 다음 식이 성립한다.

$a+b+c+d=350$

$\rightarrow (a+b)\times0.8+(c+d)\times0.5=205$

$a+b=x$, $c+d=y$로 치환하면

$x+y=350 \cdots$ ㉠

$8x+5y=2,050 \cdots$ ㉡

㉠과 ㉡을 연립하면

$x=100$, $y=250$

즉, $x=a+b=100$, $y=c+d=250 \rightarrow d=250-c$이므로 다음 식이 성립한다.

$(a+b)\times1.8+c\times0.8+d\times1.2=390$

$\rightarrow (a+b)\times1.8+c\times0.8+(250-c)\times1.2=390$

$\rightarrow -0.4c=-90$

$\therefore c=225$, $d=25$

따라서 재작년 D팀의 총 인원수는 25명이다.

05

정답 ⑤

아버지, 은서, 지우의 나이를 각각 x세, $\frac{1}{2}x$세, $\frac{1}{7}x$세라고 하면 다음 식이 성립한다.

$\frac{1}{2}x-\frac{1}{7}x=15$

$\rightarrow 7x-2x=210$

$\therefore x=42$

따라서 아버지의 나이는 42세이다.

06

정답 ③

주사위의 눈의 합이 7이 나오는 경우의 수 : (1, 6), (2, 5), (3, 4), (4, 3), (5, 2), (6, 1) → 6가지

ⅰ) 주사위의 눈의 합이 7이 나올 확률 : $\frac{6}{36}=\frac{1}{6}$

ⅱ) 동전이 둘 다 앞면이 나올 확률 : $\frac{1}{2}\times\frac{1}{2}=\frac{1}{4}$

$\therefore \frac{1}{6}\times\frac{1}{4}=\frac{1}{24}$

따라서 주사위의 눈의 합이 7이 나오면서 동전이 둘 다 앞면이 나올 확률은 $\frac{1}{24}$이다.

07

정답 ②

6개의 숫자를 가지고 여섯 자릿수를 만드는 경우의 수는 6!이다. 그중 1이 3개, 2가 2개로 중복되어 3!×2!의 경우가 겹친다.

따라서 가능한 모든 경우의 수는 $\frac{6!}{3!\times2!}=60$가지이다.

08

정답 ①

뿔의 부피는 $\frac{1}{3} \times$ (밑면의 넓이)$\times$(높이)로 구할 수 있고, 밑면은 정사각형이므로 넓이는 $6 \times 6 = 36\text{cm}^2$이다.

따라서 채워야 하는 물의 부피는 $\frac{1}{3} \times 36 \times 5 = 60\text{cm}^3$이다.

09

정답 ④

644와 476을 소인수분해하면 다음과 같다.
• $644 = 2^2 \times 7 \times 23$
• $476 = 2^2 \times 7 \times 17$
즉, 644와 476의 최대공약수는 $2^2 \times 7 = 28$이다.
이때 직사각형의 가로에 설치할 수 있는 조명의 개수를 구하면 다음과 같다.
$644 \div 28 + 1 = 23 + 1 = 24$개
직사각형의 세로에 설치할 수 있는 조명의 개수를 구하면 다음과 같다.
$476 \div 28 + 1 = 17 + 1 = 18$개
따라서 조명의 최소 설치 개수를 구하면 $(24 + 18) \times 2 - 4 = 84 - 4 = 80$개이다.

대표기출유형 02 | 기출응용문제

01

정답 ②

앞의 항에 $+2.7$, $\div 2$의 규칙을 교대로 적용하는 수열이다.

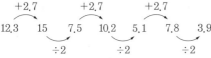

따라서 ( )$=10.2 \div 2 = 5.1$이다.

02

정답 ⑤

앞의 두 항을 더하면 다음 항이 되는 피보나치 수열이다.
$1 + 2 = A \rightarrow A = 3$
$13 + 21 = B \rightarrow B = 34$
$\therefore B - A = 34 - 3 = 31$

03

정답 ④

$$a_1 = 200 \times \frac{80}{100} + 20 = 180$$

$$a_2 = 180 \times \frac{80}{100} + 20 = 164$$

$$a_3 = 164 \times \frac{80}{100} + 20 = 151.2$$

따라서 $a_3 = 151.2$이다.

대표기출유형 03 │ 기출응용문제

01

정답 ④

매월 갑과 을 팀의 총득점과 병과 정 팀의 총득점이 같다. 따라서 빈칸에 들어갈 수치는 $1,156 + 2,000 - 1,658 = 1,498$이다.

02

정답 ③

투자비중을 고려하여 각각의 투자금액과 투자수익을 구하면 다음과 같다.
- 상품별 투자금액
  - A(주식) : 2천만×0.4=800만 원
  - B(채권) : 2천만×0.3=600만 원
  - C(예금) : 2천만×0.3=600만 원
- 6개월 동안의 투자수익
  - A(주식) : $800 \times \left[1 + \left(0.10 \times \frac{6}{12}\right)\right] = 840$만 원
  - B(채권) : $600 \times \left[1 + \left(0.04 \times \frac{6}{12}\right)\right] = 612$만 원
  - C(예금) : $600 \times \left[1 + \left(0.02 \times \frac{6}{12}\right)\right] = 606$만 원

∴ 840만+612만+606만=2,058만 원

01

정답 ④

$20 \sim 30$대 청년 중에서 자가에 사는 청년은 $\dfrac{5,657}{80,110} \times 100 \fallingdotseq 7.1\%$이고, 20대 청년 중에서 자가 비중은 $\dfrac{537 + 795}{13,874 + 15,258} \times 100 =$

$\dfrac{1,332}{29,132} \times 100 \fallingdotseq 4.6\%$이므로 $20 \sim 30$대 인원 대비 자가 비율보다 20대 청년 중에서 자가가 차지하는 비율이 더 낮다.

오답분석

① 제시된 자료를 통해 확인할 수 있다.

② $20 \sim 24$세 인원 중 월세 비중은 $\dfrac{5,722}{13,874} \times 100 \fallingdotseq 41.2\%$이고, 자가 비중은 $\dfrac{537}{13,874} \times 100 \fallingdotseq 3.9\%$이다.

③ $20 \sim 30$대 연령대에서 월세에 사는 $25 \sim 29$세 연령대가 차지하는 비율은 $\dfrac{7,853}{80,110} \times 100 \fallingdotseq 9.8\%$이므로 10% 미만이다.

⑤ $20 \sim 24$세를 제외한 $20 \sim 30$대 청년 중에서 무상이 차지하는 비중과 월세가 차지하는 비중은 분모가 같으므로 분자의 크기만 비교하면 된다. 따라서 무상은 $13,091 - 5,753 = 7,338$이고, 월세는 $45,778 - 5,722 = 40,056$이므로 월세 비중이 더 높다.

02

정답 ①

뉴질랜드 무역수지는 9월에서 10월까지 증가했다가 11월에 감소한 후 12월에 다시 증가했다.

오답분석

② 그리스의 12월 무역수지는 2,426백만 USD이며 11월 무역수지는 2,409백만 USD이므로, 12월 무역수지의 전월 대비 증가율은 $\dfrac{2,426 - 2,409}{2,409} \times 100 \fallingdotseq 0.7\%$이다.

③ 한국의 무역수지가 전월 대비 증가한 달은 9월, 10월, 11월이며, 증가량이 가장 많았던 달은 $45,309 - 41,983 = 3,326$백만 USD인 11월이다.

④ 제시된 자료를 통해 확인할 수 있다.

⑤ 10월부터 12월 사이 한국의 무역수지는 '증가 → 감소'의 추이다. 이와 같은 양상을 보이는 나라는 독일과 미국으로 2개국이다.

03

정답 ③

대치동의 증권자산은 23.0조-17.7조-3.1조$=2.2$조 원이고, 서초동의 증권자산은 22.6조-16.8조-4.3조$=1.5$조 원이므로 서초동보다 대치동의 증권자산이 더 많다.

오답분석

① 이촌동의 가구 수가 2만 가구 이상이라면 총자산이 7.4억$\times 20,000 = 14.8$조 원 이상이어야 한다. 그러나 이촌동은 총자산이 14.4조 원인 압구정동보다 순위가 낮으므로 이촌동의 가구 수는 2만 가구 미만인 것을 추론할 수 있다.

② 여의도동의 부동산자산은 12.3조 원 미만이다. 여의도동의 부동산자산을 12.2조 원이라고 가정하면 여의도동의 증권자산은 최대 24.9조-12.2조-9.6조$=3.1$조 원이므로 옳지 않은 설명이다.

④ 압구정동의 가구 수는 $\dfrac{14.4}{12.8} \fallingdotseq 1.13$가구, 여의도동의 가구 수는 $\dfrac{24.9}{26.7} \fallingdotseq 0.93$가구이므로 옳지 않은 설명이다.

⑤ 도곡동의 총자산 대비 부동산자산의 비율은 $\dfrac{12.3}{15.0} \times 100 = 80\%$이고, 목동의 총자산 대비 부동산자산의 비율은 $\dfrac{13.7}{15.5} \times 100 \fallingdotseq 88.4\%$이므로 옳지 않은 설명이다.

04

세 지역 모두 핵가족 가구의 비중이 더 높으므로 핵가족 가구 수가 확대가족 가구 수보다 많음을 추론할 수 있다.

오답분석

① 부부 가구의 구성비는 B지역이 가장 높다.
② 1인 가구는 기타 가구의 일부이므로 1인 가구만의 비중은 알 수 없다.
③ 확대가족 가구의 비중이 가장 높은 지역은 C지역이지만, 이 수치는 비중이므로 가구 수는 알 수가 없다.
④ 핵가족 가구의 비중이 가장 높은 지역은 71%인 B지역이다.

05

2024년 10월 전체 자동차 월매출 총액을 x억 원이라 하고, J자동차의 10월 매출액과 시장점유율을 이용해 10월 전체 자동차 월매출 총액을 구하면 다음과 같다.

$\dfrac{27}{x} \times 100 = 0.8$

→ $x = 2,700 \div 0.8$

∴ $x = 3,375$

따라서 2024년 10월 H국의 전체 자동차 월매출 총액은 3,375억 원이므로 4,000억 원 미만이다.

오답분석

① 2024년 C자동차의 9월 매출액을 a억 원이라고 하면 2024년 C자동차의 10월 매출액은 285억 원이고, 전월 대비 증가율은 50%이므로 다음 식이 성립한다.
  $a(1+0.5) = 285$
  ∴ $a = 190$
  따라서 2024년 9월 C자동차의 매출액은 190억 원이므로 200억 원 미만이다.
② 2024년 10월 월매출액 상위 6개 자동차의 9월 월매출액을 구하면 다음과 같다.
  • A자동차 : $1,139 \div (1+0.6) ≒ 711.88$억 원
  • B자동차 : $1,097 \div (1+0.4) ≒ 783.57$억 원
  • C자동차 : $285 \div (1+0.5) = 190$억 원
  • D자동차 : $196 \div (1+0.5) ≒ 130.67$억 원
  • E자동차 : $154 \div (1+0.4) = 110$억 원
  • F자동차 : $149 \div (1+0.2) ≒ 124.17$억 원
  즉, 2024년 9월 월매출액 상위 6개 자동차의 순위는 'B자동차 - A자동차 - C자동차 - D자동차 - F자동차 - E자동차'이다. 따라서 옳지 않은 설명이다.
③ 2024년 I자동차 누적매출액 자료를 살펴보면 I자동차의 1월부터 5월까지 누적매출액을 알 수 없으므로 6월 매출액은 정확히 구할 수 없다. 다만, 6월 누적매출을 살펴보았을 때 6월 매출액의 범위는 0원 ≤ (6월 매출액) ≤ 5억 원임을 알 수 있다. 2024년 I자동차의 7 ~ 9월 월매출액을 구하면 다음과 같다.
  • 7월 월매출액 : $9 - 5 = 4$억 원
  • 8월 월매출액 : $24 - 9 = 15$억 원
  • 9월 월매출액 : $36 - 24 = 12$억 원
  따라서 2024년 6 ~ 9월 중 I자동차의 월매출액이 가장 큰 달은 8월이다.
⑤ 2024년 10월 월매출액 상위 5개 자동차의 10월 월매출액 기준 시장점유율을 합하면 $34.3 + 33.0 + 8.6 + 5.9 + 4.6 = 86.4\%$이다.

03 문제해결능력

대표기출유형 01 기출응용문제

01

정답 ②

주어진 조건을 정리하면 다음과 같다.

구분	1일	2일	3일	4일	5일	6일
경우 1	B	E	F	C	A	D
경우 2	B	C	F	D	A	E
경우 3	A	B	F	C	E	D
경우 4	A	B	C	F	D	E
경우 5	E	B	F	C	A	D
경우 6	E	B	C	F	D	A

따라서 B영화는 어떠한 경우에도 1일 또는 2일에 상영된다.

오답분석

① A영화는 경우 3 또는 4에서 C영화보다 먼저 상영된다.
③ C영화는 경우 1 또는 5, 6에서 E영화보다 늦게 상영된다.
④ D영화는 경우 1 또는 3, 5에서 폐막작으로, 경우 4 또는 6에서 5일에 상영된다.
⑤ E영화는 경우 1 또는 3에서 개막작이나 폐막작으로 상영되지 않는다.

02

정답 ④

주어진 조건에 따라 결재를 받을 사람의 순서를 배치하면 다음과 같다.
• 경우 1

첫 번째	두 번째	세 번째	네 번째	다섯 번째	여섯 번째
A	D	E	B	F	C

• 경우 2

첫 번째	두 번째	세 번째	네 번째	다섯 번째	여섯 번째
D	A	E	B	F	C

따라서 세 번째로 결재를 받아야 할 사람은 E이다.

03

제시된 조건에 따라 김대리의 일정을 정리하면 다음과 같다.

일	월	화	수	목	금	토
				1 추석	2 추석연휴, 제주도 여행	3 개천절, 제주도 여행
4 제주도 여행	5 제주도 여행	6 제주도 여행, 휴가 마지막 날	7	8	9 한글날	10
11	12	13	14	15	16	17
18	19	20 외부출장	21 외부출장	22 외부출장	23 외부출장	24
25	26	27	28 프로젝트 발표	29 프로젝트 발표	30	31

따라서 12일 월요일부터 그 주에 스케줄이 없으므로 이틀간 연차를 쓰고 할머니댁 방문이 가능하다.

오답분석
① 3일과 4일은 제주도 여행 기간이며, 주말에는 할머니댁에 가지 않는다고 하였다.
② 6일은 제주도 여행에서 돌아오는 날로 휴가 기간이다.
④ 20일부터 23일까지 외부출장이 있다.
⑤ 28일은 프로젝트 발표가 있다.

04

제시된 조건의 주요 명제들을 순서대로 논리 기호화하여 표현하면 다음과 같다.
• 두 번째 명제 : 햇살론 → (~출발적금 ∧ ~미소펀드)
• 세 번째 명제 : ~대박적금 → 햇살론
• 네 번째 명제 : 미소펀드
• 다섯 번째 명제 : (미소펀드 ∨ 출발적금) → 희망예금
네 번째 명제에 따라 미소펀드에는 반드시 가입하므로, 다섯 번째 명제에 따라 출발적금 가입여부와 무관하게 희망예금에 가입하고, 두 번째 명제의 대우[(미소펀드 ∨ 출발적금) → ~햇살론]에 따라 햇살론에는 가입하지 않는다. 또한 세 번째 명제의 대우(~햇살론 → 대박적금)에 따라 대박적금에는 가입하게 되므로 첫 번째 명제에 따라 미소펀드, 희망예금, 대박적금 3가지에는 가입하고, 햇살론, 출발적금에는 가입하지 않는다.

05

가장 먼저 오전 9시에 B과 진료를 본다면 오전 10시에 진료가 끝나고, 셔틀을 타고 본관으로 이동하면 오전 10시 30분이 된다. 이후 C과 진료를 이어보면 오후 12시 30분이 되고, 점심시간 이후 바로 A과 진료를 본다면 오후 2시에 진료를 다 받을 수 있다. 따라서 가장 빠른 경로는 B – C – A이다.

06

태경이는 승규보다 3km 앞에서 뛰고 있고, 형욱이는 태경이보다 5km 뒤에서 뛰고 있다고 했으므로 형욱이와 승규 사이의 거리는 2km이다. 현수는 승규보다 5km 앞에서 뛰고 있다고 했으므로 현수와 태경이의 거리는 2km이다. 따라서 현수와 태경이의 거리와 승규와 형욱이의 거리는 같다.

오답분석

① 현재 마라톤 경기의 1등은 현수이다.
② 1등과 5등의 거리는 10km 이하이므로 정훈이는 형욱이보다 3km 뒤까지 위치할 수 있다. 정훈이는 태경이보다 뒤에 있다고 했으므로, 정훈이와 승규의 거리는 최소 0km, 최대 5km이다.
④ 정훈이는 형욱이보다 3km 뒤까지 위치할 수 있다.
⑤ '현수 – 태경 – 승규 – 형욱' 순서로 달리고 있고, 정훈이는 태경이의 뒤이기만 하면 되므로 정확한 순서는 알 수 없다.

대표기출유형 02 기출응용문제

01

ⓒ은 강력한 경쟁 상대의 등장을 의미하므로 조직 내부의 약점(W)이 아니라 조직 외부로부터의 위협(T)에 해당한다.

오답분석

㉠ 조직의 목표 달성을 촉진할 수 있으며 조직 내부의 통제 가능한 강점(S)에 해당한다.
㉡ 조직의 목표 달성을 방해할 수 있으며 조직 내부의 통제 가능한 약점(W)에 해당한다.
㉣ 조직 외부로부터 비롯되어 조직의 목표 달성에 도움이 될 수 있는 통제 불가능한 기회(O)에 해당한다.
㉤ 조직 외부로부터 비롯되어 조직의 목표 달성을 방해할 수 있는 통제 불가능한 위협(T)에 해당한다.

02

ㄴ. 다수의 풍부한 경제자유구역 성공 사례를 활용하는 것은 강점에 해당되지만, 외국인 근로자를 국내주민과 문화적으로 동화시키려는 시도는 위협을 극복하는 것과는 거리가 멀다. 따라서 해당 전략은 ST전략으로 적절하지 않다.
ㄹ. 경제자유구역 인근 대도시와의 연계를 활성화하면 오히려 인근 기성 대도시의 산업이 확장된 교통망을 바탕으로 경제자유구역의 사업을 흡수할 위험이 커진다. 또한 인근 대도시와의 연계 확대는 경제자유구역 내 국내외 기업 간의 구조 및 운영상 이질감을 해소하는 데 직접적인 도움이 된다고 보기 어렵다.

오답분석

ㄱ. 경제호황으로 인해 자국을 벗어나 타국으로 진출하려는 해외기업이 증가하는 기회상황에서 성공적 경험으로 축적된 우리나라의 경제자유구역 조성 노하우로 이들을 유인하여 유치하는 전략은 SO전략에 해당한다.
ㄷ. 기존에 국내에 입주한 해외기업의 동형화 사례를 활용하여 국내기업과 외국계 기업의 운영상 이질감을 해소하여 생산성을 증대시키는 전략은 WO전략에 해당한다.

03

정답 ②

국내 금융기관에 대한 SWOT 분석 결과는 다음과 같다.

강점(Strength)	약점(Weakness)
• 높은 국내 시장 지배력 • 우수한 자산건전성 • 뛰어난 위기관리 역량	• 은행과 이자수익에 편중된 수익구조 • 취약한 해외 비즈니스와 글로벌 경쟁력
기회(Opportunity)	위협(Threat)
• 해외 금융시장 진출 확대 • 기술 발달에 따른 핀테크의 등장 • IT 인프라를 활용한 새로운 수익 창출	• 새로운 금융 서비스의 등장 • 글로벌 금융기관과의 경쟁 심화

㉠ SO전략은 강점을 살려 기회를 포착하는 전략이다. 강점인 국내 시장 점유율을 기반으로 핀테크 사업에 진출하려는 것은 적절한 SO전략으로 볼 수 있다.
㉢ ST전략은 강점을 살려 위협을 회피하는 전략이다. 강점인 우수한 자산건전성을 강조하여 글로벌 금융기관과의 경쟁에서 우위를 차지하려는 것은 적절한 ST전략으로 볼 수 있다.

[오답분석]

㉡ WO전략은 약점을 보완하여 기회를 포착하는 전략이다. 그러나 위기관리 역량은 국내 금융기관이 지니고 있는 강점에 해당하므로 WO전략으로 적절하지 않다.
㉣ 해외 비즈니스 역량을 강화하여 해외 금융시장에 진출하는 것은 약점을 보완하여 기회를 포착하는 WO전략에 해당한다.

대표기출유형 03   기출응용문제

01

정답 ④

알파벳 순서에 따라 숫자로 변환하면 다음과 같다.

A	B	C	D	E	F	G	H	I	J	K	L	M
1	2	3	4	5	6	7	8	9	10	11	12	13
N	O	P	Q	R	S	T	U	V	W	X	Y	Z
14	15	16	17	18	19	20	21	22	23	24	25	26

'INTELLECTUAL'을 품번의 규칙에 따라 정리하면 다음과 같다.
• 1단계 : 9(I), 14(N), 20(T), 5(E), 12(L), 12(L), 5(E), 3(C), 20(T), 21(U), 1(A), 12(L)
• 2단계 : 9+14+20+5+12+12+5+3+20+21+1+12=134
• 3단계 : |(14+20+12+12+3+20+12)−(9+5+5+21+1)|=|93−41|=52
• 4단계 : (134+52)÷4+134=46.5+134=180.5
• 5단계 : 180.5를 소수점 첫째 자리에서 버림하면 180이다.
따라서 제품의 품번은 '180'이다.

02

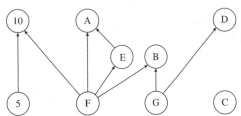

A, B, C를 제외한 빈칸에 적힌 수를 각각 D, E, F, G라고 하자.

F는 10의 약수이고 원 안에는 2에서 10까지의 자연수가 적혀 있으므로 F는 2이다.

10을 제외한 2의 배수는 4, 6, 8이고, A는 E와 F의 공배수이다. 즉, A는 8, E는 4이고, B는 6이다.

6의 약수는 1, 2, 3, 6이므로 G는 3이고, D는 3의 배수이므로 9이며, 남은 7은 C이다.

따라서 A ~ C에 해당하는 수의 합은 8+6+7=21이다.

대표기출유형 04 기출응용문제

01

전세금 총액이 지원 한도액인 2.0억 원의 200%인 4.0억 원까지 가능한 것이다. 따라서 지원 한도액은 최대 2.0억 원이다.

02

각 지원자의 점수를 산정하면 다음과 같다.

(단위 : 점)

구분	나이	평균 학점	공인영어점수	관련 자격증 점수	총점
A지원자	3	2	9.2	6	20.2
B지원자	5	4	8.1	0	17.1
C지원자	4	1	7.5	6	18.5
D지원자	1	3	7.8	9	20.8
E지원자	2	5	9.6	3	19.6

따라서 C지원자는 4번째로 높은 점수이므로 중국으로 인턴을 간다.

03

변경된 조건에 따라 각 지원자의 점수를 산정하면 다음과 같다.

(단위 : 점)

구분	나이	평균 학점	공인영어점수	관련 자격증 점수	총점
A지원자	-	4	9.2	4	17.2
B지원자	-	4	8.1	0	12.1
C지원자	-	4	7.5	4	15.5
D지원자	-	4	7.8	6	17.8
E지원자	-	5	9.6	2	16.6

따라서 가장 낮은 점수를 획득한 B지원자가 탈락하므로 희망한 국가에 인턴을 가지 못하는 사람은 B지원자이다.

04

버팀목 대출은 지역별 차등 지원이므로 지역별 문의가 필요하고, 월 최대 30만 원씩 2년간 대출이 가능한 것은 주거안정 월세대출이다.

05

예산이 가장 많이 드는 B사업과 E사업은 사업기간이 3년이므로 최소 1년은 겹쳐야 한다. 이를 바탕으로 정리하면 다음과 같다.

연도 예산 사업명	1차 20조 원	2차 24조 원	3차 28.8조 원	4차 34.5조 원	5차 41.5조 원
A	-	1조 원	4조 원	-	-
B	-	15조 원	18조 원	21조 원	-
C	-	-	-	-	15조 원
D	15조 원	8조 원	-	-	-
E	-	-	6조 원	12조 원	24조 원
실질 사용 예산 합계	15조 원	24조 원	28조 원	33조 원	39조 원

따라서 D사업을 첫해에 시작해야 한다.

교육은 우리 자신의 무지를
점차 발견해 가는 과정이다.

- 윌 듀란트 -

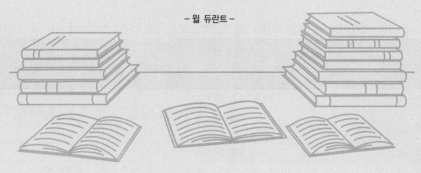

PART 2

전공시험

CHAPTER 01   경영

CHAPTER 02   경제

01	02	03	04	05	06	07	08	09	10	11	12	13	14	15	16	17	18	19	20
①	⑤	①	⑤	③	①	④	②	①	①	②	②	②	⑤	④	④	①	④	③	⑤

01
정답 ①

콘체른(Konzern)은 기업결합이라고 하며, 법률상으로 독립되어 있으나 지분 결합 등의 방식으로 경영상 실질적으로 결합되어 있는 기업결합 형태를 말한다. 일반적으로는 거대기업이 여러 산업의 다수의 기업을 지배할 목적으로 형성된다.

오답분석
② 카르텔 : 한 상품 또는 상품군의 생산이나 판매를 일정한 형태로 제한하고자 경제적, 법률적으로 서로 독립성을 유지하며, 기업 간 상호 협정에 의해 결합하는 담합 형태이다.
③ 트러스트 : 카르텔보다 강력한 집중의 형태로, 시장독점을 위해 각 기업체가 개개인의 독립성을 상실하고 합동한다.
④ 콤비나트 : 기술적으로 연관성 있는 생산부문이 가까운 곳에 입지하여 형성된 기업의 지역적 결합 형태이다.
⑤ 조인트 벤처 : 특정 경제적 목적을 달성하기 위해 2인 이상의 업자가 공동으로 결성한 사업체이다.

02
정답 ⑤

가중치를 장부가치 기준의 구성 비율이 아닌 시장가치 기준의 구성 비율로 하는 이유는 주주와 채권자의 현재 청구권에 대한 요구수익률을 측정하기 위해서이다.

03
정답 ①

순할인채의 듀레이션은 만기와 일치하므로 5년이다.

04
정답 ⑤

평가센터법 안에서 다양한 방법의 평가기법들이 사용되기 때문에 표준화가 어렵고 상대적 비교도 어려우며, 시간과 비용이 많이 든다.

05
정답 ③

두 개 이상의 투자안을 결합하여 투자하는 경우의 NPV는 각 투자안의 NPV를 합한 것과 같다는 의미인 가치가산의 원리가 적용되어 두 프로젝트의 NPV를 합한 42억 원이 된다. 반면, IRR의 경우 가치가산의 원리가 적용되지 않으므로 현재 제시된 자료를 통해서는 두 프로젝트를 동시에 수행하였을 때의 IRR을 구할 수 없다.

06
정답 ①

시스템 통합으로 인해 운영비용은 절감되지만 피인수기업의 재정불량상태가 그대로 들어오므로 인수기업의 재무상태가 불량해질 수 있으며 빚을 내서 인수할 경우 재무상 빚이 증가할 수 있다.

07

정답 ④

$(연\ 10\% \ 기간이자율에\ 대한\ 1기간\ 단일\ 현가계수) = \dfrac{1}{1+0.1} = 0.9091$

$\therefore \ (1,000,000 \times 0.9091 + 1,000,000 \times 0.8264) - 1,500,000 = 235,500원$

08

정답 ②

오답분석

ⓛ 당좌자산이란 유동자산 중 판매하지 않더라도 1년 이내 현금화가 가능한 자산을 의미한다. 기업이 판매하기 위하여 또는 판매를 목적으로 제조 과정 중에 있는 자산은 재고자산이다.

ⓔ 자본잉여금이란 영업이익 중 배당금을 제회한 사내 유보금을 의미한다. 기업의 법정자본금을 초과하는 순자산금액 중 이익을 원천으로 하는 잉여금은 이익잉여금이다.

09

정답 ①

콜옵션은 가격이 오를 때 거래하는 것이고, 풋옵션은 가격이 내릴 때 거래하는 것으로 미래 특정 시기에 미리 정한 가격으로 팔 수 있는 권리이다. 즉, 콜옵션은 저렴한 가격에 기초자산을 구입하는 것이라면, 풋옵션은 비싼 가격에 기초자산을 판다는 것을 의미한다.

10

정답 ①

시산표 등식

(자산)+(비용)=(부채)+(자본)+(수익)

11

정답 ②

허즈버그(Herzberg)는 직무만족에 영향을 주는 요인을 동기요인(Motivator)으로, 직무불만족에 영향을 주는 요인을 위생요인 (Hygiene Factor)으로 분류했다. 동기요인에는 성취, 인정, 책임소재, 업무의 질 등이 있으며, 위생요인에는 회사의 정책, 작업조 건, 동료직원과의 관계, 임금, 지위 등이 있다. 그리고 인간이 자신의 일에 만족감을 느끼지 못하게 되면 위생요인에 관심을 기울이 게 되고, 이에 대해 만족하지 못할 경우에는 일의 능률이 크게 저하된다고 주장했다.

12

정답 ②

오답분석

① 새로운 투자안의 선택에 있어서 투자수익률은 자기자본비용을 넘어야만 한다.

③ 자기자본비용은 기업이 조달한 자기자본의 가치를 유지하기 위해 최소한 벌어들여야 하는 수익률이다.

④ 기업이 주식발행을 통해 자금조달을 할 경우 자본이용의 대가로 얼마의 이용 지급료를 산정해야 하는지는 명확하지 않다.

⑤ 베타와 증권시장선을 계산해서 미래의 증권시장선으로 사용하는 것은 과거와 비슷한 현상이 미래에도 발생할 수 있다는 가정에 서만 타당한 방법이다.

13

정답 ②

판매비는 손익계산서의 항목이다.

14

현금흐름표가 아닌 재무상태표의 작성 목적이다.

15

정답 ④

- (당기법인세)=[490,000(회계이익)+125,000(감가상각비한도초과액)+60,000(접대비한도초과액)-25,000(미수이자)]×20%
  =130,000원
- (이연법인세자산)=125,000(감가상각비한도초과액)×20%=25,000원
- (이연법인세부채)=25,000(미수이자)×20%=5,000원
- (법인세비용)=130,000+5,000-25,000=110,000원

16

정답 ④

- (매출액)-(매출원가)=(매출총이익) → 10억-6.5억=3.5억 원
- (매출총이익)-(판관비)=(영업이익) → 3.5억-0.5억=3억 원
- (영업이익)+(영업외이익)-(영업외비용)=(경상이익) → 3억+1억-0.4억=3.6억 원
- ∴ (경상이익)+(특별이익)-(특별손실)-(법인세비용)=(당기순이익) → 3.6억+0.4억-0.6억-0.2억=3.2억 원

17

정답 ①

기계적 조직은 집권적이며 규칙과 절차가 많고 엄격하다. 반면 유기적 조직은 분권적이며 융통성이 높고 제약이 적은 편이다.

18

정답 ④

공매도를 통한 기대수익은 자산 가격(100%) 미만으로 제한되지만, 기대손실은 무한대로 커질 수 있다.

오답분석

① 공매도는 주식을 빌려서 매도하고 나중에 갚는 것이기 때문에 주가상승 시 채무불이행 리스크가 존재한다.
② 매도의견이 시장에 적극 반영되어 활발한 거래를 일으킬 수 있다.
③ 자산 가격이 하락할 것으로 예상되는 경우 공매도를 통해 수익을 기대할 수 있다.
⑤ 공매도의 가능 여부는 효율적 시장가설의 핵심전제 중 하나이다.

19

정답 ③

- (지방자치단체로부터 차입한 자금의 공정가치)=100,000×0.7350=73,500원
- 지방자치단체로부터 100,000원을 차입하였으므로 공정가치보다 초과 지급한 금액이 정부보조금이 된다. 따라서 정부보조금은 26,500원이다.
- (2022년 말 장부금액)=100,000-25,000(감가상각누계액)-19,875(정부보조금 잔액)=55,125원

20

정답 ⑤

㉠은 클로즈드 숍, ㉡은 오픈 숍, ㉢은 유니온 숍에 해당한다.

오답분석

- 프레퍼렌셜 숍 : 근로자 고용 시 노동조합의 조합원 가입을 우선순위로 두는 제도이다.
- 에이전시 숍 : 비조합원도 조합원과 동일하게 노동조합에 대해 재정적 지원을 부담하는 제도이다.
- 메인테넌스 숍 : 일정 기간 동안 노동조합의 조합원 지위를 유지해야 하는 제도이다.

01	02	03	04	05	06	07	08	09	10	11	12	13	14	15	16	17	18	19	20
⑤	③	③	④	④	③	②	②	②	②	④	④	②	④	④	②	①	③	③	④

01
정답 ⑤

국내기업이 해외에 생산 공장을 건설하기 위해서는 해외에 필요한 자금을 가지고 나가야 하므로 외환에 대한 수요가 증가한다. 외환의 수요가 증가하면 환율이 상승하게 되므로 국내통화의 가치가 하락한다.

오답분석
①·③ 수입 가전제품에 대한 관세가 인상되고 해외여행에 대한 수요가 급감하면 외환 수요가 감소한다. 따라서 환율이 하락한다.
②·④ 외국 투자자들이 국내주식을 매수하거나 기준금리가 인상되면 자본유입이 많아져서 외환의 공급이 증가하고, 이에 따라 환율이 하락한다.

02
정답 ③

고전학파에 따르면 임금이 완전 신축적이므로 항상 완전고용을 달성한다. 그러므로 고전학파는 실업문제 해소를 위한 정부의 개입은 불필요하다고 주장한다. 반면 케인스학파는 실업문제 해소를 위해 재정정책이 금융정책보다 더 효과적이라고 주장한다.

03
정답 ③

오답분석
① 저축률이 증가한다는 것은 투자가 많아지는 것을 뜻하므로 1인당 자본량이 증가하게 된다. 하지만 솔로우 모형에서 장기상태의 성장률은 0을 유지하기 때문에 변화하지 않는다고 봐야 한다. 따라서 1인당 자본량의 증가율이 상승한다는 것은 옳지 않다.
② 감가상각률이 증가한다는 것은 1인당 자본량은 줄어든다는 것을 의미하므로 옳지 않다.
④ 기술이 매년 진보하는 상황에서 1인당 자본량은 일정하게 유지하는 것이 아니라 계속 증가한다.
⑤ 총자본량의 증가율은 기술진보율(2%)과 인구증가율(1%)의 합과 같다. 따라서 2%씩 증가하는 것이 아니라 3%씩 증가한다고 볼 수 있다.

04
정답 ④

독점기업이 시장에서 한계수입보다 높은 수준으로 가격을 책정하는 것은 독점전략이다.

독점기업의 가격차별전략
• 제1급 가격차별 : 각 단위의 재화에 대하여 소비자들이 지불할 용의가 있는 최대금액을 설정하는 것(한계수입과 가격이 같은 점에서 생산량 결정)이다.
• 제2급 가격차별 : 재화 구입량에 따라 각각 다른 가격을 설정하는 것이다.
• 제3급 가격차별 : 소비자들의 특징에 따라 시장을 몇 개로 분할하여 각 시장에서 서로 다른 가격을 설정하는 것이다.

05

수요곡선과 공급곡선의 일반적인 형태란 우하향하는 수요곡선과 우상향하는 공급곡선을 의미한다. 이때 공급곡선이 상방으로 이동하면 생산량(Q)이 감소하고 가격(P)이 상승한다.

오답분석

① 수요곡선이 하방으로 이동하면 생산량이 감소하고 가격도 하락한다.
② 공급곡선이 하방으로 이동하면 생산량이 증가하고 가격이 하락한다.
③ 수요곡선이 상방으로 이동하면 생산량이 증가하고 가격도 상승한다.
⑤ 수요곡선과 공급곡선이 모두 하방으로 이동하면 가격은 하락한다. 이때 생산량은 두 곡선의 하방이동 폭에 따라 증가할 수도, 불변일 수도, 감소할 수도 있다.

06
정답 ③

독점적 경쟁시장의 장기균형에서는 $P > SMC$가 성립한다.

오답분석

①·② 독점적 경쟁시장의 장기균형은 수요곡선과 단기평균비용곡선, 장기평균비용곡선이 접하는 점에서 달성된다.
④ 가격과 평균비용이 같은 지점에서 균형이 결정되므로 장기 초과이윤은 0이다.
⑤ 균형생산량은 단기평균비용의 최소점보다 왼쪽에서 달성된다.

07
정답 ②

'A국 통화로 표시한 B국 통화 1단위의 가치'란 A국 통화의 명목환율을 의미한다.

명목환율을 e, 실질환율을 ε, 외국 물가를 P_f, 국내 물가를 P라고 할 때, 실질환율은 $\varepsilon = \dfrac{e \times P_f}{P}$ 로 표현된다.

이를 각 항목의 변화율에 대한 식으로 바꾸면 $\dfrac{\Delta \varepsilon}{\varepsilon} = \dfrac{\Delta e}{e} + \dfrac{\Delta P_f}{P_f} - \dfrac{\Delta P}{P}$ 가 된다.

제시된 자료에서 명목환율은 15%, A국(자국)의 물가지수는 7%, B국(외국)의 물가지수는 3% 증가하였으므로 이를 식에 대입하면 실질환율(ε)의 변화율은 $15+3-7=11\%$(상승)이다. 또한, 실질환율이 상승하면 수출품의 가격이 하락하게 되므로 수출량은 증가한다.

08
정답 ②

균형재정승수란 정부가 균형재정을 유지하는 경우에 국민소득이 얼마나 증가하는가를 측정하는 것이다. 균형재정이란 정부의 조세 수입과 정부지출이 같아지는 상황으로 $\triangle G = \triangle T$라고 할 수 있다. 정부지출과 조세를 동일한 크기만큼 증가시키는 경우로, 정부 지출승수는 $\dfrac{\triangle Y}{\triangle G} = \dfrac{-MPC}{1-MPC} = \dfrac{-0.8}{1-0.8} = -4$이다.

따라서 정부지출과 조세를 동시에 같은 크기만큼 증가시키면 $\dfrac{\triangle Y}{\triangle G} + \dfrac{\triangle Y}{\triangle T} = \dfrac{1}{1-0.8} + \dfrac{-0.8}{1-0.8} = 5-4=1$이 된다. 즉, 균형재정 승수는 1이다.

09
정답 ②

이자율 상승으로 요구불예금이 증가하면 시장에 있는 현금들이 예금 쪽으로 들어와서 민간 화폐보유성향이 낮아져 통화승수가 증가한다.

10

정답 ②

담배 한 갑당 2천 원의 건강세가 부과되어 담배가격이 4천 원으로 상승하면 갑은 담배구입을 포기하지만 을은 여전히 담배를 구입할 것이다. 건강세 부과 이후 담배 판매량은 한 갑이므로 정부가 얻는 조세수입은 2천 원이다.

11

정답 ④

명목임금은 150만 원 인상으로 10% 증가했지만, 인플레이션율 12%를 고려한 실질임금은 12−10=2% 감소하였다.

12

정답 ④

A국에서 해외 유학생과 외국인 관광객이 증가하면 달러 공급이 늘어나 A국 화폐의 가치가 상승하므로 환율은 하락한다. 환율이 하락하면 수출은 줄고, 수입은 늘어나서 경상수지가 악화될 것이다. 반면, B국에서는 해외 투자가 증가하고 외국인 투자자들이 자금을 회수하므로 달러 수요가 늘어나 B국 화폐의 가치는 하락한다.

13

정답 ②

누적된 비용인 총비용을 단위생산량으로 나눈 평균이 평균비용이다. 반면, 한계비용은 총비용의 변화분에 따라 생산량이 하나씩 늘어날 때마다 바뀌는 비용을 말한다. 따라서 한계비용이 하락하는 구간에서는 평균비용도 하락하는 것이고, 반대로 한계비용이 증가하면서부터는 바로 평균비용이 증가하진 않지만, 평균비용의 최저점에서 한계비용을 만난 이후부터는 평균비용도 증가하게 된다. 이는 고정비용의 존재 때문이다. 그러므로 평균비용곡선이 상승하면 한계비용곡선은 평균비용곡선 위에 있다.

14

정답 ④

절대우위는 다른 생산자에 비해 더 적은 생산요소를 투입해 같은 상품을 생산할 수 있는 능력이고 비교우위는 다른 생산자보다 더 적은 기회비용으로 생산할 수 있는 능력이다. A사는 B사보다 모터, 펌프 모두 시간당 최대 생산량이 많으므로 모터, 펌프 모두에 절대우위가 있다. 반면, A사의 펌프 생산 기회비용은 모터 1개이지만 B사의 펌프 생산 기회비용은 모터 $\frac{2}{3}$ 개이다. 따라서 B사는 펌프 생산에 비교우위가 있다.

15

정답 ④

풋옵션을 매수한 사람은 시장에서 해당 상품이 사전에 정한 가격보다 낮은 가격에서 거래될 경우 그 권리를 행사함으로써 비싼 값에 상품을 팔 수 있다. 그러나 해당 상품의 시장 가격이 사전에 정한 가격보다 높은 경우는 권리를 행사하지 않을 수도 있다.

16

정답 ②

완전경쟁시장의 균형은 $P=MC$이므로 $P=6$, $Q=4$이다.
합병 후 독점시장에서 $MR=10-2Q$이므로 이윤극대화조건 $MR=MC$에 대입하면 다음 식이 성립한다.
$10-2Q=2$
$\therefore Q=4$
따라서 독점시장에서의 생산량은 4이다.

17

ㄷ. 정부의 지속적인 교육투자정책으로 인적자본축적이 이루어지면 규모에 대한 수확체증이 발생하여 지속적인 성장이 가능하다고 한다.
ㄹ. 내생적 성장이론에서는 금융시장이 발달하면 저축이 증가하고 투자의 효율성이 개선되어 지속적인 경제성장이 가능하므로 국가 간 소득수준의 수렴현상이 나타나지 않는다고 본다.

18

광공업생산지수는 경기동행지수에 속하는 변수이다.

경기종합지수
경기종합지수는 국민경제 전체의 경기 동향을 쉽게 파악하기 위해 경제지표의 움직임을 지수로 나타낸 것이다.
- 경기선행지수 : 앞으로의 경기 동향을 예측하는 지표로 구인구직비율, 건설수주액, 재고순환지표, 코스피 등 9개의 지표로 구성된다.
- 경기동행지수 : 현재의 경기 상태를 나타내는 지표로 광공업생산지수, 소매판매액지수, 비농림어업취업자수 등 7개의 지표로 구성된다.
- 경기후행지수 : 경기의 변동을 사후에 확인하는 지표로 가계소비지출, 생산자제품재고지수, 취업자수 등 5개의 지표로 구성된다.

19

인플레이션이 발생하면 저축된 화폐의 실질적인 가치가 점차 감소하기 때문에 기회비용이 발생하게 된다.

① 인플레이션을 통해 채무자가 빌린 금액의 액수는 고정된 데 비해 화폐의 가치는 점차 감소하므로 인플레이션은 채무자에게는 이익을, 채권자에게는 손해를 준다.
② 완만하고 예측이 가능한 인플레이션은 사람들이 생필품 등 물건의 가격이 상승하기 전에 사들이게 하므로 소비증대 효과가 일어날 수 있다.
④ 인플레이션은 수입을 촉진시키고 수출을 저해하여 무역수지와 국제수지를 악화시킨다.
⑤ 다수의 근로자로부터 기업가에게로 소득을 재분배하는 효과를 가져와 부의 양극화를 심화시킨다.

20

ㅁ. 환불 불가한 숙박비는 회수 불가능한 매몰비용이므로 선택 시 고려하지 않은 ⓒ의 행위는 합리적 선택 행위의 일면이라고 할 수 있다.

PART 3

최종점검 모의고사

제1회   최종점검 모의고사

제2회   최종점검 모의고사

01 직업기초능력평가

01	02	03	04	05	06	07	08	09	10	11	12	13	14	15	16	17	18	19	20
②	②	②	④	③	①	⑤	③	④	①	②	④	①	②	②	④	③	①	①	④

21	22	23	24	25	26	27	28	29	30										
②	③	③	③	①	②	⑤	③	④	①										

01 문서 내용 이해　　정답 ②

직계존비속 증여의 경우 5,000만 원까지만 증여세를 면제받을 수 있다.

오답분석

① 부부 간 증여의 경우 6억 원까지 증여세를 면제받을 수 있다.
③ 정부의 '12·16 대책'에 따라 투기과열지구에서 9억 원을 초과하는 주택을 구매한 경우 자금조달계획서와 함께 증빙서류를 제출해야 한다.
④ 앞으로는 계획서에 조달한 자금을 어떻게 지급할지에 대한 구체적인 계획을 계좌이체, 대출 승계, 현금 지급 등으로 나누어 상세히 밝혀야 한다.
⑤ 기존에는 현금과 그와 비슷한 자산은 '현금 등'으로 기재하였으나, 앞으로는 현금과 기타자산을 나누고 기타자산은 무엇인지 구체적으로 밝혀야 한다.

02 어휘　　정답 ②

ⓒ에는 '고르거나 가지런하지 않고 차별이 있음'을 의미하는 '차등(差等)'이 사용되어야 한다.
• 차등(次等) : 다음가는 등급

오답분석

① 자생력(自生力) : 스스로 살길을 찾아 살아 나가는 능력이나 힘
③ 엄선(嚴選) : 엄격하고 공정하게 가리어 뽑음
④ 도출(導出) : 판단이나 결론 따위를 이끌어 냄
⑤ 지속적(持續的) : 어떤 상태가 오래 계속되는

03 문단 나열　　정답 ②

제시문은 상품 생산자와 상품의 관계로 인한 인간의 소외에 대해 설명하는 글이다. 따라서 (가) 상품 생산자와 상품의 관계 → (다) '자립적인 삶'의 부연 설명 → (라) 시장 법칙의 지배 아래에서 사람과 사람과의 관계 → (나) 인간의 소외의 순서로 나열해야 한다.

04 내용 추론

정답 ④

대주가 계약기간이 만료된 뒤 자신의 권리를 이행할 때 차주는 대주에게 손해를 보장받을 수 없다. 권리금은 전차주와 차주 사이에서 발생한 관행상 금전으로 법률을 통해 보호받을 수 없으며, 대주는 권리금과 직접적으로 연관되지 않으므로 해당 금액을 지불할 책임 또한 지지 않는다.

오답분석

① 권리금은 전차주가 차주에게 권리를 보장받는 관행상 금전으로, 장기적으로 차주가 상가를 다음 차주에게 이양할 경우 전차주로서 권리금을 요구할 수 있다. 대주는 임차료 외의 권리금과는 관련이 없다.
② 2001년 상가건물 임대차보호법이 지정되기 전에 대주의 횡포에 대한 차주의 보호가 이루어지지 않았었으므로 현재는 보호받을 수 있다는 것을 알 수 있다.
③ 권리금은 본래 상대적 약자인 차주가 스스로의 권리를 지키기 위하여 이용하는 일종의 관습으로 평가받고 있다.
⑤ 상대적으로 적은 권리금을 지불하고 높은 매출을 기록했을 때 직접적인 이득을 보는 사람은 새로운 차주이다. 권리금은 전차주가 해당 임대상가에 투자한 것에 대한 유무형의 대가를 차주가 고스란히 물려받는 경우 가치가 포함된 일종의 이용 대가이기 때문이다.

05 의사 표현

정답 ③

제시된 상황은 김대리가 공급업체 담당자를 설득해서 공급업체의 요청을 해결해야 되는 상황이다. 자신의 의견을 공감할 수 있도록 논리적으로 이야기하는 것은 상대방을 설득할 때 사용하는 적절한 의사 표현법이다.

오답분석

① 상대방에게 부탁해야 할 때 사용하는 의사 표현법이다.
② 상대방의 잘못을 지적해야 할 때 사용하는 의사 표현법이다.
④ 상대방을 칭찬할 때 사용하는 의사 표현법이다.
⑤ 상대방의 요구를 거절할 때 사용하는 의사 표현법이다.

06 의사 표현

정답 ①

㉠·㉡ 김대리는 우선적으로 가격 인상과 납기 조정에 대한 공급처 담당자의 요청을 거절해야 한다. 상대방의 요구를 거절할 때 사용하는 의사 표현법이다.

오답분석

㉢ 충고할 때 사용하는 의사 표현법이다.
㉣ 설득할 때 사용하는 의사 표현법이다.

07 글의 주제

정답 ⑤

첫 번째 문단에서는 '사회적 자본'이 늘어나면 정치 참여도가 높아진다는 주장을 하였고, 두 번째 문단에서는 '사회적 자본'의 개념을 사이버공동체에 도입하였으나 현실과 잘 맞지 않는다고 하면서 '사회적 자본'의 한계를 서술했다. 그리고 마지막 문단에서는 이와 같은 사회적 자본만으로는 정치 참여가 늘어나기 어렵고 이른바 '정치적 자본'의 매개를 통해서만이 가능하다는 주장을 하고 있다. 따라서 제시문의 주제로 ⑤가 가장 적절하다.

08 빈칸 삽입

정답 ③

빈칸 앞의 '정상적인 기능을 할 수 없는 상태'와 대조를 이루고, 마지막 문장의 '자기 조절과 방어 시스템이 작동하는 과정인 것'이라는 내용에 어울리는 표현인 ③이 빈칸에 들어갈 내용으로 가장 적절하다.

09 맞춤법

한글 맞춤법 제4장 제4절 제30항에 따라 옳지 않은 것은 ㄷ, ㅁ이다.

> **합성어 및 접두사가 붙은 말(한글 맞춤법 제4장 제4절 제30항)**
> 사이시옷은 다음과 같은 경우에 받치어 적는다.
> 1. 순우리말로 된 합성어로서 앞말이 모음으로 끝난 경우
>   (1) 뒷말의 첫소리가 된소리로 나는 것
>   예 바닷가, 쳇바퀴, 나뭇가지, 조갯살
>   (2) 뒷말의 첫소리 'ㄴ, ㅁ' 앞에서 'ㄴ' 소리가 덧나는 것
>   예 잇몸, 멧나물, 아랫마을, 냇물
>   (3) 뒷말의 첫소리 모음 앞에서 'ㄴㄴ' 소리가 덧나는 것
>   예 깻잎, 베갯잇, 도리깻열, 뒷일
> 2. 순우리말과 한자어로 된 합성어로서 앞말이 모음으로 끝난 경우
>   (1) 뒷말의 첫소리가 된소리로 나는 것
>   예 샛강, 텃줄, 전셋집, 핏기
>   (2) 뒷말의 첫소리 'ㄴ, ㅁ' 앞에서 'ㄴ' 소리가 덧나는 것
>   예 곗날, 양칫물, 제삿날, 툇마루
>   (3) 뒷말의 첫소리 모음 앞에서 'ㄴㄴ' 소리가 덧나는 것
>   예 예삿일, 가욋일, 사삿일, 횟일
> 3. 두 음절로 된 다음 한자어
>   예 곳간(庫間), 셋방(貰房), 숫자(數字), 찻간(車間), 툇간(退間), 횟수(回數)

10 글의 제목

제시문은 시장경제가 제대로 운영되기 위해서는 국가의 소임이 중요하다고 말하면서 시장경제에서 국가가 해야 할 일에 대해 서술하고 있다. 따라서 제시문의 제목으로 ①이 가장 적절하다.

11 자료 이해

2016년 강북의 주택전세가격을 100이라고 한다면 2017년에는 전년 대비 약 5% 증가해 100×1.05＝105이고, 2018년에는 전년 대비 약 10% 증가해 105×1.1＝115.5라고 할 수 있다. 따라서 2018년 강북의 주택전세가격은 2016년과 비교해 약 $\frac{115.5-100}{100}\times$ 100＝15.5% 증가했다고 볼 수 있다.

[오답분석]
① 전국 주택전세가격의 증감률은 2015년부터 2024년까지 모두 양의 값(＋)이므로 매년 증가하고 있다고 볼 수 있다.
③ 2021년 이후 서울의 주택전세가격 증가율이 전국 평균 증가율보다 높다.
④ 강남의 전년 대비 주택전세가격 증가율이 가장 높은 시기는 2018년이다.
⑤ 주택전세가격이 전년 대비 감소했다는 것은 전년 대비 증감률이 음의 값(－)을 가지고 있다는 것이므로 2015년 강남뿐이다.

12 수열 규칙

앞의 두 수의 합이 그 다음 항의 수인 피보나치 수열이다.
따라서 (   )＝21＋34＝55이다.

13 자료 계산

정답 ①

실 매입비가 6억 7천만 원인 92m² 주택의 부동산 취득세 세율은 $0.02+0.002+0.002=0.024$이므로
거래금액을 x원이라고 하면 다음 식이 성립한다.
$x\times(1+0.024)=670,000,000$
→ $1.024x=670,000,000$
∴ $x≒654,290,000$(∵ 만 원 단위 미만 절사)
따라서 주택의 거래금액은 $65,429$만 원이다.

14 응용 수리

정답 ②

• 잘 익은 귤을 꺼낼 확률 : $1-\left(\dfrac{10}{100}+\dfrac{15}{100}\right)=\dfrac{75}{100}$

• 썩거나 안 익은 귤을 꺼낼 확률 : $\dfrac{10}{100}+\dfrac{15}{100}=\dfrac{25}{100}$

따라서 한 사람은 잘 익은 귤을 꺼내고, 다른 한 사람은 그렇지 않은 귤을 꺼낼 확률은 $2\times\dfrac{75}{100}\times\dfrac{25}{100}=37.5\%$이다.

15 응용 수리

정답 ②

사원 수를 x명이라 하면 다음 식이 성립한다.
$50x+100=60x-500$
→ $10x=600$
∴ $x=60$
따라서 사원의 수는 60명이다.

16 응용 수리

정답 ④

• 순항 중일 때 날아간 거리 : $860\times\left(3+\dfrac{30-15}{60}\right)=2,795$km

• 기상 악화일 때 날아간 거리 : $(860-40)\times\dfrac{15}{60}=205$km

따라서 날아간 거리는 $2,795+205=3,000$km이다.

ㄴ. 연령대별 아메리카노와 카페라테의 선호율의 차이를 구하면 다음과 같다.

구분	20대	30대	40대	50대
아메리카노 선호율	42%	47%	35%	31%
카페라테 선호율	8%	18%	28%	42%
차이	34%	29%	7%	11%

따라서 아메리카노와 카페라테의 선호율 차이가 가장 적은 연령대는 40대임을 알 수 있다.

ㄷ. 20대와 30대의 선호율 하위 3개 메뉴를 정리하면 다음과 같다.
  • 20대 : 핫초코(6%), 에이드(3%), 아이스티(2%)
  • 30대 : 아이스티(3%), 핫초코(2%), 에이드(1%)
  따라서 20대와 30대의 선호율 하위 3개 메뉴는 동일함을 알 수 있다.

오답분석

ㄱ. 연령대별 아메리카노 선호율은 20대 42%, 30대 47%, 40대 35%, 50대 31%로 30대의 선호율은 20대보다 높음을 알 수 있다.

ㄹ. 40대와 50대의 선호율 상위 2개 메뉴가 전체 선호율에서 차지하는 비율을 구하면 다음과 같다.
  • 40대 : 아메리카(35%), 카페라테(28%) → 63%
  • 50대 : 카페라테(42%), 아메리카노(31%) → 73%
  따라서 50대의 선호율 상위 2개 메뉴가 전체 선호율에서 차지하는 비율은 70%를 넘지만, 40대에서는 63%로 70% 미만이다.

오답분석

② 자료보다 2018년 영아의 수치가 낮다.
③ 자료보다 2019년 영아의 수치가 높다.
④ 자료보다 2022년 유아의 수치가 낮다.
⑤ 자료보다 2024년 유아의 수치가 높다.

평균 시급 대비 월평균 소득으로 월 근로시간을 구하면 다음과 같다.

• 2020년 : $\frac{641,000}{6,200} ≒ 103$시간

• 2021년 : $\frac{682,000}{6,900} ≒ 99$시간

• 2022년 : $\frac{727,000}{7,200} ≒ 101$시간

• 2023년 : $\frac{761,000}{7,400} ≒ 103$시간

• 2024년 : $\frac{788,000}{7,900} ≒ 100$시간

따라서 월 근로시간이 가장 적은 해는 2021년이다.

② 2022년은 2023년보다 주간 평균 근로시간은 1시간 적고, 평균 시급도 200원 적다.

③ 2020년 소득 비율은 2024년 월평균 소득 대비 $\frac{641,000}{788,000}\times100 = 81.3\%$이므로 70% 이상이다.

④ 전년 대비 2022년 평균 시급 증가액은 $7,200-6,900=300$원이며, 2024년에는 $7,900-7,400=500$원이다. 따라서 2022년은 2024년보다 200원 적다.

⑤ 전년 대비 월평균 소득 증가율은 다음과 같다.
- 2021년 : $\frac{682,000-641,000}{641,000}\times100 = 6.4\%$
- 2022년 : $\frac{727,000-682,000}{682,000}\times100 = 6.6\%$
- 2023년 : $\frac{761,000-727,000}{727,000}\times100 = 4.7\%$
- 2024년 : $\frac{788,000-761,000}{761,000}\times100 = 3.5\%$

따라서 2024년의 증가율이 가장 낮고, 2022년의 증가율이 가장 높다.

20 | 자료 계산 | 정답 ④

갑 지점 설문 응답률은 $100-(23+45)=32\%$이다. 인터넷 설문 응답자 '잘 모르겠다'를 제외한 응답자는 $5,500명 \times 0.67=3,685$명이다. 따라서 갑 지점을 택한 응답자는 $3,685명 \times 0.32 = 1,179$명임을 알 수 있다.

21 | 명제 추론 | 정답 ②

첫 번째 조건과 두 번째 조건에 따라 물리학과 학생은 흰색만 좋아하는 것을 알 수 있으며, 세 번째 조건과 네 번째 조건에 따라 지리학과 학생은 흰색과 빨간색만 좋아하는 것을 알 수 있다. 전공별로 좋아하는 색을 정리하면 다음과 같다.

경제학과	물리학과	통계학과	지리학과
검은색, 빨간색	흰색	빨간색	흰색, 빨간색

이때 검은색을 좋아하는 학과는 경제학과뿐이므로 C가 경제학과임을 알 수 있으며, 빨간색을 좋아하지 않는 학과는 물리학과뿐이므로 B가 물리학과임을 알 수 있다. 따라서 항상 참이 되는 것은 ②이다.

① A는 통계학과이거나 지리학과이다.
③ C는 경제학과이다.
④ D는 통계학과이거나 지리학과이다.
⑤ C는 빨간색을 좋아하지만 B는 흰색을 좋아한다.

22   명제 추론   정답 ③

첫 번째 조건에 따라 회장실의 위치를 기준으로 각 팀의 위치를 정리하면 다음과 같다.

- A에 회장실이 있을 때

  세 번째 조건에 의해 회장실 맞은편인 E는 응접실이다. 네 번째 조건에 의해 B는 재무회계팀이고, F는 홍보팀이다. 다섯 번째 조건에 의해 G는 법무팀이고 일곱 번째 조건에 의해 C는 탕비실이다. 여섯 번째 조건에 의해 H는 연구개발팀이므로 남은 D가 인사팀이다.

- E에 회장실이 있을 때

  세 번째 조건에 의해 회장실 맞은편인 A는 응접실이다. 네 번째 조건에 의해 F는 재무회계팀이고, B는 홍보팀이다. 다섯 번째 조건에 의해 C는 법무팀이고 일곱 번째 조건에 의해 G는 탕비실이다. 여섯 번째 조건에 의해 H는 연구개발팀이므로 남은 D가 인사팀이다.

따라서 인사팀의 위치는 D이다.

23   자료 해석   정답 ③

'가입요건 – (2)'를 살펴보면 다주택자인 경우에도 보유주택 합산가격이 9억 원 이하이면 가입요건이 충족됨을 확인할 수 있다. 3년 이내에 1주택 처분이 조건인 것은 보유주택 합산가격이 9억 원을 초과하는 경우이다.

24   자료 해석   정답 ③

- B고객 : 단독소유일 경우 주택소유자가 만 60세 이상이어야 하는데, 만 57세이므로 가입요건을 충족하지 못한다.
- D고객 : 임대사업을 목적으로 보유한 주택은 보유주택 수에 포함되므로, 총주택가액은 14억 원이 되어 가입요건을 충족하지 못한다.
- E고객 : 만 60세 이상이며, 2개 주택가액이 9억 원이므로 부합하지만, 20m^2 이하의 아파트는 주택으로 보므로 총주택가액이 9억 원을 초과하여 가입요건을 충족하지 못한다.

오답분석

- A고객 : 만 60세 이상이며, 주택가액 9억 원 이하의 1주택을 보유하고 있으므로 가입대상이 된다.
- C고객 : 부부 중 연장자가 만 60세 이상(부부 공동소유)이며, 총주택가액이 9억 원 미만이므로 가입대상이 된다.

25   규칙 적용   정답 ①

순서대로 금고 1번의 암호는 $11 \times 11 = 121$이고, 금고 2번의 암호는 $111 \times 111 = 12321$, 금고 3번의 암호는 $1111 \times 1111 = 1234321$이다. 따라서 금고 8번의 암호는 $111111111 \times 111111111 = 12345678987654321$이다.

26   SWOT 분석   정답 ②

- ㄱ. 회사가 가지고 있는 신속한 제품 개발 시스템의 강점을 활용하여 새로운 해외시장의 소비자 기호를 반영한 제품을 개발하는 것은 강점을 통해 기회를 포착하는 SO전략에 해당한다.
- ㄷ. 공격적 마케팅을 펼치고 있는 해외 저가 제품과 달리 오히려 회사가 가지고 있는 차별화된 제조 기술을 활용하여 고급화 전략을 추구하는 것은 강점으로 위협을 회피하는 ST전략에 해당한다.

오답분석

- ㄴ. 저임금을 활용한 개발도상국과의 경쟁 심화와 해외 저가 제품의 공격적 마케팅을 고려하면 국내에 화장품 생산 공장을 추가로 건설하는 것은 적절한 전략으로 볼 수 없다. 약점을 보완하여 위협을 회피하는 전략을 활용하기 위해서는 오히려 저임금의 개발도상국에 공장을 건설하여 가격 경쟁력을 확보하는 것이 더 적절하다.
- ㄹ. 낮은 브랜드 인지도가 약점이기는 하나, 해외시장에서의 한국 제품에 대한 선호가 증가하고 있는 점을 고려하면 현지 기업의 브랜드로 제품을 출시하는 것은 적절한 전략으로 볼 수 없다. 약점을 보완하여 기회를 포착하는 전략을 활용하기 위해서는 오히려 한국 제품임을 강조하는 홍보 전략을 세우는 것이 더 적절하다.

27 　자료 해석

조선시대의 미(未)시는 오후 1 ～ 3시를, 유(酉)시는 오후 5 ～ 7시를 나타낸다. 오후 2시부터 4시 30분까지 운동을 하였다면, 조선시대 시간으로 미(未)시 정(正)부터 신(申)시 정(正)까지 운동을 한 것이 되므로 옳지 않다.

[오답분석]

① 초등학교의 점심 시간이 오후 1시부터 2시까지라면, 조선시대 시간으로 미(未)시인 오후 1 ～ 3시에 해당한다.
② 조선시대의 인(寅)시는 현대 시간으로 오전 3 ～ 5시를 나타낸다.
③ 조선시대의 술(戌)시는 오후 7 ～ 9시를 나타내므로 오후 8시 30분은 술(戌)시에 해당한다.
④ 축구 경기가 전반전 45분과 후반전 45분으로 총 90분 동안 진행되었으므로 조선시대 시간으로 한시진(2시간)이 되지 않는다.

28 　규칙 적용

매물번호의 매매 번호는 'O(매매)'이다. 따라서 월세를 협의할 수 있는 매물이 아니다.

[오답분석]

① 매물번호의 매물 번호는 'HO(전원주택)'이므로 주거를 위한 것임을 알 수 있다.
② 매물번호의 거래 번호는 '1(독점매물)'이므로 옳은 설명이다.
④ 매물번호의 매매 번호는 'O(매매)'이므로 구매 시 소유권이 변경되게 된다.
⑤ 매물번호의 지역 번호는 '01(강화읍)'이므로 옳은 설명이다.

29 　규칙 적용

FC(공장) – P(전세) – 04(불은면) – 2(공유매물) – 31(3억 1천만 원대) – T(월세 해당 없음)

[오답분석]

① GDO01131T : 강화읍은 피하고 싶다고 했는데, 지역 번호가 '01(강화읍)'이므로 옳지 않다.
② GDP02241T : 전세가는 최대 4억 원까지만 가능하다고 했는데, 매매 / 보증금 번호가 '41(4억 1천만 원대)'이므로 옳지 않다.
③ FCO03138T : 매매가는 최대 3억 3천만 원까지만 가능하다고 했는데, 매매 / 보증금 번호가 '38(3억 8천만 원대)'이므로 옳지 않다.
⑤ FCQ06232T : 매매나 전세로 생각 중이라고 했는데, 매매 번호가 'Q(월세)'이므로 옳지 않다.

30 　명제 추론

가장 먼저 물건을 고를 수 있는 동성이가 세탁기를 받을 경우와 컴퓨터를 받을 경우 2가지로 나누어 생각해 볼 수 있다.
• 동성이가 세탁기를 받을 경우
　현규는 드라이기를 받게 되고, 영희와 영수는 핸드크림 또는 로션을 받게 되며, 미영이는 컴퓨터를 받게 된다.
• 동성이가 컴퓨터를 받을 경우
　동성이의 다음 순서인 현규가 세탁기를 받을 경우와 드라이기를 받을 경우로 나누어 생각해 볼 수 있다.
　1) 현규가 세탁기를 받을 경우 : 영희와 영수는 로션 또는 핸드크림을 각각 받게 되고, 미영이는 드라이기를 받게 된다.
　2) 현규가 드라이기를 받을 경우 : 영희와 영수는 로션 또는 핸드크림을 각각 받게 되고, 미영이는 세탁기를 받게 된다.
따라서 미영이가 드라이기를 받는 경우도 존재한다.

PART 3

| 01 | 경영

01	02	03	04	05	06	07	08	09	10	11	12	13	14	15	16	17	18	19	20
②	②	①	⑤	①	①	⑤	⑤	④	⑤	⑤	⑤	③	③	③	④	③	②	①	①
21	22	23	24	25	26	27	28	29	30	31	32	33	34	35	36	37	38	39	40
⑤	①	⑤	③	①	②	④	④	①	①	①	③	②	⑤	①	②	④	③	③	②
41	42	43	44	45	46	47	48	49	50	51	52	53	54	55	56	57	58	59	60
①	②	①	①	①	②	③	①	②	①	④	⑤	②	④	②	③	⑤	④	④	⑤

01
정답 ②

수익성 지수는 여러 투자안이 있을 때 어느 투자안이 경제성이 있는지 판단하기 위해 쓰인다.

02
정답 ②

3C는 Company, Customer, Competitor로 구성되어 있다. 이는 자사, 고객, 경쟁사로 기준을 나누어 현 상황을 파악하는 분석방법으로, PEST 분석 후 이를 기반으로 3C의 상황 및 행동을 분석·예측한다.
• Customer : 고객이 원할 필요와 욕구를 파악하고, 시장 동향과 고객(표적 시장)을 파악한다.
• Company : 자사의 마케팅 전략, 강점, 약점, 경쟁우위, 기업 사명, 목표 등을 파악한다(SWOT 분석 활용).
• Competitor : 경쟁사의 미래 전략, 경쟁우위, 경쟁 열위(자사와의 비교 시 장점, 약점)를 파악하고, 경쟁사의 기업 사명과 목표를 파악한다.

03
정답 ①

오답분석
② 순현재가치 : 비용과 편익을 기준년도의 현재가치로 할인하여 편익에서 비용을 차감한 값이다.
③ 손익분기점 : 일정 기간의 편익과 비용이 같아 편익과 비용의 차가 0인 매출액이다.
④ 비용편익비율 : 편익과 비용의 할인된 금액의 비율로써 미래에 발생할 것으로 예상되는 비용과 편익을 현재가치로 환산한 값이다.
⑤ 자본회수기간 : 투자에 소요된 모든 비용을 회수하는 데 소요되는 기간이다.

04
정답 ⑤

계속기업의 가정이란 보고기업이 예측 가능한 미래에 영업을 계속하여 영위할 것이라는 가정이다. 따라서 기업이 경영활동을 청산 또는 중단할 의도가 있다면, 계속기업의 가정이 아닌 청산가치 등을 사용하여 재무제표를 작성해야 한다.

오답분석
① 재무제표는 원칙적으로 최소 1년에 한 번씩은 작성해야 한다.
② 현금흐름표 등 현금흐름에 대한 정보는 현금주의에 기반한다.
③ 역사적원가는 측정일의 조건을 반영하지 않고, 현행가치는 측정일의 조건을 반영한다. 이때 현행가치는 현행원가, 공정가치, 사용가치(이행가치)로 구분된다.
④ 재무제표는 재무상태표, 포괄손익계산서, 자본변동표, 현금흐름표, 주석으로 구성된다. 법에서 이익잉여금처분계산서 등의 작성을 요구하는 경우 주석으로 공시한다.

05

정답 ①

기능별 조직은 전체 조직을 기능별 분류에 따라 형성시키는 조직의 형태이다. H회사는 수요가 비교적 안정된 소모품을 납품하는 업체이기 때문에 환경적으로도 안정되어 있으며, 부서별 효율성을 추구하므로 기능별 조직이 조직 구조로 적합하다.

기능별 조직의 특징

구분	내용
적합한 환경	• 조직 구조 : 기능조직 • 환경 : 안정적 • 기술 : 일상적이며 낮은 상호의존성 • 조직규모 : 작거나 중간 정도 • 조직목표 : 내적 효율성, 기술의 전문성과 질
장점	• 기능별 규모의 경제 획득이 가능함 • 기능별 기술개발이 용이함 • 기능 목표 달성이 가능함 • 중간 이하 규모의 조직에 적합함 • 소품종 생산에 유리함
단점	• 환경변화에 대한 대응이 늦음 • 최고경영자의 의사결정이 지나치게 많음 • 부문 간 상호조정이 곤란함 • 혁신이 어려움 • 전체 조직목표에 대한 제한된 시각을 가짐

06

정답 ①

$EOQ = \sqrt{\dfrac{2 \times D \times S}{H}}$ (D=연간 수요량, S=1회 주문비, H=연간단위당 재고유지비용)

$D=20,000$, $S=200$, $H=32$

따라서 $EOQ = \sqrt{\dfrac{2 \times 20,000 \times 200}{32}} = \sqrt{\dfrac{8,000,000}{32}} = \sqrt{250,000} = 500$개이다.

07

정답 ⑤

리엔지니어링은 해머와 챔피(Hammer & Champy)에 의해 제시된 것으로, 정보기술을 통해 기업경영의 핵심적 과정을 전면 개편함으로써 경영성과를 향상시키려는 경영기법이다. 기존의 관리패턴을 근본적으로 바꾸어 기업경영의 질을 높이려는 것으로, 철학이나 사고방식, 더 나아가 문명의 전환까지 염두에 두고 있다.

[오답분석]
① 다운타임(Downtime)에 대한 내용이다.
②・④ 다운사이징(Downsizing)에 대한 내용이다.
③ CKD(Complete Knock Down)에 대한 내용이다.

08

정답 ⑤

[동기유발력(MF)]$= \sum VIE$

상황별로 VIE의 값을 구하면 유인성(V)은 10점, 수단성(I)은 80%이며, 기대치(E)는 70%이다. 브롬의 기대이론에 따르면 동기유발력은 유인성과 기대치, 그리고 수단성을 서로 곱한 결과를 모두 합한 값이므로 [동기유발력(VIE)]$=10 \times 0.8 \times 0.7 = 5.6$이다.

09

$$\text{(부가가치율)} = \frac{\text{(매출액)} - \text{(매입액)}}{\text{(매출액)}} \times 100 = \frac{2,000 - 700}{2,000} \times 100 = 65\%$$

따라서 부가가치율은 65%이다.

10

마이클 포터는 원가우위전략과 차별화전략을 동시에 추구하는 것이 아닌 둘 중 1가지를 선택하여 추구하는 것이 효과적이라고 주장했다.

11

GE 매트릭스는 기업이 그리드에서의 위치에 따라 제품 라인이나 비즈니스 유닛을 전략적으로 선택하는 데 사용하는 다중 요인 포트폴리오 매트릭스라고도 부른다.

12

A기업이 폐기물을 배출하여 B기업에 나쁜 영향을 미치는 외부불경제가 발생하는 상황이다. 이 경우 A기업은 폐기물 처리비용을 부담하지 않으므로 생산량이 사회적 적정생산량보다 많아지고, B기업은 강물을 정화하기 위한 비용을 부담해야 하므로 생산량이 사회적 적정생산량보다 적어진다. 코즈의 정리에 따르면 외부성에 대한 소유권이 적절히 설정되면 A기업과 B기업의 협상을 통해 오염물질 배출량이 사회적인 최적수준으로 감소할 수 있고, 이처럼 협상을 통해 외부성 문제가 해결되기 위해서는 반드시 한 당사자가 다른 당사자에게 보상을 하여야 한다.

13

대비오류(Contrast Error)는 대조효과라고도 하며, 연속적으로 평가되는 두 피고과자 간의 평가점수 차이가 실제보다 더 큰 것으로 느끼게 되는 오류를 말한다. 면접 시 우수한 후보의 바로 다음에 면접을 보는 평범한 후보가 중간 이하의 평가점수를 받는 경우가 그 예라고 할 수 있다.

14

(영업레버리지도)=(공헌이익)÷(영업이익)
- (공헌이익)=(총매출액)-(총변동원가)=5억(=10,000개×50,000원)-2천만(=10,000개×2,000원)=4억 8천만 원
- (영업이익)=(공헌이익)-(총고정원가)=5억 7천만-2억 5천만(=10,000×25,000원)=3억 2천만 원
따라서 H기업의 영업레버리지도는 4억 8천만÷3억 2천만=1.5이다.

15

성공요인은 기업의 경영 전략을 평가하고 이를 통해 정의하는 것으로, 평가 관점에 해당하지 않는다.

> **균형성과평가제도(BSC; Balanced ScoreCard)**
> 조직의 목표 실현을 위해 기존 전략에 대해 재무적, 고객, 업무 프로세스, 학습 및 성장 관점으로 평가하고, 이를 통해 전략 목표 달성을 위한 성공요인을 정의하는 성과관리 시스템이다.

16

정답 ④

$CPM=$(광고비용)$\times[1,000\div$(구독자 수)]

$\rightarrow$ (광고비용)$=(CPM\div1,000)\times$(구독자 수)

$\therefore$ (광고비용)$=(5,000\div1,000)\times100,000=500,000$원

17

정답 ③

ⓒ 명성가격은 가격이 높으면 품질이 좋다고 판단하는 경향으로 인해 설정되는 가격이다.

ⓒ 단수가격은 가격을 단수(홀수)로 적어 소비자에게 싸다는 인식을 주는 가격이다(예 9,900원).

[오답분석]

ⓐ 구매자가 어떤 상품에 대해 지불할 용의가 있는 최고가격은 유보가격이다.

ⓔ 심리적으로 적당하다고 생각하는 가격 수준은 준거가격이라고 한다. 최저수용가격이란 소비자들이 품질에 대해 의심 없이 구매할 수 있는 가장 낮은 가격을 의미한다.

18

정답 ②

[오답분석]

① 에세이평가법에 대한 설명이다.

③ 중요사건기술법에 대한 설명이다.

④ 대조표법에 대한 설명이다.

⑤ 강제할당법에 대한 설명이다.

19

정답 ①

프로그램의 최고 단계 훈련을 마치고, 프로젝트 팀 지도를 전담하는 직원은 블랙벨트이다. 마스터 블랙벨트는 식스 시그마 최고과정에 이른 사람으로, 블랙벨트가 수행하는 프로젝트를 전문적으로 관리한다.

20

정답 ①

페이욜의 경영 활동
- 기술적 활동 : 생산, 제조, 가공
- 회계적 활동 : 재산목록, 대차대조표, 원가, 통계
- 재무적 활동 : 자본의 조달과 운용
- 관리적 활동 : 계획, 조직, 명령, 조정, 통제
- 상업적 활동 : 구매, 판매, 교환
- 보호적 활동 : 재화와 종업원의 보호

21

정답 ⑤

최소여유시간(STR)이란 남아 있는 납기일수와 작업을 완료하는 데 소요되는 일수와의 차이를 여유시간이라고 할 때, 여유시간이 짧은 것부터 순서대로 처리하는 것이다.

22

정답 ①

직장 내 훈련(OJT; On the Job Training)이란 업무와 훈련을 겸하는 교육훈련 방법을 의미한다. 실습장훈련, 인턴사원, 경영 게임법 등은 직장 외 훈련(OffJT; Off the Job Training)에 해당한다.

23

정답 ⑤

미국의 경영자 포드는 부품의 표준화, 제품의 단순화, 작업의 전문화 등 '3S 운동'을 전개하고 컨베이어 시스템에 의한 이동조립방법을 채택해 작업의 동시 관리를 꾀하여 생산능률을 극대화했다.

24

정답 ③

임프로쉐어 플랜은 단위당 소요되는 표준노동시간과 실제노동시간을 비교하여 절약된 노동시간만큼 시간당 임률을 노사가 1 : 1로 배분하는 것으로, 개인별 인센티브 제도에 쓰이는 성과측정방법을 집단의 성과측정에 이용한 방식이다. 산업공학의 원칙을 이용하여 보너스를 산정한다는 특징이 있다.

오답분석

① 러커 플랜 : 매출액에서 각종 비용을 제한 일종의 부가가치 개념인 생산가치로부터 임금상수를 도출하여, 실제 부가가치 발생규모를 표준부가가치와 비교하여 그 절약분에 임금상수를 곱한 만큼 종업원에게 배분하는 방식이다.
② 스캔런 플랜 : 노사협력에 의한 생산성 향상에 대한 대가를 지불하는 방식의 성과배분계획 모형이다.
④ 메리크식 복률성과급 : 표준작업량의 83%와 100% 선을 기준으로 하여 83% 미만의 성과자들에게는 낮은 임률을 적용하지만 83 ~ 100% 사이의 성과자들에게는 표준임금을 약간 상회하는 수준을, 100% 이상의 성과자들에게는 더 높은 수준의 임률을 제공하여 중간 정도의 목표를 달성하는 종업원을 배려하고 있다.
⑤ 테일러식 차별성과급 : 표준작업량을 기준으로 임금률을 고저로 나누는 방식이다.

25

정답 ①

(기계장치의 취득원가)=20,000,000×2÷10(공정가치 비율)=4,000,000원

26

정답 ②

분류법은 직무평가의 방법 중 정성적 방법으로, 등급법이라고도 한다.

27

정답 ④

노조가입의 강제성의 정도에 따른 것이므로 '클로즈드 숍 – 유니언 숍 – 오픈 숍' 순서이다.

28

정답 ④

시장이 명확하게 세분화되어 이질적인 시장, 쇠퇴기로 접어드는 제품, 다양성이 높은 제품 등에는 차별적 마케팅 전략이 적합하다.

오답분석

①·②·③ 비차별적 마케팅 전략이 적합하다.
⑤ 집중적 마케팅 전략이 적합하다.

29

주식시장은 발행시장과 유통시장으로 나누어진다. 발행시장이란 주식을 발행하여 투자자에게 판매하는 시장이고, 유통시장은 발행된 주식이 제3자 간에 유통되는 시장을 의미한다. 자사주 매입은 유통시장에서 이루어지며, 주식배당, 주식분할, 유·무상증자, 기업공개 등은 발행시장과 관련이 있다.

30

정답 ①

수평적 분화는 조직 내 직무나 부서의 개수를 의미하며, 전문화의 수준이 높아질수록 직무의 수가 증가하므로 수평적 분화의 정도는 높아지는 것이 일반적이다.

31

정답 ①

- $P_0 = D_1 \div (k-g)$에서 $g = b \times r = 0.3 \times 0.1 = 0.03$
- $D_0 =$ (주당순이익) $\times$ [1 − (사내유보율)] $= 3,000 \times (1-0.3) = 2,100$원
- $D_1 = D_0 \times (1+g) = 2,100 \times (1+0.03) = 2,163$원
- $P = 2,163 \div (0.2 - 0.03) = 12,723$원

32

정답 ③

(전체 신문의 평균 CPR) $\times$ (도달률) = (필요 광고예산)

- 전체 신문의 평균 CPR : 500만 원
- 도달률 : 20%(A신문 전체 열독률) + 14%(B신문 전체 열독률) − 4%(중복) = 30%

$\therefore$ 500만 $\times$ 30 = 1억 5,000만 원

33

정답 ②

집중적 마케팅 전략은 전체 세분시장 중에서 특정 세분시장을 목표시장으로 삼아 집중 공략하는 전략으로, 해당 시장의 소비자 욕구를 보다 정확히 이해하여 그에 걸맞은 제품과 서비스를 제공함으로써 전문화의 명성을 얻을 수 있으며, 그로 인해 생산·판매 및 촉진활동을 전문화함으로써 비용을 절감시킬 수 있다.

34

정답 ⑤

2부제 가격전략은 제품의 가격체계를 기본가격과 사용가격으로 구분하여 2부제로 부가하는 가격정책을 말한다. 즉, 제품의 구매량과는 상관없이 기본가격과 단위가격이 적용되는 가격시스템을 의미한다.

35

정답 ①

[오답분석]
② 아웃소싱 : 일부의 자재, 부품, 노동, 서비스를 외주업체에 이전해 전문성과 비용 효율성을 높이는 것을 말한다.
③ 합작투자 : 2개 이상의 기업이 공동으로 투자하여 새로운 기업을 설립하는 것을 말한다.
④ 턴키프로젝트 : 공장이나 여타 생산설비를 가동 직전까지 준비한 후 인도해 주는 방식을 말한다.
⑤ 그린필드투자 : 해외 진출 기업이 투자 대상국에 생산시설이나 법인을 직접 설립하여 투자하는 방식으로, 외국인직접투자(FDI)의 한 유형이다.

36

유연생산시스템(FMS)은 소량의 다품종 제품을 짧은 납기로 해서 수요변동에 대한 재고를 지니지 않고 대처하면서 생산 효율의 향상 및 원가절감을 실현할 수 있는 생산시스템이다.

37

정답 ④

시계열 분석법은 제품 및 제품계열에 대한 수년간의 자료 등을 수집하기 용이하고, 변화하는 경향이 비교적 분명하며 안정적일 경우에 활용되는 통계적인 예측방법이다.

38

정답 ③

부품수요를 관리하기 위한 기법은 자재소요계획(MRP; Material Requirement Planning)이다.

39

정답 ③

- EPS(주당순이익)=(당기순이익)÷(유통주식수) → 300억 원÷1,000만 주=3,000원
- PER(주가수익비율)=(주가)÷(주당순이익) → 24,000원÷3,000원=8배

따라서 적정주가는 24,000원이다.

40

정답 ②

테일러(Tailor)의 과학적 관리법에 해당하는 내용으로, 일반 관리론은 앙리 페이욜이 경영관리를 경영자와 경영실무자의 입장에서 주장하였다. 반면 호손 실험으로는 인간관계론이 등장하였다.

41

정답 ①

적시생산시스템(JIT; Just In Time)은 무재고 생산방식 또는 도요타 생산방식이라고도 하며, 필요한 것을 필요한 양만큼 필요한 때에 만드는 생산방식이다. 이는 재고가 생산의 비능률을 유발하는 원인이기 때문에 이를 없애야 한다는 사고방식에 의해 생겨난 기법이다. 고품질, 저원가, 다양화를 목표로 한 철저한 낭비제거 사상을 수주로부터 생산, 납품에 이르기까지 적용하는 것으로, 풀(Pull) 방식을 도입하고 있다.

42

정답 ②

유지가능성이란 세분시장이 충분한 규모이거나 이익을 낼 수 있는 정도의 크기가 되어야 함을 말한다. 각 세분시장 내에는 특정 마케팅 프로그램을 지속적으로 실행할 가치가 있을 만큼의 가능한 한 동질적인 수요자들이 존재해야 한다.

43

정답 ①

마케팅 전략을 수립하는 순서는 STP, 즉 시장세분화(Segmentation) → 표적시장 선정(Targeting) → 포지셔닝(Positioning)이다.

44

정답 ①

포지셔닝 전략은 자사제품의 큰 경쟁우위를 찾아내어 이를 선정된 목표시장의 소비자들의 마음 속에 자사의 제품을 자리잡게 하는 전략이다.

45

배추의 평당 시장가격이 6,000원에서 5,500원으로 하락하여 총 500만 원의 손실이 발생하였지만, 배추가격 하락으로 평당 계약금이 1,500원에서 800원으로 줄었으므로 700만 원의 이익이 발생하게 된다. 따라서 이익과 손실의 합은 200만 원이다.

46

㉠ 집약적 유통 : 가능한 많은 중간상들에게 자사의 제품을 취급하도록 하는 방식이다.
㉡ 전속적 유통 : 일정 지역 내에서의 독점판매권을 중간상에게 부여하는 방식이다.
㉢ 선택적 유통 : 집약적 유통과 전속적 유통의 중간 형태이다.

47

균형 상태란 자신 – 상대방 – 관련 사물의 세 요소가 내부적으로 일치되어 있는 것처럼 보이는 상태를 말한다. 균형이론은 개인(자신), 태도 대상(상대방), 관련 대상(관련 사물) 3가지 삼각관계에 대한 이론으로, 이 관계들에 대한 값(−1 또는 +1)을 곱하여 양의 값이 나오면 균형 상태이고, 음의 값이 나오면 불균형 상태이다. 값이 음일 경우 사람들은 심리적 불균형 상태가 되어 균형으로 맞추려고 하는 경향이 있다고 본다.

48

집약적 유통은 포괄되는 시장의 범위를 확대시키려는 전략으로, 소비자는 제품 구매를 위해 많은 노력을 기울이지 않기 때문에 주로 편의품이 이에 속한다.

49

㉠ 국제회계기준위원회(IASB)는 회계처리 및 재무제표의 통일성을 목적으로 IFRS를 공표한다.
㉢ 보유자산을 공정가치로 측정함에 따라 현재의 시장가격을 기준으로 해당 자산을 평가한다.

[오답분석]

㉡ IFRS를 도입한 기업은 연결 재무제표를 기본 재무제표로 사용하여야 한다.
㉣ 우리나라는 2011년부터 상장사, 금융기업 등에 대해 IFRS를 의무 도입하였다.

50

공급사슬관리(SCM)는 공급업체, 구매 기업, 유통업체 그리고 물류회사들이 주문, 생산, 재고수준 그리고 제품과 서비스의 배송에 대한 정보를 공유하도록 하여 제품과 서비스를 효율적으로 구매, 생산, 배송할 수 있도록 지원하는 시스템이다.

51

[오답분석]

① 자본재(Capital Items) : 다른 재화를 생산하기 위해 사용되는 재화이다.
② 원자재(Raw Materials) : 공업 생산의 원료가 되는 자재이다.
③ 선매품(Shopping Goods) : 여러 점포를 방문하거나 다양한 제품들의 가격수준, 품질, 스타일 등에 대한 적합성을 비교하여 최선의 선택으로 결정하는 제품이다.
⑤ 편의품(Convenience Goods) : 최소한의 노력으로 적합한 제품을 구매하려는 행동의 특성을 보이는 제품으로, 주로 일상생활에서 소비빈도가 가장 높으며 가장 인접해 있는 점포에서 구매하는 상품이다.

52
정답 ⑤

허시와 블랜차드의 3차원적 유효성이론에 따르면 부하의 성숙수준이 증대됨에 따라 리더는 부하의 성숙수준이 중간 정도일 때까지 보다 더 관계지향적인 행동을 취하며, 과업지향적인 행동은 덜 취해야 한다.

53
정답 ②

4,000(저가재고)=(실제수량)×80(순실현가능가치)
∴ (실제수량)=50개

54
정답 ④

고정자산비율(Fixed Assets Ratio)은 비유동비율이라고도 하며, 자기자본 중에 비유동자산에 투입되어 있는 비율을 의미한다. 고정자산비율이 낮을수록 고정설비투자가 많지 않음을 의미한다.

오답분석
① 부채비율(Debt Ratio) : 어떤 기업의 재정상태나 재무건전성을 분석할 때 대표적으로 활용되는 지표 중 하나로, 기업이 가진 자산 중에 부채가 어느 정도의 비중을 차지하는지를 나타내는 비율이다. 부채비율을 구하는 방법은 부채총액을 자본총계(자기자본)로 나눈 뒤 100을 곱해 산출한다.
② 유동비율(Current Ratio) : 회사가 1년 안에 현금으로 바꿀 수 있는 유동자산을 1년 안에 갚아야 할 유동부채로 나눈 값이다. 통상 유동비율이 150%를 넘으면 기업의 재무 상태가 안정적이라고 평가한다.
③ 활동성비율(Activity Ratio) : 기업들이 보유한 자산을 얼마나 효율적으로 활용하고 있느냐를 판단할 수 있는 지표이다. 이 비율이 100% 이하면 기업이 자산을 100% 활용하지 않고 일부가 잠자고 있다는 의미이다.
⑤ 자본회전율(Turnover Ratio of Capital) : 자기자본과 순매출액과의 관계를 표시하는 비율로, 자기자본의 회전속도를 표시한다.

55
정답 ②

부채는 유동부채와 비유동부채로 구분되며, 그중 비유동성 부채는 장기차입금, 임대보증금, 퇴직급여충당부채, 장기미지급금 등이 있다. 따라서 ㄹ, ㅁ, ㅈ 3개가 비유동부채에 해당된다.

56
정답 ③

오답분석
① 두 기법 모두 화폐의 시간가치를 고려하지 않고 있다.
② 화폐의 시간가치를 고려하지 못하고 회수기간 이후의 현금흐름을 무시하고 있다는 점에서 비판을 받고 있다.
④ 단일 투자안의 투자의사결정은 기업이 미리 설정한 최장기간 회수기간보다 실제 투자안의 회수기간이 짧으면 선택하게 된다.
⑤ 투자안을 평가하는 데 있어 방법이 매우 간단하면서 서로 다른 투자안을 비교하기 쉽고 기업의 자금 유동성을 고려하였다는 장점을 가지고 있다.

57
정답 ⑤

차변과 대변의 항목

차변	대변
자산의 증가	자산의 감소
부채의 감소	부채의 증가
자본의 감소	자본의 증가
비용의 발생	수익의 발생

58

$(고정원가) = \dfrac{(고정비)}{(공헌이익률)}$

- (공헌이익률) : $\dfrac{200,000 - 150,000}{200,000} = 25\%$

- (고정원가) : $\dfrac{[고정원가(x)]}{25\%} = 120,000원(매출액)$

∴ [고정원가(x)] $= 30,000원$

59

$(부채비율) = \dfrac{(타인자본)}{(자기자본)} \times 100$

당기 말 H회사의 부채비율은 200%, 전년도 대비 부채비율은 100% 하락하였다.
따라서 전년도 대비 부채비율의 변동률은 33.33% ≒ 33% 하락하였다.

60

자기자본비용(k_e)과 타인자본비용(k_d)이 주어졌을 때의 가중평균자본비용($WACC$) 공식을 이용한다.

제시된 부채비율이 100%이므로, 자기자본 대비 기업가치의 비율$\left(\dfrac{S}{V}\right)$과 타인자본 대비 기업가치의 비율$\left(\dfrac{B}{V}\right)$은 $\dfrac{1}{2}$이다.

$WACC = k_e \times \dfrac{S}{V} + k_d(1-t) \times \dfrac{B}{V}$

$\rightarrow 10\% = k_e \times \dfrac{1}{2} + 8\%(1-0.25) \times \dfrac{1}{2}$

∴ $k_e = 14\%$

| 02 | 경제

01	02	03	04	05	06	07	08	09	10	11	12	13	14	15	16	17	18	19	20
⑤	①	①	②	④	②	②	③	③	⑤	⑤	④	②	②	④	③	③	④	⑤	③
21	22	23	24	25	26	27	28	29	30	31	32	33	34	35	36	37	38	39	40
④	④	⑤	③	②	①	⑤	③	⑤	③	⑤	③	⑤	①	③	①	⑤	④	③
41	42	43	44	45	46	47	48	49	50	51	52	53	54	55	56	57	58	59	60
⑤	③	⑤	②	②	①	④	①	④	②	①	②	⑤	④	①	⑤	①	①	①	③

01
정답 ⑤

자본투입을 늘리고 노동투입을 줄일 경우 생산성도 높아지고 비용도 줄어들기 때문에 동일한 양의 최종생산물을 산출하면서도 비용을 줄일 수 있다.

02
정답 ①

수요의 가격탄력성(ε)이란 가격이 변화할 때 수요량의 변화정도를 나타낸다.

가격탄력성(ε)의 크기	용어
$\varepsilon = 0$	완전비탄력적
$0 < \varepsilon < 1$	비탄력적
$\varepsilon = 1$	단위탄력적
$1 < \varepsilon < \infty$	탄력적
$\varepsilon = \infty$	완전탄력적

• 사례 1 : 비탄력적인 재화이다. 비탄력적인 재화의 경우 다른 조건이 일정할 때 가격 상승 시 기업의 총수입은 증가한다.
• 사례 2 : 탄력적인 재화이다. 탄력적인 재화의 경우 다른 조건이 일정할 때 가격 상승 시 기업의 총수입은 감소한다.

가격탄력성의 크기	판매자의 총수입	
	가격 인상 시	가격 인하 시
$0 < \varepsilon < 1$	증가	감소
$\varepsilon = 1$	불변	불변
$\varepsilon > 1$	감소	증가

03
정답 ①

일반적으로 한계대체율 체감과 무차별곡선의 볼록성은 같은 의미이다. 무차별곡선이 볼록할 경우 무차별곡선의 기울기는 X재 소비 증가에 따라 점점 평평해지며, 이는 X재를 많이 소비할수록 Y재 단위로 나타낸 X재의 상대적 선호도가 감소한다는 의미이므로 한계대체율 체감을 의미한다.

04

오쿤의 법칙(Okun's Law)에 따르면 경기 회복기에는 고용의 증가 속도보다 국민총생산의 증가 속도가 더 크고, 불황기에는 고용의 감소 속도보다 국민총생산의 감소 속도가 더 크다. 구체적으로 실업률이 1% 늘어날 때마다 국민총생산은 2.5%의 비율로 줄어드는데, 이와 같은 실업률과 국민총생산의 밀접한 관계를 오쿤의 법칙이라 한다.

오답분석
① 그레셤의 법칙(Gresham's Law)에 대한 설명이다.
③ 슈바베의 법칙(Schwabe's Law)에 대한 설명이다.
④ 엥겔의 법칙(Engel's Law)에 대한 설명이다.
⑤ 발라스의 법칙(Walars' Law)에 대한 설명이다.

05

㉠은 비경합성을, ㉡은 비배제성을 나타낸다.
배제성이란 어떤 특정한 사람이 재화나 용역을 사용하는 것을 막을 수 있는 가능성을 말한다. 반대로 그렇지 못한 경우는 비배제성이 있다고 한다. 경합성이란 재화나 용역을 한 사람이 사용하게 되면 다른 사람의 몫은 그만큼 줄어든다는 것으로 희소성의 가치에 의해 발생하는 경제적인 성격의 문제이다. 일반적으로 접하는 모든 재화나 용역이 경합성이 있으며, 반대로 한 사람이 재화나 용역을 소비해도 다른 사람의 소비를 방해하지 않는다면 비경합성에 해당한다. 비경합성과 비배제성 모두 동시에 가지고 있는 재화나 용역은 국방, 치안 등 공공재가 있다.

06

엥겔지수는 가계 소비지출에서 차지하는 식비의 비율을 의미하며, 가계 소비지출은 '(소비함수)=(독립적인 소비지출)+(한계소비성향)×(가처분소득)'으로 계산할 수 있다. 각각의 숫자를 대입하면 100만+(0.6×300만)=280만 원이 소비지출이 되고, 이 중 식비가 70만 원이므로, 엥겔지수는 70만÷280만=0.25이다.

07

노동자가 10명일 때 1인당 평균생산량이 30단위이므로 총생산량은 10×30=300단위이다. 노동자가 11명일 때 1인당 평균생산량이 28단위이므로 총생산량은 11×28=308이다. 그러므로 11번째 노동자의 한계생산량은 8단위이다.

08

물가가 급속하게 상승하는 인플레이션이 발생하면 화폐가치가 하락하게 되므로 채무자나 실물자산보유자는 채권자나 금융자산보유자보다 유리해진다.

09

㉡ 경제적 후생이란 사회구성원이 느끼는 행복을 물질적 이익 또는 소득으로 측정한 것을 말한다.
㉢ 가격이 하락하면 수요곡선 상 가격의 이동으로 신규 또는 추가의 소비자잉여가 발생한다.

오답분석
㉠ 완전경쟁시장은 외부효과가 없는 것으로 가정한다.
㉣ 생산자잉여는 생산자가 수취하는 금액에서 생산비용을 뺀 것을 말한다.

10

솔로우 모형은 규모에 대한 보수불변 생산함수를 가정하며, 시간이 흐름에 따라 노동량이 증가하며 기술이 진보하는 것을 고려한 성장모형이다. 이는 장기 균형상태에서 더 이상 성장이 발생하지 않으며 자본의 한계생산체감에 의해 일정한 값을 갖게 되는 수렴현상이 발생한다고 설명한다.

11

정답 ⑤

오답분석

① (10분위분배율)=$\dfrac{\text{(최하위 40\% 소득계층의 소득)}}{\text{(최상위 20\% 소득계층의 소득)}}=\dfrac{12\%}{100-52\%}=\dfrac{1}{4}$

② 지니계수는 면적 A를 삼각형 OCP 면적(A+B)으로 나눈 값이다. 즉, $\dfrac{\text{(A 면적)}}{\text{(△OCP 면적)}}=\dfrac{A}{A+B}$ 의 값이 지니계수이다.

③ 중산층 붕괴 시 A의 면적은 증가하고, B의 면적은 감소한다.
④ 미국의 서브프라임모기지 사태는 로렌츠곡선을 대각선에서 멀리 이동시킨다.

12

정답 ④

특허료 수취는 서비스수지(경상수지)를 개선하는 사례이다.

오답분석

① 서비스수지(경상수지) 악화에 대한 사례이다.
②·③ 투자수지(자본수지) 개선에 대한 사례이다.
⑤ 소득수지(경상수지) 악화의 요인이다.

13

정답 ②

완전경쟁시장은 같은 상품을 취급하는 수많은 공급자·수요자가 존재하는 시장이다. 시장 참여자는 가격의 수용자일 뿐 가격 결정에 전혀 영향력을 행사하지 못한다. 기업들은 자유롭게 시장에 진입하거나 퇴출할 수 있다. 완전경쟁시장에서 기업의 이윤은 P(가격)$=AR$(평균수입)$=MC$(한계비용)인 균형점에서 극대화된다.
그래프에서 이 기업의 평균가변비용의 최소점은 80원이다. 시장가격이 90원으로 평균가변비용을 충당할 수 있어 이 기업은 계속해서 생산을 한다. 균형점($P=AR=MC$=90원)에서 이윤을 얻을 수 있는지는 고정비용의 크기에 달려 있으므로 주어진 그래프만으로는 알 수 없다.

14

정답 ②

옵션(Option)은 파생상품의 하나로 미래의 일정 기간 내에 특정 상품이나 외환, 유가증권 등의 자산을 미리 정한 가격에 사거나 팔 수 있는 권리이다. 옵션거래에는 풋옵션과 콜옵션이 있다. 풋옵션은 미리 정한 가격으로 팔 수 있는 권리이고, 콜옵션은 미리 정한 가격으로 살 수 있는 권리이다. 옵션 매수자는 꼭 사거나 팔아야 하는 거래 이행의 의무는 없다. 불리할 경우 옵션을 포기할 수 있다. H기업은 환율 하락을 예상해 풋옵션 1,000계약을 계약당 30원에 매수했으므로 옵션 매수비용으로 3만 원을 지출했다. 옵션 만기일에 원·달러 환율이 예상과 달리 1,200원으로 상승했으므로 풋옵션을 행사하지 않는다. 따라서 옵션거래에 따른 손익은 풋옵션 매수비용인 3만 원 손실이다.

15

정답 ④

1단위의 노동을 투입할 때 총생산물은 그때까지의 한계생산물을 합하여 계산한다. 따라서 (가)=90, (나)=90+70=160, (라)=210-160=50이다. 평균생산은 투입된 생산요소 1단위당 생산량을 의미하므로 (다)=$\dfrac{160}{2}$=80, (마)=$\dfrac{210}{3}$=70이다.

16

정답 ③

예측하지 못한 인플레이션은 부의 재분배 효과를 가져온다. 즉, 예상한 인플레이션보다 실제 물가가 더 많이 상승하면 화폐의 실질가치가 하락하게 되므로 채권자는 손해를 보고 채무자는 이득을 본다. 국채를 발행한 정부와 장기 임금 계약을 맺은 회사는 채무자로볼 수 있다.

17

정답 ③

할당관세는 물자수급을 원활하게 하기 위해 특정물품을 적극적으로 수입하거나 반대로 수입을 억제하고자 할 때 사용된다.

18

정답 ④

케인스에 따르면 현재소비는 현재의 가처분소득에 의해서만 결정되므로 이자율은 소비에 아무런 영향을 미치지 않는다.

19

정답 ⑤

루카스의 공급곡선 공식은 $Y=Y_N+\alpha(p-p^e)(\alpha>0)$이므로 물가예상이 부정확한 경우 단기 총공급곡선은 우상향하게 된다. 즉, 루카스의 불완전정보모형에서는 재화가격에 대한 정보불완전성 때문에 단기총공급곡선이 우상향한다.

20

정답 ③

정부의 확장적 재정정책, 독립적인 민간 투자의 증가, 가계의 소비 증가, 확대금융정책으로 인한 통화량의 증가 등은 총수요곡선을 오른쪽으로 이동시키는 수요견인 인플레이션의 요인이다.

오답분석

① 임금이 하락하면 총공급곡선이 오른쪽으로 이동하므로 물가는 하락하게 된다.
② 환경오염의 감소는 인플레이션과 직접적인 관계가 없다.
④·⑤ 수입 자본재나 국제 원자재 가격의 상승은 총공급곡선을 왼쪽으로 이동시켜 비용인상 인플레이션이 발생하게 된다.

21

정답 ④

쿠르노 모형에서 각 기업은 완전경쟁시장 생산량의 $\frac{1}{3}$을 생산하기 때문에 두 기업의 생산량은 $\frac{2}{3}$이다. 완전경쟁시장에서는 $P=MC$이기 때문에 $P=0$, $Q=10$이다. 따라서 쿠르노 모형 생산량은 $Q=\frac{20}{3}$이고, 가격은 $P=\frac{10}{3}$이다.

22

정답 ④

자연실업률이란 마찰적 실업만 존재하는 완전고용상태의 실업률을 의미한다. 정부가 구직 사이트 등을 운영하여 취업정보를 제공하는 경우는 자연실업률이 하락한다. 반면 경제 불확실성의 증가, 정부의 사회보장제도 확대 등은 자연실업률을 상승시키는 요인이다.

23

정답 ⑤

공급자에게 조세가 부과되더라도 일부는 소비자에게 전가되므로 소비자도 조세의 일부를 부담하게 된다.

24

독점적 경쟁시장에서는 제품의 차별화가 클수록 수요의 가격탄력성은 작아져서 서로 다른 가격의 수준을 이루게 된다.

25

오답분석

① 대체재가 많을수록 수요의 가격탄력성은 커진다.
③ 수요의 가격탄력성이 1보다 작은 경우 가격이 하락하면 총수입은 감소한다.
④ 수요의 가격탄력성이 커질수록 물품세 부과로 인한 경제적 순손실은 커진다.
⑤ 소비자 전체 지출에서 차지하는 비중이 큰 상품일수록 수요의 가격탄력성은 커진다.

26

정부지출의 효과가 크기 위해서는 승수효과가 커져야 한다. 승수효과란 확대재정정책에 따른 소득의 증가로 인해 소비지출이 늘어나게 되어 총수요가 추가적으로 증가하는 현상을 말한다. 즉, 한계소비성향이 높을수록 승수효과는 커진다. 한계소비성향이 높다는 것은 한계저축성향이 낮다는 것과 동일한 의미이다.

27

외부불경제가 발생할 경우 사회적 한계비용(SMC)은 사적 한계비용(PMC)에 외부 한계비용(EMC)을 합한 값으로 계산한다. 따라서 PMC는 $4Q+20$이고, EMC는 10이므로 SMC는 $4Q+30$이다. 사회적 최적생산량은 사회적 한계비용과 수요곡선이 교차하는 지점에서 형성된다. 따라서 $P=SMC$이고 시장수요 $P=60-Q$이므로 $4Q+30=60-Q \rightarrow 5Q=30 \rightarrow Q=6$이다.

28

케인스가 주장한 절약의 역설은 개인이 소비를 줄이고 저축을 늘리는 경우 저축한 돈이 투자로 이어지지 않기 때문에 사회 전체적으로 볼 때 오히려 소득의 감소를 초래할 수 있다는 이론이다. 저축을 위해 줄어든 소비로 인해 생산된 상품은 재고로 남게 되고 이는 총수요 감소로 이어져 국민소득이 줄어들 수 있다.

29

국내총생산(GDP)에 포함되는 것은 최종재의 가치이다. 최종재란 생산된 후 소비자에게 최종 소비되는 재화를 의미하므로 최종재 생산에 투입되는 중간재의 가치는 포함되지 않는다. 분식점에 판매된 고추장은 최종재인 떡볶이를 만드는 재료로 쓰이는 중간재이므로 GDP 측정 시 포함되지 않는다. 또한 토지가격 상승에 따른 자본이득은 아무런 생산과정이 없기 때문에 토지가 매매되기 전까지는 GDP에 포함되지 않는다.

30

케인스학파는 비용보다는 수익 측면에 초점을 맞추어 기업가들이 수익성 여부에 대한 기대에 입각해서 투자를 한다고 보고, 고전학파와는 달리 투자의 이자율 탄력성이 낮다고 보고 있다.

31

다. 디플레이션이 발생하면 기업의 실질적인 부채부담이 증가한다.

라. 기업의 채무불이행이 증가하면 금융기관 부실화가 초래된다.

오답분석

가. 피셔효과에 따르면 '(명목이자율)＝(실질이자율)＋(예상인플레이션율)'의 관계식이 성립하므로 예상인플레이션율이 명목이자
율을 상회할 경우 실질이자율은 마이너스(－) 값이 될 수 있다. 하지만 명목이자율은 마이너스(－) 값을 가질 수 없다.

나. 명목임금이 하방경직적일 때 디플레이션으로 인해 물가가 하락하면 실질임금은 상승하게 된다.

32

바닷속 물고기는 소유권이 어떤 특정한 개인에게 있지 않고 사회전체에 속하는 공유자원이라고 보아 과다하게 소비되어 결국 고갈되
는 사례가 많다. 이를 공유자원의 비극이라고 한다. 공유자원은 공공재처럼 소비에서 배제성은 없지만 경합성은 갖고 있다. 즉,
원하는 사람은 모두 무료로 사용할 수 있지만 한 사람이 공유자원을 사용하면 다른 사람이 사용에 제한을 받는다. 공유자원의
비극을 방지하기 위해서는 공유지의 소유권을 확립하여 자원을 낭비하는 일을 줄여야 한다.

33

외부불경제에 해당하는 사례를 고르는 문제이다. 외부효과란 한 사람의 행위가 제3자의 경제적 후생에 영향을 미치지만 그에 대한
금전적 보상이 이뤄지지 않는 현상을 의미한다. 공해와 같은 외부불경제는 재화 생산의 사적 비용이 사회적 비용보다 작기 때문에
사적 생산이 사회적 최적 생산량보다 과다하게 이루어진다. 외부불경제로 인한 자원배분의 비효율성을 해결하기 위해 정부는 세금·
벌금 등을 부과하거나 규제를 가하게 된다. 반면, 외부경제는 사적 비용이 사회적 비용보다 크기 때문에 사적 생산이 사회적 최적
생산량보다 작게 이뤄진다.

34

코즈의 정리란 민간 경제주체들이 자원 배분 과정에서 거래비용 없이 협상할 수 있다면 외부효과로 인해 발생하는 비효율성을
시장 스스로 해결할 수 있다는 이론이다. 이에 따르면 재산권이 누구에게 부여되는지는 경제적 효율성 측면에서 아무런 차이가
없지만 소득분배 측면에서는 차이가 발생한다.

35

$$(\text{노동수요의 임금탄력성})＝\frac{(\text{노동수요량의 변화율})}{(\text{임금의 변화율})}$$

$$(\text{노동수요량의 변화율})＝\frac{10,000－9,000}{10,000}\times100＝10\%$$

$$(\text{임금의 변화율})＝\frac{5,000－6,000}{5,000}\times100＝|－20|＝20\%$$

따라서 노동수요의 임금탄력성은 $\frac{10\%}{20\%}＝0.5\%$이다.

36

두 나라 간 화폐의 교환비율인 환율을 결정하는 요소는 물가와 이자율 차이다. 빅맥 지수로 잘 알려진 구매력평가설이 물가에 따른 환율결정이론이라고 한다면 이자율평가는 이자율에 따른 환율결정이론이라고 할 수 있다.

자본은 투자의 수익과 위험을 고려하여 동일한 위험에 대해 최대의 수익을 얻기 위해 국가 간에 이동한다. 이자율평가는 자본의 국가 간 이동이 자유로운 경우 국제 자본거래에서 이자율과 환율 간 관계를 나타낸다. 이자율평가는 '(국내금리)=(외국의 금리)+[(미래환율)−(현재환율)]÷(현재환율)'로 표현된다. 따라서 $0.1=[(미래환율)−1,000]÷1,000$에서 미래환율은 1,100원임을 알 수 있다.

37

공동소유 목초지와 같은 공동자원은 한 사람이 소비하면 다른 사람이 소비할 수 없으므로 경합성은 있지만 다른 사람이 소비하는 것을 막을 수는 없으므로 배제성은 없다. 유료도로는 통행료를 내지 않은 차량은 배제가 가능하므로 공유자원이 아닌데 비해, 막히는 무료도로는 누구나 이용할 수 있으나 소비가 경합적이므로 공유자원으로 볼 수 있다. 공유자원의 이용을 개인의 자율에 맡길 경우 서로의 이익을 극대화함에 따라 자원이 남용되거나 고갈되는 공유지의 비극 현상이 발생할 수 있다.

38

자동차 사고가 발생하면 보험료를 할증하는 것은 보험가입 후에 태만을 방지하기 위한 것이므로 도덕적 해이를 줄이기 위한 방안에 해당된다.

39

학습효과 모형은 의도적인 교육투자가 아니라 통상적인 생산과정에서 나타나는 학습효과의 중요성을 강조하는 모형으로, 의도적인 교육투자를 강조하는 모형은 인적자본모형이다.

40

제1급 가격차별은 각 소비자의 수요가격으로 가격을 차별한 완전가격차별로 소비자잉여가 전부 독점기업에 귀속된다. 제1급 가격차별의 경우 가격과 한계비용이 일치하여 자중손실이 발생하지 않으므로 자원배분이 효율적으로 이루어진다. 제2급 가격차별은 구매량이 클수록 가격을 낮추는 가격차별로, 서로 다른 구매량에 적용되는 단위당 가격이 달라 소비자가 지불하는 가격은 구매량에 따라 다르다. 제2급 가격차별의 일종인 이부가격제는 최대 소비자잉여만큼의 기본료가 부과되어 소비자잉여가 독점기업에 귀속된다. 제3급 가격차별은 수요의 가격탄력도가 높은 시장에 낮은 가격, 낮은 시장에 높은 가격을 매기는 가격차별이다.

41

$TR=P\times Q=(100-2Q)\times Q=100Q-2Q^2$

이윤극대화의 조건은 한계수입과 한계비용이 같아야 하기 때문에 $MR=MC$가 된다.

이때 한계비용은 1단위당 60원이므로 $MC=60$이 되므로 다음 식이 성립한다.

$MR=\dfrac{\Delta TR}{\Delta Q}=100-4Q$

→ $100-4Q=60$

→ $4Q=40$

∴ $Q=10$

이 값을 시장수요곡선식인 $P=100-2Q$에 대입하면 $P=80$이다.

따라서 이 독점기업의 이윤극대화 가격은 80원이고, 생산량은 10개이다.

42

우월전략은 상대방의 전략에 관계없이 항상 자신의 보수가 가장 크게 되는 전략을 말한다.

43

조세부담의 전가란 조세가 부과되었을 때 세금이 납세의무자에게 부담되지 않고 각 경제주체의 가격조정 과정을 통해 조세부담이 다른 경제주체에게 이전되는 현상을 말한다. 한편, 조세부담의 전가는 해당 재화의 시장에서 수요와 공급의 가격탄력성에 따라 결정된다. 즉, 수요의 가격탄력성이 작으면 소비자가 조세를 더 많이 부담하고, 공급의 가격탄력성이 작으면 판매자가 조세를 더 많이 부담한다.

44

돼지고기 값이 상승하는 경우는 돼지고기에 대한 수요가 늘거나 공급이 줄거나 대체재 소비가 줄어들 때이다. 돼지 사육두수가 점차 감소하면 공급이 줄어들어 돼지고기 값이 상승하고, 정부 예상보다 경기 회복세가 강한 경우에도 돼지고기에 대한 수요가 증가하여 돼지고기 값이 상승한다.

45

환율의 하락은 외환시장에서 외환의 초과공급 또는 국내통화의 수요증가를 의미한다. 미국 달러 자본의 국내 투자 확대, 국내 부동산 매입, 국내 주식 매입, 국내산 제품의 수출 증가는 모두 외환의 초과공급과 국내통화의 초과수요라는 결과를 가져오므로 국내통화의 가치가 상승하면서 환율은 하락하게 된다.

46

독점시장에서 사회 전체의 후생수준이 극대화되는 경우는 완전경쟁의 시장과 동일한 상황을 의미한다. 따라서 시장의 수요곡선과 한계비용곡선이 만나는 곳이 사회 전체의 후생수준이 극대화되는 생산량수준이다. $Q_D = 45 - \frac{1}{4}P \rightarrow P = 180 - 4Q$이고, $MC = 2Q$에서 $P = MC$이므로 $Q = 30$이 도출된다.

47

GDP 디플레이터(GDP Deflator)는 명목 GDP와 실질 GDP 간의 비율이다. 이는 국민경제 전체의 물가압력을 측정하는 지수로 사용되며, 통화량 목표설정에 있어서도 기준 물가상승률로 사용된다.

48

우상향하는 총공급곡선이 왼쪽으로 이동하는 경우는 부정적인 공급충격이 발생하는 경우이다. 따라서 임금이 상승하는 경우 기업의 입장에서는 부정적인 공급충격이므로 총공급곡선이 왼쪽으로 이동하게 된다.

[오답분석]
②・③・④ 총수요곡선을 오른쪽으로 이동시키는 요인이다.
⑤ 총공급곡선을 오른쪽으로 이동시키는 요인이다.

49

시장균형점은 수요곡선과 공급곡선이 만나는 지점이므로 다음 식이 성립한다.

$7-0.5Q=2+2Q$

$\rightarrow 2.5Q=5$

$\therefore Q=2, P=6$

공급의 탄력성은 가격이 1% 변할 때, 공급량이 몇 % 변하는지를 나타낸다.

$$[공급탄력성(\eta)]=\frac{\frac{\Delta Q}{Q}}{\frac{\Delta P}{P}}=\frac{\Delta Q}{\Delta P}\times\frac{P}{Q}=\frac{1}{2}\times\frac{6}{2}=\frac{3}{2}=1.5$$

50

문제의 효용함수는 두 재화가 완전보완재일 때이다. 효용함수가 $U=\min[X, Y]$이므로 효용을 극대화하려면 X재와 Y재를 항상 1:1로 소비해야 한다.

소득이 100이고 Y재의 가격이 10일 때, X재와 Y재의 양은 항상 같으므로 두 재화를 같은 양 X라고 설정하고 예산선식($M=P_X X + P_Y Y$)에 대입하면 $100=P_X\times X+10\times X$이다. 이를 정리하면 $X=\frac{100}{P_X+10}$임을 알 수 있다.

51

수요란 일정기간 주어진 가격으로 소비자들이 구입하고자 의도하는 재화와 서비스의 총량을 의미한다. 수요는 관련 재화(대체재, 보완재)의 가격, 소비자의 소득수준, 소비자의 선호 등의 요인에 따라 변화하며, 수요의 변화는 수요곡선 자체를 좌우로 이동시킨다. 주어진 그래프에서는 수요곡선이 오른쪽으로 이동하고 있으므로 복숭아 수요를 증가시키는 요인이 아닌 것을 찾아야 한다. 복숭아 가격이 하락하면 복숭아의 수요가 증가하게 되는데, 이는 '수요량의 변화'이므로 수요곡선에서 움직이게 된다.

52

$$(실업률)=\frac{(실업자\ 수)}{(경제활동인구)}\times100=\frac{(실업자\ 수)}{(취업자\ 수)+(실업자\ 수)}\times100$$

실업자는 경제활동인구 중 일할 뜻이 있는데도 일자리를 갖지 못한 사람이다. 따라서 일할 능력이 있어도 의사가 없다면 실업률 계산에서 제외되며, 학생이나 주부는 원칙적으로 실업률 통계에서 빠지지만 수입을 목적으로 취업하면 경제활동인구에 포함된다. 또한 군인, 수감자 등은 대상에서 제외한다. 따라서 취업자가 퇴직하여 전업주부가 되는 경우는 취업자가 빠져나가 경제활동인구가 감소, 즉 분모 값이 작아지게 되는 것을 의미하므로 실업률이 높아지게 된다.

53

수요의 가격탄력성이 1일 경우는 수용곡선상 중점이므로 이때의 X재 가격은 50원이다. 독점기업은 항상 수요의 가격탄력성이 1보다 큰 구간에서 재화를 생산하므로 독점기업이 설정하는 가격은 50원 이상이다.

[오답분석]

① 수요곡선의 방정식은 $P=-Q+100$이다. 즉, 가격이 100원이면 X재의 수요량은 0이다.

② 수요곡선이 우하향의 직선인 경우 수요곡선상 우하방으로 이동할수록 수요의 가격탄력성이 점점 작아진다. 그러므로 수요곡선 상 모든 점에서 수요의 가격탄력성이 다르게 나타난다.

③ X재는 정상재이므로 소득이 증가하면 수요곡선이 오른쪽으로 이동한다.

④ X재와 대체관계에 있는 Y재의 가격이 오르면 X재의 수요가 증가하므로 X재의 수요곡선은 오른쪽으로 이동한다.

54

정답 ④

$Y=C+I+G+X-M$ (Y : 국내총생산, C : 소비지출, I : 투자, G : 정부지출, X : 수출, M : 수입)

$\rightarrow 900=200+50+300+X-100$

$\therefore X=450$

따라서 H국의 수출은 450조 원이다.

55

정답 ①

• [한계소비성향(MPC)]$=\dfrac{\Delta C}{\Delta Y_d}$, 처분가능소득이 1단위 증가할 때 소비가 증가하는 비율

• [한계저축성향(MPS)]$=\dfrac{\Delta S}{\Delta Y_d}$, 처분가능소득이 1단위 증가할 때 저축이 증가하는 비율

• [평균소비성향(APC)]$=\dfrac{C}{Y_d}$, 처분가능소득에서 소비가 차지하는 비중

• [평균저축성향(APS)]$=\dfrac{S}{Y_d}$, 처분가능소득에서 저축이 차지하는 비중

따라서 $APC+APS=1$이다.

[오답분석]

② $MPC+MPS=1$이다.

③ $APC+APS=1$이다.

④ 평균소비성향(APC)은 항성 양(+)의 값을 가진다.

⑤ 한계소비성향(MPC)은 항상 $0<MPC<1$의 값을 가진다.

56

정답 ⑤

예금이 400, 법정지급준비율이 20%일 때 법정지급준비금은 80이다. H은행의 경우 실제지급준비금 120을 보유하고 있으므로 초과지급준비금은 40이다. 따라서 초과지급준비금 40을 신규로 대출할 때 증가할 수 있는 최대 총예금창조액은 $\dfrac{1}{z_l}\times40=\dfrac{1}{0.2}\times40=200$이다.

57

정답 ①

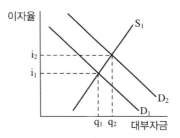

기업들에 대한 투자세액공제가 확대되면 투자가 증가하므로 대부자금에 대한 수요가 증가($D_1 \rightarrow D_2$)한다. 이렇게 되면 실질이자율이 상승($i_1 \rightarrow i_2$)하고 저축이 늘어난다. 그 결과 대부자금의 균형거래량은 증가($q_1 \rightarrow q_2$)한다.

58

소국의 수입관세 부과 시 국내가격은 상승하고 생산량은 증가한다. 그에 따라 생산자잉여도 증가하게 된다.

[오답분석]

② 국내가격이 상승하므로 소비량은 감소하게 된다.

③ 부과한 관세만큼 국내가격이 상승하게 된다.

④ 소국은 국제 시장에서의 가격설정능력이 없다. 따라서 관세를 부과해도 교역조건은 변화하지 않는다. 대국의 경우 수입관세 부과 시 교역조건이 개선된다.

⑤ 수입관세 부과 시 정부는 관세수입을 얻고, 관세 부과로 인한 가격 조정에 따른 사회적 후생손실이 발생한다.

59

- (총통화량)=(현금통화)+(예금통화)

- (통화승수)$=\dfrac{(총통화량)}{(본원통화)}$

- [총통화량(M)]$=\dfrac{1}{c+\gamma(1-c)}B$ (c : 현금통화비율, γ : 지급준비율, B : 본원통화)

이때 $c=\dfrac{150}{600}=0.25$, $\gamma=\dfrac{90}{450}=0.2$이므로 통화승수는 $\dfrac{1}{c+\gamma(1-c)}=\dfrac{1}{0.25+0.2(1-0.25)}=2.5$이다.

60

- (테일러 법칙)=(균형 이자율)+(인플레이션 갭)-(산출 갭)
- (인플레이션 갭)=(실제 인플레이션율)-(목표 인플레이션율)
- (목표 이자율)$=0.03+\dfrac{1}{4}\times$[실제 4%(인플레이션율)-0.02]$-\dfrac{1}{4}\times$[1%(GDP 갭)]

$=0.03+\dfrac{1}{4}\times(0.04-0.02)-\dfrac{1}{4}\times0.01=0.0325$

따라서 목표 이자율(3.25%)은 균형 이자율(3%)보다 높다.

최종점검 모의고사

01 직업기초능력평가

01	02	03	04	05	06	07	08	09	10	11	12	13	14	15	16	17	18	19	20
④	③	④	③	②	①	②	③	⑤	②	②	④	③	④	①	②	①	③	④	①

21	22	23	24	25	26	27	28	29	30										
④	④	④	③	②	④	③	①	②	③										

01 문단 나열   정답 ④

제시문은 임베디드 금융에 대한 정의와 장단점, 이에 대한 개선 방안을 설명하는 글이다. 따라서 (라) 임베디드 금융의 정의 → (나) 임베디드 금융의 장점 → (다) 임베디드 금융의 단점 → (가) 단점에 대한 개선 방안의 순서로 나열해야 한다.

02 내용 추론   정답 ③

ㄴ. 네 번째 문단에 따르면 소비자물가가 아니라 소비자물가 상승률이 남은 상반기 동안 1% 미만의 수준에서 등락하다가 하반기 이후 1%대 중반으로 상승할 것임을 알 수 있다.

ㄷ. 세 번째 문단에 따르면 국내산업의 수출이 하락세로 진입한 것이 아니라 수출 증가세가 둔화된 것뿐이다.

[오답분석]

ㄱ. 두 번째 문단에 따르면 미 연방준비은행의 통화정책 정상화가 온건한 속도로 이루어짐에 따라 국제금융시장의 변동성이 축소되는 경향이 지속되었음을 알 수 있다. 따라서 미 연방준비은행의 통화정책의 변동성이 커진다면 국제금융시장의 변동성도 확대될 것임을 예측할 수 있다.

ㄹ. 마지막 문단에 따르면 금융통화위원회는 국내경제가 잠재성장률 수준에서 크게 벗어나지 않으면서 수요 측면의 물가상승압력도 크지 않기 때문에 통화정책 기조를 유지할 것이라고 하였다. 따라서 국내경제성장률은 잠재성장률 수준을 유지하더라도 수요 측면에서의 물가상승압력이 급증한다면 완화기조를 띠고 있는 통화정책 기조를 변경할 것이라 추론할 수 있다.

03 문서 내용 이해   정답 ④

[오답분석]

① 첫 번째 문단을 통해 알 수 있다.
② 두 번째 문단을 통해 알 수 있다.
③ 마지막 문단을 통해 알 수 있다.
⑤ 세 번째 문단을 통해 알 수 있다.

04   글의 제목

정답 ③

제시문에서는 우리나라가 지식 기반 산업 위주의 사회로 바뀌면서 내부 노동시장에 의존하던 인력 관리 방식이 외부 노동시장에서의 채용으로 변화함에 따라 지식 격차에 의한 소득 불평등과 국가 간 경제적 불평등 현상이 심화되고 있다고 말하고 있다. 따라서 제시문의 제목으로 가장 적절한 것은 ③이다.

오답분석

① 사회 불평등 현상은 지식 기반 산업 위주로 변화하는 국가에서 나타나거나 국가들 사이에서 나타나기도 한다. 이는 제시문에서 언급한 내용이지만 전체 주제를 포괄하고 있지 않으므로 적절하지 않다.

② 정보통신 기술을 통해 전 지구적 노동시장이 탄생하여 기업을 비롯한 사회 조직들이 국경을 넘어 인력을 충원하고 재화와 용역을 구매하고 있다고 언급했다. 하지만 이러한 국가 간 노동 인력의 이동이 가져오는 폐해에 대해서는 언급하고 있지 않다.

④ 지식 기반 경제로의 이행은 지식 격차에 의한 소득 불평등 심화 현상을 일으킨다. 하지만 이것에 대한 해결책은 언급하고 있지 않다.

⑤ 생산 기능은 저개발국으로 이전되고 연구 개발 기능은 선진국으로 모여들어 정보 격차가 확대되고 있다. 하지만 국가 간의 격차 축소 정책의 필요성은 언급하고 있지 않다.

05   문단 나열

정답 ②

(가) 문단에서는 전자 상거래 시장에서 소셜 커머스 열풍이 불고 있다는 내용을 소개하고 국내 소셜 커머스 현황을 제시하고 있다. (다) 문단은 소셜 커머스가 주로 SNS를 이용해 공동 구매자를 모으는 것에서 그 명칭이 유래되었다고 하였으며, (나) 문단은 소셜 쇼핑과 개인화된 쇼핑 등 소셜 커머스의 유형과 향후 전망을 제시하였다.

06   맞춤법

정답 ①

오답분석

② 냉냉하다 → 냉랭하다
③ 요컨데 → 요컨대
④ 바램 → 바람
⑤ 뭉뚱거려 → 뭉뚱그려

07   빈칸 삽입

정답 ②

제시문은 애덤 스미스의 '보이지 않는 손'에 대해 반박하기 위해 정부가 개인의 이익 활동을 제한하지 않으면 발생할 수 있는 문제점을 예를 들어 설명하고 있다. 수용 한계가 넘은 상황에서 개인의 이익을 위해 상대방의 이익을 침범한다면, 상대방도 자신의 이익을 늘리기 위해 사육 두수를 늘릴 것이다. 이러한 상황이 장기화가 된다면 목초가 줄어들어 그 목초지에서 양을 키워 얻을 수 있는 전체 생산량이 줄어든다. 따라서 ㉠에는 농부들의 총이익은 기존보다 감소할 것이라는 내용이 들어가야 하며, ㉡에는 한 사회의 전체 이윤이 감소하는 결과를 초래한다는 내용이 들어가야 한다.

08   어휘

정답 ③

③은 '모두 하나와 같이'라는 의미로 쓰였고, ① · ② · ④ · ⑤는 '변함없이'라는 의미로 쓰였다.

한결같다
1. 처음부터 끝까지 변함없이 꼭 같다.
2. 여럿이 모두 꼭 같이 하나와 같다.

09   글의 주제

정답 ⑤

(마) 문단은 공포증을 겪는 사람들의 상황 해석 방식과 공포증에서 벗어나는 방법에 대해 설명하고 있다. 따라서 '공포증을 겪는 사람들의 행동 유형'은 핵심 주제로 적절하지 않다.

10   문서 작성

정답 ②

8번의 '우 도로명주소' 항목에 따르면 우편번호를 먼저 기재한 다음, 행정기관이 위치한 도로명 및 건물번호 등을 기재해야 한다.

오답분석

① 7번 항목에 따르면 시행일과 접수일란에 기재하는 연월일은 각각 마침표(.)를 찍어 숫자로 기재해야 한다.

③ 6번 항목에 따르면 직위가 있는 경우에는 직위를 쓰고, 직위가 없는 경우에는 직급을 온전하게 써야 한다.

④ 10번 항목에 따르면 지역번호는 괄호 안에 기재해야 한다.

⑤ 11번 항목에 따르면 전자우편주소는 행정기관에서 공무원에게 부여한 것을 기재해야 한다.

11   자료 이해

정답 ②

2004년 대비 2014년의 평균 매매가격 증가율은 전국이 $\dfrac{14,645-10,100}{10,100} \times 100 = 45\%$, 수도권 전체가 $\dfrac{18,500-12,500}{12,500} \times 100 = 48\%$이므로 그 차이는 $48-45=3\%$p이다.

오답분석

① 2004년 전국의 평균 전세가격은 6,762만 원이고, 수도권 전체의 평균 전세가격은 8,400만 원이므로 $\dfrac{6,762}{8,400} \times 100 = 80.5\%$이다.

③ 2024년 평균 매매가격은 수도권 전체가 22,200만 원이고, 전국이 18,500만 원이므로 수도권 전체는 전국의 $\dfrac{22,200}{18,500} = 1.2$배이다. 평균 전세가격은 수도권 전체가 18,900만 원이고, 전국이 13,500만 원이므로 수도권 전체는 전국의 $\dfrac{18,900}{13,500} = 1.4$배이다.

④ 서울의 평균 매매가격 증가율을 구하면 다음과 같다.

- 2014년 대비 2024년 평균 매매가격 증가율 : $\dfrac{30,744-21,350}{21,350} \times 100 = 44\%$

- 2004년 대비 2014년 평균 매매가격 증가율 : $\dfrac{21,350-17,500}{17,500} \times 100 = 22\%$

따라서 2배이다.

⑤ 2014년 평균 전세가격은 '서울(15,500만 원) - 경기(11,200만 원) - 인천(10,600만 원)' 순서이다.

12   수열 규칙

정답 ④

앞의 두 항의 합에 1을 더하면 다음 항이 되는 수열이다.

$27+44+1=A \rightarrow A=72$

$5+10+1=B \rightarrow B=16$

$\therefore A-2B=72-(2 \times 16)=40$

13 자료 변환

정답 ③

연도별 영업이익과 영업이익률을 구하면 다음과 같다.

(단위 : 억 원)

구분	2020년	2021년	2022년	2023년	2024년
매출액	1,485	1,630	1,410	1,860	2,055
매출원가	1,360	1,515	1,280	1,675	1,810
판관비	30	34	41	62	38
영업이익	95	81	89	123	207
영업이익률	6.4%	5.0%	6.3%	6.6%	10.1%

따라서 이를 나타낸 그래프로 옳은 것은 ③이다.

14 자료 이해

정답 ④

ㄴ. 보험금 지급 부문에서 지원된 금융구조조정자금 중 저축은행이 지원받은 금액의 비중은 $\frac{72,892}{303,125}\times100≒24.0\%$이므로 20%를 초과한다.

ㄷ. 제2금융에서 지원받은 금융구조조정자금 중 보험금 지급 부문으로 지원받은 금액이 차지하는 비중은 $\frac{182,718}{217,080}\times100≒84.2\%$이므로 80% 이상이다.

ㄹ. 부실자산 매입 부문에서 지원된 금융구조조정자금 중 은행이 지급받은 금액의 비중은 $\frac{81,064}{105,798}\times100≒76.6\%$이다. 이는 보험사가 지급받은 금액의 비중의 20배인 $\frac{3,495}{105,798}\times100\times20≒66.1\%$ 이상이므로 옳은 설명이다.

[오답분석]

ㄱ. 출자 부문에서 은행이 지원받은 금융구조조정자금은 222,039억 원이다. 이는 증권사가 지원받은 금융구조조정자금의 3배인 99,769×3=299,307억 원보다 작으므로 옳지 않다.

15 자료 계산

정답 ①

800g 소포의 개수를 x개, 2.4kg 소포의 개수를 y개라 하면 다음 식이 성립한다.
$800x+2,400y≤16,000 \rightarrow x+3y≤20\cdots$ ㉠
A회사는 동일지역, B회사는 타지역이므로 다음 식이 성립한다.
$4,000x+6,000y=60,000 \rightarrow 2x+3y=30 \rightarrow 3y=30-2x\cdots$ ㉡
㉡을 ㉠에 대입하면 다음 식이 성립한다.
$x+30-2x≤20 \rightarrow x≥10\cdots$ ㉢
따라서 $x=12$, $y=2$이므로 800g 소포를 12개, 2.4kg 소포를 2개 보냈다.

16 응용 수리

정답 ②

탁구공 12개 중에서 4개를 꺼내는 경우의 수는 $_{12}C_4=495$가지이다.
흰색 탁구공이 노란색 탁구공보다 많은 경우는 흰색 탁구공 3개, 노란색 탁구공 1개 또는 흰색 탁구공 4개를 꺼내는 경우이다.
ⅰ) 흰색 탁구공 3개, 노란색 탁구공 1개를 꺼내는 경우의 수 : $_7C_3\times_5C_1=35\times5=175$가지
ⅱ) 흰색 탁구공 4개를 꺼내는 경우의 수 : $_7C_4=35$가지

따라서 구하는 확률은 $\frac{175+35}{495}=\frac{210}{495}=\frac{14}{33}$이다.

17 응용 수리

정답 ①

올라갈 때 걸은 거리를 $x$km라고 하면 내려올 때의 거리는 $(x+5)$km이므로 다음 식이 성립한다.

$$\frac{x}{3} + \frac{x+5}{4} = 3$$

$$\rightarrow 4x + 3(x+5) = 36$$

$$\therefore x = 3$$

따라서 올라갈 때 걸은 거리는 3km이다.

18 자료 이해

정답 ③

ㄱ. 대형마트의 종이봉투 사용자 수는 $2,000 \times 0.05 = 100$명으로, 중형마트의 종이봉투 사용자 수인 $800 \times 0.02 = 16$명의 $\frac{100}{16} =$ 6.25배이다.

ㄷ. 비닐봉투 사용자 수를 정리하면 다음과 같다.
- 대형마트 : $2,000 \times 0.07 = 140$명
- 중형마트 : $800 \times 0.18 = 144$명
- 개인마트 : $300 \times 0.21 = 63$명
- 편의점 : $200 \times 0.78 = 156$명

따라서 비닐봉투 사용률이 가장 높은 곳은 78%인 편의점이며, 비닐봉투 사용자 수가 가장 많은 곳도 156명인 편의점이다.

ㄹ. 마트규모별 개인장바구니의 사용률은 대형마트가 44%, 중형마트가 36%, 개인마트가 29%이다. 따라서 마트의 규모가 커질수록 개인장바구니 사용률이 증가함을 알 수 있다.

[오답분석]

ㄴ. 전체 종량제봉투 사용자 수를 구하면 다음과 같다.
- 대형마트 : $2,000 \times 0.28 = 560$명
- 중형마트 : $800 \times 0.37 = 296$명
- 개인마트 : $300 \times 0.43 = 129$명
- 편의점 : $200 \times 0.13 = 26$명
- 전체 종량제봉투 사용자 수 : $560 + 296 + 129 + 26 = 1,011$명

따라서 대형마트의 종량제봉투 사용자 수인 560명은 전체 종량제봉투 사용자 수인 1,011명의 절반을 넘는다.

19 자료 이해

정답 ④

우리나라는 30개의 회원국 중에서 OECD 순위가 매년 20위 이하이므로 상위권이라 볼 수 없다.

[오답분석]
① 2023년에 39위를 함으로써 처음으로 30위권에 진입했다.
② 청렴도는 2018년에 4.5점으로 가장 낮고, 2024년과 차이는 $5.4 - 4.5 = 0.9$점이다.
③ CPI 조사대상국은 2021년까지 증가하고 이후 2023년까지 유지되었다.
⑤ 우리나라의 CPI는 2022년에 5.6점으로 가장 높아 가장 청렴했다고 볼 수 있다.

20 자료 계산

정답 ①

구매 방식별 비용을 구하면 다음과 같다.
- 스마트폰 앱 : $12,500 \times 0.75 = 9,375$원
- 전화 : $(12,500 - 1,000) \times 0.9 = 10,350$원
- 회원카드와 쿠폰 : $(12,500 \times 0.9) \times 0.85 ≒ 9,563$원
- 직접 방문 : $(12,500 \times 0.7) + 1,000 = 9,750$원
- 교환권 : 10,000원

따라서 피자 1판을 가장 저렴하게 살 수 있는 구매 방식은 스마트폰 앱이다.

21 자료 해석 정답 ④

Q4를 보면 입주대상자의 자격 검색은 A주택공사가 보건복지부의 '사회보장정보시스템'을 이용하여 파악하므로, 입주대상자는 직접 서류를 준비하지 않아도 된다.

오답분석
① Q2를 통해 알 수 있다.
② Q1을 통해 알 수 있다.
③ Q5를 통해 알 수 있다.
⑤ Q6을 통해 알 수 있다.

22 자료 해석 정답 ④

• 입주신청 : Q1, Q2, Q5
• 자격조회 : Q4, Q7
• 계약 및 입주 : Q3, Q6

23 자료 해석 정답 ④

• A : 기본 점수 80점에 오탈자 33건이므로 5점 감점, 전체 글자 수 654자이므로 3점 추가, A등급 2개와 C등급 1개이므로 15점 추가하여 총 $80-5+3+15=93$점이다.
• B : 기본 점수 80점에 오탈자 7건이므로 0점 감점, 전체 글자 수 476자이므로 0점 추가, B등급 3개이므로 5점 추가하여 총 $80+5=85$점이다.
• C : 기본 점수 80점에 오탈자 28건이므로 4점 감점, 전체 글자 수 332자이므로 10점 감점, B등급 2개와 C등급 1개이므로 0점 추가하여 총 $80-4-10=66$점이다.
• D : 기본 점수 80점에 오탈자 25건이므로 4점 감점, 전체 글자 수가 572자이므로 0점 추가, A등급 3개이므로 25점 추가하여 총 $80-4+25=101$점이다.
• E : 기본 점수 80점에 오탈자 12건이므로 1점 감점, 전체 글자 수가 786자이므로 8점 추가, A등급 1개와 B등급 1개와 C등급 1개이므로 10점 추가하여 총 $80-1+8+10=97$점이다.
따라서 점수가 가장 높은 학생은 D이다.

24 SWOT 분석 정답 ③

• (가) : 외부의 기회를 활용하면서 내부의 강점을 더욱 강화시키는 SO전략에 해당한다.
• (나) : 외부의 기회를 활용하여 내부의 약점을 보완하는 WO전략에 해당한다.
• (다) : 외부의 위협을 회피하며 내부의 강점을 적극 활용하는 ST전략에 해당한다.
• (라) : 외부의 위협을 회피하고 내부의 약점을 보완하는 WT전략에 해당한다.
따라서 바르게 짝지어진 것은 ③이다.

25 규칙 적용 정답 ②

하나의 부여 기준에 대해 2개 이상 해당할 경우 임의로 1개의 코드번호만 입력한다. 따라서 복지 대상자가 노년층에만 해당하는지, 중복해서 해당하는지는 복지코드만으로는 파악할 수 없다.

오답분석
① 복지코드의 복지 번호는 'EN(에너지바우처)'이고, 주제 번호는 'R(주거)'이므로 옳은 설명이다.
③ 복지코드의 신청기관 번호는 '01(관할주민센터)'이므로 옳은 설명이다.
④ 복지코드의 신청방법 번호는 'VS(방문)'이므로 옳은 설명이다.
⑤ 복지코드의 월평균소득 번호는 'A2(80% 이하)'이므로 옳은 설명이다.

26 규칙 적용

정답 ④

ㄴ. HOR4A100EM : 영구임대주택공급 – 주거 – 노년 – 50% 이하 – 시·군·구청 – 우편
ㄹ. EDD5B204CA : 정보화교육 – 교육 – 장애인 – 120% 이하 – 고용지원센터 – 전화

[오답분석]

ㄱ. EDOE3A201ON : 복지코드는 총 10자리이므로 옳지 않다.
ㄷ. LOD3N103VS : 'N1'은 월평균소득 번호에 없으므로 옳지 않다.

27 명제 추론

정답 ③

D팀은 파란색을 선택하였으므로 보라색을 사용하지 않고, B팀과 C팀도 보라색을 사용한 적이 있으므로 A팀이 보라색을 선택한다. B팀은 빨간색을 사용한 적이 있고, 파란색과 보라색은 사용할 수 없으므로 노란색을 선택한다. C팀은 남은 빨간색을 선택한다. 이를 표로 정리하면 다음과 같다.

A팀	B팀	C팀	D팀
보라색	노란색	빨간색	파란색

따라서 항상 참인 것은 ③이다.

[오답분석]

①·④·⑤ 주어진 조건만으로는 판단하기 어렵다.
② A팀의 상징색은 보라색이다.

28 자료 해석

정답 ①

ㄱ. 1m³당 섞여 있는 수증기량이 가장 적은 날은 5월 3일이다.
ㄷ. 4월 19일 공기와 4월 26일 공기의 기온은 같고 수증기량은 4월 19일이 더 적으므로 이슬점은 4월 19일이 더 낮다. 따라서 4월 19일 공기는 4월 26일 공기보다 더 높은 곳에서 응결된다.

[오답분석]

ㄴ. 4월 5일 공기와 4월 26일 공기의 수증기량은 같고 기온은 4월 5일이 더 높으므로 이슬점과의 차이는 4월 5일이 더 높다. 따라서 4월 5일 공기는 4월 26일 공기보다 더 높은 곳에서 응결된다.
ㄹ. 기온이 높을수록 포화 수증기량이 많으므로 포화 수증기량이 가장 많은 날은 기온이 가장 높은 5월 3일이다.

29 명제 추론

정답 ②

같은 색깔로는 심지 못한다고 할 때 다음의 경우로 꽃씨를 심을 수 있다.
1) 빨간색 화분 : 파랑, 노랑, 초록
2) 파란색 화분 : 빨강, 노랑, 초록
3) 노란색 화분 : 빨강, 파랑, 초록
4) 초록색 화분 : 빨강, 파랑, 노랑
나머지 조건을 적용하면 다음의 경우로 꽃씨를 심을 수 있다.
1) 빨간색 화분 : 파랑, 초록
2) 파란색 화분 : 빨강, 노랑
3) 노란색 화분 : 파랑, 초록
4) 초록색 화분 : 빨강, 노랑
따라서 초록색 화분과 노란색 화분에 심을 수 있는 꽃씨의 종류는 다르므로 보기는 확실히 틀린 설명이다.

두 번째 조건에 의해 B가 2023년에 독일에서 가이드를 하였으므로 첫 번째 조건에 의해 2022년에는 네덜란드에서 가이드를 하였다. 세 번째 조건에서 C는 2022년에 프랑스에서 가이드를 하였고 네 번째 조건에 의해 2024년에 독일에서 가이드를 하지 않았으므로 C는 2023년에 네덜란드에서 가이드를 하지 않았다. 따라서 2023년에 C가 갈 수 있는 곳은 네덜란드를 제외한 영국, 프랑스, 독일이다. 하지만 첫 번째 조건과 마지막 조건에 의해 C는 독일과 프랑스를 갈 수 없으므로 2023년에 C는 영국에서 가이드를 하였다. 2024년에 C가 갈 수 있는 곳은 독일과 네덜란드이며, 첫 번째 조건에 의해 독일은 제외되므로 2024년에 C는 네덜란드에서 가이드를 하였다.

다섯 번째 조건에서 2023년에 B와 2022년에 D는 같은 곳에서 가이드를 하였음을 알 수 있다. 따라서 2022년에 D는 독일에서 가이드를 하였다. 따라서 마지막 조건에 의해 2022년에 A는 영국에서 가이드를 하였다.

2023년에 A와 D가 갈 수 있는 곳은 네덜란드와 프랑스이다. D가 네덜란드를 갈 경우 2024년에 반드시 독일을 가야 한다. 그러면 같은 곳은 다시 가지 않는다는 마지막 조건에 부합하지 않으므로 2023년에 A는 네덜란드, D는 프랑스에서 가이드를 하였고, 이에 따라 2024년에 A는 독일, D는 영국에서 가이드를 하였다. 2024년에 B와 C가 갈 수 있는 곳은 프랑스와 네덜란드인데, 마지막 조건에 의해 C가 프랑스에 갈 수 없으므로 B가 프랑스, C는 네덜란드에 간다.

이를 표로 정리하면 다음과 같다.

구분	2022년	2023년	2024년
A	영국	네덜란드	독일
B	네덜란드	독일	프랑스
C	프랑스	영국	네덜란드
D	독일	프랑스	영국

따라서 2024년에 네덜란드에서 가이드를 한 C는 첫 번째 조건에 의해 2025년에 독일에서 가이드를 할 것이다.

오답분석

① D는 2023년에 프랑스에서 가이드를 하였다.

② 2024년에 B는 프랑스에서 가이드를 하였다.

④ 2022 ~ 2024년 동안 A는 영국, 네덜란드, 독일에서 가이드를 하였고, D는 독일, 프랑스, 영국에서 가이드를 하였으므로 옳지 않다.

⑤ 2023년에 A와 2022년에 B는 네덜란드에서 가이드를 하였으므로 옳지 않다.

| 01 | 경영

01	02	03	04	05	06	07	08	09	10	11	12	13	14	15	16	17	18	19	20
③	⑤	⑤	①	③	①	⑤	③	③	①	⑤	④	④	①	③	①	②	②	④	①
21	22	23	24	25	26	27	28	29	30	31	32	33	34	35	36	37	38	39	40
⑤	①	①	⑤	③	②	①	①	②	①	⑤	⑤	③	⑤	③	①	③	③	②	④
41	42	43	44	45	46	47	48	49	50	51	52	53	54	55	56	57	58	59	60
②	④	②	②	⑤	③	③	⑤	③	①	④	②	④	②	①	②	②	③	③	②

01

정답 ③

목표관리는 목표의 설정뿐 아니라 성과 평가 과정에도 부하직원이 참여하는 관리기법이다.

오답분석

① 조직의 상·하 구성원이 모두 협의하여 목표를 설정한다.
② 조직의 목표를 부서별, 개인별 목표로 전환하여 조직 구성원 각자의 책임을 정하고, 조직의 효율성을 향상시킬 수 있다.
④ 목표설정 이론은 명확하고 도전적인 목표가 성과에 미치는 영향을 분석한다.
⑤ 목표는 지시적 목표, 자기설정적 목표, 참여적 목표로 구분되며, 이 중 참여적 목표가 종업원의 수용성이 가장 높다.

02

정답 ⑤

정인은 시스템 이론에 대한 설명이 아닌 시스템적 접근의 추상성을 극복하고자 하는 상황 이론에 대한 설명을 하고 있다.

03

정답 ⑤

양적 평가요소는 재무비율 평가항목으로 구성된 안정성, 수익성, 활동성, 생산성, 성장성 등이 있고, 질적 평가요소는 시장점유율, 진입장벽, 경영자의 경영능력, 은행거래 신뢰도, 광고활동, 시장규모, 신용위험 등이 있다.

04

정답 ①

자원기반관점(RBV; Resource Based View)은 기업 경쟁력의 원천을 기업의 외부가 아닌 내부에서 찾는다. 진입장벽, 제품차별화 정도, 사업들의 산업집중도 등은 산업구조론(I.O)의 핵심요인이다.

05

정답 ③

네트워크 조직은 다수의 다른 장소에서 이루어지는 프로젝트들을 관리·통솔하는 과정에서 다른 구조보다 훨씬 더 많은 층위에서의 감독이 필요하며 그만큼 관리비용이 증가한다. 이러한 다수의 관리감독자들은 구성원들에게 혼란을 야기하거나 프로젝트 진행을 심각하게 방해할 수도 있다. 이에 따른 단점을 상쇄하기 위해 최근 많은 기업들은 공동 프로젝트 통합관리 시스템 개발을 통해 효율적인 네트워크 조직운영을 목표로 하고 있다.

> **네트워크 조직(Network Organization)**
> 자본적으로 연결되지 않은 독립된 조직들이 각자의 전문 분야를 추구하면서도 제품을 생산과 프로젝트 수행을 위한 관계를 형성하여 상호의존적인 협력관계를 형성하는 조직이다.

06

LMX는 리더 – 구성원 간의 관계에 따라 리더십 결과가 다르다고 본다.

07

빠르게 변화하는 환경에 적응하는 데는 외부모집이 내부노동시장에서 지원자를 모집하는 내부모집보다 효과적이다.

08

요소비교법은 기업이나 직무의 핵심이 되는 기준직무를 선정하여 각 직무를 평가요소별로 분해하고, 점수 대신 임률로 기준직무를 평가한 후, 타 직무를 기준직무에 비교하여 각각의 임률을 결정하는 방법이다.

[오답분석]

① 점수법(Point Rating Method)에 대한 설명이다.
② 분류법(Classification Method)에 대한 설명이다.
④ 직무평가의 목적성에 대한 설명이다.
⑤ 서열법(Ranking Method)에 대한 설명이다.

09

[오답분석]

ㄴ. 수직적 마케팅 시스템은 구성원인 제조업자, 도매상, 소매상, 소비자를 각각 개별적으로 파악하는 것이 아니라, 구성원 전체가 소비자의 필요와 욕구를 만족시키는 유기적인 전체 시스템을 이룬 유통경로체제이다.
ㄷ. 수직적 마케팅 시스템에서는 구성원들의 행동이 각자의 이익을 극대화하는 방향이 아닌 시스템 전체의 이익을 극대화하는 방향으로 조정된다.

10

마일즈(Miles)와 스노우(Snow)의 전략유형
• 공격형 : 새로운 제품과 시장기회를 포착 및 개척하려는 전략으로 진입장벽을 돌파하여 시장에 막 진입하려는 기업들이 주로 활용한다. 신제품과 신기술의 혁신을 주요 경쟁수단으로 삼는다.
  – 위험을 감수하고 혁신과 모험을 추구하는 적극적 전략
  – 분권화(결과)에 의한 통제
  – 충원과 선발은 영입에 의함
  – 보상은 대외적 경쟁성과 성과급 비중이 큼
  – 인사고과는 성과지향적이고 장기적인 결과를 중시함
• 방어형 : 효율적인 제조를 통해 기존 제품의 품질을 높이거나 가격을 낮춰 고객의 욕구를 충족시키며 가장 탁월한 전략이다.
  – 조직의 안정적 유지를 추구하는 소극적 전략
  – 틈새시장(니치)을 지향하고, 그 밖의 기회는 추구하지 않음
  – 기능식 조직
  – 중앙집권적 계획에 의한 통제
  – 보상은 대내적 공정성을 중시하고, 기본급 비중이 큼
  – 인사고과는 업무과정 지향적이고, 단기적인 결과를 중시함
• 분석형 : 먼저 진입하지 않고 혁신형을 관찰하다가 성공가능성이 보이면 신속하게 진입하는 전략으로, 공정상 이점이나 마케팅상 이점을 살려서 경쟁한다. 공격형 전략과 방어형 전략의 결합형으로, 한편으로 수익의 기회를 최대화하면서 다른 한편으로 위험을 최소화하려는 전략이다.

11

- $EOQ = \sqrt{\dfrac{2 \times (연간\ 수요량) \times (1회\ 주문비)}{(재고유지비용)}} = \sqrt{\dfrac{2 \times 1,000 \times 200}{40}} = 100$

- $(연간\ 재고유지비용) = \dfrac{EOQ}{2} \times (단위당\ 연간\ 재고유지비) = \dfrac{100}{2} \times 40 = 2,000원$

- $(연간\ 주문비용) = \dfrac{(연간수요)}{EOQ} \times (단위당\ 주문비) = \dfrac{1,000}{100} \times 200 = 2,000원$

∴ $(총재고비용) = (연간\ 재고유지비용) + (연간\ 주문비용) = 2,000 + 2,000 = 4,000원$

12

정답 ④

기업이 일방적으로 기부나 봉사활동을 하는 것에서 나아가 기업이 공익을 추구하면서도 이를 통해 실질적인 이익을 얻을 수 있도록 공익과의 접점을 찾는 것을 코즈 마케팅이라 한다.

[오답분석]
① 프로 보노(Pro Bono) : 각 분야의 전문가들이 사회적 약자를 돕는 활동이다.
② 그린 마케팅(Green Marketing) : 자연환경을 보전하고 생태계 균형을 중시하는 기업 판매 전략이다.
③ 니치 마케팅(Niche Marketing) : 특정한 성격을 가진 소규모 소비자를 대상으로 판매하는 전략이다.
⑤ 앰부시 마케팅(Ambush Marketing) : 교묘히 규제를 피해가는 마케팅 기법이다.

13

정답 ④

ERP(Enterprise Resource Planning : **전사적 자원관리**)
- 기업의 서로 다른 부서 간의 정보 공유를 가능하게 한다.
- 의사결정권자와 사용자가 실시간으로 정보를 공유하게 한다.
- 보다 신속한 의사결정과 효율적인 자원 관리를 가능하게 한다.

[오답분석]
① JIT(Just - In - Time) : 과잉생산이나 대기시간 등의 낭비를 줄이고 재고를 최소화하여 비용 절감과 품질 향상을 달성하는 생산 시스템이다.
② MRP(Material Requirement Planning : 자재소요계획) : 최종제품의 제조과정에 필요한 원자재 등의 종속수요 품목을 관리하는 재고관리기법이다.
③ MPS(Master Production Schedule : 주생산계획) : MRP의 입력자료 중 하나로, APP를 분해하여 제품이나 작업장 단위로 수립한 생산계획이다.
⑤ APP(Aggregate Production Planning : 총괄생산계획) : 제품군별로 향후 약 1년간의 수요예측에 따른 월별 생산목표를 결정하는 중기계획이다.

PART 3

14

정답 ①

다품종 생산이 가능한 것은 공정별 배치에 해당한다.

제품별 배치와 공정별 배치의 비교

구분	제품별 배치	공정별 배치
장점	• 높은 설비이용률 • 노동의 전문화 • 낮은 제품단위당 원가	• 다품종 생산이 가능 • 저렴한 범용설비 • 장려임금 실시 가능
단점	• 수요 변화에 적응이 어려움 • 설비 고장에 영향을 받음 • 장려임금 실시 불가 • 단순작업	• 낮은 설비이용률 • 높은 제품단위당 원가 • 재공품 재고 증가 • 경로와 일정계획의 문제

15

정답 ③

오답분석

① 핀테크(Fintech) : 금융(Finance)과 기술(Technology)을 결합한 합성어로, 첨단 정보 기술을 기반으로 한 금융 서비스 및 산업의 변화를 일으키고자 하는 움직임이다.
② 빅데이터(Big Data) : 디지털 환경에서 생성되는 데이터로, 그 규모가 방대하고 생성 주기도 짧으며 형태도 수치 데이터뿐만 아니라 문자와 영상 데이터를 포함하는 대규모 데이터이다.
④ 사물인터넷(IoT; Internet of Things) : 인터넷을 기반으로 모든 사물을 연결하여 사람과 사물, 사물과 사물 간의 정보를 상호 소통하는 지능형 기술 및 서비스이다.
⑤ 클라우드 컴퓨팅(Cloud Computing) : 컴퓨터를 활용하는 작업에 있어서 필요한 요소들을 인터넷 서비스를 통해 다양한 종류의 컴퓨터 단말 장치로 제공하는 것으로, 가상화된 IT자원을 서비스로 제공한다.

16

정답 ①

포괄손익계산서에 특별손익항목은 없다.

17

정답 ②

공정가치 미만 유상증자는 무상증자비율을 구하여 소급조정한다.
• (무상증자비율)$=400 \div (18,400+1,600)=2\%$
• (가중평균유통주식수)$=(18,400 \times 1.02 \times 6+20,400 \times 2+18,900 \times 4) \div 12=19,084$주

18

정답 ②

내용이론은 무엇이 사람들을 동기부여시키는지, 과정이론은 사람들이 어떤 과정을 거쳐 동기부여가 되는지에 초점을 둔다. 애덤스(Adams)의 공정성이론은 과정이론에 해당하며, 자신과 타인의 투입 대비 산출율을 비교하여 산출율이 일치하지 않는다고 느끼게 되면 불공정하게 대우받고 있다고 느끼며, 이를 해소하기 위해 동기부여가 이루어진다고 주장한다.

19

정답 ④

$CAPM=rf+[E(rm)-rf] \times \sigma m=0.05+(0.18-0.05) \times 0.5=11.5\%$

20

$Ks = (D_1 \div P_0) + g = (2,000 \div 30,000) + 0.04 \fallingdotseq 10\%$

21

- 연구개발에 착수해야 하는지의 결정

  연구개발 후 예상되는 기대수익은 $0.7 \times 2,500$만$= 1,750$ 달러이므로 초기 연구개발비 200만 달러보다 훨씬 크므로 투자를 하는 것이 유리하다.
- 특허를 외부에 팔아야 할지의 결정

  1,000만 달러를 추가 투자해 얻을 수 있는 기대수익은 $(0.25 \times 5,500$만$) + (0.55 \times 3,300$만$) + (0.20 \times 1,500$만$) = 3,490$ 달러이고, 추가 투자비용 1,000만 달러를 빼면 2,490만 달러를 얻을 수 있다. 이는 기술료를 받고 특허를 팔 경우에 얻을 수 있는 수익 2,500만 달러보다 적다. 이미 투자한 연구개발비 200만 달러는 이 단계에서 매몰비용이므로 무시한다.

따라서 상품화하는 방안보다 기술료를 받고, 특허를 외부에 판매하는 것이 옳은 선택이다.

22

라인 확장(Line Extension)이란 기존 상품을 개선한 신상품에 기존의 상표를 적용하는 브랜드 확장의 유형이다. 이는 적은 마케팅 비용으로 매출과 수익성 모두 손쉽게 높일 수 있고, 제품이 아닌 소비자층을 타깃팅함으로써 소비자층을 확대할 수 있다는 장점이 있다. 하지만 무분별한 라인 확장은 브랜드 이미지가 약해지는 희석효과나 신제품이 기존제품 시장에 침범하는 자기잠식효과를 유발하는 등 역효과를 일으킬 수도 있기 때문에 주의해야 한다.

23

카츠(Kartz)는 경영자에게 필요한 능력을 크게 인간적 자질, 전문적 자질, 개념적 자질 3가지로 구분하였다. 그중 인간적 자질은 구성원을 리드하고 관리하며, 다른 구성원들과 함께 일을 할 수 있게 하는 것으로 모든 경영자가 갖추어야 하는 능력이다. 타인에 대한 이해력과 동기부여 능력은 인간적 자질에 속한다.

오답분석

②・③ 전문적 자질(현장실무)에 해당한다.

④・⑤ 개념적 자질(상황판단)에 해당한다.

24

기업이 글로벌 전략을 수행하면 외국 현지법인과의 커뮤니케이션 비용이 증가하고, 외국의 법률이나 제도 개편 등 기업 운영상 리스크에 대한 본사 차원의 대응 역량이 더욱 요구되므로, 경영상 효율성은 오히려 낮아질 수 있다.

오답분석

① 글로벌 전략을 통해 대량생산을 통한 원가절감, 즉 규모의 경제를 이룰 수 있다.

② 글로벌 전략을 통해 세계 시장에서 외국 기업들과의 긴밀한 협력이 가능하다.

③ 외국의 무역장벽이 높으면 국내 생산 제품을 수출하는 것보다 글로벌 전략을 통해 외국에 직접 진출하는 것이 효과적일 수 있다.

④ 글로벌 전략을 통해 국내보다 상대적으로 인건비가 저렴한 국가의 노동력을 고용하여 원가를 절감할 수 있다.

25

지식경영시스템은 조직 안의 지식자원을 체계화하고 공유하여 기업 경쟁력을 강화하는 기업정보시스템이다. 이는 조직에서 필요한 지식과 정보를 창출하는 연구자, 설계자, 건축가, 과학자, 기술자 등을 반드시 포함하는 것과는 관련이 없다.

26

상대평가(선별형 인사평가)
- 개념

  상대평가는 피평가자들 간에 비교를 통하여 피평가자를 평가하는 방법으로, 피평가자들의 선별에 초점을 두는 인사평가이다.
- 평가기법
  - 서열법 : 피평가자의 능력·업적 등을 통틀어 그 가치에 따라 서열을 매기는 기법
  - 쌍대비교법 : 두 사람씩 쌍을 지어 비교하면서 서열을 정하는 기법
  - 강제할당법 : 사전에 범위와 수를 결정해 놓고 피평가자를 일정한 비율에 맞추어 강제로 할당하는 기법

절대평가(육성형 인사평가)
- 개념

  절대평가는 피평가자의 실제 업무수행 사실에 기초한 평가방법으로, 피평가자의 육성에 초점을 둔 평가방법이다.
- 평가기법
  - 평정척도법 : 피평가자의 성과, 적성, 잠재능력, 작업행동 등을 평가하기 위하여 평가요소들을 제시하고, 이에 따라 단계별 차등을 두어 평가하는 기법
  - 체크리스트법 : 직무상 행동들을 구체적으로 제시하고 평가자가 해당 서술문을 체크하는 기법
  - 중요사건기술법 : 피평가자의 직무와 관련된 효과적이거나 비효과적인 행동을 관찰하여 기록에 남긴 후 평가하는 기법

27

집단사고(Groupthink)는 응집력이 높은 집단에서 의사결정을 할 때, 동조압력과 전문가들의 과다한 자신감으로 인해 사고의 다양성이나 자유로운 비판 대신 집단의 지배적인 생각에 순응하여 비합리적인 의사결정을 하게 되는 경향이다.

28

에이전시 숍은 근로자들 중에서 조합가입의 의사가 없는 자에게는 조합가입이 강제되지 않지만, 조합가입에 대신하여 조합에 조합비를 납부함으로써 조합원과 동일한 혜택을 받을 수 있도록 하는 제도이다.

29

근로자가 스스로 계획하고 실행하여 그 결과에 따른 피드백을 수집하고 수정해 나가며, 일의 자부심과 책임감을 가지고 자발성을 높이는 기법은 직무충실화 이론에 해당한다. 직무충실화 이론은 직무확대보다 더 포괄적으로 구성원들에게 더 많은 책임과 더 많은 선택의 자유를 요구하기 때문에 수평적 측면으로는 질적 개선에 따른 양의 증가, 수직적 측면으로는 본래의 질적 개선의 증가로 볼 수 있다.

30

SWOT 분석은 기업을 Strength(강점), Weakness(약점), Opportunity(기회), Threat(위협)의 4가지 요인으로 분석하여 마케팅 전략을 세우는 방법이다. ②·③·④·⑤는 Strength(경쟁기업과 비교하여 소비자로부터 강점으로 인식되는 것이 무엇인지)에 해당하지만, ①은 Opportunity(외부환경에서 유리한 기회요인), Threat(외부환경에서 불리한 위협요인)에 해당한다.

31

시계열 분석법은 시계열 자료수집이 용이하고 변화하는 경향이 뚜렷하여 안정적일 때 이를 기초로 미래의 예측치를 구하지만, 과거의 수요 패턴이 항상 계속적으로 유지된다고 할 수 없다.

32

4P와 4C의 비교

4P	4C
기업 관점	소비자 관점
제품	소비자 문제해결
유통	편의성
판매 촉진	커뮤니케이션
가격	소비자 비용

33

정답 ③

성장기에는 신제품을 인지시키기 위한 정보제공형 광고에서 소비자의 선호도를 높이기 위한 제품선호형 광고로 전환한다.

34

정답 ⑤

토빈의 Q-비율은 주식시장에서 평가된 기업의 시장가치(분자)를 기업의 실물자본의 대체비용(분모)으로 나눠서 도출할 수 있다.

오답분석

① 이자율이 상승하면 주가가 하락하여 Q-비율 또한 하락한다. 이에 따라 투자를 감소시켜야 하는 것이 바람직하다.
② Q-비율이 1보다 높은 것은 시장에서 평가되는 기업의 가치가 자본량을 늘리는 데 드는 비용보다 더 큼을 의미하므로 투자를 증가하는 것이 바람직하다.
③ Q-비율이 1보다 낮은 것은 기업의 가치가 자본재의 대체비용에 미달함을 의미하므로 투자를 감소하는 것이 바람직하다.
④ 특정 기업이 주식 시장에서 받는 평가를 판단할 때 토빈의 Q-비율을 활용한다.

35

정답 ③

균형성과표(Balanced Score Card)는 조직의 비전과 전략을 달성하기 위한 도구이다. 전통적인 재무적 성과지표뿐만 아니라 고객, 업무 프로세스, 학습 및 성장과 같은 비재무적 성과지표 또한 균형적으로 고려한다. 즉, BSC는 통합적 관점에서 미래지향적·전략적으로 성과를 관리하는 도구라고 할 수 있다.
(A) 재무적 관점 : 순이익, 매출액 등
(B) 고객 관점 : 고객만족도, 충성도 등
(C) 업무 프로세스 관점 : 내부처리 방식 등
(D) 학습 및 성장 관점 : 구성원의 능력개발, 직무만족도 등

36

정답 ①

• 7,000(현금)+1,000(주식선택권)-5,000(자본금)=3,000원
• (주식발행초과금)=35명×10개×60%×3,000=630,000원

37

정답 ③

공정가치를 측정하기 위해 사용하는 가치평가기법은 관측할 수 있는 투입변수를 최대한 사용하고 관측할 수 없는 투입변수는 최소한으로 사용한다.

PART 3

38

정답 ③

제시문은 영업권에 대한 설명이다. 내부적으로 창출한 영업권은 자산으로 인식하지 않는다.

39

정답 ②

(자본증가액)=(80,000×1.1-2,000)×40%=34,400원

40

정답 ④

오답분석

① 자기자본을 발행주식수로 나누어 계산한다.
② 순자산보다 주가가 높게 형성되어 고평가되었다고 판단한다.
③ 채권자가 아닌 주주가 배당받을 수 있는 자산의 가치를 의미한다.
⑤ 성장성이 아닌 안정성을 보여주는 지표이다.

41

정답 ②

장기이자율이 단기이자율보다 높으면 우상향곡선의 형태를 취한다.

42

정답 ④

샤인(Schein)의 경력 닻 모형
• 닻Ⅰ : 관리역량 – 복잡한 경영 문제를 인지, 분석하고 해결하는 능력
• 닻Ⅱ : 전문역량 – 직무의 내용에 관심, 도전적 업무, 자율성, 전문화된 영역 선호
• 닻Ⅲ : 안전지향 – 직업안정과 및 고용안정 욕구, 조직가치와 규범에 순응, 보수ㆍ작업조건ㆍ복리후생 등 외재적 요인에 관심
• 닻Ⅳ : 사업가적 창의성 지향 – 신규조직ㆍ서비스 등 창의성 중시, 창조욕구, 새로운 도전
• 닻Ⅴ : 자율지향 – 규칙에 얽매인 조직보다 자유로운 계약직ㆍ파트타임 선호, 성과에 의한 보상 선호

43

정답 ②

(손상차손)=3,500-[max(1,200, 1,800)]=1,700원

44

정답 ②

테일러(Tailor)의 과학적 관리론은 노동자의 심리상태와 인격은 무시하고, 노동자를 단순한 숫자 및 부품으로 바라본다는 한계점이 있다. 이러한 한계점으로 인해 직무특성이론과 목표설정이론이 등장하는 배경이 되었다.

45

정답 ⑤

기업의 생산이나 판매과정 전후에 있는 기업 간의 합병으로, 주로 원자재 공급의 안정성 등을 목적으로 하는 것은 수직적 합병이다. 수평적 합병은 동종 산업에서 유사한 생산단계에 있는 기업 간의 합병으로, 주로 규모의 경제적 효과나 시장지배력을 높이기 위해서 이루어진다.

46

맥그리거(Mcgregor)는 2가지의 상반된 인간관 모형을 제시하고, 인간모형에 따라 조직관리 전략이 달라져야 한다고 주장하였다.
- X이론 : 소극적·부정적 인간관을 바탕으로 한 전략 – 천성적 나태, 어리석은 존재, 타율적 관리, 변화에 저항적
- Y이론 : 적극적·긍정적 인간관을 특징으로 한 전략 – 변화지향적, 자율적 활동, 민주적 관리, 높은 책임감

47

규범기는 역할과 규범을 받아들이고 수행하며 성과로 이어지는 단계이다.

> **터크만(Tuckman)의 집단 발달의 5단계 모형**
> 1. 형성기(Forming) : 집단의 구조와 목표, 역할 등 모든 것이 불확실한 상태로, 상호 탐색 및 방향 설정을 겪음
> 2. 격동기(Storming) : 소속감, 능력, 영향력은 인식한 상태로, 권력분배와 역할분담 등에서 갈등과 해결 과정을 겪음
> 3. 규범기(Norming) : 집단의 구조, 목표, 역할, 규범, 소속감, 응집력 등이 분명한 상태로, 협동과 몰입을 함
> 4. 성과달성기(Performing) : 비전 공유 및 원활한 커뮤니케이션으로 집단목표를 달성하며, 자율성과 높은 생산성을 가짐
> 5. 해체기(Adjourning) : 집단의 수명이 다하여 멤버들은 해산됨

48

행동기준고과법(BARS)은 평가직무에 적용되는 행동패턴을 측정하여 점수화하고 등급을 매기는 방식으로 평가한다. 따라서 등급화하지 않고 개별행위 빈도를 나눠서 측정하는 기법은 옳지 않다. 또한 BARS는 구체적인 행동의 기준을 제시하고 있으므로 향후 종업원의 행동변화를 유도하는 데 도움이 된다.

49

질문지법은 구조화된 설문지를 이용하여 직무에 대한 정보를 얻는 직무분석 방법이다.

50

㉠·㉡ 푸시 전략(Push Strategy)에 대한 설명이다.

[오답분석]

㉢·㉣ 풀 전략(Pull Strategy)에 대한 설명이다.

51

서브리미널 광고는 자각하기 어려울 정도의 짧은 시간 동안 노출되는 자극을 통하여 잠재의식에 영향을 미치는 현상을 의미하는 서브리미널 효과를 이용한 광고이다.

[오답분석]

① 티저 광고 : 소비자의 흥미를 유발시키기 위해 처음에는 상품명 등을 명기하지 않다가 점점 대상을 드러내어 소비자의 관심을 유도하는 광고이다.
② 키치 광고 : 설명보다는 기호와 이미지를 중시하는 광고이다.
③ 리스폰스 광고 : 광고 대상자에게 직접 반응을 얻고자 메일, 통신 판매용 광고전단을 신문·잡지에 끼워 넣는 광고이다.
⑤ 애드버커시 광고 : 기업과 소비자 사이에 신뢰관계를 회복하려는 광고이다.

52

마케팅 활동은 본원적 활동에 해당한다.

오답분석

① 인적자원관리, 기술 개발, 구매, 조달 활동 등은 지원적 활동에 해당한다.
③ 물류 투입, 운영, 산출, 마케팅 및 서비스 활동은 모두 본원적 활동에 해당한다.
④ 가치사슬 모형은 기업의 내부적 핵심 역량을 파악하는 모형으로, 지원적 활동에 해당하는 항목도 핵심 역량이 될 수 있다.
⑤ 기업은 본원적 활동 및 지원적 활동을 통하여 이윤을 창출한다.

53

시장세분화는 수요층별로 시장을 분할해 각 층에 대해 집중적인 마케팅 전략을 펴는 것이다. 인구통계적 세분화는 나이, 성별, 라이프사이클, 가족 수 등을 세분화하여 소비자 집단을 구분하는 데 많이 사용한다.

오답분석

① 시장포지셔닝은 소비자들의 마음속에 자사제품의 바람직한 위치를 형성하기 위하여 제품 효익을 개발하고 커뮤니케이션하는 활동을 의미한다.
② 행동적 세분화는 구매자의 사용상황, 사용경험, 상표애호도 등으로 시장을 나누는 것이다.
③ 사회심리적 세분화는 사회계층, 준거집단, 라이프 스타일, 개성 등으로 시장을 나누는 것이다.
⑤ 시장표적화는 포지셔닝할 고객을 정하는 단계이다.

54

공급사슬관리(SCM)란 공급자로부터 최종 고객에 이르기까지 자재 조달, 제품 생산, 유통, 판매 등의 흐름을 적절히 관리하는 것으로, 이를 통해 자재의 조달 시간을 단축하고, 재고 비용이나 유통 비용 등을 절감할 수 있다.

오답분석

① 자재소요량계획(MRP)에 대한 설명이다.
③ 지식관리시스템(KMS)에 대한 설명이다.
④ 업무재설계(BPR)에 대한 설명이다.
⑤ 적시생산방식(JIT)에 대한 설명이다.

55

• (과소배부액)=650,000-(18,000시간×30)=110,000원
• (제조간접비 배부율)=600,000÷20,000시간=30
• (매출총이익)=400,000-110,000=290,000원

56

증권회사의 상품인 유가증권과 부동산 매매회사가 정상적 영업과정에서 판매를 목적으로 취득한 토지·건물 등은 재고자산으로 처리된다.

오답분석

① 매입운임은 매입원가에 포함한다.
③ 재고자산을 순실현가능가치로 감액한 평가손실과 모든 감모손실은 감액이나 감모가 발생한 기간에 비용으로 인식한다.
④·⑤ 선입선출법의 경우에는 계속기록법을 적용하든 실지재고조사법을 적용하든 기말재고자산, 매출원가, 매출총이익 모두 동일한 결과가 나온다.

57

MRPⅡ(Manufacturing Resource Planning Ⅱ)는 제조자원을 계획하는 관리시스템으로, 자재소요계획(MRP; Material Requirement Planning)과 구별을 위해 Ⅱ를 붙였다.

오답분석

① MRP(Material Requirement Planning) : 자재소요량계획으로서 제품(특히 조립제품)을 생산함에 있어서 부품(자재)이 투입될 시점과 투입되는 양을 관리하기 위한 시스템이다.

③ JIT(Just In Time) : 적기공급생산으로 재고를 쌓아 두지 않고서도 필요한 때 제품을 공급하는 생산방식이다.

④ FMS(Flexible Manufacturing System) : 다품종 소량생산을 가능하게 하는 생산 시스템으로, 생산 시스템을 자동화, 무인화하여 다품종 소량 또는 중량 생산에 유연하게 대응하는 시스템이다.

⑤ BPR(Business Process Reengineering) : 경영혁신기법의 하나로, 기업의 활동이나 업무의 전반적인 흐름을 분석하고, 경영목표에 맞도록 조직과 사업을 최적으로 다시 설계하여 구성한다.

58

- (당기법인세부채)=$(150,000+24,000+10,000) \times 25\% = 46,000$원
- (이연법인세자산)=$10,000 \times 25\% = 2,500$원
- (법인세비용)=$46,000 - 2,500 = 43,500$원

59

- (만기금액)=$5,000,000 + 5,000,000 \times 6\% \times \dfrac{6}{12} = 5,150,000$원
- (할인액)=$5,150,000 \times (할인율) \times \dfrac{3}{12} = 5,150,000 - 4,995,500 = 154,500$원
- (할인율)=12%

60

- (재무레버리지도)=(영업이익)÷[(영업이익)−(이자비용)]=$40 \div (40-30) = 4$
- (영업레버리지도)=[(매출액)−(영업변동비)]÷[(매출액)−(영업변동비)−(영업고정비)]=$(100-30) \div (100-30-30) = 1.75$
- (결합레버리지도)=(영업레버리지도)×(재무레버리지도)=$4 \times 1.75 = 7$

| 02 | 경제

01	02	03	04	05	06	07	08	09	10	11	12	13	14	15	16	17	18	19	20
⑤	④	④	③	②	①	④	⑤	③	③	②	②	③	①	①	⑤	②	⑤	④	②
21	22	23	24	25	26	27	28	29	30	31	32	33	34	35	36	37	38	39	40
③	④	③	②	②	①	④	④	③	②	④	⑤	⑤	②	⑤	④	①	①	④	④
41	42	43	44	45	46	47	48	49	50	51	52	53	54	55	56	57	58	59	60
④	④	④	⑤	②	④	①	④	②	②	④	④	②	②	⑤	③	②	③	④	③

01

정답 ⑤

비용함수는 생산량과 비용 사이의 관계를 나타내는 함수이다. 주어진 비용함수에서 생산량(Q)이 늘어날수록 총비용이 증가한다. 하지만 평균비용은 (총비용)÷(생산량)이므로 줄어든다. 예를 들어 생산량이 1, 2, 3개로 늘어날 경우 총비용(TQ)은 75, 100, 125 순으로 증가하지만, 평균비용은 75, 50(=100÷2), 41.6(≒125÷3) 순으로 감소한다. 이는 평균 고정비가 (고정비)÷(생산량)이기 때문에 생산량이 늘어날수록 줄어들기 때문이다. 고정비는 생산량과 관계없이 들어가는 비용으로, 문제에서는 50이다. 이처럼 생산량이 늘어날 때 평균비용이 줄어드는 것을 규모의 경제가 존재한다고 한다. 한계비용은 생산량이 하나 더 늘어날 때 들어가는 비용으로, 문제에서는 25로 일정하다.

02

정답 ④

실업률이 20%이고 취업자 수가 120만 명이라면 실업자 수와 경제활동인구는 다음과 같이 구한다.

$$(\text{실업률}) = \frac{(\text{실업자 수})}{(\text{경제활동인구})} \times 100 = \frac{(\text{실업자 수})}{(\text{취업자 수}) + (\text{실업자 수})} \times 100$$

$$\rightarrow 20\% = \frac{(\text{실업자 수})}{120\text{만 명} + (\text{실업자 수})} \times 100$$

(실업자 수)=30만 명

(경제활동인구)=(취업자 수)+(실업자 수)=120만 명+30만 명=150만 명

따라서 실업자 수가 30만 명, 경제활동인구가 150만 명이므로 경제활동참가율은 다음과 같다.

$$(\text{경제활동참가율}) = \frac{(\text{경제활동인구})}{(\text{노동가능인구})} \times 100 = \frac{150\text{만 명}}{200\text{만 명}} \times 100 = 75\%$$

03

정답 ④

제시문은 케인스가 주장하였던 유동성 함정(Liquidity Trap)의 상황이다. 유동성 함정이란 시장에 현금이 흘러 넘쳐 구하기 쉬운데도 기업의 생산·투자와 가계의 소비가 늘지 않아 경기가 나아지지 않고, 마치 경제가 함정(Trap)에 빠진 것처럼 보이는 상황을 말한다. 즉, 유동성 함정의 경우에는 금리를 아무리 낮추어도 실물경제에 영향을 미치지 못하게 된다.

04

정답 ③

제1기와 제2기의 소득이 증가하면 소득효과로 제1기와 제2기의 소비가 모두 증가한다. 실질이자율이 상승하면 대체효과와 소득효과가 발생한다. 따라서 현재소비의 기회비용의 상승에 따른 대체효과에 의해 개인은 현재소비를 감소하고, 저축은 증가하여 제2기의 소비가 증가한다.

05

틀짜기효과(Framing Effect)란 똑같은 상황이더라도 어떤 틀에 따라 인식하느냐에 따라 행태가 달라지는 효과를 뜻한다.

오답분석

① 기정편향(Default Bias) : 사람들이 미리 정해진 사항을 그대로 따르려는 행태를 뜻한다.

③ 부존효과(Endowment Effect) : 어떤 물건을 갖고 있는 사람이 그렇지 않은 사람에 비해 그 가치를 높게 평가하는 경향을 뜻한다.

④ 닻내림효과(Anchoring Effect) : 어떤 사항에 대한 판단을 내릴 때 초기에 제시된 기준에 영향을 받아 판단을 내리는 현상을 뜻한다.

⑤ 현상유지편향(Status Quo Bias) : 사람들이 현재의 성립된 행동을 특별한 이득이 주어지지 않는 이상 바꾸지 않으려는 경향을 뜻한다.

06

레온티에프형 효용함수는 항상 소비비율이 일정하게 유지되는 완전보완재적인 효용함수이므로 X재의 가격이 변화해도 소비량은 일정하게 유지된다. 그러므로 대체효과는 0이고, 효용극대화점에서 효용함수가 ㄱ자형으로 꺾인 형태이기 때문에 한계대체율은 정의되지 않는다. 또한 소비비율이 일정하게 유지되는 특성으로 가격 변화 시 두 재화의 소비방향은 항상 같은 방향으로 변화한다. $\max\ u(x,\ y)=\min[x,\ y]\ s.t.p_x x+p_x y=M$에서

효용극대화조건 $x=y$를 제약식에 대입하면 $x=\dfrac{M}{P_x+P_y}$, $y=\dfrac{M}{P_x+Py}$ 이다.

$P_x=P_y=10$, $M=1,800$을 대입하면 $x=y=90$이고,

$P_x=8, P_y=10$, $M=1,800$을 대입하면 $x=y=100$이므로, 소득효과는 10이다.

따라서 옳은 것은 ㄱ, ㄴ이다.

07

효용이 극대화가 되는 지점은 무차별곡선과 예산선이 접하는 점이다. 따라서 무차별곡선의 기울기인 한계대체율과 예산선의 기울기 값이 같을 때 효용이 극대화된다.

$MRS_{xy}=\dfrac{MU_x}{MU_y}=\dfrac{P_x}{P_y}$ 이고, $MU_x=600$, $P_x=200$, $P_y=300$이므로

$MU_y=900$이 되고, 한계효용이 900이 될 때까지 Y를 소비하므로, Y의 소비량은 4개가 된다.

08

수요의 가격탄력성이 1보다 작은 경우에는 가격이 대폭 상승하더라도 판매량이 별로 감소하지 않으므로 소비자의 총지출은 증가하고 판매자의 총수입도 증가한다.

오답분석

① 수요의 소득탄력성은 0보다 작을 수 있고 이러한 재화를 열등재라고 한다.

② 교차탄력성이란 한 재화의 가격이 변화할 때 다른 재화의 수요량이 변화하는 정도를 나타내는 지표이다. 잉크젯프린터의 가격이 오르면(+) 잉크젯프린터의 수요가 줄고, 프린터에 사용할 잉크카트리지의 수요도 줄어들 것(-)이므로 교차탄력성은 음(-)의 값을 가진다는 것을 알 수 있다. 잉크젯프린터와 잉크젯카트리지 같은 관계에 있는 재화들을 보완재라고 하는데, 보완재의 교차 탄력성은 음(-)의 값을, 대체재의 교차탄력성은 양(+)의 값을 가지게 된다.

③ 수요의 가격탄력성은 수요량의 변화율을 가격의 변화율로 나누어 구하므로 가격이 1% 상승할 때 수요량이 2% 감소하였다면 수요의 가격탄력성은 2이다.

④ 기펜재는 대체효과보다 소득효과가 더 큰 열등재인데, 소득이 증가할 때 구입량이 증가하는 재화는 정상재이므로 기펜재가 될 수 없다.

PART 3

09

십분위분배율은 0과 2 사이의 값을 갖고, 그 값이 작을수록 소득분배가 불평등함을 나타낸다. 이에 비해 지니계수와 앳킨슨지수는 모두 0과 1 사이의 값을 갖고, 그 값이 클수록 소득분배가 불평등함을 나타낸다.

10

오답분석

① 2020년에 A국이 자동차 1대를 생산하기 위한 기회비용은 TV 2대이며, B국이 자동차 1대를 생산하기 위한 기회비용은 TV $\frac{1}{2}$대이므로 상대적으로 자동차 생산에 대한 기회비용이 적은 B국에서 자동차를 수출해야 한다.

② 2020년 B국의 자동차 1대 생산에 대한 기회비용은 TV $\frac{1}{2}$대인 반면, 2024년 B국의 자동차 1대 생산에 대한 기회비용은 TV 2대이므로 기회비용은 증가하였다.

④ 2020년에 A국의 생산 가능한 총생산량은 TV 400대 또는 자동차 200대이다.

⑤ 2024년에 A국은 비교우위가 있는 자동차 생산에 특화하고, B국은 비교우위가 있는 TV 생산에 특화하여 교환한다. 이 경우 교환 비율이 자동차 1대당 TV 2대이면 B국은 아무런 무역이익을 가지지 못하고, A국만 무역의 이익을 갖는다.

11

시장구조가 완전경쟁이라고 하더라도 불완전경쟁, 외부성, 공공재 등 시장실패 요인이 존재한다면 파레토 최적의 자원배분이 이루어지지 않는다.

12

내생적 성장이론에서는 자본에 대한 수확체감 현상이 발생하지 않으므로 경제성장률은 1인당 자본량에 관계없이 결정된다. 따라서 내생적 성장이론에서는 국가 간 소득이 동일한 수준으로 수렴하는 현상이 발생하지 않는다.

13

피구효과란 경제 불황이 발생하여 물가가 하락하면 민간이 보유한 화폐의 구매력이 증가하므로 실질적인 부가 증가하는 효과가 발생하고, 실질부가 증가하면서 소비도 증가하여 IS곡선이 오른쪽으로 이동하는 효과를 말한다. 즉, 피구효과는 IS곡선의 기울기가 아닌 IS곡선 자체의 이동을 가져오는 효과이다.

14

프리드먼에 의해 제시된 소비함수론인 항상소득가설에서는 소비가 항상소득에 의해 결정된다고 가정한다. 즉, 항상소득가설에서 실제소득은 항상소득과 임시소득의 합으로 구성되지만 소비에 미치는 영향이 크고 항구적인 것은 항상소득인 것이다. 반면 임시소득은 소득 변동이 임시적인 것으로 소비에 영향을 미치지 못하거나 영향을 미치는 정도가 매우 낮다.

15

조세정책을 시행하는 곳은 기획재정부이며, 한국은행은 통화신용정책을 시행한다.

오답분석

② 지하경제 양성화, 역외탈세 근절 등은 조세정의뿐만 아니라 국가재정 확보에도 매우 중요한 문제이다.
③ 조세정책은 재정지출이나 소득재분배 등 중요한 역할을 담당한다.
④ 소득세, 법인세 감면은 기업의 고용 및 투자를 촉진하는 대표적인 정부정책이다.
⑤ 래퍼 곡선에 대한 설명이다.

16

단기 총공급곡선이 우상향하게 되는 것은 케인스의 시각을 반영한 것이다.

단기 AS곡선은 우상향하는데 노동시장과 생산물 시장에서의 불완전정보로 인한 경우와 임금과 가격의 경직성으로 인한 2가지 측면에서 설명이 가능하다.

구분	불완전정보	가격경직성
노동시장	노동자 오인모형(ㄴ)	비신축적 임금모형(ㄹ)
생산물 시장	불완전 정보모형(ㄱ)	비신축적 가격모형(ㄷ)

ㄱ. 불완전 정보모형 : 루카스의 섬모형으로 개별생산자는 물가상승이 전반적인 물가상승에 기인한 것인지 아닌지 자신의 상품만 가격이 상승한 것인지를 정보의 불완전성으로 알지 못한다는 것이다.

ㄴ. 노동자 오인모형 : 노동자들은 기업에 비해서 정보가 부족하여 명목임금의 변화를 실질임금의 변화로 오인하여 화폐환상에 빠지게 되어 총공급곡선이 우상향하게 된다.

ㄷ. 비신축적 가격모형 : 메뉴비용의 대표적인 예로, 가격을 신축적으로 조정하지 않는 기업이 많을수록 총공급곡선은 수평에 가까워진다.

ㄹ. 비신축적 임금모형 : 명목임금이 계약기간 내에는 경직적이므로 물가상승은 실질임금 하락으로 이어져 노동고용량의 증가로 이어진다.

17

주어진 자료로는 구매력평가환율만을 구할 수 있을 뿐 명목환율을 구할 수 없으므로 판단할 수 없다.

[오답분석]

① 빅맥의 원화가격은 5,000원에서 5,400원으로 변화했으므로 8% 상승했다.

③ 환율의 하락은 원화의 평가절상을 의미하므로, 달러 대비 원화의 가치는 10% 상승했다.

④ 빅맥의 1달러당 원화 가격은 1,000원에서 900원으로 변화했으므로 10% 하락했다.

⑤ 구매력평가설이 성립한다면 실질환율은 항상 1이므로 실질 환율은 두 기간 사이에 변하지 않았다.

18

필립스곡선이란 인플레이션율과 실업률 간에 단기 상충관계가 존재함을 보여주는 곡선이다. 하지만 장기적으로 인플레이션율과 실업률 사이에는 특별한 관계가 성립하지 않는다. 대상기간이 길어지면 사람들의 인플레이션에 대한 기대가 바뀔 수 있고 오일 쇼크와 같은 공급 충격도 주어질 수 있기 때문에 장기적으로는 필립스곡선이 성립하지 않는 것이다. 따라서 인플레이션 기대나 원자재 가격 상승 때문에 물가가 상승할 때는 실업률이 하락하지 않을 수 있다.

19

독점시장의 시장가격은 완전경쟁시장의 가격보다 높게 형성되므로 소비자잉여는 줄어든다.

20

총가변비용(TVC)은 총비용(TC)에서 총고정비용(TFC)을 차감하여 구한다. 즉, $TVC = 100 - 40 = 60$이다. 한편, 총가변비용과 총비용을 생산량($Q = 1,000$)으로 나누면 평균가변비용(AVC)은 600원, 평균비용(AC)은 1,000원이다. 그러므로 진영이가 단기에는 햄버거 가게를 운영하나 장기적으로 폐업할 예정이라면 햄버거 가격은 600원 이상 1,000원 미만일 것이다.

21

$\Pi_t = 0.04$, $\Pi_{t-1} = 0.08$을 $\Pi_t - \Pi_{t-1} = -0.8(U_t - 0.05)$에 대입하면 $U_t = 10\%$가 도출된다. 현재 실업률이 5%이기 때문에 실업률 증가분은 5%p이고 세 번째 조건에 따르면 GDP는 10% 감소한다. 인플레이션율을 4%p 낮출 경우 GDP 변화율이 10%이므로, 인플레이션율을 1%p 낮출 경우 감소되는 GDP 변화율인 희생률은 2.5로 도출된다.

22

화폐수요의 이자율 탄력성이 높은 경우(이자율의 화폐수요 탄력성은 낮음)에는 총통화량을 많이 증가시켜도 이자율의 하락폭은 작기 때문에 투자의 증대효과가 낮다. 반면, 화폐수요의 이자율 탄력성이 낮은 경우(이자율의 화폐수요 탄력성은 높음)에는 총통화량을 조금만 증가시켜도 이자율의 하락폭은 커지므로 투자가 늘어나고 이로 인해 국민소득이 늘어나므로 통화정책의 효과가 높아진다.

23

노동시장에서 기업은 한계수입생산(MRP)과 한계요소비용(MFC)이 일치하는 수준까지 노동력을 수요하려 한다.
- 한계수입생산 : $MRP_L = MR \times MP_N$이고, 생산물시장이 완전경쟁시장이라면 한계수입과 가격이 일치하므로 $P \times MP_N$이고, 주어진 생산함수에서 노동의 한계생산을 도출하면 $Y = 200N - N^2$이고, 이를 N으로 미분하면 $MP_N = 200 - 2N$이 된다.
- 한계요소비용 : $MFC_N = \dfrac{\Delta TFC_N}{\Delta N} = \dfrac{W \cdot \Delta N}{\Delta N} = W$이고, 여가의 가치는 임금과 동일하므로 $W = 40$이 된다.
- 균형노동시간의 도출 : $P \times MP_N = W \rightarrow 1 \times (200 - 2N) = 40$

따라서 $N = 80$이 도출된다.

24

- 수요곡선 : $2P = -Q + 100 \rightarrow P = -\dfrac{1}{2}Q + 50$

- 공급곡선 : $3P = Q + 20 \rightarrow P = -\dfrac{1}{3}Q + \dfrac{20}{3}$

$-\dfrac{1}{2}Q + 50 = \dfrac{1}{3}Q + \dfrac{20}{3}$

$\rightarrow \dfrac{5}{6}Q = \dfrac{130}{3}$

$\therefore P = 24$, $Q = 52$

따라서 물품세 부과 전 균형가격은 $P = 24$, 균형생산량은 $Q = 52$이다.

공급자에게 1대당 10의 물품세를 부과하였으므로 조세부과 후 공급곡선은 $P = \dfrac{1}{3}Q + \dfrac{50}{3}$이다.

$-\dfrac{1}{2}Q + 50 = \dfrac{1}{3}Q + \dfrac{50}{3}$

$\rightarrow \dfrac{5}{6}Q = \dfrac{100}{3}$

$\therefore Q = 40$

따라서 조세부과 후 생산량이 $Q = 40$이므로 수요곡선에 대입하면 조세부과 후의 균형가격은 $P = 30$이 도출된다.
이와 같이 조세가 부과되면 균형가격은 상승(24 → 30)하고, 균형생산량은 감소(52 → 40)함을 알 수 있으며, 소비자가 실제로 지불하는 가격이 6원 상승하고 있으므로 10의 물품세 중 소비자 부담은 6원, 공급자 부담은 4원임을 알 수 있다.
이때 공급자가 부담하는 총조세부담액은 (거래량)×(단위당조세액)=40×4=160이 된다.

25

정답 ②

기회비용이란 어떤 행위를 선택함으로써 포기해야 하는 여러 행위 중 가장 가치가 높게 평가되는 행위의 가치를 의미한다. 따라서 도담이가 주식에 투자함으로써 포기해야 하는 연간 기회비용은 예금에 대한 이자수익 150만 원이다.

26

정답 ①

가·마. 가격의 법정 최고치를 제한하는 가격상한제(Price Ceiling)에 해당하는 사례이다.

> **가격차별(Price Discrimination)**
> 동일한 상품에 대해 구입자 혹은 구입량에 따라 다른 가격을 받는 행위를 의미한다. 노인이나 청소년 할인, 수출품과 내수품의 다른 가격 책정 등은 구입자에 따라 가격을 차별하는 대표적인 사례이다. 한편, 물건 대량 구매 시 할인해 주거나 전력 사용량에 따른 다른 가격을 적용하는 것은 구입량에 따른 가격차별이다.

27

정답 ④

인플레이션은 구두창 비용, 메뉴비용, 자원배분의 왜곡, 조세왜곡 등의 사회적 비용을 발생시켜 경제에 비효율성을 초래한다. 특히 예상하지 못한 인플레이션은 소득의 자의적인 재분배를 가져와 채무자와 실물자산소유자가 채권자와 화폐자산소유자에 비해 유리하게 만든다. 인플레이션으로 인한 사회적 비용 중 구두창 비용이란 인플레이션으로 인해 화폐가치가 하락한 상황에서 화폐보유의 기회비용이 상승하는 것을 나타내는 용어이다. 이는 사람들이 화폐보유를 줄이게 되면 금융기관을 자주 방문해야 하므로 거래비용이 증가하게 되는 것을 의미한다. 메뉴비용이란 물가가 상승할 때 물가 상승에 맞추어 기업들이 생산하는 재화나 서비스의 판매가격을 조정하는 데 지출되는 비용을 의미한다. 또한 예상하지 못한 인플레이션이 발생하면 기업들은 노동의 수요를 증가시키고, 노동의 수요가 증가하게 되면 일시적으로 생산량과 고용량이 증가하게 된다. 하지만 인플레이션으로 총요소생산성이 상승하는 것은 어려운 일이다.

28

정답 ④

오답분석

다·라. 역선택의 해결방안에 해당한다.

29

정답 ③

리카도의 비교우위론이란 한 나라가 두 재화생산에 있어서 모두 절대우위 혹은 절대열위에 있더라도 양국이 상대적으로 생산비가 낮은 재화생산에 특화하여 무역을 할 경우 양국 모두 무역으로부터 이익을 얻을 수 있다는 이론을 말한다. 따라서 각 나라의 생산의 기회비용을 비교해 보면 비교우위를 알 수 있다.

구분	甲국	乙국
TV	0.3	0.5
쇠고기	$\frac{10}{3}$	2

TV 생산의 기회비용은 甲국이 낮고 쇠고기 생산의 기회비용은 乙국이 더 낮으므로 甲국은 TV 생산, 乙국은 쇠고기 생산에 비교우위를 갖는다. 따라서 무역이 이루어지면 甲국은 TV만 생산하여 수출하고 乙국은 쇠고기만 생산하여 수출하게 된다.

30

자연독점이란 규모가 가장 큰 단일 공급자를 통한 재화의 생산 및 공급이 최대 효율을 나타내는 경우 발생하는 경제 현상을 의미한다. 자연독점 현상은 최소효율규모의 수준 자체가 매우 크거나 생산량이 증가할수록 평균총비용이 감소하는 '규모의 경제'가 나타날 경우에 발생한다. 최소효율규모란 평균비용곡선에서 평균비용이 가장 낮은 생산 수준을 나타낸다.

31

정답 ④

[오답분석]

① 선형 무차별곡선 : 완전대체재의 무차별곡선으로, 우하향하는 직선의 모습을 나타낸다.
② 준 선형 무차별곡선 : 콥 – 더글러스형과 모양은 비슷하지만, 효용함수를 $U=X+\ln Y$ 또는 $U=\ln X+Y$로 표시한다.
③ 레온티에프형 무차별곡선 : 완전보완재의 무차별곡선으로, L자형 모습을 나타낸다.
⑤ X재가 비재화인 무차별곡선 : 좌상향의 모습을 나타낸다.

32

정답 ⑤

생산에 투입된 가변요소인 노동의 양이 증가할수록 총생산이 체증적으로 증가하다가 일정 단위를 넘어서면 체감적으로 증가하기 때문에 평균생산과 한계생산은 증가하다가 감소한다. 한계생산물곡선은 평균생산물곡선의 극대점을 통과하므로 한계생산물과 평균생산물이 같은 점에서는 평균생산물이 극대가 된다. 한편, 한계생산물이 0일 때 총생산물이 극대가 된다.

33

정답 ⑤

산업 내 무역(Intra – Industry Trade)은 동일한 산업 내에서 재화의 수출입이 이루어지는 것을 말한다. 산업 내 무역은 시장구조가 독점적 경쟁이거나 규모의 경제가 발생하는 경우에 주로 발생하며, 부존자원의 차이와는 관련이 없다. 산업 내 무역은 주로 경제발전의 정도 혹은 경제 여건이 비슷한 나라들 사이에서 이루어지므로 유럽연합 국가들 사이의 활발한 무역을 설명할 수 있다.

34

정답 ②

코즈의 정리란 재산권(소유권)이 명확하게 확립되어 있고, 거래비용 없이도 자유롭게 매매할 수 있다면 권리가 어느 경제 주체에 귀속되는가와 상관없이 당사자 간의 자발적 협상에 의한 효율적인 자원배분이 가능해진다는 이론이다. 그러나 현실적으로는 거래비용의 존재, 외부성 측정 어려움, 이해당사자의 모호성, 정보의 비대칭성, 협상능력의 차이 등으로 코즈의 정리로 문제를 해결하는 데는 한계가 있다.

35

정답 ⑤

한국은행은 금융기관을 대상만으로만 예금 수신 및 대출 업무를 한다.

[오답분석]

① 우리나라 지폐 4종류 및 동전 6종류를 발행하고 있다.
② 국민세금 등 국고금을 정부예금으로 수신하고 정부가 필요로 할 때 자금을 출금하거나 대출을 해주는 정부은행이다.
③ 통화금융통계, 국민계정, 국제수지표, 자금순환표 등 경제 관련 주요통계를 조사 및 발표한다.
④ 국내외 경제여건, 금융시장 안정성, 금융시스템 건전성 등을 종합적으로 점검하고, 이를 토대로 금융안정보고서를 발표한다.

36

정답 ④

[오답분석]

가. 여가, 자원봉사 등의 활동은 생산활동이 아니므로 GDP에 포함되지 않는다.
다. GDP는 마약밀수 등의 지하경제를 반영하지 못하는 한계점이 있다.

37

최근에는 만기일 이전에도 결제가 가능하도록 변형된 형태의 선도계약도 많이 나타나고 있다.

[오답분석]
② 미래의 특정한 시점에 계약된 통화를 사거나 팔 수 있어 환위험을 줄일 수 있다.
③ 통화 선도계약은 원금 자체가 교환대상으로 이자율만 교환하는 통화 스와프에 비해 수익과 손실의 범위가 크다.
④ 선도계약과 선물계약 모두 만기일 당일 현물가격의 기댓값에 따라 가격이 결정된다.
⑤ 선도계약은 계약 당사자 간 합의에 의해 거래하고, 거래장소, 규제 등도 자유로워 계약 당사자의 신용이 그만큼 중요하다고 할 수 있다.

38

사회후생의 극대화는 자원배분의 파레토효율성이 달성되는 효용가능경계와 사회무차별곡선이 접하는 점에서 이루어진다. 그러므로 파레토효율적인 자원배분에서 항상 사회후생이 극대화되는 것은 아니며, 사회후생 극대화는 무수히 많은 파레토효율적인 점들 중의 한 점에서 달성된다.

39

[오답분석]
라. 케인스는 절대소득가설을 이용하여 승수효과를 설명하였다.

40

IS곡선이란 생산물시장의 균형이 이루어지는 이자율(r)과 국민소득(Y)의 조합을 나타내는 직선을 말하며, 관계식은 다음과 같다.

$$r = \frac{-1-c(1-t)+m}{b} Y + \frac{1}{b}(C_0 - cT_0 + I_0 + G_0 + X_0 - M_0)$$

즉, IS곡선의 기울기는 투자의 이자율 탄력성(b)이 클수록, 한계소비성향(c)이 클수록, 한계저축성향(s)이 작을수록, 세율(t)이 낮을수록, 한계수입성향(m)이 작을수록 완만해진다. 한편, 소비, 투자, 정부지출, 수출이 증가할 때 IS곡선은 오른쪽으로, 조세, 수입, 저축이 증가할 때 왼쪽으로 수평이동한다. 외국의 한계수입성향이 커지는 경우에는 자국의 수출이 증가하므로 IS곡선은 오른쪽으로 이동한다.

41

국제수지(Balance of Payment)란 일정 기간 자국과 외국 사이에 일어난 모든 경제적 거래를 체계적으로 정리한 통계로, 경상수지, 자본수지, 금융계정으로 나뉜다. 한 나라 안의 생산은 한 나라 경제주체들의 소득 및 지출과 항상 일치한다. 또한, 이는 국민소득과 사후적으로 항상 같게 된다. 이를 식으로 나타내면 Y(국민소득)$=C$(소비)$+I$(투자)$+G$(정부 지출)$+NX$(순수출)$=C$(소비)$+S$(민간 저축)$+T$(세금)이다. 식의 공통된 것을 빼고 좌변에 투자지출을 놓고 정리하면 $I=S+(T-G)+NX$이다. 즉, 국내 투자는 (국내 저축)$+$[국외 저축(순수출)]으로 국내 저축이 국내 투자보다 크면 순수출은 항상 0보다 크다.

42

제시된 조건을 통해 시장균형가격은 60, 균형거래량은 680임을 알 수 있다. 가격상한제 시행으로 인한 상한 가격이 50이므로 가격이 10 하락하면서 공급이 30 감소하기 때문에 공급량 $500+3\times50=650$을 충족하는 수요곡선상 가격은 75이다. 따라서 사중손실을 계산하면 $(10\times30\div2)+[(75-60)\times30\div2]=375$이다.

43

물은 우리 삶에 필수적으로 필요한 유용하고 사용가치가 높은 재화이지만 다이아몬드의 가격이 더 비싸다. 이는 다이아몬드가 물보다 희소성이 크기 때문이다. 희소성이란 인간의 욕망에 비해 그것을 충족시키는 수단이 질적으로나 양적으로 한정되어 있거나 부족한 상태를 의미한다.

44

정답 ⑤

지현·진솔 : 필수재일수록, 소득에서 차지하는 비중이 큰 지출일수록 가격에 대한 수요의 가격탄력성이 크다.

오답분석

• 보검 : 가격에 대한 수요가 탄력적인 경우에 가격이 인상되면 가격 인상률보다 수요 하락률이 더 커지기 때문에 매출은 감소하게 된다.
• 지철 : 우하향하는 직선의 수요곡선에서 가격탄력성은 무한대로 시작하여 가격이 낮아질수록 작아지다가 가격이 '0'일 때는 '0'의 값을 갖는다.

45

정답 ②

쿠르노 모형에서 완전경쟁기업의 생산량이 a라면 독점기업의 생산량은 $\dfrac{a}{2}$, 복점기업의 생산량은 $\dfrac{a}{3}$ 이다. 완전경쟁시장의 생산량은 $P=60-Q=30 \rightarrow Q=30$이므로 각 복점기업의 생산량은 10이다. 따라서 복점시장의 생산량은 20이므로 시장가격 $P=60-20=40$이다.

46

정답 ④

공공재의 시장수요곡선은 각각의 수요곡선의 합이다. 그러므로 H시 공공재의 시장수요곡선 $P=(10-Q)+(10-0.5Q)=20-1.5Q$이고, 한계비용 $MC=5$이므로 $20-1.5Q=5$가 된다. 따라서 $Q=10$이다.

47

정답 ①

'공짜 점심은 없다.'라는 말은 무엇을 얻고자 하면 보통 그 대가로 무엇인가를 포기해야 한다는 뜻으로 해석할 수 있다. 즉, 어떠한 선택에는 반드시 포기하게 되는 다른 가치가 존재한다는 의미이다. 시간이나 자금의 사용은 다른 활동에의 시간 사용, 다른 서비스나 재화의 구매를 불가능하게 만들어 기회비용을 유발한다. 정부의 예산배정, 여러 투자상품 중 특정 상품의 선택, 경기활성화와 물가안정 사이의 상충관계 등이 기회비용의 사례가 될 수 있다.

48

정답 ④

비교우위를 계산하기 위해서는 각 상품을 생산할 때의 기회비용을 계산해야 한다. 두 국가의 기회비용을 표로 나타내면 다음과 같다.

구분	C상품	D상품
A국가	$\dfrac{6}{10}$	$\dfrac{10}{6}$
B국가	$\dfrac{6}{2}$	$\dfrac{2}{6}$

따라서 A국가는 B국가에 C상품을, B국가는 A국가에 D상품을 수출하면 두 국가 모두에게 이득이다.

49

정답 ②

균형임금을 구하면 $300-2w=-100+8w$이므로 $w=40$이다. 최저임금은 50이므로 이때의 시장고용량은 $L=300-2\times50=200$

이다. 따라서 노동수요의 임금탄력성은 $\dfrac{(노동수요의 변화율)}{(임금의 변화율)} = \dfrac{\dfrac{200-0}{200}}{\dfrac{150-50}{50}} = \dfrac{50}{150-50} = 0.5$이다.

50

정답 ②

무관세 자유무역과 비교하면 관세부과로 인해 CGH+FIK라는 총잉여가 감소했으며, 관세에 의한 경제적 순손실이 발생하였다. CGH는 과잉생산으로 인한 경제적 순손실이며, FIK는 과소소비에 의한 경제적 순손실이다.

51

정답 ④

실질절하는 실질환율이 상승했다는 것을 의미한다. 실질환율이 상승하게 되면 수출이 증가하고 수입이 감소하게 된다. 환율이 상승하게 되면 원자재를 구입하는 사람들은 부담이 커지는데, 단기적으로 보면 무역수지적자가 발생하게 된다(그래프의 '−' 부분). 수출수요탄력성과 수입수요탄력성의 합이 1보다 커야 실질절하는 무역수지를 개선한다.

52

정답 ④

오답분석

① 콥 − 더글라스 생산함수 $Q=AL^\alpha K^\beta$에서 $\alpha+\beta>1$인 경우 규모에 대한 수익은 체증한다. 문제의 경우 1.5이므로 규모에 대한 수익이 체증한다.

② 노동의 한계생산 $MP_L=\dfrac{\partial Q}{\partial L}=0.5L^{-0.5}K$가 된다. 이때 노동을 늘릴수록 노동의 한계생산은 감소한다.

③ 자본의 한계생산 $MP_K=\dfrac{\partial Q}{\partial K}=L^{0.5}$가 된다. 이때 노동을 늘릴수록 자본의 한계생산은 증가한다.

⑤ ・최적상태의 도출 : $\min C=wL+rK,\ s.t\ L^{0.5}K=Q$

・비용극소화 조건 : $MRTS_{LK}=\dfrac{MP_L}{MP_K}=\dfrac{0.5L^{-0.5}K}{L^{0.5}}=\dfrac{K}{2L}=\dfrac{w}{r}\rightarrow 2Lw=rK$

따라서 노동과 자본의 단위당 가격이 동일하다면 $2L=K$이므로 자본투입량은 노동투입량의 2배가 된다.

53

정답 ②

'(경제적 이윤)=(총수입)−(명시적 비용)−(암묵적 비용)'이다. 문제에서 (호떡집의 수입)=2,000만 원이고, (호떡집의 명시적 비용)=500만+2×180만=860만 원이며, (호떡집으로 포기한 암묵적 비용)=100만+200만=300만 원이다. 따라서 호떡집 개업으로 인한 경제적 이윤은 한 달에 2,000만−860만−300만=840만 원이다.

54

정답 ②

두 상품이 완전대체재인 경우의 효용함수는 $U(X,\ Y)=aX+bY$의 형태를 갖는다. 따라서 무차별곡선의 형태는 MRS가 일정한 직선의 형태를 갖는다.

55

펀더멘털(Fundamental)은 국가나 기업의 경제 상태를 가늠할 수 있는 기초경제여건이다. 대개 경제성장률, 물가상승률, 실업률, 경상수지 등 경제 상태를 표현하는 데 기초적인 자료가 되는 주요 거시경제지표가 이에 해당한다.

56

정답 ③

통화승수는 통화량을 본원통화로 나눈 값이다.

통화승수 $m = \dfrac{1}{c + z(1-c)}$ 이므로 현금통화비율(c)이 하락하거나 지급준비율(z)이 낮아지면 통화승수가 증가한다.

57

정답 ②

원화가치 상승에 따라 수출감소 및 수입증대 현상이 나타난다.

[오답분석]
① 예금금리, 대출금리 모두 단기시장금리의 영향을 받기 때문에 함께 상승한다.
③ 단기시장금리가 가장 먼저 움직이고, 점차 장기시장금리 상승으로 이어진다.
④ 투자, 소비 활동이 줄어들면 경기둔화로 이어져 물가하락 효과를 기대할 수 있다.
⑤ 기준금리 인상은 경기 과열을 진정시킨다.

58

정답 ③

원자재 가격 상승으로 인한 기업 생산비의 증가는 총공급곡선을 왼쪽으로 이동시킨다. 한편, 기준금리 인상으로 이자율이 상승하면 투자와 소비가 위축되므로 총수요곡선도 왼쪽으로 이동한다. 이 경우 총생산량은 크게 감소하게 되는 반면, 물가는 증가하는지 감소하는지 알 수 없다. 따라서 옳은 것은 ㄱ, ㄴ, ㄷ이다.

59

정답 ④

[오답분석]
① 완전고용은 실업률이 0인 상태를 의미하지는 않는다. 일자리를 옮기는 과정에 있는 사람들이 실업자로 포함될 가능성이 있기 때문이다.
② 경기적 실업이나 구조적 실업은 비자발적 실업이다. 자발적 실업에는 마찰적 실업과 탐색적 실업이 있다.
③ 실업률은 실업자 수를 경제활동인구 수로 나누고 100을 곱한 수치이다.
⑤ 취업의사가 있더라도 지난 4주간 구직활동을 하지 않았다면 구직단념자로 보고, 이들은 비경제활동인구로 분류된다.

60

정답 ③

리카도 대등정리
• 개념
  정부지출수준이 일정할 때, 정부지출의 재원조달 방법(조세 또는 채권)의 변화는 민간의 경제활동에 아무 영향도 주지 못한다는 것을 보여주는 이론이다.
• 가정
  - 저축과 차입이 자유롭고 저축이자율과 차입이자율이 동일해야 한다.
  - 경제활동인구 증가율이 0%이어야 한다.
  - 합리적이고 미래지향적인 소비자이어야 한다.
  - 정부지출수준이 일정해야 한다.

한국주택금융공사 필기전형 답안카드

성 명

지원 분야

문제지 형별기재란

( )형   Ⓐ   Ⓑ

수 험 번 호

	⓪	①	②	③	④	⑤	⑥	⑦	⑧	⑨
	⓪	①	②	③	④	⑤	⑥	⑦	⑧	⑨
	⓪	①	②	③	④	⑤	⑥	⑦	⑧	⑨
	⓪	①	②	③	④	⑤	⑥	⑦	⑧	⑨
	⓪	①	②	③	④	⑤	⑥	⑦	⑧	⑨
	⓪	①	②	③	④	⑤	⑥	⑦	⑧	⑨
	⓪	①	②	③	④	⑤	⑥	⑦	⑧	⑨

감독위원 확인

(인)

번호	답란	번호	답란	번호	답란	번호	답란	번호	답란
1	① ② ③ ④ ⑤	21	① ② ③ ④ ⑤	41	① ② ③ ④ ⑤	61	① ② ③ ④ ⑤	81	① ② ③ ④ ⑤
2	① ② ③ ④ ⑤	22	① ② ③ ④ ⑤	42	① ② ③ ④ ⑤	62	① ② ③ ④ ⑤	82	① ② ③ ④ ⑤
3	① ② ③ ④ ⑤	23	① ② ③ ④ ⑤	43	① ② ③ ④ ⑤	63	① ② ③ ④ ⑤	83	① ② ③ ④ ⑤
4	① ② ③ ④ ⑤	24	① ② ③ ④ ⑤	44	① ② ③ ④ ⑤	64	① ② ③ ④ ⑤	84	① ② ③ ④ ⑤
5	① ② ③ ④ ⑤	25	① ② ③ ④ ⑤	45	① ② ③ ④ ⑤	65	① ② ③ ④ ⑤	85	① ② ③ ④ ⑤
6	① ② ③ ④ ⑤	26	① ② ③ ④ ⑤	46	① ② ③ ④ ⑤	66	① ② ③ ④ ⑤	86	① ② ③ ④ ⑤
7	① ② ③ ④ ⑤	27	① ② ③ ④ ⑤	47	① ② ③ ④ ⑤	67	① ② ③ ④ ⑤	87	① ② ③ ④ ⑤
8	① ② ③ ④ ⑤	28	① ② ③ ④ ⑤	48	① ② ③ ④ ⑤	68	① ② ③ ④ ⑤	88	① ② ③ ④ ⑤
9	① ② ③ ④ ⑤	29	① ② ③ ④ ⑤	49	① ② ③ ④ ⑤	69	① ② ③ ④ ⑤	89	① ② ③ ④ ⑤
10	① ② ③ ④ ⑤	30	① ② ③ ④ ⑤	50	① ② ③ ④ ⑤	70	① ② ③ ④ ⑤	90	① ② ③ ④ ⑤
11	① ② ③ ④ ⑤	31	① ② ③ ④ ⑤	51	① ② ③ ④ ⑤	71	① ② ③ ④ ⑤		
12	① ② ③ ④ ⑤	32	① ② ③ ④ ⑤	52	① ② ③ ④ ⑤	72	① ② ③ ④ ⑤		
13	① ② ③ ④ ⑤	33	① ② ③ ④ ⑤	53	① ② ③ ④ ⑤	73	① ② ③ ④ ⑤		
14	① ② ③ ④ ⑤	34	① ② ③ ④ ⑤	54	① ② ③ ④ ⑤	74	① ② ③ ④ ⑤		
15	① ② ③ ④ ⑤	35	① ② ③ ④ ⑤	55	① ② ③ ④ ⑤	75	① ② ③ ④ ⑤		
16	① ② ③ ④ ⑤	36	① ② ③ ④ ⑤	56	① ② ③ ④ ⑤	76	① ② ③ ④ ⑤		
17	① ② ③ ④ ⑤	37	① ② ③ ④ ⑤	57	① ② ③ ④ ⑤	77	① ② ③ ④ ⑤		
18	① ② ③ ④ ⑤	38	① ② ③ ④ ⑤	58	① ② ③ ④ ⑤	78	① ② ③ ④ ⑤		
19	① ② ③ ④ ⑤	39	① ② ③ ④ ⑤	59	① ② ③ ④ ⑤	79	① ② ③ ④ ⑤		
20	① ② ③ ④ ⑤	40	① ② ③ ④ ⑤	60	① ② ③ ④ ⑤	80	① ② ③ ④ ⑤		

한국주택금융공사 필기전형 답안카드

※ 본 답안지는 마킹연습용 모의 답안지입니다.

성 명	

지원 분야	

문제지 형별기재란	Ⓐ Ⓑ
(형)	

수 험 번 호	

감독위원 확인	(인)

시대에듀 한국주택금융공사
NCS + 전공 + 최종점검 모의고사 5회 + 무료NCS특강

개정1판1쇄 발행	2025년 05월 20일 (인쇄 2025년 04월 28일)
초 판 발 행	2024년 06월 20일 (인쇄 2024년 05월 24일)
발 행 인	박영일
책 임 편 집	이해욱
편 저	SDC(Sidae Data Center)
편 집 진 행	김재희
표지디자인	하연주
편집디자인	최미림 · 장성복
발 행 처	(주)시대고시기획
출 판 등 록	제10-1521호
주 소	서울시 마포구 큰우물로 75 [도화동 538 성지 B/D] 9F
전 화	1600-3600
팩 스	02-701-8823
홈 페 이 지	www.sdedu.co.kr
I S B N	979-11-383-9271-6 (13320)
정 가	24,000원

한국주택금융공사

NCS+전공+모의고사 5회

최신 출제경향 전면 반영